KB193506

고정된 성경 본문으로 들어가는 길은 매우 다양하다. 어떤 이들은 오로지 신앙의 눈으로, 다른 이들은 역사의 눈으로, 또 다른 이들은 문학의 눈으로 성경 본문의 세계로 들어간다. 그 가운데서 이스라엘 역사의 정점에 있는 사건을 들자면, 다윗 왕조의 설립이라 할 수 있다. 이 책의 저자는 왕정 체제로 본격적으로 들어간 이 사건을 전도서와 연계해서 읽는다. 매우 참신한 시도다. 이 책은 헬레니즘 시대의 유대 지혜 문학의 최고봉이라고 할 수 있는 전도서의 지혜 사상으로 다윗의 왕위 계승사를 풀어나간다. 내러티브와 지혜 문학의 두 본문이 서로 접촉점을 찾아 이스라엘 역사의 가장 중요한 사건 중 하나인 다윗의 왕위 계승사를 어떻게 풀어나가는지를 흥미 있게 읽을 수 있는 책이다. 학문성을 포기하지 않으면서도 가독성을 충분히 고려한 저자의 노력이 엿보이는 수작이다.

김정훈 I 부산장신대학교 구약학 교수

이 책은 다윗의 왕위 계승을 둘러싸고 벌어지는 궁중 권력 투쟁과 그 과정에 등장하는 숱한 인물들의 득세와 몰락 등 영고부침을 전도서가 말하는 지혜의 역설에 비추어 해석하는 문예적 읽기의 좋은 예다. 전도서는 잠언과 달리 지혜 절대 신봉주의를 표방하지 않고 세상에는 전래되고 습득된 지혜도 통제하지 못하는 삶의 부조리와 불가예측적 모호성이 있다고 주장한다. 잠언의 도덕주의적 인과응보 격률에 따르면 다윗의 왕위 계승은 불륜의 소생인 솔로몬의 차지가 되어서는 안 된다. 전도서는 지혜 많은 자가 성공하는 것도 아니고 빨리 달리는 경주마가 승리하는 것도 아님을 역설한다. 암논, 압살롬, 아도니야는 솔로몬에 비해 다윗의 왕위를 계승할 가능성이 훨씬 더 컸다. 그러나 그들은 다 실패했다. 이 책의 저자에 따르면, 사무엘하 9장부터 20장까지 그리고 열왕기상 1-2장, 즉 다윗 계승사 저자는 "솔로몬"적 페르소나를 갖고 솔로몬의 왕위 계승은 전도서적 지혜의 역설 때문에 가능한 것이라고 주장하는 셈이다. 이 논지를 논증하기 위해 저자는 아주 자세한 문학적 읽기를 시도하고 대부분 설득력 있는 논의를 끌어간다. 다윗의 일대기를 갖고 설교하려는 목회자들에게 이 책의 강력한 일독을 추천한다.

김회권 I 숭실대학교 기독교학과 구약학 교수

독일 학자 레온하르트 로스트의 연구로 이름을 얻게 된 "다윗의 왕위 계승사"는 구약 내러티브 연구의 시금석 중 하나로 뽑히는데 저자의 학위논문 주제이기도 하다. 전통적으로 독일 학계에선 고전적 문예비평(이른바 통시적 연구) 방법을 사용하지만, 저자는 그것을 넘어 신문예비평(공시적 연구)을 사용하여 다윗의 왕위 계승사를 연구한다. 어느 내러티브든 사람 사는 삶의 이야기가 농축되어 있다. 왕궁이든, 농촌이든, 가정이든, 학교든 말이다. 저자는 왕궁을 중심으로 일어나는 다윗의 왕위 계승 내러티브도 결국 사람 사는 이야기라는 점, 달리 말해 인간 삶의 현실적 한계와 그 속에서의 가능성을 경험적 관찰을 토대로 서술하고 있는 이야기라는 점에 착안하여 일상의 지혜 안목으로 바라봐야 한다고 주장한다. 그가 일상의 지혜를 가르치는 전도서의 렌즈로 다윗의 왕위 계승사를 연결하자는 제안은 학문적으로도 매우 참신하고 기발하다. 저자는 전도서의 지혜 사상이 왕위 계승사 내러티브에 어떻게 드라마화되어 삶의 이야기로 펼쳐지는지, 그러한 이야기가 우리 삶에 어떤 교훈을 던져주는지를 살핀다. 이 책의 장점은 본문 분석과 인물 분석을 통한 구약 내러티브 이론의 실제 시연에 있다. 더 나아가 분석을 통해 전도서가 가르치는 지혜가 어떻게 내러티브에 드라마화되었는지를 세밀하게 살핀다. 독일 학위논문답게 학문 방법론의 철저성, 치밀성, 논리성이 돋보인다. 무엇보다 독자들은 인간 삶의 높음과 낮음, 성공과 굴욕, 한계와 가능성을 담고 있는 내러티브 안에는 지혜 사상이 저변에 흐르고 있다는 점을 배우게 될 것이다. 구약 본문을 자세히 읽고 싶은 사람, 구약 내러티브를 설교하고 싶은 사람, 삶의 지혜를 배우고 싶은 사람이라면 누구든지 시간을 내어 이 책으로 공부하라. 넉넉한 유익을 얻게 될 것이다.

류호준 ㅣ 백석대학교 신학대학원 은퇴 교수

한마디로 이 책은 구약학계에 신선한 충격을 주는 작품이다. "다윗의 왕위 계승사"(삼하 9-20장; 왕상 1-2장)는 잠언의 지혜를 드라마화한 것이라는 전통적인 가설을 뒤집고 오히려 전도서의 지혜를 드라마화한 작품이라는 새로운 주장을 펼친다. 솔로몬의 왕위 등극 사건은 역사적 상황의 불확실성과 인간 지혜의 유한성을 넘어서고 있다는 점에서 절대자 하나님 앞에서의 인간의 겸손함을 외치는 전도서의 신학적 교훈이 "다윗의 왕위 계승사"의 근저에 흐르고 있다는 주장이다. 역사의 주인 되시는 하나님 앞에서 인간은 철저히 무릎을 꿇는 삶의 태도가 필요하다는 공통의 메시지가 두 작품에 흐르고 있다는 분석의 결과는 매우 통찰력 있는 결론이라고 평가할 수 있다. 구약의 지혜를 탐구하는 독자들은 사이다같이 시원한 지적 희열을 경험하게 될 것이다.

이희학 ㅣ 목원대학교 교학부총장, 제21대 한국구약학회회장

이 책은 다윗의 왕위 계승사(삼하 9-20장; 왕상 1-2장)를 전도서의 지혜가 드라마화되어 펼쳐진 삶의 이야기인 교훈으로 보아야 한다고 주장한다. 이 연구는 최근의 주석방법론인 문예학적 연구 방법(Literaturwissenschaftliche Untersuchung)을 사용하여 다윗의 왕위 계승사를 새롭게 분석하고 해석한다. 다윗의 왕위 계승사가 잠언의 지혜와 관련 있음은 종종 주장되어왔고 이미 알려진 주장이다. 그러나 저자는 이에 더하여 다윗의 왕위 계승사가 전도서의 지혜에 더 가깝다고 주장한다. 이 책은 이러한 창의적인 주장을 전문학술서의 분량과 깊이로 분석한 최초의 전문학술서로 평가된다. 다윗의 왕위 계승사에 대한 국내외의 전문적 연구가 상대적으로 부족한 상황에서 이 부분에 대하여 국내 학자가 최근 세계의 구약학계에서 주고받는 논의에 입각하여 전체 본문을 분석한 결과 자체로 매우 생산적인 산물이다. 저자의 새로운 주장에 대한 수용 여부를 떠나 다윗의 왕위 계승사 본문에 대한 분석은 그 자체로 신선하고 유용하다. 여기에다가 다윗의 왕위 계승사가 전도서를 드라마화한 삶의 이야기라는 도발적인 주장은 전혀 새로운 테제로서 앞으로 수많은 토론이 기대된다.

차준희 | 한세대학교 구약학 교수, 한국구약학회 회장 역임, 한국구약학연구소 소장

우리는 새로운 해를 맞이할 때마다, 새로운 시간과 생명을 주신 하나님의 은혜에 감사한다. 그런데 이를 뒤집어 놓고 보면, 우리는 지나간 시간으로 되돌아갈 수 없으며 또 다가오는 시간을 두 배로 늘려 천천히 흐르게 할 수도 없다. 시간과 생명을 결정하시는 분은 오직 하나님 한 분뿐이시며 인간은 이에 순종해야 한다. 비단 시간과 생명뿐만 아니다. 예언자 예레미야는 개인이나 국가가 자신의 구원을 스스로 결정할 수 없음을 전하면서 이스라엘의 정치 및 종교 지도자들에게 바빌로니아에 항복하고 바빌로니아 제국의 지배를 받아들이라는 하나님의 계시를 전했다. 그러나 이들은 하나님의 계시를 거부하고 자기 구원을 추구했고 결국 이스라엘의 운명은 하나님의 결정으로 인해 처절하게 패망했다.

최근 구자용은 지혜 문학의 관점에서 『다윗의 왕위 계승사』에 관한 연구서를 저술했다. 이 저서는 한국연구재단의 지원으로 연구하게 되었다. 그는 이 연구를 자신의 박사학위 논문에서부터 시작했으며, 그 후 국내외 여러 학술지에도 기고하여 연구의 중간 성과물을 발표하기도 했다. 그는 다윗의 왕위 계승사(화)를 전도서에 언급된 지혜사상을 드라마화한 역사 이야기로 해석한다.

"다윗의 왕위 계승사화"에 대한 연구는 1926년에 저술한 로스트(L. Rost)의 연구에서 본격적으로 출발한다. 그의 테제는 "1) 왕위 계승사화는 통일적이며, 2) 친다윗적·친솔로몬적 입장을 지녔다"라는 점이다. 그동안 학계에서는 그의 견해를 지지하는 친왕권적 입장과 반대하는 반왕권적 입장으로 격렬한 논쟁이 벌어졌다. 또한 절충적으로 이 사화는 초기 친왕권적 문서였으나 예언적 개정자 또 신명기 사가적 개정자에 의해 반왕권

적 문서로 개정되었으며, 그리고 포로후기 친다윗적 개정자에 의해 현재의 모호한 형태로 완성되었다는 견해도 있다. 이미 학계에서는 오래전부터 사무엘서와 지혜 문학이 깊은 관계에 있다는 점을 지적했으나 이에 대한 학문적 결실이 거의 없던 상황이었다. 이는 아마도 역사서의 저자(들)와 지혜 문학의 저자(들)가 사용하는 언어가 달라 상호 간의 관계를 입증하기가 쉽지 않았기 때문일 것이다. 그런데 이 책의 저자는 왕위 계승사화 전체를 분석하면서 이 사화는 전도서의 지혜가 드라마화되었다는 점을 구체적으로 입증하고자 했다.

그는 이 사화가 "다윗과 밧세바 스캔들로 인해 혼인이 파괴되고 다윗의 계획적 살인으로 우리아가 죽고⋯그의 일생에서 가장 숨기고 싶을 중대한 실수가 날카로운 어조로 서술되어 있다"고 말한다. 나아가 "다윗의 실수를 맹비난하는 예언자적 면모의 나단과⋯다윗의 삶에 펼쳐질 하나님의 용서 없는 심판 그리고⋯죄인 됨의 자백 그리고 인간의 모든 역사를 조종하는 주관자로서의 야웨의 모습이 삶의 드라마 속에 펼쳐진다"고 보았다.

저자는 지혜 문학(전도서)에서 말하는 것처럼 "인간은 자신의 운명을 스스로 결정하고자 분투하지만 결국은 하나님이 주관하는 역사의 소용돌이 속으로 휩쓸려 들어가고 만다"라는 점을 이 사화에서 잘 보여주고 있다고 주장한다.

결국 인간은 그가 왕일지라도 전도서와 이 사화가 주장하는 것처럼 하나님께서 허용하는 한계 아래에서만 자유롭다. 이스라엘의 영웅이었던 다윗도 그 한계를 벗어나려고 몸부림쳤으나 그것이 가능하지 않다는 점을 고대 지혜 사상이 잘 가르쳐준다.

한동구 | 평택대학교 구약학 교수, 전 구약학회 회장

다윗의 왕위 계승사

전도서를 드라마화한 삶의 이야기

이 저서는 2018년 대한민국 교육부와 한국연구재단의 지원을 받아 수행된 연구임(NRF-2018S1A6A4A01029716).

전도서를
드라마화한
삶의
이야기

구자용 지음

새물결플러스

목차

서문

이 책을 집필하기 전 내가 처음 다윗의 왕위 계승사에 대한 연구를 시작하게 된 계기는 박사 논문을 지도해준 우도 뤼터스뵈르덴(Udo Rüterswörden) 교수의 권고에서였다. 나는 독일에서 구약을 공부하며 지혜 문학에 큰 관심이 있었다. 그런데 어느 날 뤼터스뵈르덴 교수가 나에게 "와이브레이(R. N. Whybray)는 창세기의 요셉 이야기와 다윗의 왕위 계승사를 잠언의 지혜가 드라마화된 것이라고 하는데, 내가 보기에 다윗의 왕위 계승사는 오히려 전도서의 지혜가 드라마화된 것으로 보는 것이 좋을 것 같다"고 말했다. 그리고 자신이 쓴 논문을 툭 던져주면서 나의 박사 논문의 주제로 삼아 보라고 제안했다. 그 논문의 마지막 단락이 제시하는 대로 연구의 방향을 잡아보라고 말이다. 그 단락은 다음과 같다.

> 독자의 눈앞에 하나의 세계가 펼쳐진다. 그 세계에는 인간들, 특히 지도층의 사람들이 어떤 윤리적 또는 정치적 방향 감각도 갖지 못한 채 벗어날 수 없는 운명에 맞닥뜨려 비틀거린다. 이것은 등장인물들의 어떤 악한 의도에서 기인한 것이 아니며 오히려 삶의 세계에는 붙잡을 만한 확고한 무엇이 없음에서부터 비롯된 것이다. 현재 통용되고 있는 정치적 해석은 일종의 낮은 수준의 해석일지도 모른다. 그렇게 본다면 왕위 계승사는 밧세바의 아들 솔로몬의 역할을 확실히 수행하는 전도자에게서 발견되는 그 사상들

이 서술적 표현을 통해 그 면모를 드러내는 것이라고 할 수 있다.[1]

이렇게 시작된 나의 박사학위 논문의 제목은『다윗의 왕위 계승사에 나타난 지혜: 지혜의 역설을 주목하면서 본 지혜 서술에 대한 문예비평적·문학비평적 연구』(*Weisheit in der Thronfolgegeschichte Davids. Eine literarkritische und literaturwissenschaftliche Untersuchung der Weisheitsdarstellung unter besonderer Berücksichtigung ihrer Ironiesierung*)였다. 이때 중점을 두고 연구한 것은 먼저 다윗의 왕위 계승사의 본문들에 대한 역사비평적 결론에 대한 비판적 고찰이었다. 특히 나는 고전적 문예비평(Literarkritik)으로부터의 다양한 결론들과 그것들을 토대로 한 주장들을 재고찰하며 그것이 의심의 여지가 없이 확고한 것인가를 끊임없이 질문했다. 만약 의심의 여지가 있다면, 나는 그다음 과정으로 고려해볼 만한 다른 해석의 가능성은 없는가에 대해 진지하게 질문했다. 그것도 동일한 본문 분석에서가 아니라 전혀 다른 본문 분석의 토대 위에서 말이다. 그 본문 분석 방법은 독일 신문예비평적(literaturwissenschaftlich)인 분석이었다. 이러한 작업은 쪼개져 이런저런 경향의 본문으로 나뉜 본문을 가능한 한 다시 하나의 본문으로 놓고 보는 작업이었다. 통일된 하나의 본문이라는 전제하에서 볼 때 발견되는 특이한 서술들, 특히 지혜에 대해 평범하지 않게 서술하는 부분을 찾아 분석하고 그 결과를 통해 드러나는 지혜의 서술 형태가 무엇인지를 고민했다. 특히 지혜가 역설의 형식으로 서술된 것에 주목하며 지혜의 의미를 탐구했다. 나는 그것을 통해 지혜란 결국 현실을 반영한 이상적인 모습 외에 무엇일까에 대한 회의와 또한 인간의 지혜가

....

1   U. Rüterswörden, "אלהים in 2 Sam 12,16," *Mitteilungen und Berträge 17* (1999), 50.

너무나도 쉽게 "목적을 이루기 위한 수단으로서의 이성"(Zweck-Mittels-Rationalität)으로만 이용될 뿐이며 게다가 그것을 통해서도 정작 도달하고자 하는 목표에는 이르지 못하는 불확실성만을 지니고 있음을 밝혔다. 그러나 뼈저리게 다가오는 인간 지혜의 한계선상에서 얻는 교훈은 다름 아닌 절대자 하나님 앞에 선 인간의 겸손함이었다. 인간이 과연 절대자 앞에서 추구할 수 있는 것, 곧 진정한 삶의 자세가 무엇일지를 생각하고 깨닫는 것이 다윗의 왕위 계승사가 주는 삶의 교훈임을 알게 되었다.[2] 그때 확신하게 된 것은 나의 지도 교수가 파악한 다윗의 왕위 계승사와 전도서의 연관성에 대한 통찰이 놀라울 정도로 정확했다는 점이었다. 귀국한 이후 나는 몇 번의 학회 발표를 통해 다윗의 왕위 계승사를 소개하며 구약의 본문들도 얼마든지 흥미롭게 소개할 수 있음을 확신했다. 당연히 이 분야뿐만은 아니겠지만 그래도 다윗의 왕위 계승사는 인간 삶의 한계와 고달픔을 너무도 구체적으로 서술하며 암묵적으로 "어떻게 살 것인가"에 대한 물음에 전도자의 지혜로 답을 하고 있기 때문이다. 특히 드러나지 않게 역사를 주도해나가시는 하나님 앞에서 인간이 가져야 할 삶의 태도는 무엇이 되어야 하는지를 독자 스스로 깨닫게 한다. 그러나 아쉽게도 그 이후로 박사 논문의 분야에만 머물러서는 안 된다는 강박 관념 때문에 이 분야를 계속해서 다루지 못했고 더구나 박사 논문의 연구 결과를 한국에 만족할 만큼 소개하지도 못했다. 그러나 내

....

2   독일에서 출간된 박사학위 논문이 한국어로는 아직 번역되어 출간되지 못했다. 혹 참고를 원한다면, Cha-Yong Ku, *Weisheit in der Thronfolgegeschichte Davids. Eine literarkritische und literaturwissenschaftliche Untersuchung der Weisheitsdarstellung unter besonderer Berücksichtigung ihrer Ironisierung*(KAANT 9; Kamen: hartmut spenner, 2009)을 보라. 학자들 간의 네트워킹 페이지인 〈www.academia.edu〉에서도 이 논문을 볼 수 있다.

가 구약학에서 이 분야만큼 많이 공부한 곳도 없으므로 당시 손대지 못했던 부분들과 그때 한 번 다뤘던 본문이지만 다시 세밀하게 관찰하고 또한 이후 계속해서 쏟아져나온 관련 연구를 종합하며 이 분야의 연구를 진지하게 수행해보고자 했다. 그리고 이번에는 그것을 한글로 된 학술서로 집필해 내놓게 되었다.

한국연구재단의 저술출판지원사업에 참여하여 처음 책을 쓰기 시작한 지 벌써 3년의 세월이 훌쩍 지나갔다. 그동안 어떻게 하면 좋은 학술서를 쓸 수 있을까를 고민하며 어디에 내놓아도 그리고 누구에게 내놓아도 부끄럽지 않은 책을 쓰겠다는 일념으로 노력해왔다. 그런데 무엇이 좋은 학술서인가? 그 학술서를 읽을 독자는 정확히 누구인가? 나는 저자로서 누구를 상정하고 그 노력을 기울여왔는가? 이런 질문을 던지다 보니 다시 "내가 걸어온 길이 바른길이었나?"라는 의구심을 갖게 된다. 글을 쓰며 대화하고 확인하고 토론하는 그 독자는 다름 아닌 바로 나 자신이었구나 하는 생각도 하게 되었다. 그것은 정당한 것인가? 언젠가 누군가에게 "내가 이제 학술서를 쓰려고 하는데, 내가 쓰는 학술서는 학술 논문에 버금가는 분석과 그 수준의 내용을 담을 것이라"고 이야기한 적이 있었다. 적어도 그것이 바르다고 생각했기 때문이다. 그리고 지금도 그 생각에는 변함이 없다. 그런데 누구였는지 정확히 기억이 나지는 않지만, 어떤 분이 학술서는 학술 논문과 다르다고 말했다. 나는 "뭐가 다르지? 뭔가가 달라야 하나?"라고 나름대로 고민을 하며 학술서는 학술 논문보다는 좀 더 차분하게 다른 사람의 목소리를 경청하고, 그와 진지하게 토론하며, 자신의 주장을 명확히 주장해야 한다고 생각했다. 크게 다르지는 않으나 다른 사람의 목소리를 더 존중하고 고려하며 글을 써야 한다는 생각으로 이 고민을 정리하고 해소했다. 그것을 말한 분의 취지가 이것은 아니었을 것이란 생각을 하면서도 말이다.

확실히 독자층에 대한 진지한 고민이 부족했다. 그러나 누가 읽어도 재밌어야 한다는 것은 초지 일관된 생각이었다. 물론 재미의 정도는 오롯이 독자의 판단이지만 말이다. 그리고 적어도 다윗의 왕위 계승사란 것에 대해서 어느 정도 지식이 있고, 지식뿐만 아니라 어느 정도 자신의 입장도 있는 사람이 소위 말하는 "현명한 독자"가 될 수 있을 것이다. "글을 이렇게 써놓으면 차라리 성서를 내가 직접 읽고 말겠다"라고 생각하는 사람이 있을 수도 있겠다. 그래서 최대한 성서의 본문을 누락시키지 않고 그 본문의 의도를 정확히 파악해내고자 내 나름대로 진지한 읽기를 시도했다. 당연히 더 진지하게 성서 본문을 연구하는 연구자의 눈에는 그것이 피상적인 읽기의 수준에 머문다고 판단될 수도 있을 것이다. 그러나 적어도 일반적인 읽기보다는 더 진지한 읽기가 되도록 노력했음은 인정받길 기대한다. 과분한 욕심일지는 모르나 학술서라는 딱지 때문에 이 책의 독자층이 협소해지지 않았으면 하는 바람이 간절하다.

다윗의 왕위 계승사의 성서 본문은 모두 내가 히브리어 원문을 꼼꼼히 살피고 직접 번역한 것이다. 이 번역에 가장 큰 도움을 받은 것은 당연코 게제니우스(Gesenius) 사전(18판, 2013년 완간)이었다. 사전을 보면서 히브리어 원문을 직접 번역해나갔는데 이것을 소위 사역(私譯)이라 한다. 사역에 대한 비교 본문으로는 주로 개역개정을 사용했다. 그것이 한국 사회에서 가장 많이 보는 성서 본문이었기 때문이다. 나는 사람들이 그 본문을 읽고 바르게 이해할까를 고민하면서 사사로운 나의 번역과 다른 번역들을 비교하면서 볼 수 있는 가능성을 열어놓고 싶었다. 독자들이 나의 사역을 이 연구의 노력의 일환이라고 봐주면 좋겠다. 종종 필요에 따라, 즉 히브리어 본문의 의미를 도무지 종잡을 수 없을 때는 주로 사무엘하의 본문은 한스 요아힘 슈퇴베(Hans Joachim Stoebe)의 독일어 주석(Kommentar zum Alten Testament VIII₂)의 번역을 참조했고 단 2장의 분량이지만 열왕기상의 본문은 마르틴 노트(Martin Noth)의 독일어 주석(Biblischer Kommentar Alten Testament IX/1)의 번역을 참조했다. 특히 성서 본문의 번역에서 [꺾은 괄호] 안의 번역은 원문에 없으나 번역의 매끄러움을 위해 내가 사사로이 추가한 부분임을 밝혀둔다. 신명(神名)의 사용은 가급적 구약 성서 원문에 따라 "야웨"로 사용했음을 미리 밝혀둔다.

이 책이 학술서이지만, 아무쪼록 독자들이 이 책을 읽으면서 재미를 느낄 뿐만 아니라 다윗의 왕위 계승사 본문의 분석과 해석에 도움도 얻으며 자기 생각과 분석을 비교해볼 좋은 대화 상대자로 삼아주길 기대한다. 그리고 이 본문이 궁극적으로 우리의 삶을 비추며, 우리의 삶의 문제들을 다시 한번 보게 할 뿐 아니라 그에 적절한 대처를 할 수 있도록 인도하는 본문이라는 것까지 독자들이 함께 공감해준다면 저자로서 무한한 기쁨이 될 것이다.

마지막으로 이 책의 제목에 대한 설명이 필요할 것 같다. 아마도 민감한 독자라면 이 책의 제목에서 풍기는 다윗의 왕위 계승사와 전도서의 연대 설정에 대해 약간의 의문을 가질 것이다. 이 의문이 당연한 것은 대개 전도서의 연대를 헬레니즘 시대까지 낮춰서 생각하는 것이 일반적인데, 그렇다면 "지금 다윗의 왕위 계승사를 그보다 더 늦은 시기로 잡고 있다는 말인가?"라는 질문을 던질 수밖에 없기 때문이다. 그러나 그것은 아니다. 나는 박사 논문을 쓸 때부터 다윗의 왕위 계승사의 연대를 늦어도 포로기 이전으로 잡고 있었다. 대부분의 학자가 포로기 이후로 잡더라도 말이다. 그리고 전도서의 연대 역시 대개의 학자와 같이 포로기 이후의 늦은 시기로 잡고 있다. 물론 전도서의 이 연대 설정에는 전도서의 사상이 그 시대에만 존재했다는 것이 아니며 그 사상은 이스라엘의 고대를 거쳐 고대 근동의 까마득한 시기까지 이른다는 전제가 있지만 말이다. 따라서 제목을 이렇게 잡은 것은 단순한 연대 설정의 문제를 말하고자 하는 것이 아니며 두 문서의 내용이 특히 지혜 사상으로 매우 가까이 서 있으며, 마치 다윗의 왕위 계승사가 전도서의 사상을 드라마화한 것처럼 생각할 수 있다는 것으로 이해하길 바란다.

약어표

BHH   Biblisch-Historisches Handwörterbuch

BHS   Biblia Hebraica Stuttgartensia

Gesenius[18] W. Gesenius, *Hebräisches und Aramäisches Handwörterbuch über das Alte Testament. 18. Auflage Gesamtausgabe* (Berlin/ Heidelberg: Springer, 2013).

GK   W. Gesenius, *Hebräische Grammatik völig umgearbeitet von E. Kautzsch* (Hildesheim/Zürich/New York: Georg Olms Verlag, 1991).

NS   Nominal Satz/Nominal Senstence

I. 들어가는 말

1. 다윗의 왕위 계승사란 무엇인가?

다윗의 왕위 계승사는 사무엘하 9-20장과 열왕기상 1-2장에 걸쳐서 서술되는 다윗의 왕위 계승에 관한 이야기다. 밧세바가 "누가 내 주 왕의 뒤를 이어 보좌에 앉을 것인가?"(왕상 1:20bβ, מִי יֵשֵׁב עַל־כִּסֵּא אֲדֹנִי־הַמֶּלֶךְ אַחֲרָיו _{미 예쉐브 알-키세 아도니-하멜레크 아하라브})라고 다윗에게 한 질문이 "잘 짜인 구성을 보이는 전체 이야기"[1]를 이끌어가는 핵심 주제가 된다. 이 구절을 중심으로 앞과 뒤에 비슷한 표현 혹은 동일한 표현이 나오는데, 그것은 놀랍게도 모두 나단에게서 나온 말이다. 다윗이 밧세바에게 한 맹세를 나단이 환기해 밧세바로 하여금 그것을 다윗에게 말하게 했고, 밧세바가 다윗과 말할 때에 나단이 들어와 직접 다윗에게 아도니야가 스스로 왕위에 오르려고 하는 모든 행위가 그에게서 나온 것인지를 묻는다. 그리고 그는 밧세바의 말과 동일한 "누가 그의 뒤를 이어 보좌에 앉을 것인가?"(אַחֲרָיו מִי יֵשֵׁב עַל־כִּסֵּא אֲדֹנִי־הַמֶּלֶךְ _{미 예쉐브 알-키세 아도니-하멜레크 아하라브})란 질문에 대한 답을 나의 주 왕께서 직접 자신에게 알려 달라고 말한다. 다급하게 들이닥쳐 아도니야가 스스로 왕이 되려고 하는 것을 전혀 모르고 있는 다윗을 마치 비난하듯 말하는 나단의 이 말은 왕위 계승의 문제를 서술의 세계 속의 핵심 주제로 긴장감 있게 끌어들인다. 누군가가 영화를 만든다면, 아마

....

1   이 표현은 다윗의 왕위 계승사를 판단하는 전통적인 입장으로 볼 수 있다. Dietrich 와 Naumann은 다윗의 왕위 계승사를 "하나의 통일성 있는 문학 작품으로 여겼고, 가장 인상적이고 가장 정교한 서술 문화에 속하는" 것으로 소개한다. 이에 관해서는 Walter Dietrich and Thomas Naumann, *Die Samuelbücher*(EdF 287; Darmstadt: Wissenschaftliche Buchgesellschaft, 1995), 169을 보라.

도 열왕기상의 이 장면을 첫 장면으로 선정하지 않을까? 이 장면을 먼저 긴박하게 묘사한 후 시간을 거슬러 올라가서 왕위 계승에 관한 이야기를 처음부터 이 시점까지 다시 차근차근 전개해나가지 않을까?

이렇게 이야기할 때, 다윗의 왕위 계승사는 말 그대로 "왕위 계승"을 핵심으로 하는 이야기가 된다. 그리고 이것은 약간의 범위 설정의 차이가 있음에도 불구하고, 다윗의 왕위 계승사의 학문적 논의의 출발점이 되는 학자인 레온하르트 로스트(Leonhard Rost)[2]의 입장과 궤를 같이하는 주장이다. 2006년에 다윗의 왕위 계승사를 주제로 하여 교수 자격 논문을 쓴 루드닉(Thilo A. Rudnig)은 로스트의 견해에 수정을 가하며 명실공히 다윗의 왕위 계승사의 권위자[3]로서 다음과 같은 주장을 펼친다. 첫째, 다윗의 왕위 계승사는 솔로몬의 통치 초반에 그의 위대한 영광을 위해 저작된 것이다. 둘째, 저자는 왕궁에 속한 자로 그에게 허용된 왕궁의 기록물을 사용했다. 셋째, 그 범위를 사무엘하 6장과 7장의 일부와 몇몇 추가문이 포함된 9-20장 그리고 열왕기상 1-2장으로 볼 수 있다는 로스트의 주장은 2000년대 초반에 심각한 비판에 직면하게 되었다. 또한 그가 제시한 범위, 주제, 경향성, 본문의 성장 그리고 연대 설정이 모두 위기를 맞았다.[4] 루드닉이 이미 이 주장을 펼쳤던 때인 2006년은 내가 박사 논문을 막 시작한 때다. 그 당시를 회상해보면 내가 로스트의 주장에 기본적으로 동조했을 뿐 아니라 루드닉의 이런 비판적 평가를 외면

....

2   Leonhard Rost, *Die Überlieferung von der Thronnachfolge Davids* (BWANT 42; Stuttgart: Kohlhammer, 1926).

3   이 표현은 나의 주관적인 견해다.

4   Thilo A. Rudnig, *Davids Thron: Redaktionskritische Studien zur Geschichte von der Thronnachfolge Davids*(BZAW 358; Berlin: Walter de Gruyter, 2006), 1과 Rost, *Die Überlieferung*, 104-8 그리고 127 이하를 보라.

하고 있었다. 그런데 많은 시간이 흐른 지금은 다시 루드닉의 주장에 관심을 기울인다. 그가 정확히 지적한 대로 다윗의 왕위 계승사의 시작은 사실 현재까지도 학자들 사이에 일치된 견해가 없을뿐더러 앞으로도 일치될 가능성은 희박하다.[5] 심지어 종결부로서 일반적 동의를 얻는 열왕기상 2:46조차도 어떤 면에서는 3장부터 시작하는 솔로몬 이야기의 서론으로도 고려되기 때문이다.[6] 게다가 명백한 문체의 차이와 내용적 흐름을 깨는 중간 삽입 부분(삼하 21-24장)에 관해서도 그 부분이 왜 거기에 자리하고 있는지가 명쾌하게 설명되지 못하고 있다. 그래서 다윗의 왕위 계승사를 말할 때, 아직까지도 앞에 "소위"란 말을 붙여서 지칭하는 것이 이해할 만하다.

　　루드닉의 비판과 관련해서 더 날카롭게 다가오는 것은 내용적인 면에서의 지적이다.[7] "다윗의 왕위 계승사에 과연 통일성 있는 주제가 있는가"란 질문과 관련하여 위의 첫 번째 단락에서 지적한 것처럼 "왕위

5　다윗의 왕위 계승사는 일반적으로 삼하 9-20장; 왕상 1-2장으로 보지만, 시작이 어디인가에 대한 논란은 현재 진행형이다. 그에 관해서는 A. de Pury and Th. Römer, "Einleitung," in *Die sogenannte Thronfolgegeschichte Davids: Neue Einsichten und Anfragen*(ed. Albert de Pury and Thomas Römer; OBO 176; Freiburg Schweiz: Universitätsverlag, 2000), 2 그리고 Stefan Seiler, *Die Geschichte von der Thronfolge Davids(2 Sam 9-20; 1 Kön 1-2): Untersuchungen zur Literarkritik und Tendenz* (BZAW 267; Berlin: Walter de Gruyter, 1998), 283-96을 참조하라.

6　Rudnig, *Davids Thron*, 2.

7　Rost의 기본적인 주장 중에서 다윗의 왕위 계승사에 대한 경향성, 즉 왕조에 대해 비판적인가 우호적인가의 논쟁과 그와 무관하지 않은 본문의 성장과 편집비평적 논쟁은 신명기 역사서의 틀 속에서 매우 활발하게 전개되고 있다. 그러나 그 모든 논의를 이 책에서는 일단 배제한다. 그것은 그 복잡한 논의로 인해 길을 잃지 않고, 이 책이 추구하는 바에 더 집중하기 위함이다. 이에 대한 자세한 논의는 Dietrich and Naumann, *Die Samuelbücher*, 191-207과 이희학, 『이스라엘 왕국의 역사: 사울, 다윗, 솔로몬 왕국의 역사』(서울: 대한기독교서회, 2002), 120-3을 참조하라.

계승"의 문제가 다윗의 왕위 계승사 전체를 지배하는지 되짚어볼 필요가 있다. 적어도 이 주제는 열왕기상 1-2장에서는 확실한 주제이지만, 그것이 진정 다윗의 왕위 계승사 전체를 이끌어가는 핵심 주제인가? 나는 나름대로 로스트의 주장을 대변하며 이 질문에 답하고자 노력했다. 그래서 사무엘하 9장은 다윗의 왕위 계승 문제에 장애물을 없애는 차원에서의 서술로 의미를 부여했고, 비록 암몬 자손의 경우이지만 10장은 초반부에 나하스에서 하눈으로의 왕위 계승을 이야기하고 있음을 지적했으며, 11-12장은 다윗의 실제적 왕위 계승자인 솔로몬의 출생 및 왕위 계승과 무관하지 않은 다윗 집의 다양한 사건들의 근본적 원인을 다루고 있음을 지적했고, 13-14장은 다윗의 왕위 계승자인 암논의 죽음과 그다음 왕위 계승자인 압살롬의 도망을 다루고 있으며, 15-20장은 왕위 계승자이지만 다윗의 신뢰가 불확실했던 압살롬이 스스로 왕이 되고자 일으킨 반란을 다루고 있는 이야기라고 논증해왔다. 그런데 루드닉이 소개하는 것처럼 다양한 학자들이 제안하는 이 본문의 주제들은 단순히 "왕위 계승"에만 제한되어 있지 않다. 루드닉이 지적하는 바, 다윗의 왕위 계승사의 주제로 제시되는 것은 매우 다양하다.[8] 즉 "정치 권력과 그것의 위태로움에 대한 새롭고 복합적인 경험들"(J. Kegler), "긍정적으로 평가되는 이 새로운 권력을 획득하는 것에 대한 문제"(H. Seebaß), "권력의 딜레마와 당혹스러움"(W. Dietrich; F. Crüsemann), "다윗이라는 인물과 성품"(D. M. Gunn; W. Brueggemann) 또는 "자결적 인간의 행위를 통해 현실을 원하는 방향 대로 만들어갈 가능성"(E. Blum) 등. 이 주제들을 보면 왜 다윗의 "왕위 계승사"(Thronfolgegeschichte)를 "왕궁사"(Court History; J.

....

8   Rudnig, *Davids Thron*, 2-3.

van Seters)나 또는 "다윗 왕의 이야기"(Story of King David; D. M. Gunn)로 지칭하는지 이해할 만하다.[9]

그런데도 나는 루드닉의 기본적 입장에 동의하지는 않는다. 비록 그가 철저하게 분석해서 내놓은 결과들을 책임 있게 검토하고 내리는 신중한 결론은 아니지만, 여전히 더 중요한 부분을 간과할 수 없다는 판단 때문이다. 그것은 다윗의 왕위 계승사를, 비록 "왕위 계승"이라는 주제하에 한정할 필요는 없더라도, 전체적 맥락에서 살필 필요가 있다는 것이다. 나는 특히 앞서 나온 학자들의 다양한 견해 중에서 블룸의 견해를 주목한다. 그가 잘 파악했듯이 다윗의 왕위 계승사에서 논해야 할 핵심 내용은 인간의 삶에 대한 지혜의 성찰이며, 이것은 특히 전도서의 지

....

9   소개된 학자들의 책을 직접 확인하려면 다음의 책들을 참조하라. J. Kegler, *Politisches Geschehen und theologisches Verstehen: Zum Geschichtsverständnis in der frühen israelitischen Königszeit* (Calwer Theologische Monographien, Reihe A: Bibel Wissenschaft 8; Stuttgart: Calwer Verlag, 1977; H. Seebaß, *David, Saul und das Wesen des biblischen Glaubens* (Neukirchen-Vluyn: Neukirchener Verlag, 1980); W. Dietrich, "Das Ende der Thronfolgegeschichte," in *Die sogenannte Thronfolgegeschichte Davids: Neue Einsichten und Anfragen* (ed. Albert de Pury and Thomas Römer; OBO 176; Freiburg Schweiz: Universitätsverlag, 2000), 38-69; F. Crüsemann, "Aporiendarstellung: Ein Beitrag von Jehugeschichte und Thronfolgeerzählung zur biblischen Sicht von Gott und Geschichte," in *Kanon und Sozialgeschichte: Beiträge zum Alten Testament* (Gütersloh: Gütersloher Verlagshaus, 2003), 91-104; D. M. Gunn, *The Story of King David: Genre and Interpretation* (Journal for the study of the Old Testament: Supplement series 6; Sheffield: Department of Biblical Studies, University of Sheffield, 1978); W. Brueggemann, *David's Truth in Israel's Imagination and Memory* (2nd ed.; Minneapolis: Fortress Press, 2002); E. Blum, "Ein Amfang der Geschichtsschreibung? Anmerkungen zur sog. Thronfolgegeschichte und zum Umgang mit Geschichte im alten Israel," in *Die sogenannte Thronfolgegeschichte Davids: Neue Einsichten und Anfragen* (ed. Albert de Pury and Thomas Römer; OBO 176; Freiburg Schweiz: Universitätsverlag, 2000), 4-37; J. van Seters, "The Court History and DtrH: Conflicting Perspectives on the House of David," in *Die sogenannte Thronfolgegeschichte Davids: Neue Einsichten und Anfragen* (ed. Albert de Pury and Thomas Römer; OBO 176; Freiburg Schweiz: Universitätsverlag, 2000), 70-93.

혜가 드라마화되어 펼쳐진 삶의 이야기로서의 교훈이기 때문이다.

　다윗의 왕위 계승사에 대한 논의가 한국의 구약학계 내에서는 아직까지도 비교적 활발하게 이루어지지 않았다. 하지만 이런 상황을 고려할 때, 1990년에 이선혜의 "다윗 왕위 계승사화의 기본층 연구"[10]가 이화여자대학교 대학원의 석사학위 논문으로 존재하고 있다는 사실은 꽤나 놀라운 일이다. 게다가 이 논문이 그즈음을 전후하여 유럽을 중심으로 활발하게 논의되던 다윗의 왕위 계승사를 동시대적으로 다루고 있다는 점에서 인정을 받아 마땅하다. 또한 다윗의 왕위 계승사를 소위 경향 비판(Tendenzkritik)의 관점에서 다루고 있음은 석사학위 논문이란 점을 고려할 때 빼어난 안목이 아닐 수 없다. 이후 다윗의 왕위 계승사에 대한 논의는 2000년대를 넘어서 구약학뿐 아니라 목회 상담학에서도 다시 조금씩 논의가 이어지고 있다.[11] 특히 이은애는 사무엘하 13:1-22을 중심으로 권력과 성폭력의 문제를 다루며, 다윗의 왕위 계승사에 "매우 다양하고 비통일적인 문학적 내용과 신학적 주제들"이 포함되어 있다고 주장한다. 또한 그는 그것이 "왕위 계승을 둘러싼 갈등과 대립을 통해서 왕정의 부정적인 면을 부각시킴으로써 왕정 자체에 대한 비판적인 관점

··········

10　이선혜, "다윗 왕위 계승사화의 기본층 연구"(미간행 석사학위논문, 이화여자대학교, 1990).

11　오민수, "지혜 문학적인 역사서술: 다윗의 왕위 계승사 (삼하 9장-왕하 2장)", 『구약논단』 제58집(2015), 74-104; 박유미, "다윗 왕조의 동반자로서의 지혜로운 여성들: 사무엘서의 지혜로운 여성 연구", 『성경과 신학』 제77집(2016), 1-28; 손종희, "אֲנִי אֶמְלֹךְ"-다윗 왕위 계승 순위의 뒤틀림", 『구약논단』 제60집(2016), 98-131; 김주환, "왕위 계승 문제와 해석 가능성에 관한 고찰: 솔로몬 계승 이야기(왕상 1장)를 중심으로", 『대학과 선교』 제40집(2019), 71-98; 이은애, "권력과 성폭력: 사무엘하 13:1-22을 중심으로", 『구약논단』 제73집(2019), 217-45; 김태두, "다윗 왕의 역기능 가족에 대한 목회상담학적 이해와 적용", 『복음과 상담』 제28집(2020), 109-34; 이재호, "다윗의 우리아 살인 교사 사건: 심리 분석", 『목회와상담』 제34집(2020), 206-41.

에서 이스라엘 역사를 서술하는 기능을 한다"고 주장했다.[12] 이은애가
파악하는 다윗의 왕위 계승사에 대한 정의는 이미 여러 학자들의 다양
한 견해들에 대한 인식을 토대로 본인 나름의 입장을 견지하는 것으로
볼 수 있다. 그러나 구약학계에서 왕위 계승사의 전체 본문에 대해 여전
히 더 많은 관심이 필요하고, 더 활발한 학문적 논의가 진행되어야 하며,
더 폭넓게 대중에게 소개되어야 한다. 그것은 다윗의 왕위 계승사가 단
순히 신학적인 면에서만 중요한 것이 아니라 사람이 살아가는 삶의 이
야기를 담고 있되, 운명의 한계 속에서 절망하지만, 그 속에서 인생을 개
척해나가는 인간의 처절한 노력과 그 성패의 결과를 그림과 같이 펼쳐
보이기 때문이다.

....

12   이은애, "권력과 성폭력: 사무엘하 13:1-22을 중심으로", 『구약논단』 제73집(2019),
     221.

2. 지혜의 관점에서 분석한 다윗의 왕위 계승사

다윗의 왕위 계승사의 지혜를 논하는 학자들을 언급할 때, 폰 라트 (Gerhard von Rad)가 우선적으로 언급되어야 한다. 발터 디트리히(Walter Dietrich)와 토마스 나우만(Thomas Naumann)에 의하면, 비록 폰 라트가 다윗의 왕위 계승사의 지혜를 언급한 적은 없지만, 그는 지혜적이고 교훈적인 이야기로서의 요셉 이야기가 소위 "다윗-솔로몬 르네상스" 시대에 예루살렘 왕궁에서 생산된 작품이라고 보았는데,[1] 이러한 그의 생각은 다윗의 왕위 계승사에도 비슷한 시도를 하도록 길을 터준 것으로 평가된다.[2] 실제적으로 다윗의 왕위 계승사의 지혜를 논한 최초의 학자는 와이브레이(R. N. Whybray)로 볼 수 있다.[3] 와이브레이는 다윗의 왕위 계승사는 다름 아닌 잠언에 나타나는 지혜적 개념들이 드라마화된 것 (dramatization of proverbial wisdom)이라고 주장한다.[4] 와이브레이가 주장하

....

1   Von Rad는 요셉을 요셉 이야기와 이스라엘의 고대 지혜 사이를 연결하는 교육의 이 상적 인물(Bildungsideal)로 이해했다. Gerhard von Rad, "Josephsgeschichte und ältere Chokma," in *Gesammelter Studien zum Alten Testament*(TB 8; München: Kaiser, 1961), 272-80, 특히 273을 보라.

2   Dietrich and Naumann, *Die Samuelbücher*, 216-7.

3   Roger Norman Whybray, *The Succession Narrative: A Study of II Samuel 9-20; I Kings 1 and 2* (SBT II,9; London: SCM, 1968). Whybray는 von Rad가 이에 관해 직접적으로 의견을 말하기도 했었으나 실제적 연구는 자신이 수행했음을 밝히기도 한다. 이에 관해서는 Roger Norman Whybray, *The Intellectual Tradition in the Old Testament*(BZAW 135; Berlin: Walter de Gruyter, 1974), 1, Fn. 1과 거기서 언급된 Gerhard von Rad, "Der Anfang der Geschichtsschreibung im alten Israel," in *Gesammelte Studien zum Alten Testament*(TB 8; München: Kaiser, 1961), 148-188, 특히 180 이하를 보라.

4   Whybray, *The Succession Narrative*, 78 이하.

는 잠언적 지혜의 핵심 개념은 지혜와 자문(council)의 중요성,[5] "보응" 사상,[6] 인간 운명의 통제자로서의 야웨[7] 그리고 제의에 대한 자세[8]다. 이러한 주제들에 대해 왕위 계승사는 사무엘서에 나오는 다윗에 관한 다른 이야기에 반영된 이스라엘의 거룩한 전통보다는 잠언으로 대표되는 서기관적 지혜에 가깝게 다가서 있다는 주장이다.[9] 이후 다윗의 왕위 계승사에서 지혜를 말하는 학자들의 반응은 다양하게 나타났다. 크렌쇼(J. L. Crenshaw)는 특히 지혜의 개념을 남용하는 위험성을 강조하며 와이브레이의 지혜 개념이 너무 광범위해서 와이브레이가 말하는 지혜의 요소는 왕위 계승사 외의 다른 본문에서도 얼마든지 찾을 수 있음을 지적했다. 그리고 그는 지혜를 이야기하는 어떤 특정한 언어 형식에는 엄격한 제한과 판단 기준이 필요하다고 비판했다.[10] 한편 와이브레이에 부분적으로 동의하는 학자도 찾아볼 수 있다. 발터 디트리히와 토마스 나우만에 의하면, 가령 프랑크 크뤼제만(Frank Crüsemann)은 다름 아닌 잠언의 왕궁 지혜에 내포되어 있는 통치자에 대한 비판이 다윗의 왕위 계승사에서 관찰되는 솔로몬 비판의 사상적 고향으로 보았고, 다윗의 왕위 계승사가 왕정이란 제도에 기본적으로 긍정적 관점을 지니고는 있으나 그 안에서 그는 왕정의 부정적 가능성에 대한 지식을 확인한다.[11] 한

....

5   Whybray, *The Succession Narrative*, 57-60.

6   Whybray, *The Succession Narrative*, 60-2.

7   Whybray, *The Succession Narrative*, 62-6.

8   Whybray, *The Succession Narrative*, 66-71.

9   Whybray, *The Succession Narrative*, 71.

10   James L. Crenshaw, "Method in Determining Wisdom Influence upon "Historical" Literature," *JBL* 88 (1969): 129-42. 그리고 Dietrich and Naumann, *Die Samuelbücher*, 217을 참조하라.

11   Dietrich and Naumann, *Die Samuelbücher*, 218. 또한 Frank Crüsemann, *Der Widerstand*

스-위르겐 헤어미손(Hans-Jürgen Hermisson)도 지혜와 역사 서술의 관계를 말하며 다윗의 왕위 계승사의 저자가 어떤 특정한 지혜의 용어를 사용하지는 않으나 명백하게 지혜의 지평에서 세계를 서술하는 역사 서술의 패턴을 사용한다고 보았다.[12] 그 외에도 사무엘하 14장의 드고아에서 온 지혜로운 여인과 20장의 아벨-벤-마아가의 지혜로운 여인을 중심으로 다윗의 왕위 계승사에서의 지혜를 논하는 여성학자로는 슈로어(S. Schroer), 캄프(C. v. Camp) 그리고 브렌너(A. Brenner)가 있는데 이들은 모두 와이브레이와 동일하게 다윗의 왕위 계승사에서의 지혜를 논하는 학자들로 볼 수 있다.[13]

에어하르트 블룸(Erhard Blum)은 특히 다윗의 왕위 계승사의 지혜를 규정하는 가장 기본적인 토대를 "인간의 현실에 대한 의식적 인지"(bewußte Wahrnehmung der Wirklichkeit des Menschen)로 파악한다. 이 관점에서 볼 때, 다윗의 왕위 계승사 속에서는 "형성 가능성"(Gestaltungsmöglichkeit) 혹은 "실행 가능성"(Machbarkeit)에 대한 고찰, 즉 인간이 현실 속에서 스스로 결정하여 무엇인가를 실행하고 목표하는 바를 이루어낼 수 있는지에 대한 탐구와 그 한계에 대한 인지가 확인되며, 그러한 경험이 (지혜적) 서술의 전제조건이 된다는 것이다. 내가 보기에 블룸은 다윗의 왕위 계승사의 이러한 서술 의도를 그 속에서 펼쳐지

....

gegen das Königtum: Die antiköniglichen Texte des Alten Testaments und der Kampf um den frühen israelitischen Staat(WMANT 49; Neukirchen-Vluyn: Neukirchener Verlag, 1978), 187-93을 보라.

12   Hans-Jürgen Hermisson, "Weisheit und Geschichte," in *Probleme biblischer Theologie. Gerhard von Rad zum 70. Geburtstag* (ed. Hans Walter Wolff; München: Kaiser, 1971), 137-48, 특히 142를 보라.

13   이에 관해서는 Dietrich and Naumann, *Die Samuelbücher*, 218을 참조하라.

는 다양한 삶의 모습에서 이미 감지되며 더 추구해야 할 은밀한 탐구대 상으로 판단한다.[14]

나 역시 다윗의 왕위 계승사의 지혜를 "역설화된 지혜"로 해석했다. 다윗의 왕위 계승사의 지혜는 단순하게 지혜의 능력을 입증해 보여주는 듯 보이기도 하지만, 그 지혜로 주어지는 결과가 무엇인가를 질문할 때, 그 대답은 결코 단순하게 제시되지 않는다. 이 지혜는 일차적으로는 역 설을 통해서 표현되며 그 서술 방식을 통해 궁극적으로 제시하려는 것 은 지혜를 비판하는 것 혹은 지혜의 한계를 제시하는 것이라고 말할 수 있다.[15] 지혜의 한계를 명확하게 드러내어 그 한계를 알고 인정하게 하는 것이 전도서 지혜의 핵심임을 생각하면, 이 책이 목표하는 바는 확실히 나의 이전 연구에서 발전한 것이라고 할 수 있다.

··········

14 Erhard Blum, "Ein Anfang der Geschichtsschreibung? Anmerkungen zur sog. Thronfolgegeschichte und zum Umgang mit Geschichte im alten Israel," in *Die Sogenannte Thronfolgegeschichte Davids: Neue Einsichten und Anfragen* (ed. Albert de Pury and Thomas Römer; OBO 176; Freiburg Schweiz: Universitätverlag and Göttingen: Vandenhoeck & Ruprecht, 2000), 31을 보라.

15 이에 관해서는 Cha-Yong Ku, *Weisheit in der Thronfolgegeschichte Davids: Eine literarkritische und literaturwissenschaftliche Untersuchung der Weisheitsdarstellung unter besonderer Berücksichtigung ihrer Ironiesierung*(KAANT 9; Kamen: hartmut spenner, 2009)을 참조하라.

3. 연구방법론상의 문제들

나는 2020년 가을에 "구약성서와 지혜"라는 주제로 열린 제114차 한국 구약학회 추계학술대회에서 주제 발표를 했다. 그때 발표한 논문의 제목이 "삶의 교훈으로서의 구약의 지혜: 잠언과 전도서의 지혜가 드라마화된 다윗의 왕위 계승사를 중심으로"였다. 그리고 이후 신학사상 191집(2020 겨울)에 동일 내용의 논문을 게재했다.[1] 이 사실을 여기에 밝히는 이유는 그 주제 발표와 게재된 논문이 다름 아닌 이 책을 집필하는 연구 방법론에 관한 것이었고, 또한 그 예시적 연구로서 사무엘하 10:1-5을 사용했기 때문이다. 이제 연구 방법론상의 문제들을 논하려는 이 장에서 그 내용을 다시 반복할 수가 없다. 따라서 여기서는 그 내용을 요약적으로 소개하고 지면상 거기에 싣지 못한 부분을 위주로 언급하고자 한다.

1) 삶의 교훈으로서 구약의 지혜

삶의 교훈으로서 구약의 지혜는 삶 속에서 겪게 되는 다양한 경험적 사실에 대한 지혜자의 관찰 및 숙고로 정의할 수 있다. 다윗의 왕위 계승사에서 이것은 특별히 다른 전통 혹은 다른 사상과의 논쟁을 통해 서술

----

[1] 구자용, "전도서의 지혜가 드라마화된 다윗의 왕위 계승사: 사무엘하 10:1-5를 중심으로", 『神学思想』 제191집(2020), 237-65.

된다고 할 수 있는데, 그런 면에서 다윗의 왕위 계승사의 지혜는 전도서의 지혜와 깊은 연관성을 맺는다. 욥기서와 함께 이스라엘 지혜의 독특한 한 면을 대변하는 전도서 저자의 모습은 특징적인 동사 세 개로 규정될 수 있다. 1인칭 화법으로 표현되는 전도자의 행위는 "내가 보았다"(רָאִיתִי 라이티), "내가 내 마음에 말했다"(אָמַרְתִּי אֲנִי בְּלִבִּי 아마르티 아니 벨리비), 즉 "내가 숙고했다" 그리고 "내가 깨달았다"(יָדַעְתִּי 야다티)이다. 그는 삶의 세계와 현실을 세밀히 관찰한다. 그 경험적 관찰은 그의 내면뿐만 아니라 외적으로도 끊임없는 대화와 논쟁을 통해 자신만의 정교한 언어로 발전되어 표현된다. 따라서 그렇게 만들어진 전도서 저자의 교훈은 단순히 이론적 지혜로만 머물지 않고 사람의 실제적인 삶에 깊이 연관된 교훈으로 평가된다. 구약의 지혜 문학을 논하는 최근의 학자들이 전도서의 지혜를 표현하는 두 가지 핵심어인 "일관된 경험 신학"(konsequente Erfahrungstheologie)[2]과 "지혜의 담론적 성격"(Diskursivität der Weisheit)[3]은 각각 그러한 평가가 정당한 것임을 뒷받침한다.

이 두 가지 핵심어로 다시 돌아오기 전에 먼저 구약의 지혜가 이전에 어떻게 논의되었는지를 간단히 살펴보고자 한다. 모든 연구자를 세세히 다 살펴보는 것은 이 책에서 목표하는 바가 아니므로 우리는 폰 라트를 중심으로 구약 지혜 논의의 흐름을 살펴보려고 한다. 특히 폰 라트

....

2   이에 관해, Martin Leuenberger, "Konsequente Erfahrungstheologie im Hiob- und Qoheletbuch," in *Die theologische Bedeutung der alttestamentlichen Weisheitsliteratur* (ed. Markus Saur; BThSt 125; Neukirchen-Vluyn: Neukirchener Verlag, 2012), 33-6을 참조하라.

3   이에 관해서는 Markus Saur, "Sapientia discursiva: Die alttestamentliche Weisheitsliteratur als theologische Diskurs," *ZAW* 123 (2011): 237과 Leuenberger, "Konsequente Erfahrungstheologie im Hiob- und Qoheletbuch," 61을 참조하라.

에 대한 오해와 그가 현재 어떻게 재평가되는지를 중심으로 논해보고자
한다.

2) 폰 라트에 대한 재조명

지난 세기의 구약의 지혜 문학 연구를 논할 때 폰 라트를 먼저 그리고 핵
심적으로 언급하지 않을 수 없다. 그러나 폰 라트의 광대한 전체 연구를
다시 점검하고 파악할 수 없으므로 여기서는 그에 대한 후대 학자들의
평가를 중심으로 그를 논할 수 밖에 없다. 먼저 베르너 H. 슈미트(Werner
H. Schmidt)는 일반적 삶 속에서 드러나는 보편적 지혜 현상을 하나님의
구원 행위와 연관시키는 폰 라트의 특수주의적 관점을 비판적으로 평가
한다.[4] 그에 의하면, 폰 라트는 자신의『구약성서신학』[5]에서 구약에 나타
나는 지혜의 현상, 즉 "(이른 시기의) 경험적 지혜와 (늦은 시기의) 신학적
지혜를 시편과 함께 근본적인 구원의 행위에 대한 이스라엘의 응답"으
로 파악한다. 슈미트는 폰 라트가 스스로 염려했던 "구약의 신학적 문제
들을 역사신학적 영역에서 일방적으로 보는 위험(GSt I3 311)"이 있지는
않은지를 지적한다.[6] 천사무엘도 이런 폰 라트의 입장에 대해서 이스라

....

4   Werner H. Schmidt and Winfried Thiel and Robert Hanhart, *Altes Testament* (GKT 1;
     Stuttgart: Kohlhammer, 1989), 45.

5   Gerhard von Rad, *Theologie des Alten Testaments. Bd. I: Die Theologie der geschichtlichen
     Überlieferungen Israels* (8th ed.; Einführung in die evangelische Theologie 1; München:
     Kaiser, 1982), 430 이하를 참조하라. 이 책의 한글 번역서 G. 폰 라트, 허혁 옮김,『旧約聖
     書神學 제1권: 이스라엘의 歷史的 伝乘의 新学』(칠곡: 분도출판사, 1976/2015)의 해당
     부분을 참조하라.

6   Werner H. Schmidt and Winfried Thiel and Robert Hanhart, *Altes Testament*, 45. 직접 인

엘의 역사 전승과 예언 전승을 다루는 그의 두 권의『구약성서신학』[7]을 언급하며 적어도 그때까지는 폰 라트가 지혜 전승을 그의 구약 신학에서 주변적인 것으로 다루고 있었다고 평가한다.[8] 그리고 천사무엘도 위의 슈미트의 견해와 같이 폰 라트는 지혜 문학을 역사를 통해서 주어진 하나님의 계시, 즉 오경과 예언서에 나타나 있는 구약 신학의 중심인 구속사에 대한 인간의 응답에 불과한 것으로 보았다고 판단한다.[9] 폰 라트에 대한 이 두 학자의 평가는 틀리지 않았다. 천사무엘이 폰 라트 외에도 미국의 대표적인 구약 학자로 꼽은 G. E. 라이트(G. E. Wright)[10]나 영국의 대표적인 구약 학자로 꼽은 R. E. 클레멘츠(R. E. Clements)[11]도 구약신학을 다룸에 있어서 구약의 지혜 문학을 소외시키고 있다. 그들은 성서 전체의 신앙을 개괄할 때 역사서나 예언서에 나타나 있는 신앙 유형이 지혜 문서의 내용에 부합하지 않으며, 따라서 성서 전체의 신앙을 하나의 일관된 사고로 개괄할 수 없게 만든다고 평가한다. 천사무엘은 그 원인

....

용으로 처리된 von Rad의 주장은 Schmidt 책에서 재인용함.

7 첫 번째 책은 위에 언급되었고 두 번째 책은 Gerhard von Rad, *Theologie des Alten Testaments. Bd. II: Die Theologie der prophetischen Überlieferungen Israels*(3d ed.; Einführung in die evangelische Theologie 1; München: Kaiser, 1960)다. 이 책의 한글 번역서도 참고하라. G. 폰 라트, 허혁 옮김,『旧約聖書神学 제2권: 이스라엘의 予言的 伝乗의 新学』(칠곡: 분도출판사, 1977/2003).

8 천사무엘,『지혜 전승과 지혜 문학, 지혜 문학의 눈으로 다시 본 성서』(서울: 동연, 2009), 18. "주변적인 것"이라는 표현은 적절하지는 않은 것으로 보인다. 이 표현은 어디까지나 von Rad의『구약성서신학』두 권까지만 볼 때의 문제이지, 그의 이스라엘의 지혜에 관한 책이 있음을 간과해서는 안 된다. 따라서 von Rad가 지혜 전승을 소홀히 했다고 볼 수는 없다. Gerhard von Rad, *Weisheit in Israel*(GTB 1437; Gütersloh, Gütersloher Verlagshaus, 1992)을 참조하라.

9 천사무엘,『지혜 전승과 지혜 문학, 지혜 문학의 눈으로 다시 본 성서』(서울: 동연, 2009), 18 참조.

10 G. E. Wright, *God Who Acts* (Chicago: A. R. Allenson, 1956).

11 R. E. Clements, *Old Testament Theology* (Atlanta: John Knox, 1978).

이 다름 아닌 구약의 지혜 문학 내에 존재하는 고대 근동의 문학적 요소 때문이라고 지적한다.[12] 이것이 구약성서 신학에서 구약의 지혜 문학을 서술하는 일반적 입장이다.

그러나 천사무엘이 바르게 지적하는 것처럼 지혜 문학에 대한 인식의 전환은 시급하다. 그가 강조하는 여러 핵심점 가운데 무엇보다도 중요한 것은 지혜 문학을 통해 하나님이 교훈하시는 바가 다름 아닌 "자연을 통하여 인간이 살아가는 삶의 방법"이라는 사실이다.[13] 특히 천사무엘의 통찰력은 이 책의 저술에 중요한 의미를 부여한다. 천사무엘에 의하면 칼 바르트(K. Barth)에서 비롯된 "그리스도 중심의 계시 신학"은 "창조, 창조 질서, 창조 신앙, 창조 신학 등에 대한 신학적 연구의 소홀"이라는 부정적 결과를 초래했다.[14] 이것은 삶이 결부된 실제적 신앙에도 역시 부정적 결과를 가져왔다. 천사무엘에 따르면 그러한 부정적 결과는 다음과 같이 세 가지다. 첫 번째는 예수 그리스도 안에서의 구원 신앙에만 집중된 교회 교육과 말씀 선포다. 두 번째는 하나님의 창조세계에 대한 이성적 사유에 대한 무관심 또는 신앙적 공백이다. 세 번째는 세계와 우주를 세속의 영역으로만 방치하게 한 것이다. 천사무엘은 이 문제를 지혜 신학과 창조 신학으로 해결하고 나아가 "삶"의 문제를 다시 풍요롭게 해야 할 필요성이 있음을 주장했다.[15]

이와 관련하여 안근조 역시 델(K. J. Dell)의 주장을 통해 지혜 문학에 대한 인식 전환의 중요성을 강조했다. 안근조가 소개하는 델의 주장을

....

12   천사무엘, 『지혜 전승과 지혜 문학, 지혜 문학의 눈으로 다시 본 성서』, 17-23.
13   천사무엘, 『지혜 전승과 지혜 문학, 지혜 문학의 눈으로 다시 본 성서』, 29.
14   천사무엘, 『지혜 전승과 지혜 문학, 지혜 문학의 눈으로 다시 본 성서』, 27.
15   천사무엘, 『지혜 전승과 지혜 문학, 지혜 문학의 눈으로 다시 본 성서』, 27-8.

보면, 지혜 문학이 구약성서 신학의 중심에 설 수 없었던 것은 다름 아니라 지혜에 대한 단순한 이해 때문이었다. 즉 구약의 지혜가 첫째, 단순한 잠언에서 후기 신학적 잠언으로 발전했다는 것, 둘째, 본래 세속적인 관심에서 점차 야웨 신앙과의 관련성을 가졌다는 것, 셋째, 이스라엘의 지혜를 고대 근동 지혜의 영향으로 보며 국제적 지혜를 과신했다는 것이다. 그러나 델에 의하면 지혜는 오히려 야웨 종교의 초기에서 그리고 야웨 신앙 고백의 중심에서 발견되어야 한다. 안근조는 이러한 델의 주장에 기반해 그녀가 제시하는 지혜 논의의 새로운 방향을 세 가지로 소개한다. 첫째, 지혜 형성의 사회적 배경과 관련하여 지혜가 어떤 공식적인 교육 기관을 통해서만 전수되었고 게다가 지혜의 성격이 후대에 이르러서야 본질적 모습이 완성되었다는 발전론적 사관에만 집착하지 말고 오히려 이스라엘의 지혜가 초기부터 가정 중심의 교육 환경에서부터 배태되어 발전되었다는 주장에 대해 좀 더 정당한 이해가 필요하다는 것이다. 둘째, 지혜 전승의 문학적 형성 역사에 대한 기존의 주장, 즉 솔로몬의 시대로부터 구전 형태로 전승되던 잠언이 이후에야 문서화되었다는 전제는 이스라엘의 지혜를 단지 국제적 지혜에 종속된 것으로만 이해하게 하므로 오히려 지혜 전승의 문학적 형성을 초기와 후기의 구분 없이 이스라엘 종교사 전체에 걸쳐 일관되게 진행된 것으로 보아야 한다는 것이다. 셋째, 신학적 영역과 관련하여 폰 라트가 주장하는 대로 이스라엘의 지혜가 세속적 지혜에서 신학적 지혜로 발전되었다는 견해보다는 H. H. 슈미트의 주장을 따라 이스라엘은 처음부터 하나님과 동떨어진 세상을 생각해본 적이 없으며, 이스라엘의 지혜는 우주적이고 보편적인 성격의 지혜로부터 기원하여 점차 인간 중심적이고 특정적인 지혜로 자

리매김을 해나간 것으로 보아야 한다는 것이다.[16]

구약의 지혜를 구약의 핵심적 신앙과 어떤 관계 아래서 정립할 것 인가, 즉 구약의 지혜가 구약 신학의 중심에 있는가, 그렇지 않은가의 논의와 연관하여 폰 라트를 재조명한 슈빈호르스트-쉔베르거(Ludger Schwienhorst-Schönberger)의 주장[17] 역시 이 책의 전체적인 방향을 설정하는 데 있어 매우 중요하다. 슈빈호르스트-쉔베르거는 역사비평적 해석 방법에 의해 변두리에 위치하게 된 구약성서의 지혜를 폰 라트가 변두리에서 중심으로 이동시켰다고 평가한다.[18] 그에 따르면, 폰 라트는 성서 본문의 해석에서 "해석자의 역할"을 강조했고, 구약신학적 논의에서 변두리로 취급받던 지혜 문학을 당당히 중심으로 끌어왔다.[19] 특히 폰 라트 가『구약성서신학』제1권에서 이미 이스라엘 초기로부터의 경험적 지혜 의 기초를 창조에 근간을 두고 있는 숨겨진 질서로 보았고, 그 질서를 찾는 지혜의 노력은 체다카(צְדָקָה)를 찾는 노력과 다르지 않으며, 그 행위 의 이면에 야웨의 활동이 부정되지 않음을 말하고 있음[20]을 생각한다면, 위 단락에서 델이 판단한 구약의 지혜 문학에 대한 입장이 과연 폰 라트

....

16   안근조,『히브리 지혜전승의 변천과 기독교의 기원』(서울: 동연, 2016), 29-32. Dell의 이 견해들을 Katharine J. Dell, "On the Development of Wisdom in Israel," in *Congress Volume: Cambridge 1995*(ed. John A. Emerton; Leiden: Brill, 1997), 150에서 참조하라.

17   Ludger Schwienhorst-Schönberger, "Alttestamentliche Weisheit im Diskurs," *ZAW* 125 (2013), 118-42. 이 논문의 한국어 번역문인 Ludger Schwienhorst-Schönberger, "구약 성서 지혜에 대한 논의", Thomas Römer 외 6인, 민경구 옮김,『구약신학 연구동향』(서울: CLC, 2016), 132-71을 함께 참조하라.

18   Schwienhorst-Schönberger, "Alttestamentliche Weisheit im Diskurs," 119-20.

19   구자용, "전도서의 지혜가 드라마화된 다윗의 왕위 계승사: 사무엘하 10:1-5을 중심으로", 240-1.

20   Von Rad, *Theologie des Alten Testaments. Bd. I*, 382 이하와 이윤경, "잠언의 "가난과 부" 주제에 나타난 종말론적 지혜",『神學思想』제183집(2018), 72을 참조하라.

의 입장이었는지가 의심된다. 내가 보기에 이것은 폰 라트를 오해한 것이 아닌가 싶다. 이스라엘 초기의 경험적 지혜와 그것의 신학적 연결 그리고 숙고와 상황적·역사적 읽기의 주체자로서 해석자의 역할에 중심을 둔 성서 본문의 해석은 최근의 구약 지혜 문학 논의를 주도하는 학자들의 핵심적 개념과도 연결될 뿐 아니라 그것의 효시가 될 수 있다.

3) 일관된 경험 신학과 지혜의 담론성

마르쿠스 자우어(Markus Saur)와 마르틴 로이엔베르거(Martin Leuenberger)로 대표되는 최근 지혜 문학 논의의 핵심은 "일관된 경험 신학"과 "지혜의 담론성"으로 파악된다. (후기) 지혜의 형식인 "일관된 경험 신학"은 전통적인 지혜 신학보다 경험에 대해서 명확한 입장을 보이고 있고, 그 가치를 더 높게 평가하는 것으로 이해될 수 있으며, 더 나아가 신학적 진술에조차 그것을 검증하려는 지위까지 요구한다.[21] 그러나 로이엔베르거에 의하면, "일관된 경험 신학"이 말하는 경험에 대한 이러한 "단독 가치권 주장"(Alleingeltungsanspruch)에는 함께 고려해야 할 요소가 있다. 그것은 다름 아닌 "유효 범위 제한"(Reichweitenbeschränkung)이다.[22] 로이엔베르거는 이 두 개념, 즉 "단독 가치권 주장"과 "유효 범위 제한"에 관해

....

21 Leuenberger, "Konsequente Erfahrungstheologie im Hiob- und Qoheletbuch," 35. 약간은 모호한 부분이 있어 이전에 언급했던 부분을 다시 설명한다. 구자용, "전도서의 지혜가 드라마화된 다윗의 왕위 계승사: 사무엘하 10:1-5를 중심으로", 242의 진술과 비교할 것.

22 Leuenberger, "Konsequente Erfahrungstheologie im Hiob- und Qoheletbuch," 41.

서 다음과 같이 말한다.

> 욥기와 전도서에 가장 강조된―소위 지혜의 비판이라는 틀 안에서 발전
> 된―이 두 입장은 모든 차이점에도 불구하고 다음의 사실에서 일치한다.
> 즉 두 입장이 각각 [자신을] 경험에 연계하되 엄격하게, 즉 당대의 상식에
> 비춰봐도 논란의 여지가 없도록 연계하면서 일종의 유추적 논쟁 방식을 담
> 론적으로 펼쳐나가는 것에서 일치한다.[23]

다시 말하면, 이것은 경험이 확고한 판단 기준이 됨과 동시에 인식의 한
계를 확고히 하는 이중적 역할을 하고 있다는 것이다.

욥기에서도 욥의 문제를 놓고 욥과 그의 친구들이 그들 자신의 온
갖 경험과 지식을 총동원하여 논쟁할 때, 우리는 욥의 친구들의 경험과
욥 자신의 경험이 각각 확고한 판단 기준으로 작용하는 동시에 그 확고
한 판단 기준을 의심하는 또 다른 잣대가 됨을 확인할 수 있다. 물론 이
둘이 부딪힐 때, 판단의 몫은 독자에게 주어진다. 또한 전도자 자신이 세
상을 관찰하여 파악한 경험적 지식은 전도서의 다양한 진술로 나타나는
데 그러한 진술은 그가 스스로 발견한 것과 그에게 전달되는 다양한 사
상들에 대한 검증의 잣대가 될 뿐 아니라 자신의 깨달음에만 기초하여
확고한 판단을 내리지 못하게 하는 것으로도 기능한다.

자우어는 특히 이러한 담론성을 성서 본문에, 그것도 지혜 문헌에
직접적으로 연결하여 적용한다. 그래서 그는 성서 해석에서 이런 담론
을 독자를 조종하는 암시로 편집자의 특정한 의도를 담은 신학적 대화

....
23   Leuenberger, "Konsequente Erfahrungstheologie im Hiob‐ und Qoheletbuch," 41.

로 해석해야 한다고 보았다.[24]

4) 구약 지혜 문학 외에서 지혜를 논하는 문제

한편 구약 지혜 문학에 관한 논의에서 중심부의 문제는 아니지만 빠지지 않고 언급되는 것이 지혜 문학서 외의 부분에서 지혜의 영향을 논하는 것이다.[25] 자우어가 비교적 최근에 발간한 지혜 문학개론서 역시 히브리 성서에서의 지혜 사상의 흔적을 추적한다. 그는 시편과 예언서 외의 이야기 형식의 구약 문서들 가운데 지혜의 영향을 언급할 때, 요셉 단편, 에스더서, 다니엘 이야기, 요나서, 룻기 그리고 파라다이스 이야기(창 2-3장)를 언급한다. 하지만 놀랍게도 그는 다윗의 왕위 계승사에 대해서는 철저하게 침묵한다.[26] 그 이유가 무엇일까? 지혜 문학서 외의 지혜의 영향을 논할 때, 지혜에 대한 분명한 판단 준거를 두지 않으면 언제나 논의의 폭이 확대되어 의미 있는 결론을 끌어내기에 어려움이 있는 것은 사실이다.[27] 그것은 지혜 자체가 삶의 모든 부분에 연관되므로 당연히 예

....

24 Saur, "Sapientia discursiva: Die alttestamentliche Weisheitsliteratur als theologische Diskurs," 236-7 그리고 247을 보라. 또한 구자용, "전도서의 지혜가 드라마화된 다윗의 왕위 계승사: 사무엘하 10:1-5를 중심으로", 243을 보라.
25 예를 들면 예언서들 가운데 이사야서, 아모스서, 미가서 등과 구약의 법, 창세기 2-3장 그리고 시편 등을 들 수 있다. 언급된 부분들 외에도 요나서, 에스더서와 묵시문학 등에서의 지혜의 영향에 관한 논의가 있다. James L. Crenshaw, 강성열 옮김, 『구약 지혜 문학의 이해』(서울: 한국장로교출판사, 1993/2012), 51-54.
26 Markus Saur, *Einführung in die alttestamentliche Weisheitsliteratur*(Darmstadt: WBG, 2012), 134-140을 보라.
27 비슷한 입장을 표명하는 Preuß의 견해를 잠시 살펴보면, 그 역시 구약 지혜 문학 이외의 지혜의 영향을 언급할 때, 무분별한 논의를 제한하는 조건으로 지혜의 "형식과 내용"을

상되는 어려움이다. 하지만 그의 지혜 문학에 대한 최근 논의의 개념들은 다윗의 왕위 계승사의 지혜를 논하기에 오히려 적절해 보인다. 다윗의 왕위 계승사는 인간 삶의 현실적 한계와 그 속에서의 가능성을 철저히 경험적 관찰을 토대로 서술하고 있고,[28] 또한 서술 방식 자체도 수용미학적(rezeptionsästhetisch) 관점에서 독자들을 적극적으로 해석의 자리로 그리고 담론으로 끌어들이기 때문이다. 다윗의 왕위 계승사는 소위 빈틈 이론(Gap theory; Leerstellentheorie)[29]을 사용하여 본문과 독자 사이의 끊임없는 대화를 가능케 하고 그 토대 위에서 현명한 독자를 향해 "소통에 기반한 담론"(discourse in term of communication)적 해석[30]을 요구한다. 그러한데 어떻게 지혜 문학 외의 구약 지혜를 논함에 있어서 다윗의 왕위 계승사를 누락할 수 있을까? 그것은 매우 부당한 일이다.

5) 다윗의 왕위 계승사의 드라마화와 독서의 드라마

이제 바로 앞 장의 마지막 부분에서 간략히 밝힌 다윗의 왕위 계승사의 서술 방식과 그것에 기반한 해석의 방법을 이야기하고자 한다. 위의 요약에서 핵심어를 짚어낸다면, 우리는 수용미학적 관점, 현명한 독자, 담

....
　　따라 그것이 정말 전형적으로 지혜적인 것이며 그렇게 판단할 수 있는가를 질문한다. 이에 관해서는 Horst Dietrich Preuß, *Einführung in die alttestamentliche Weisheitsliteratur*(UB 383; Stuttgart: Kohlhammer, 1987), 154을 참조하라.

28　　Blum, "Ein Anfang der Geschichtsschreibung?," 31을 보라.

29　　Meir Sternberg, *The Poetics of Biblical Narrative: Ideological Literature and the Drama of Reading*(Bloomington: Indiana University Press, 1987), 186 이하를 참조하라.

30　　Sternberg, *The Poetics of Biblical Narrative*, 15을 참조하라.

론의 세계, 빈틈 이론, 본문과 독자의 대화, 소통에 기반한 담론 등을 말할 수 있다.

다윗의 왕위 계승사란 내러티브에 사용된 서술 방식에 대해서 말할 때 빠뜨릴 수 없는 학자는 바로 마이어 슈테른베르크(Meir Sternberg)다. 슈테른베르크는 자신의 『성서 내러티브의 시학』(*The Poetics of Biblical Narrative: Ideological Literature and the Drama of Reading*)의 첫 장에서 "The Drama of Reading"의 개념을 소개한다.[31] 우리가 일반적으로 생각하는 개념은 아마도 "The Reading of Drama"일 텐데 그것을 뒤집어놓은 이 개념은 도대체 무엇일까? 그리고 그의 책 제목이 담고 있는 "성서 내러티브"(Biblical Narrative)와 드라마는 또 무슨 상관이 있을까? 이런 생각들이 도전적으로 떠오르는 가운데 슈테른베르크의 설명을 요약적으로 살펴보고자 한다.

슈테른베르크는 "담론 중심의 분석"(discourse-oriented analysis)을 "자료 중심의 조사"(source-oriented inquiry)와 비교하여 설명한다. 그에 의하면, 자료 중심의 조사는 실재했던 성서 세계에 관심을 보이는 반면, 담론 중심의 분석은 본문 배후의 실재들에 관심을 보이기보다는 의미와 그것의 영향이라는 패턴으로 볼 수 있는 "본문 자체"를 이해하는 데 관심을 보인다.[32] 의미와 영향의 패턴에는 소통이 필수적이며 이 소통은 특히 본문을 다루는 독자의 몫이라고 할 수 있다.

슈테른베르크가 말하는 "the Drama of Reading"(독서의 드라마)의 핵심은 "미학적 원칙"(the aesthetic principle)이라고 할 수 있다. 여기서 서술

....

31   Sternberg, *The Poetics of Biblical Narrative*, 41.
32   Sternberg, *The Poetics of Biblical Narrative*, 15.

자는 독자에게 불합리한 추론(non sequiturs), 불연속들(discontinuities), 불확정들(indeterminacies), 다수의 버전(multiple versions)을 통해 많은 빈틈을 남겨놓아 그가 그것들을 골똘히 생각하게 만든다. 그가 과거의 형태와 교훈에 대한 무질서한 영향을 최대한 인식하면서 말이다.[33]

나는 2010년에 쓴 논문에서 슈테른베르크가 말한 빈틈을 유발하는 다양한 요소에 대해서 밝힌 바가 있다. 그것은 이 시점에 다시 한번 언급할 만하다. 왜냐하면 그런 요소들은 한편으로는 쉬운 어떤 결론을 이끌기도 하고 다른 한편으로 아예 무시하게도 만드는데, 두 가지는 모두 좋은 자세가 아니기 때문이다.

먼저 짚고 넘어가야 할 것은 주어진 "성서의 본문을 어떤 방식으로 접근해서 볼 것인가"다. 통시적 접근, 예를 들면 독일의 고전적인 역사-비평주의 방식 중 특히 문학비평(Literarkritik)을 택할 것인가 아니면 공시적 접근, 예를 들면 영미권의 신문예비평(literary criticism)을 택할 것인가, 아니면 또 다른 어떤 접근 방식을 고려할 것인가를 결정해야 한다. (…) 본문을 역사-비평주의적인 분석 방법의 일환인 문학비평(Literarkritik)으로 분석한다면, 우리는 본문에 나타나는 문법적·내용적 난제들(Auffälligkeiten)에 주목하며 글의 매끄러운 흐름을 방해하는 부적절한 문법 표현들, 쓸데없는 반복들, 내용적인 흐름을 깨는 생략, 내용상의 무리한 대비, 의미상의 충돌들을 찾아 분석하게 될 것이다. 그리고 본문의 일정 부분을 원문으로, 나머지 부분들을 하나 내지는 여럿의 추가분들로 결정하게 될 것이다. 그리고 계속해서 편집비평(Redaktionskritik)을 통해 원저자의 의도와 편집자의

....

33   Sternberg, *The Poetics of Biblical Narrative*, 42.

의도를 비교해야 한다. 다윗의 왕위 계승사의 연구 경향은 최근까지 이런 형태를 띠었다. 주된 흐름이 바로 경향비평이었다고 할 수 있다. 그러면 공시적 접근 방식을 택하면 어떻게 될까? 본문이 생겨서 자라온 과정을 접어 두고 본문의 현재 모습을 중시하며 그 안에서 본문의 부분들 혹은 행위자들에 의해 미묘하게 짜인 구조나 혹은 언어학적인 여러 요소들에 의해 부여된 의미를 생각해야 한다. 그 의미들로부터 기인되는 저자와 독자의 대화는 저자로부터 독자로 그리고 다시 그 역방향으로 전개될 수 있다. 오늘 우리는 (…) 위의 두 개의 접근 방식을 함께 사용하고자 한다. 두 접근 방식이 서로를 무효화시키지 않고 오히려 본문의 의미를 파악하는 데 있어 상호 보완적이기 때문이다. 그 방법은 문예학적 연구 방법이다. 문예학적 연구 방법(Literaturwissenschaftliche Untersuchung)은 우선 성서 본문을 서술함에 있어서 "문학적인 장치"가 사용되었다는 전제 아래서 출발한다. 그(슈테른베르크)에 따르면 저자는 역사의 한 사건을 서술함에 있어서 역사 기록물과 같이 앞뒤를 정확하게 맞추어 기록하지 않고, 독자의 관심과 흥미 유발 그리고 그와 대화하기 위해 교묘하게 본문에 숨겨놓은 어떤 문학적 장치들을 사용하고 있고, 그런 서술 방식을 통해 무언의 강력한 메시지를 던지고 있다.[34]

슈테른베르크가 제안하는 성서 내러티브 담론의 핵심 전략은 어떤 방향의 지시를 하지 않는 것(the art of indirection) 혹은 해석자 쪽에서 말한다면, 독서의 드라마(the drama of reading)라고 할 수 있다.[35] 나는 그것을 감

....
34   구자용, "삼하 11장: 아이러니화된 왕의 지혜", 『구약논단』 제35집(2010), 120-1.
35   Sternberg, *The Poetics of Biblical Narrative*, 43-4.

히 성서 본문을 해석해나가며 독자 스스로가 만드는 드라마라고 이해한다. 본문을 성급하지 않고 차분히 그리고 깊이 들여다보면 거기서 흘러나오는 수많은 생각을 조합해서 써나가는 드라마말이다.

드라마화의 개념에 대해서는 티모시 J. 마틴(Timothy J. Martin)의 개념[36]을 통해 이해하는 것이 좋다. 그의 개념을 요약적으로 말하면, 우리는 그것을 "내러티브 속의 등장인물에 대한 평범하지 않은 서술 속으로 독자들을 끌어들여 도모하는 심적 일체화"라고 말할 수 있다.[37] 이 개념은 큰 틀에서 슈테른베르크가 말하는 "독서의 드라마"와 같다고 볼 수 있다.

6) 전도서 지혜의 드라마화

성서해석학을 이야기할 때 나는 "어떤 방법을 사용할 것인가?"라는 질문에 적절한 대답을 찾아야 한다고 항상 생각한다. 성서를 해석하는 수많은 방법론의 바다에서 모종의 방법을 사용하겠다는 것처럼 모호한 말이 없다. 구약학회에서 만난 어떤 한 연구자가 말했듯이 "일단은 본문을 생각나는 대로 세밀히 관찰하며 의미를 탐구한 후 그것이 무엇이었을지, 어떤 해석의 방법을 사용해서 설명한 것인지를 추론하는 것"이 적절하다. 너무나 넓은 해석의 방법이지만, 본문을 세밀하게 읽고 면밀하게 분

....

36   Timothy J. Martin, "Illuminating the Landscape of religious Narrative: morality, Dramatization, and Verticality," *RelEd 104* (2009), 398.
37   구자용, "전도서의 지혜가 드라마화된 다윗의 왕위 계승사: 사무엘하 10:1-5를 중심으로", 244-5을 보라.

석하며 본문이 말하려는 의도가 무엇인지를 날카롭게 찾아내는 것이 이 책에서 추구하는 본문 해석의 방법이다. 특히 다윗의 왕위 계승사의 본문을 분석할 때, 항상 염두에 둘 것은 다름 아닌 "전도서의 지혜 사상이 거기에 어떻게 드라마화되어 삶의 이야기로 펼쳐지고 그러한 이야기는 우리의 삶에 어떤 교훈을 던져주는가?"다. 그 과정에서 독자로서 서술의 세계에 설정된 많은 드라마적 요소들에 주의하며 저자가 독자를 초청해서 대화하고자 할 때, 나는 경험을 통해 함께 공유하는 규범을 흔들며 영향을 주려는 요소가 무엇인지를 자세히 살피며 읽어보고자 한다.

II. 다윗의 왕위 계승사 본문 분석

다윗의 왕위 계승사가 어디서 시작하는지에 관한 논의와 관련해서 대부분의 학자가 동의하는 만큼의 명확한 근거를 제시하기란 쉽지 않은 일이다. 아직도 많은 학자가 일반적으로 말하는 범위에 대해서 여러 문제점을 지적하는 형편이다. 그러나 이 책은 그나마 일반적으로 동의를 얻는 기준을 갖고서 사무엘하 9장부터 본문 분석을 해나가고자 한다. 이 책은 다윗의 왕위 계승사의 시작에 대해 자세한 논의[1]보다는 전체적인 내용을 들여다보는 데 중점을 두고 있기 때문이다.

....

1   다윗의 왕위 계승사의 시작에 대한 것은 Dietrich and Naumann, *Die Samuelbücher*, 175–80을 참조하라. 인상적인 설명 중 하나는 다윗의 왕위 계승사의 시작을 삼하 21장의 사울 가문 사람들의 처형으로 보고, 그것이 삼하 9장의 사울 집에 아직도 남은 자가 있는지를 묻는 다윗의 질문으로 이어지는 것으로 보는 견해다.

1. 사무엘하 9장
다윗, 므비보셋 그리고 시바

1) 본문 분석

사무엘하 9장은 다윗의 왕위 계승사를 "왕위 계승"이란 주제로 볼 때 좋은 시작이 될 수 있다. 다윗의 왕위 계승이란 측면에서 사울 왕가의 남은 자가 있고 없고는 민감하고 중요한 문제이기 때문이다. 그런 측면을 고려하여 이 장을 한마디로 표현한다면, 사무엘하 9장은 왕권을 확고히 하려는 다윗의 인위적 조치라고 말할 수 있다. 본문에서 표면적으로 나타나는 다윗의 모습은 요나단에게 빚진 은혜를 갚고자 하는 하해(河海)와 같은 포용심[1]으로 보이지만, 실제로는 "그것이 과연 그러한가"에 대한 의문이 가시지 않는다.[2] 이 의심은 특히 혈연으로 이어지지 않는 사울의 왕위 계승 문제와 결부시킬 때 더 그러하다. 중요한 인물로는 다윗 외에 양면성을 띤 모습으로 강하게 의심되는 시바와 자신을 죽은 개로 비유하는 므비보셋이 등장한다.

9장은 형식상 "그런데 정말…?"(הֲכִי 하키)로 시작하는 질문과 내용상

....

1 Shimon Bar-Efrat, *Das Zweite Buch Samuel: Ein narratologisch-philologischer Kommentar* (BWANT 181; Stuttgart: Kohlhammer, 2009), 96. 다윗이 므비보셋에게 베풀고자 하는 세 가지의 은혜는 죽이지 않음, 사울의 모든 밭을 돌려 줌 그리고 자신의 상에서 먹을 권리를 줌이었다.

2 나와 비슷한 관점에서 이 본문을 해석하는 글이 있다. Larry Fourman, *The Life of David*(Covenant Bible Study Series; Elgin, IL: Brethren, 1990), 17-20을 참조하라. 이 책은 성서 본문에 대한 간단한 스터디북이지만 유의해서 볼 만한 독특한 관점을 갖고 있다.

"사울의 집에 아직도 남은 사람이 있는지"(הֲכִי יֶשׁ-עוֹד אֲשֶׁר נוֹתַר לְבֵית שָׁאוּל예쉬-오드 아쉐르 노타르 레베트 사울)를 확인하고자 하는 다윗의 모습과 함께 시작한다. 다윗의 이러한 관심 자체가 의미 있는 이유는 말 그대로 이제부터 시작하는 긴 이야기가 "왕위 계승"에 관한 것이기 때문이다. 다윗의 왕위 계승사가 실상 "다윗의 왕위를 누가 이을 것인가?"를 핵심으로 하는 왕권 다툼을 핵심으로 전개되고 그렇기에 이 문제는 아직 본격적으로 시작되지도 않았다. 따라서 다윗의 이 관심은 행여나 "사울의 집에 남은 왕자가 있는가?"에 대해 확인하고 누군가 왕이 되어 자신을 위협할 만한 약간의 가능성을 사전에 정리하려는 다윗의 의도로 해석할 수 있다. 물론 이어지는 다윗의 말은 요나단을 생각해서 진심으로 하는 말처럼 보인다.

내가 요나단으로 말미암아 그 사람에게 은총을 베풀리라(삼하 9:1).

אֶעֱשֶׂה עִמּוֹ חֶסֶד בַּעֲבוּר יְהוֹנָתָן에에세 이모 헤세드 바아부르 예호나탄

이 표현은 다윗이 앞서 던진 질문으로 인해 여전히 이중적으로 이해된다. 왕의 씨가 어딘가에 묻혀 있다면, 그 씨는 언젠가 반드시 싹을 틔울 것이고 그것은 곧 "왕위 계승"의 문제에서는 위협 혹은 골칫거리가 될 수도 있기 때문이다. 따라서 요나단을 생각하는 다윗의 진심은 표면적으로 요나단의 아들을 지척에 두고 돌보려는 배려로 이해될 수 있지만, 이면적으로는 "왕의 씨"를 자신의 목전에서 안전하게 관리하고 견제하려는 정치적 조치로 이해될 수도 있다. 실제로 다윗이 요나단의 아들 때문에 크게 마음이 상했던 일(삼하 16:3 참조)은 여기 9장 초반부와 절대 무관하지 않다.

이제 다윗의 왕위 계승사의 전체적인 흐름에서 무시할 수 없는 역

할을 하게 될 "시바"라는 인물이 등장한다. 그는 "사울 집의 한 종"(עֶבֶד 레베트 샤울 에베드)으로 소개된다. 시바는 "사울 집의 한 종"이지만 아직 므비보셋을 직접적으로 섬기는 관계를 맺은 것으로 보이지 않는다. 다윗과 므비보셋 사이에 오가는 대화에서 처음 소개되는 그의 모습은 모호하며, 그래서 약간은 이중적으로 해석될 여지를 남긴다.

> 네가 시바냐?
>
> הַאַתָּה צִיבָא 하아타 치바
>
> 당신의 종입니다(삼하 9:2).
>
> עַבְדֶּךָ 아브데카

우리는 이 짧은 대화를 평범하게 생각할 수도 있고 어떤 면에서는 이후의 일을 암시하는 것으로 해석할 수도 있다. "당신의 종입니다"란 표현은 왕 앞에서 사용하는 일반적 상투어며 겸손의 표현이다.[3] 그래서 우리는 이 표현을 근거로 시바가 이미 므비보셋을 배반하고 있다고 볼 필요는 없다. 그러나 한편에서는 이 표현이 이후에 시바의 모습, 특히 사무엘하 16장과 19장에 서술되는 대로 그가 나중에 므비보셋을 배반할 일을 미리 암시하여 보여주는 것은 아닌가 하는 의문이 든다. 즉 자신의 주인을 무고(誣告)하고 다윗에게 붙어서 불의한 이익을 취하는 모습 말이다.[4]

쉬몬 바르-에프라트(Shimon Bar-Efrat)는 주인공 다윗과 함께 조연으

··········

3   H. Ringgren and U. Rüterswörden and H. Simian-Yofre,"עָבַד ʿābaḏ עֶבֶד ʿæbæd עֲבֹדָה ʿ𝑎ḇoḏāh," *ThWAT* 5:999.

4   이 관점은 사실 과도한 생각일 수도 있다. 므비보셋이 다윗 앞에서 하는 말이 동일하므로 이것을 단순히 왕궁에서의 대화와 행동 준칙으로 보아도 무방하기 때문이다.

로 등장하는 이 두 인물에 주목한다. 그는 므비보셋은 사울의 손자였지만 몸이 불편했고 빈궁했으며 시바는 사울 집의 종이었으나 의미 있는 소유, 즉 20명의 종을 거느렸음을 지적한다. 또한 그는 므비보셋은 아들이 하나였으나, 시바의 아들은 15명이나 됨에 주목한다.[5] 본문에서 파악되는 이 정보는 사울 가문의 몰락이 가져온 결과가 무엇이었는지를 조용히 드러낸다. 왕이었던 할아버지와 왕자였던 아버지의 죽음 이후 초라하게 몰락한 주인의 집과 그에 반해 오히려 더 강성해져 있는 종의 집 모습은 소위 인생 역전의 모습을 너무도 선명하게 보여주지 않는가?

하지만 그러한 모습은 이제 다윗이 므비보셋에게 베풀려는 은혜에 의해서 제자리를 찾는다. 바르-에프라트는 본문에서 반복되어 언급되는 두 사람에 대한 호칭에 주목한다. 그는 다윗이 므비보셋을 높이고 시바를 낮추었으며, 시바로 하여금 므비보셋에게 돌려진 사울의 모든 밭을 그의 종들과 함께 경작하도록 한 일과 그 일이 이후에는 결국 시바와 므비보셋 사이에서 분쟁의 씨앗이 되었다고 판단한다.[6] 이 관점은 충분히 그럴 만해 보인다. 그러나 여전히 시바에게서는 므비보셋을 보호하려는 의지가 보일 뿐 아니라 다윗의 명령을 기꺼이 받드는 모습(삼하 9:11)도 관찰된다. 본문상에서 시바의 모습은 마치 사람의 속마음을 알 수 없듯이 이것인지 저것인지 판단하기 힘든 모호함 속에서 서술된다.

이어서 시바에게 던져지는 다윗의 질문은 막연한 대상에 대한 단순한 호기심의 수준에서 벗어나 단번에 구체적 대상을 향해 던져진다. 9:1과 3절의 유사한 두 질문을 비교해보면, 다윗과 시바의 대화는 선행하는

----

5   Bar-Efrat, *Das Zweite Buch Samuel*, 96.

6   Bar-Efrat, *Das Zweite Buch Samuel*, 96.

다윗의 말을 그대로 담고 있으면서도 동시에 약간의 차이를 보인다.

> 아직 사울의 집에 남은 사람(ישׁ)이 없느냐? 내가 그에게 하나님의 은총을
> 베풀고자 한다(삼하 9:3).
> הַאֶפֶס עוֹד אִישׁ לְבֵית שָׁאוּל וְאֶעֱשֶׂה עִמּוֹ חֶסֶד אֱלֹהִים하에페스 오드 이쉬 레베트 샤울 베에에세
> 이모 헤세드 엘로힘

> 그런데 정말 사울의 집에 아직 남은 사람(אֲשֶׁר נוֹתַר, 비인칭)이 있느냐? 내
> 가 그에게 요나단 때문에 은총을 베풀고자 한다(삼하 9:1).
> הֲכִי יֶשׁ-עוֹד אֲשֶׁר נוֹתַר לְבֵית שָׁאוּל וְאֶעֱשֶׂה עִמּוֹ חֶסֶד בַּעֲבוּר יְהוֹנָתָן하키 예쉬-오드 아쉐르
> 노타르 레베트 샤울 베에에세 이모 헤세드 바아부르 예호나탄

먼저 관계대명사로 표현된 9:1의 사울 집에 "남은 사람"(אֲשֶׁר נוֹתַר아쉐르 노타
르)은 9:3의 다윗의 직접 화법에서는 실제 "사람"을 지칭하는 표현과 함
께 사울 집에 남은 "사람"(אִישׁ이쉬)으로 서술된다. 또한 "정말 있느냐"란
긍정적 물음이 "없느냐?"란 부정적 물음으로 바뀐다. 마지막으로 "요나
단으로 인한 요나단에게 진 빚을 갚는 심정에서 고려된 은총"이 "하나님
의 은총"으로 수정된다. 우리는 이것을 불특정한 어떤 대상이 여전히 불
특정한 상태이지만 그래도 조금은 구체화된 것으로 볼 수 있으며, "설마
있겠는가"란 의심이 "정말 없겠지?"란 기대로 바뀐 것으로, 요나단이란
존재를 애써 지우려는 다윗의 심정이 좀 더 일반적인 표현으로 바뀐 것
으로 해석할 수 있다.

특이한 것은 시바의 대답이다. 시바는 다윗이 관심을 두고 있는 사
울 집에 남은 자 하나, 즉 요나단의 아들의 이름을 말하지 않고 그를 "두

다리를 모두 저는 자"(נְכֵה רַגְלָיִם 네케 라글라임)[7]로 소개한다. 시바가 므비보셋을 이름이 아니라 "두 다리를 모두 저는 자"로 소개하는 이유는 무엇일까? 이것은 다윗과 사울 집 사이의 정치적 긴장 관계와 관련해서 자신의 주인에게 행여라도 있을 만한 오해, 즉 자신의 주인이 왕의 자리를 넘볼 것으로 생각할 수 있지만 실상 그는 그리 위험한 인물은 아니라는 것을 선제적으로 해명하려는 조치인가?[8] 아니면 또 다른 어떤 의도가 시바에게 있었던 것일까? "두 다리를 모두 저는 자"란 생각은 여기서 어떤 역할을 하는가?

다윗은 요나단의 아들의 소재를 파악하고 그를 예루살렘으로 데려온다. 이제 다시 다윗과 므비보셋이 직접 대화한다.

> 므비보셋!
>
> מְפִיבֹשֶׁת 메피보쉐트
>
> 보소서 당신의 종입니다(삼하 9:6).
>
> הִנֵּה עַבְדֶּךָ 히네 아브데카
>
>
> 무서워하지 말라.
>
> אַל-תִּירָא 알-티라
>
>
> 내가 너에게 너의 아비 요나단 때문에 은총을 베풀고자 한다(삼하 9:7).

....

7   개역개정에는 단순히 "다리 저는 자"로 번역되어 있으나, 이것은 두 다리를 지칭하는 쌍수로 되어 있기 때문에 "두 다리를 모두 저는 자"로 번역했다.

8   이에 관해서는 Robert Alter, *The David Story: A Translation with Commentary of 1 and 2 Samuel*(New York: W. W. Norton, 1999), 240-41을 참조하라.

9:1과 3절의 은총에 대한 약속이 이 대화에서 또다시 반복된다. 이제는 그 직접적 대상에게 언급되며 또한 구체적인 조치가 이어진다. 다윗이 므비보셋에게 "무서워하지 말라"고 말한 것은 앞서 밝힌 것처럼 정치적인 상황에서 충분히 이해할 수 있는 것이다. 다윗은 사울의 모든 밭을 므비보셋에게 보장해주고 그의 보호 아래 있도록 배려해준다. 므비보셋은 이러한 다윗의 배려에 "나와 같이 죽은 개"(הַכֶּלֶב הַמֵּת אֲשֶׁר כָּמוֹנִי하켈레브 하메트 아쉐르 카모니)를 돌보아준 것에 감사한다.

사무엘하 9장에서 다윗-므비보셋(시바) 사이에 흐르는 정치적 긴장감은 다윗이 내리는 "은총"과 므비보셋(또한 시바)이 자신을 표현하는 "두 다리를 모두 저는 죽은 개"의 이미지로 확연히 드러난다. 우리의 삶 속에서도 강한 자와 약한 자 사이에 형성되는 시혜적 관계가 표면적으로는 좋은 모습으로 비치지만, 우리는 그 이면에 복잡한 정치적 계산이 깔려 있을 수 있음을 알 수 있다.

"개"는 구약에서 일상적으로 언급되는 동물로서 "더러움"을 나타내는 상징으로 사용되기도 하며 혹은 욕을 하는 맥락이나 스스로 자신을 낮추는 맥락에서 사용된다.[9] 그중에서 므비보셋이 자신을 "죽은 개"에 비유한 것은 구약에서 낯설지 않은 표현이다. 다윗 스스로가 자신을 "죽은 개"로 표현했고(삼상 24:14[히, 15절] 참조), 다른 사람에 대한 것이지만 아비새가 시므이를 "죽은 개"로 표현했다(삼하 16:9 참조).[10]

....

9   Silvia Schroer, *Die Tiere in der Bibel: Eine kulturgeschichtliche Reise*(Freiburg im Breisgau: Herder, 2010), 52-6을 참조하라.

10   G. J. Botterweck, "כֶּלֶב *kælæḇ*," *ThWAT* 4:160, 163을 참조하라.

9장의 하반부는 이제 다윗과 므비보셋 사이에 결정된 일을 구체적으로 어떻게 현실화하는가에 대한 문제를 다루고 있다. 다윗이 "사울과 그의 온 집에 속한 것"을 모두 므비보셋에게 주고 그 관리를 시바와 그의 아들들에게 맡겼지만, 중요한 진술은 "므비보셋이 항상 다윗과 함께 머문다"는 진술이다.

> 므비보셋, 너의 주인의 아들은 항상 내 상에서 떡을 먹을 것이다(삼하 9:10).
> מְפִיבֹשֶׁת בֶּן־אֲדֹנֶיךָ יֹאכַל תָּמִיד לֶחֶם עַל־שֻׁלְחָנִי 메피보쉐트 벤-아도네이카 요칼 타미드 레헴 알-슐하니

> 므비보셋이 예루살렘에 머물렀다. 그가 항상 왕의 상에서 먹었기 때문이다 (삼하 9:13).
> מְפִיבֹשֶׁת יֹשֵׁב בִּירוּשָׁלַםִ כִּי עַל־שֻׁלְחַן הַמֶּלֶךְ תָּמִיד הוּא אֹכֵל 메피보쉐트 요쉐브 비루살라임 키 알-슐한 하멜레크 타미드 후 오켈

그리고 므비보셋이 두 다리를 모두 절었다는 것이 마지막에 다시 언급된다. 즉 므비보셋이 다리를 절었다는 사실 역시도 9장에서 두 번 진술된다. 특히 마지막 절에 언급된 "다리를 저는"(פִּסֵּחַ 피세아흐)이란 표현은 구약의 여러 용례 중에서 특히 제사장으로서의 흠결을 말하는 레위기 21:18과 제물의 흠결을 말하는 신명기 15:21 그리고 말라기 1:8, 13을 염두에 두고 있는 것일까? 왜 사무엘하 9장은 이 사실을 두 번이나 반복해서 기록하고 있을까?

소위 다윗의 왕위 계승사에 속하지 않은 것으로 여겨지며 다윗의 승전을 기록하고 있는 사무엘하 8장이 9장과 구별되는 가장 분명한 곳은 8:6과 8:14에서다. "다윗이 어디로 가든지 야웨께서 [그를] 도우셨

다"(וַיּוֹשַׁע יְהוָה אֶת־דָּוִד בְּכֹל אֲשֶׁר הָלָךְ)바요샤 야웨 에트-다비드 베콜 아쉐르 할라크)라는 표현은 거기에 아직 "야웨-전쟁 모티프"의 색채가 남아 있음을 말한다. 연구가들이 그 점 때문에 8장과 9장을 다른 성격으로 구분하고 9장부터 다윗의 왕위 계승사가 서술된다고 본다.

2) 인물 분석

(1) 다윗

사무엘하 9장이 서술하는 다윗의 삶의 모습은 그의 인생을 가득 채우고 있었던 전쟁이 마무리되고 그 후 주어진 안정과 여유로움으로 드러난다. 따라서 그는 이제 그동안 진 빚을 갚는 심정으로 은혜를 베풀고자 한다. 하지만 우리는 그가 베풀려는 은혜를 표면적으로만 보이는 모습 아래에 또 다른 모습이 깔린 양면적 성격으로 이해할 수 있다. 독자들이 그의 마음속의 실제 생각이 무엇인지를 정확히 알 수는 없지만, 결과적으로 볼 때 다윗은 요나단에 대한 은혜를 갚음과 동시에 왕위를 위협할 약간의 가능성을 미리 차단함으로써 정치적 안정을 가져오는 일거양득의 효과를 거두었다. 이렇게 볼 때, 다윗은 확실히 왕이 가져야 할 필수 불가결의 자질인 지혜를 소유한 사람이다.

(2) 므비보셋

사울의 손자인 므비보셋은 사울 왕가의 몰락 이후 어떻게 강자가 순식 간에 약자의 처지로 몰락하게 되는지를 현실적으로 보여주는 인물이 다. 심지어는 자신의 가문의 종에 의해 그의 운명이 좌지우지되기까지 한다. 서술자는 그를 몸이 불편한 약자로 그래서 정치적으로도 전혀 위 협적이지 않은 자로 소개한다. 다윗 앞에 소환되었을 때 우리는 그가 죽 음의 두려움에 짓눌려 있었을 것이라고 어렵지 않게 예상할 수 있다. 언 제나 다윗의 눈앞에 머물러야 하는 운명을 가진 그가 어느 날 갑자기 목 숨을 잃게 되도 전혀 이상할 것이 없다. 즉 그의 삶은 감옥과 같은 나날 의 연속이라고 볼 수 있다.[11] 이후에 있을 므비보셋에 대한 다윗의 오해 는 비록 시바의 모해(삼하 16장)를 통한 것이지만, 그의 직접적 해명(삼하 19장)에도 불구하고 말끔히 해소되지 않는다. 므비모셋의 인생은 다윗과 시바와 끊어버릴 수 없는 확고한 관계성 속에 묶여서 요동치는데, 그 모 습은 불행하게만 보인다. 그러나 또 다른 면에서 생각해보면, 우리는 "그 것이 정말 불행한 것인가?" "만약 그렇지 않았다면, 그는 사람들의 기억 속에 남겨지기나 했을까?"라는 질문을 던지게 된다. 그것이 사람의 살아 가는 인생의 모습이고 자신이 어찌할 수 없는 인생의 모습이지만, 이후 에 전개되는 므비보셋의 삶은 어쩌면 전도서가 제시하는 인생의 분복이 무엇이며, 그것을 가지고 어떻게 살아가는 것이 선인지 다시 생각하게 한다. 이 문제는 이후 사무엘하 19장에서 다시 논의될 것이다.

....

11   Alter는 이것을 "일종의 호사스러운 가택 연금"(a kind of luxurious house arrest)으로 표 현한다. 이에 관해서는 Alter, *The David Story*, 243을 참조하라.

(3) 시바

사무엘하 9장에서 시바는 왕 앞에서도 전혀 흔들리지 않고 자신의 소신을 밝히는 지혜로운 인물로 서술된다. 그는 사울의 집에 남은 자가 없는지를 찾는 다윗의 의도를 간파하되 그것이 표면적으로 의미하는 바와 상관없이 자기 자신과 므비보셋에게 끼칠 영향이 무엇일지를 빠르게 계산한다. 그가 다윗에게 말한 첫 진술의 계산된 목적이 자신의 옛 주인을 보호하려는 것이었는지 아니면 자신의 현재 상태를 보호하려는 것이었는지는 모호하다. 그는 굳이 사울 집에 남은 자가 없는지를 확인하려는 다윗의 속셈을 이미 꿰고서는 므비보셋이 두 다리를 모두 저는 사람이므로 다윗의 왕위에 큰 위협이 되지 않음을 적극적으로 대변한다. 이것은 확실히 자신의 옛 주인의 손자를 보호하는 듯한 언사로 보이지만, 동시에 그 이면에는 다윗이 므비보셋을 찾을 경우 본문에 서술된 대로 그가 다시 옛 주인의 손자에게 귀속될 것이 예상되므로 그것을 미리 막으려는 조치였을 수도 있다. 우리는 시바를 그만큼 모든 상황을 빠르게 계산하고 손해보지 않는 소위 "세상을 잘 사는 지혜"를 통달한 것으로 볼 수 있지 않을까? 그는 다윗과 더불어 매우 지혜로우며 상황을 신속하게 판단하고 대처하는 지혜로운 사람이었음이 분명하다. 그가 사울 집의 종으로 주인의 집이 몰락한 가운데서도 20명이나 되는 종을 친히 거느리고, 아들도 15명이나 된다는 사실이 그것을 입증한다. 그러나 결국 므비보셋의 소재를 밝히지 않을 수 없는 순간에 이르렀을 때, 그 상황을 극복해보려는 그의 몸부림은 비록 가시적으로 확인되지는 않으나 그의 지혜의 역량으로도 막을 수 없는 벽에 부딪히고 만다. 또한 그가 결국은 다윗에 의해 꼼짝없이 다시 주인 아래에 복종해야 할 종이라는 본래의 모습으로 돌아갈 수밖에 없었음은 결국 인간이 자신의 지혜와 수단으로 이룰 수 있는 것에는 분명한 한계가 있음을 보여주는 것 외에 무엇이겠는가? 예나 지금이나 신분의 계층적 한계를 초월하는 것은 결코 쉬운 일이 아니다. 비록 이후의 일이지만, 그가 므비보셋과의 관계에서 다시 한번 기회를 잡아 자신의 주인을 모해하고 그가 그 지배에서 벗어날 뿐 아니라 자기 주인의 밭을 절반이나 차지할 수 있었다는 것은 앞으로 드러날 시바의 대단한 술수의 결과라고 할 수 있다.

3) 전도서와의 연결점

(1) 전도서 4:13-16

전도서 4:13-16에는 가난하지만 지혜로운 소년과 늙고 어리석은 왕이 대비되어 서술된다. 이 두 인물[12]은 세대와 세대의 흐름 속에서 놀랍게도 한 사람의 모습으로 해석될 수도 있다. 이 본문은 전도서의 특징적 서술 방식인 "모호함"(ambiguity)의 전형으로, 독자로 하여금 이 두 인물이 같은 사람인지 다른 사람인지를 혼동하도록 만든다. 다른 사람인데 결국은 같은 사람이기도 함을 갑자기 깨닫게 함으로써 교묘하게 삶의 교훈을 던진다. 그 교훈은 다른 두 사람이라는 전제 아래서 먼저 사울의 압제를 피해 감옥과도 같은 광야의 생활을 경험하고 왕위에 올랐을 뿐 아니라, 비록 이제 막 왕위에 오른 것은 아니지만 안정된 왕권을 확립하고 주

....
12   혹은 세 인물로도 볼 수 있다.

변에 은혜를 베푸는 다윗의 모습(삼하 9장)과 절대 무관하지 않다. 또한 한 사람이라는 전제 아래서 보더라도 이후 왕이면서 동시에 인간으로서 마지막 때의 자리에 섰을 때, 주변의 조언에 쉽게 흔들리며 스스로 올바른 판단을 내리지 못하고 조종당하는 모습으로 서술되는 열왕기상 1장의 다윗의 모습과 미묘하게 맞물린다. 사무엘하 9장은 열왕기상 1장과 함께 전도서 4:13-16의 교훈을 드라마화하여 보여주고 있다.

전도서 4:13-16은 어떤 가난한 소년의 입지전(立志傳)을 보여준다. 그에게서 마치 이전의 고난을 뒤로하고 왕위에 견고히 서 있는 다윗의 모습이 조명되며 그의 행위가 마치 가난하지만 지혜롭고 감옥에서 나와 왕이 된 소년 다윗과 매우 유사한 모습이라고 할 수 있다. 이 소년의 이야기는 전도서에서 다음과 같이 서술된다.

> 가난하지만 지혜로운 소년이 여전히 충고를 받아들일 줄 모르는, 늙고 어리석은 왕보다 낫다(전 4:13).

טוֹב יֶלֶד מִסְכֵּן וְחָכָם מִמֶּלֶךְ זָקֵן וּכְסִיל אֲשֶׁר לֹא־יָדַע לְהִזָּהֵר עוֹד 토브 옐레드 미스켄 베하캄

미멜레크 자켄 우케실 아쉐르 로-야다 레히자헤르 오드

> 그는 참으로[13] 감옥에서 나와서 왕이 되었다. 그가 그의 나라에서 가난하게 태어났음에도 불구하고 말이다. [그런데도 그의 통치하에서 가난한 자가

....

13   전 4:14에 두 번 언급되는 כִּי 중에서 첫 번째 것은 13절의… מִן …טוֹב 구문에 대한 근거로 보기보다는 "참으로"라고 번역하는 것이 좋겠다. Gesenius[18], 539 참조. 가장 큰 이유는 주어인 "그"가 정확히 누구를 말하는지가 명확하게 알 수 없기 때문이다. 아니면 "그"가 "가난하지만 지혜로운 소년"이 아니라 오히려 "늙고 어리석은 왕"이라면 더욱더 그러하다. 두 번째 것은 כִּי־גַם의 형태로 "양보"의 의미로 해석할 수 있다. Gesenius[18], 540 참조.

태어난다[14]](전 4:14).

כִּי־מִבֵּית הָסוּרִים יָצָא לִמְלֹךְ כִּי גַּם בְּמַלְכוּתוֹ נוֹלַד רָשׁ 키-미베트 하수림 야챠 리믈로크 키 감 베말쿠토 놀라드 라쉬

내가 해 아래에 왔다갔다 하는 모든 산 자들을 보았는데, 그들이 그를 대신하여 등장한 그 두 번째 소년[15]과 함께 있었다(전 4:15).

רָאִיתִי אֶת־כָּל־הַחַיִּים הַמְהַלְּכִים תַּחַת הַשָּׁמֶשׁ עִם הַיֶּלֶד הַשֵּׁנִי אֲשֶׁר יַעֲמֹד תַּחְתָּיו 라이티 에트-콜-하하임 하메할킴 타하트 하샤메쉬 임 하옐레드 하쉐니 아쉐르 야아모드 타흐타브

모든 백성에게 끝이 없다. 그들의 이전에 있었던 모두에게 또한 이후에 [있을] 모두에게. 그들이 그를 기뻐하지 않는다. [누구나 그들의 앞에서 이끄는 자를 수많은 백성이 따랐었지만, 그러나 이후의 사람들은 그를 기뻐하지 않는다.[16]] 이것 또한 참으로 헛되며 바람을 움켜잡으려고 하는 것이다 (전 4:16).

הָעָם לְכֹל אֲשֶׁר־הָיָה לִפְנֵיהֶם גַּם הָאַחֲרוֹנִים לֹא יִשְׂמְחוּ־בוֹ כִּי־נַם־זֶה חֶבֶל וְרַעְיוֹן רוּחַ

....

14   전 4:14b의 번역은 상당히 까다롭다. 가난을 극복하고 감옥에서 나와 왕이 된 경우에도, 그의 통치 아래서도 이런 근본적인 문제가 해결되지 않는다는 의미로 볼 수 있다. 꺾은 팔호 안의 번역은 취리히 성서 번역을 토대로 한 것이다. 이에 관해서는 Annette Schellenberg, "Kohelet," in *Erklärt: Der Kommentar zur Zürcher Bibel*(ed. Matthias Krieg and Konrad Schmid; Zürich: Theologischer Verlag, 2010), 1341을 참조하라. 현재 『취리히 성경해설 성경전서 개역개정판』이 번역 출간되었지만 취리히 성경의 본문 번역이 고려되지 않았기 때문에 본문 번역에 대한 참고는 독일어 원본을 참조할 수 밖에 없다. 그럼에도 관련 부분을 『취리히 성경해설 성경전서 개역개정판』(서울: 대한성서공회, 2021), 951에서 보라.

15   "두 번째 소년"이란 표현이 특이하다. 왜 두 번째인가? 이것은 전 4:13의 "가난하지만 지혜로운 소년" 외에 또 다른 소년을 상정하는가? 그가 14절에 언급된 자인가? 그가 소년일 때 감옥에서 나와 왕이 된, 명확히 언급되지는 않았으나 역시 "가난하지만 지혜로운 소년"이었는가? 그렇지 않다면, 4:15의 "두 번째 소년"은 누구인가? 왜 갑자기 두 번째인가에 대해서는 쉽게 결론을 내리기가 어렵다.

16   전 4:16a의 번역 역시도 상당히 까다롭다. 꺾은 팔호 안의 번역은 취리히 성서 번역을 토대로 한 것이다. 이에 관해서는 Schellenberg, "Kohelet", 1341을 참조하라.

אֵין־קֵץ לְכָל 에인-케츠 레콜-하얌 레콜 아쉐르-하야 리페네이헴 감 하아하로님 로 이스메후-보 키-감-제 헤벨 베라으온 루아흐

먼저 이 본문을 면밀히 분석해보면, 전도서 4:13은 구약 지혜 문학의 특징적인 한 표현에 속하는 형태인 "토브(טוב)…민(מן)…"의 구조에서 "가난하지만 지혜로운 소년"과 "충고를 받아들일 줄 모르는 늙고 어리석은 왕"을 대조시킨다. 4:14은 선행하는 비교 구문에 대한 근거를 밝히기보다는 명확하게 특정되지 않고 모호한 "그"의 모습을 제시한다. "그"를 만약 현재의 "늙고 어리석은 왕"으로 본다면, 그 늙은 왕도 소싯적에 감옥에서 나와 왕이 되었고 더구나 "그"는 가난하게 태어난 불리한 상황을 이겨냈다. 이 모습은 사울의 박해 속에서도 이스라엘 왕의 자리에 오른 다윗의 모습을 연상케 하기도 한다. 꺾은 괄호 안의 의미대로 해석한다면, "그"를 "가난하지만 지혜로운 소년"으로 볼 수 있으며 그 지혜로운 소년이 왕이 되고도 자신과 같이 가난한 자가 자신의 통치 아래에서 생겨난 것을 막지 못한다는, 즉 왕의 통치력의 한계를 말하는 것으로 이해할 수도 있다.[17] 4:15의 첫 번째 소년, 즉 가난하게 태어나서 감옥에서 나와 왕이 되었으나 현재는 늙고 어리석은 왕과 그를 밀어내고 왕이 되려는 두 번째 소년의 긴장은 다윗과 연관하여 생각할 때, "사울-다윗의 관계"(왕위 계승사 이전 본문에서)나 혹은 "다윗-압살롬"(삼하 15-18장) 혹은 "다윗-아도니야"(왕상 1장)의 긴장감 정도로 볼 수 있다. 여기서 앞의 다윗은 "두 번째 소년", 즉 사울을 대신하여 등장한 다윗을 옹위하는 모든 백성의 모습으로 볼 수 있고, 뒤의 다윗은 "첫 번째 소년", 즉 압살롬의

....
17   이에 관해서는 Schellenberg, "Kohelet", 1341을 참조하라.

반란 때에 초라하게 도망가는 다윗의 모습 혹은 노쇠하여 판단력이 흐려진 다윗을 대신하여 왕이 되겠다고 나선 아도니야에 대비되는 다윗의 모습(왕상 1장)과도 유사하다. 4:16은 매우 난해하다. 히브리어 표현 자체가 명확한 의미를 드러내지 못한다. 취리히 성서의 번역도 어떻게 그렇게 번역할 수 있는지 이해할 수는 없다. 그러나 분명한 것은 다윗의 왕위 계승사의 전체적인 기조와 유사하다고 할 수 있다. 영원히 지속하는 지도력과 강력함 및 권세 그리고 젊음은 사람에게 없다는 것이다. 따라서 그러한 헛된 꿈과 착각은 4:16b의 "헛됨"과 "바람을 움켜쥐려는 시도"로밖에는 볼 수 없다. 전도서의 이 본문은 우선 사무엘하 9장과 이후 열왕기상 1장과도 연결하여 생각해볼 수 있다.

(2) 전도서 10:7; 2:21[a]-22; 6:10

사무엘하 9장에 등장하는 인물들의 관계성을 살펴보면 우리는 인간의 삶 속에서 펼쳐지는 불합리함과 가능성 그리고 한계를 보게 된다. 전도서 10:7은 다음과 같이 말한다.

> 내가 보니 종들은 말 위에 [타고] 있고 관원들은 종들처럼 땅 위를 걷는다 (전 10:7).
>
> רָאִיתִי עֲבָדִים עַל־סוּסִים וְשָׂרִים הֹלְכִים כַּעֲבָדִים עַל־הָאָרֶץ 라이티 아바딤 알-수심 베사림 홀킴 카아바딤 알-하아레츠

위의 구절은 무엇인가가 역전되어 있는 삶의 불합리를 꼬집는다. 전도자는 그것을 "해 아래에서의 한 가지 재난"(רָעָה…תַּחַת הַשָּׁמֶשׁ 라아 ... 타하트 하샤메쉬)

이라고 불렀다. 그리고 그것이 다름 아닌 주권자에게서 나오는 허물(שְׁגָגָה 쉐가가)이라고 평가한다. 전도서 10:4이 서술하는 것처럼 주권자는 자신에게 기능적으로 부여된, 그래서 합당하게 분출할 수 있는 "왕의 진노"를 통해서 공의를 세울 뿐 아니라 자신이 통치하는 사회를 바르게 세울 수도 있다. 그런데 10:5에 언급되는 이 "허물"은 "의도하지 않은 혹은 무의식중에 일어난 잘못"[18]이다. 즉 어리석은 통치자에게는 10:4의 경고가 무의미하며 그로 인해 사회가 망가지고, 그 결과로 부조리의 모습이 곳곳에서 드러날 수 있기 때문이다. 그렇다면 전도자의 이 그림은 은근하지만, 왕에 대한 매우 신랄한 비판일 수 있다.[19] 다른 한편으로는 왕이 지혜자이든 우매자이든 상관없이 전도서 10:5-6과 같은 일이 일어나는 경우도 있다. 사무엘하 9장이 보여주는 사울 왕가의 몰락이 좋은 예다. 이전에 종이었던 시바는 현재 무시할 수 없는 세력가가 되었고 반대로 왕의 손자인 므비보셋은 낮고 힘없는 자의 처지가 되었기 때문이다. 두 경우는 공히 모든 일이 인간이 의도한 바대로만 되지는 않는다는 교훈을 주며 인간의 모든 가능성과 그 가능성을 실제로 타진하는 경험에서 도출된 인간 지혜의 한계를 적나라하게 드러낸다.

또 다른 면에서 시바의 삶은 그가 자신의 삶을 개척하기 위해 얼마나 대단한 수완과 동시에 노력을 한 자인지를 스스로 증명하기도 한다. 전도서 2:21a에서 주어진 지혜와 지식과 능력 그리고 그것을 가지고 노력하는 한 사람의 모습이 언급된다.

....

18   Gesenius[18], 1322.

19   이에 관해서는 Elisabeth Birnbaum and Ludger Schwienhorst-Schönberger, *Das Buch Kohelet*(NSK.AT 14/2; Stuttgart: Katholisches Bibelwerk, 2012), 234-5을 참조하라.

진실로 지혜와 지식과 [주어진] 능력을 갖추고 [열심히] 노력하는 사람이
있다(전 2:21a).

כִּי־יֵשׁ אָדָם שֶׁעֲמָלוֹ בְּחָכְמָה וּבְדַעַת וּבְכִשְׁרוֹן 키-예쉬 아담 쉐아말로 베호크마 우베다아트 우베키쉐론

전도서에서 "수고하다"란 의미를 가진 עָמַל 아말이라는 동사를 너무 쉽게
"헛됨"으로 연결하는 것은 좋지 않다. 꾀를 부리고, 눈치껏 일하며, 대충
일하는 사람에게 "수고했다"고 말하지 않기 때문이다. 전도서에 여러 번
등장하는 "수고함"은 말 그대로 수고하고, 노력하며, 피땀을 흘리는 귀
중한 모습이고 삶의 필수적 요소다. 여기서는 사람에게 필요한 모든 것
과 지혜 및 지식 그리고 능력이 있는 데다가 자신의 피땀 흘리는 노력까
지 겸비한 모습을 갖춘 사람을 언급한다. 시바는 이와 같은 사람이라고
볼 수 있다. 그의 어떤 윤리적인 면을 접어두고 볼 때 그렇지 않은가? 그
는 자신의 주인이 몰락할 때 함께 몰락하지 않았다. 오히려 그는 그 기회
를 잡아 자신의 처지를 바꾸었다. 그것이 그에게 어쩌다 주어진 기회일
수도 있겠으나, 그는 앞서 말한 사람으로서 그 일을 획득한 것일 수 있다.

그러나 모든 인간의 한계는 죽음에 있다. 시바의 경우는 그 한계가
죽음과는 상관이 없음으로 전도서 2:21b을 언급하지 않겠지만, 2:22에
서 볼 수 있는 전도자의 탄식은 시바에게도 적용된다.

진실로 사람에게 그가 해 아래에서 수고하는 그의 모든 수고와 그의 마음
에 갈망하는 것을 통해 무슨 남는 것[잃어버리지 않고 유지되는 것][20]이 있

....
20   이것을 단순하게 "소득"으로 번역하는 것은 의미를 충분히 살리지 못한다. 번역에 관해
      서는 Gesenius[18], 271을 참조하라.

는가?

כִּי מֶה-הֹוֶה לָאָדָם בְּכָל-עֲמָלוֹ וּבְרַעְיוֹן לִבּוֹ שֶׁהוּא עָמֵל תַּחַת הַשָּׁמֶשׁ ㅋㅣ 메-호베 라아담 베콜-

아말로 우베라으온 리보 쉐후 아멜 타하트 하샤메쉬

특히 그의 한계는 다윗을 통해 극명하게 드러난 역사의 이면에 계신 전능
자로 인해 드러난다. 전도서 6:10은 인간의 한계를 다음과 같이 표현한다.

존재하는 것은 이미 오래전에 그 이름이 불렸고 그가 사람이라는 것이 알
려졌다. 그는 그보다 더 강한 자와 논쟁할 수 없다.

מַה-שֶּׁהָיָה כְּבָר נִקְרָא שְׁמוֹ וְנוֹדָע אֲשֶׁר-הוּא אָדָם וְלֹא-יוּכַל לָדִין עִם שֶׁהַתַּקִּיף מִמֶּנּוּ

마-쉐하야 케바르 니크라 쉐모 베노다 아쉐르-후 아담 벨로-유칼 라딘 임 쉐타키프 미메누

엘리자베트 비른바움(Elisabeth Birnbaum)과 슈빈호르스트-쉔베르거는 이
구절의 의미를 인간이 무엇이 되기도 전에 이미 그에게 무엇인가가 결
정되었음과 그 결정 및 그의 이름이 하나님으로부터 주어진 것으로 파
악한다. 즉 인간은 자신에게 자주권이 없으며 그에게 결정된 것 안에서
행동할 수 있을 뿐이다.[21] 이 말이 정확하게 맞다. 인간보다 강한 자가 다
윗은 아니지만, 다윗을 움직여 은혜를 갚고자 하는 마음을 부여함으로
써 결국은 시바가 노력하여 얻은 그의 처지가 다시 제자리로 돌아가게
된 것이 아닌가? 그렇다. 이것이 전도서가 말하는 인생의 모습이고 알
수 없는 가운데 굴곡져 흘러가는 인생의 모습이 시바와 므비보셋 그리
고 다윗의 관계성 가운데 드라마로 표현된 것이다.

....

21   Birnbaum and Schwienhorst-Schönberger, *Das Buch Kohelet*, 161-2.

2. 사무엘하 10:1-5
다윗, 암몬 자손의 왕 하눈 그리고 그의 자문관들

사무엘하 10:1-5은 10:6 이하에서 서술되는 전쟁 이야기의 서론에 해당한다. 거기서 왕과 그의 주변에서 중요한 역할을 하는 자문관들이 보여주는 지혜의 한계가 무엇인지, 그것이 삶 속에서 얼마만큼의 가능성과 동시에 한계를 지니고 있는지를 매우 극적으로 보여준다.

사무엘하 10장은 크게 두 부분으로 나눌 수 있다. 첫 부분은 암몬 자손의 왕위가 계승된 이후의 일을 보여주는 서술이고 두 번째 부분은 암몬 자손 및 그들의 연합군과 이스라엘 사이에 벌어진 전쟁을 기록한 것이다.[1] 이 두 부분은 어떻게 해서 암몬 자손 및 그들의 연합군과 이스라엘 사이에 전쟁이 있었는지를 설명하는 원인과 결과의 고리로 연결되어 있다. 이러한 연결은 마치 헤로도토스가 역사를 서술하는 기본 틀과 같다. 우리가 일반적으로 알고 있는 역사 개념의 주축이 되는 것이 그리스의 역사관인데, 이것은 원인과 결과의 고리로 역사를 서술한다. 이러한 역사 서술 방식의 아버지를 헤로도토스[2]로 지칭한다. 게하르트 폰 라트는 고대에서 이런 개념의 역사 서술 방식을 단 두 민족에게서 확인하는데, 하나가 그리스 민족이고, 다른 하나는 그들보다 훨씬 이전의 이스라

....
1   삼하 10장 후반부의 아람 사람들과의 전쟁은 8장과 중복된 기록인지 아니면 8장과는 별개의 전쟁인지에 대한 아래의 논의를 참조하라.
2   이것은 마치 헤로도토스가 페르시아 전쟁의 역사 서술을 시작하여 밝히는 목적과도 관련이 있다. 인간사의 모든 사건 서술의 출발은 언제나 그 원인을 찾는 데서부터 출발할 수 있다. 이에 관해서는 헤로도토스, 박광순 옮김, 『역사』(서울: 범우사, 1993), 23을 참조하라.

엘이다.[3] 그에 의하면 구약의 역사 서술 중에서 다윗의 왕위 계승사가 이스라엘의 역사 서술의 가장 이른 형태이며,[4] 역사 서술에 있어 신적인 개입이 완전히 배제된 역사 서술이다. 가령 폰 라트는 이스라엘과 암몬 자손 연합군의 전쟁 원인을 설명하지만, 그것을 암몬 자손의 왕과 다윗 사이에 형성되었던 둘 사이의 좋은 관계가 아들 하눈의 어리석은 판단으로 인해 깨어진 것으로 설명한다.[5]

1) 본문 분석

나는 2020년에 발표한 논문인 "전도서의 지혜가 드라마화된 다윗의 왕위 계승사: 사무엘하 10:1-5을 중심으로"에서 사무엘하 10:1-5에 대해 상세하게 서술했다.[6] 나는 이 논문을 이 저술 과제의 방법론을 찾고 그것을 실제로 적용해보기 위한 실험적 목적으로 작성하고 발표했다. 같은 내용을 다시 반복할 수 없어서 여기서는 그 논문에서 다뤘던 부분의 핵심과 미처 다루지 못했던 부분을 간략하게 소개하고자 한다.

사무엘하 10:1-5은 앞서 밝힌 것처럼 암몬 자손이 어떻게 해서 이스라엘과 전쟁을 벌이게 되었는지를 보여준다. 사무엘하 10장의 본문을 살펴보면 첫 언급부터 흥미로운 점이 눈에 띈다. 사무엘하 9장의 사건에

....

3   Gerhard von Rad, "Der Anfang der Geschichtsschreibung im alten Israel," in *Gesammelte Studien zum Alten Testament* (TB 8; München: Kaiser, 1961), 148-9.
4   Von Rad, "Der Anfang der Geschichtsschreibung im alten Israel," 159 이하 참조.
5   Von Rad, "Der Anfang der Geschichtsschreibung im alten Israel," 161 참조.
6   구자용, "전도서의 지혜가 드라마화된 다윗의 왕위 계승사: 사무엘하 10:1-5을 중심으로", 『神学思想』 191집 (2020), 237-65.

연속되는 사건임을 나타내는 "그 후에"(וַיְהִי אַחֲרֵי־כֵן 바예히 아하레-켄)란 표현과 함께 "암몬 자손의 왕위 계승"이 언급된다.[7] 이 왕위 계승에 대한 다윗의 반응은 9장에서 그가 므비보셋에게 취했던 태도와 매우 유사하게 나타난다.

> 내가 나하스의 아들 하눈에게 은총을 베풀고자 한다(삼하 10:2).
>
> אֶעֱשֶׂה־חֶסֶד עִם־חָנוּן בֶּן־נָחָשׁ 에에세-헤세드 임-하눈 벤-나하쉬

> 내가 그에게 요나단 때문에 은총을 베풀고자 한다(삼하 9:1).
>
> אֶעֱשֶׂה עִמּוֹ חֶסֶד בַּעֲבוּר יְהוֹנָתָן 에에세 이모 헤세드 바아부르 예호나탄

다윗의 이 조치는 9장에서 그랬던 것처럼 10장에서도 표면적으로는 당연한 것처럼 보인다. 왜냐하면 은총을 베푸는 행위는 다윗과 나하스 사이에서 일어나는 행위처럼 보이기 때문이다.[8] 그러나 여기서 우리는 10:2에서 언급된 대로 과연 나하스가 다윗에게 보여준 은혜가 무엇인가라는 점을 잠시 생각해볼 수 있다.[9] 동시에 우리는 그것을 갚으려는 다윗

....

7   다윗의 왕위 계승사의 현재 구성상의 면에서 볼 때, 이 시간적 부사구를 삼하 9장의 사건의 연속으로 보는 것은 지극히 당연하다. 이것을 삼하 8장의 전쟁 상황에서 이어지는 것으로 볼 수도 있을지는 아래서 다시 논하는 부분을 참조하라.

8   상호 간의 행위로서의 "헤세드"의 개념에 관해서는 김영선, "결혼이주여성의 타자화 극복에 대한 선교신학적 연구: 하갈(창 16/21장)과 룻(룻 1-4장) 내러티브 분석을 중심으로"(미간행 박사학위논문, 주안대학원대학교, 2018), 162를 참조하라.

9   몇몇 학자들은 나하스가 사울의 대적자로 다윗과 친분이 있었을 것이라고 추측하는 것이 이것에 대한 정확한 정보의 누락을 메우기에는 충분치 않다고 제안한다. 이에 관해서는 Hans Joachim Stoebe, *Das zweite Buch Samuelis*(KAT VIII/2; Gütersloh: Gütersloher Verlagshaus, 1994), 267을 보라.

의 의도가 무엇이고 하눈의 자문관들은 다윗의 그 의도에 대해서 왜 그렇게 민감하게 반응하는지에 대해서도 추정할 수밖에 없다. 분명한 것은 8:11-12의 진술과 같이 암몬 자손 역시 다윗의 정복 목록에 들어 있으며 이스라엘에 은금을 조공으로 바치고 있었다는 사실이다. 다윗이 조문객을 보낸 것은 이제 나하스의 죽음으로 인해 표면적으로는 평화로운 관계로 보이는 그 모든 조공과 관련된 힘의 역학 관계가 깨질 것을 우려한 정치적 조치인가?[10] 하눈의 자문관들이 그것을 눈치채고 이제는 새로운 왕과 함께 조공의 관계를 청산할 기회를 엿본 것인가? 우리는 이런 추론들에 대해서 정확한 대답을 제시할 수는 없다. 하지만 모호하게 드러나는 진술만 볼 때, 우리는 하눈이 다윗의 교묘한 정치적 계산에 대해 비록 날카로운 판단력을 소유하고 있지는 못하지만, 그가 자신의 한계를 주변의 지혜로운 자문관들을 통해 메우는 지혜(통치술)를 갖고 있으며 이러한 그의 지혜가 다윗의 지혜와 불꽃을 튀기며 부딪히고 있음을 본문에서 어느 정도 감지할 수 있다. 정리하면 우리는 다윗의 이 말과 행위를 9장에 나오는 므비보셋에 대한 다윗의 말과 행위와 매우 유사한 것으로 볼 수 있다.

암몬 자손의 왕 하눈의 주변에 포진한 왕의 자문관들은 다윗의 행위가 단순히 표면적으로 드러나는 대로의 모습 그대로가 아닐 것이라고 강하게 의심했다. 그들은 당연히 예상되는 모든 상황에 대해 세심하게 판단했을 것이다. 그들은 왕의 주변에서 왕의 통치를 보좌하는 매우 중요한 역할을 하는 자들이었기 때문이다. 결국 하눈의 자문관들은 아버지 나하스를 조문하기 위해 오는 다윗의 신하들을 정세를 파악하고 조

....
10   이렇게 본다면, 8장의 전쟁 기록이 9장의 조문 사건 이전의 일이었음이 전제되어야 한다.

공에 관한 현재의 관계 설정이 위태로워질 때는 언제든지 전쟁을 일으킬 명분을 만들기 위한 목적으로 오는 첩자들로 판단했던 것으로 보인다. 이런 맥락에서 그들이 다윗의 신하들에게 취한 조치는 단순히 그들에게 치욕을 주고자 한 것 이상으로 판단된다. 그것은 그들이 다윗의 속셈을 훤히 파악했음을 말이 아니라 가시적으로 보여주기 위해 내린 교묘한 조치라고 할 수 있다. 다윗의 신하들의 수염의 절반을 자르고 그들의 옷을 중동 볼기까지 자르는 행위를 그렇게 해석할 수 있기 때문이다.[11] 그리고 다윗 역시 그들이 취한 조치의 의미를 즉시 알아채고 바로 전쟁을 준비할 뿐 아니라 전쟁을 시작한다.

2) 인물 분석

우리는 지금 등장하는 인물들을 왕과 왕의 주변의 신하들로 구분하여 평가해볼 수 있다. 먼저 왕의 모습을 보면, 다윗과 하눈은 서로 대조적인 모습으로 나타나는데, 무엇보다도 "통치술"로 특징화할 수 있는 지혜가 왕으로서 지녀야 할 필수 조건임이 드러난다. 그리고 왕의 주변 신하들의 모습 역시 대조적으로 나타나는데, 다윗의 신하들은 수동적인 반면에 하눈의 자문관들은 매주 적극적인 모습을 보인다.

....
11 Alter는 수염의 절반을 밀고 그들의 겉옷을 자른 것을 수치심을 준 행위로 본다. 특히 공적인 외교 업무를 띤 사신으로서의 다윗 신하들의 옷을 자른 것은 그들에게 사적인 성적 수치심을 유발한 것이기도 하지만, 동시에 공적인 특권에도 상처를 입힌 행위로 해석한다. 나는 Alter의 해석에 부분적으로 동의하지만, 여전히 나의 해석이 본문의 의도에 가깝다고 본다. 이에 관해서는 Alter, *The David Story*, 245과 구자용, "전도서의 지혜가 드라마화된 다윗의 왕위 계승사: 사무엘하 10:1-5을 중심으로", 249-50을 비교하라.

(1) 다윗

다윗은 사무엘하 9장에 이어 10장 초반부에서 또다시 주변의 인물들에게 은혜를 갚으려는 모습으로 서술된다. 이곳에서도 다윗의 표면적인 모습의 이면에 정치적 의도를 품고 있는 그의 모습이 겹친다. 당연히 어느 누구도 행위의 이면에 감추인 계산된 의도를 알지 못하며 단순히 추정만 할 수 있다. 따라서 그러한 의도는 파악하기에 따라 달리 해석될 수도 있겠지만, 다윗에게서 나오는 그의 의도에 대한 표현은 확실히 9장과 매우 유사하다. 우리는 다윗의 이 모습을 일차적으로 지혜로운 모습으로 평가할 수 있다. 이것을 다시 정치적인 면에서 평가해보면, 치밀한 계산으로 어떤 일을 위한 명분을 만들어내는 놀라운 지혜의 모습이라고 말할 수 있다. 이런 면을 고려하면서 10장 초반부를 보면, 그러한 뛰어난 정치술 역시 또 다른 지혜와 지혜자에 의해 그 의도가 폭로되어 한계에 직면할 뿐 아니라 그것에 의해 좌절될 수도 있다. 의도가 폭로될 경우에 필요한 것은 전쟁이고 그것은 좋은 대안이라고 말할 수는 없지만, 정치 현실에서는 피할 수 없는 것이다.

(2) 하눈

암몬 자손의 왕 하눈은 다윗보다 지혜롭지 못한 왕의 표상으로 서술된다. 특히 그는 자신의 자문관들의 반어적인 질문인 "~라고 생각하십니까?"를 통해 상대적으로 판단력이 떨어지는 왕으로 그려진다. 그러나 이러한 왕이라도 지혜로운 자문관들의 보좌를 통해 그 한계가 극복될 수 있다. 이후에 언급될 압살롬의 경우에 그는 매우 지혜로운 사람이었고 그의 모든 계획은 치밀할 뿐 아니라 인내하면서 때를 기다릴 줄 아는 지혜 가운데 실행되지만, 결정적일 때 그는 주변의 지혜로운 모사가 아히도벨의 모략을 거부한다. 그것은 그에게 실패와 죽음을 불러왔다. 압살롬이 여기 하눈처럼 행동했다면 그의 반란은 전혀 다른 양상으로 전개되었겠지만 그렇지 못했다. 하눈은 지혜로운 자문관들의 놀라운 통찰력을 통해 조언을 받고 있지만 한계를 극복하지 못한다. 그것은 사태의 판단 이후에 어떻게 행동할 것인지에 대한 계획, 즉 전쟁을 선택한 이후의 계획이 지혜롭게 실행되지 못했던 것으로 보인다. 하눈이 동맹을 통해 단순히 많은 연합군을 모으는 것으로 얻은 결과는 결국 그의 나라와 민족의 패망이었다.

(3) 하눈의 자문관들

"암몬 자손의 관리들"(שָׂרֵי בְנֵי־עַמּוֹן 사레이 베네-암몬)[12]로 언급된 이들은 암몬 자손의 왕과 함께 통치를 위해 중요한 논의를 하는 "최고의 관리 계층"(die regierende Oberschicht)[13]이다. 그들이 지혜적인 면에서 뛰어나다고 판단할 수 있는 지점은 "의심의 눈초리"라고 할 수 있다. 무작정 의심만 하는 사람을 지혜롭다고 할 수는 없지만, 사건과 사물을 신중하게 관찰하고, 생각하며, 판단하는 모습은 전도자의 모습과 유사하다. 즉 무작정 옳은 것으로 판단하고 표면적인 것에 쉽게 현혹되는 것은 결코 지혜자의 모습

....

12 대상 19:3에도 동일한 히브리어 표현이 나오며 개역개정은 이 표현을 "암몬 자손의 방백들"로 번역하고 있음.

13 Udo Rüterswörden, *Die Beamten der israelitischen Königszeit: Eine Studie zu śr und vergleichbaren Begriffen* (BWANT 117; Stuttgart: Kohlhammer, 1985), 43.

이 아니다. 우리는 하눈의 자문관들이 제시하는 논의의 특징을 그들이 하눈에게 던지는 두 개의 반어적 질문에서 명확히 확인할 수 있다. 암몬 자손의 관리들은 왕을 보좌하는 위치에서 그들 스스로 눈에 보이는 표면적인 것에 현혹되지 않고 그 이면에 숨겨진 의도를 파헤쳐서 그것에 대비해야 함을 잘 알고 있었다. 이런 신중함은 지혜자들의 능력임에 틀림이 없고, 그것은 그들이 통치를 보조해야 하는 위치에서 기능적으로 담당해야 할 당연한 일이다. 암몬 자손의 관리들은 조문객으로 오는 다윗의 신하들을 보고 판단할 때, 다윗의 신하들이 암몬 자손의 땅에 온다는 사실이 갖는 다양한 측면을 계산했을 것이다. 그들은 사무엘하 8장과 관련해서 판단하거나 혹은 그것과 상관없이 이미 나하스와 다윗 사이의 어떤 관계성에 대한 이해득실을 따졌을 것이다. 새로운 왕과 새로운 정책, 특히 강성해지는 이스라엘과 어떤 관계를 정립해나갈 것인지는 매우 중요한 사안이 아닐 수 없다. 어려울 때이므로 그들의 판단은 그만큼 더 중요했다.

하눈의 자문관들이 다윗의 신하들에게 한 행동은 매우 상징적인 것이었다. 우리는 표층적 차원에서도 그것에 관한 충분한 의미를 말할 수 있지만, 이면에서 서로 통하는 의미들을 살펴보는 것도 매우 흥미롭다. 다윗의 지혜와 그 지혜에 대항하는 하눈의 자문관들의 지혜 간의 불꽃 튀는 대결 양상이다. 그러나 그 결과는 전쟁이며 민족의 패망일 뿐이었는데, 이러한 지혜의 한계는 치명적이다. 이러한 지혜의 한계는 다윗의 왕위 계승사에서 전형적으로 나타난다.

3) 전도서와의 연결점(전 2:18-19)

전도서 2:18-19[14]은 전도자가 예루살렘에서 이스라엘 왕이라는 가정하에서 인간의 지혜와 능력으로 과연 "낙"을 성취할 수 있는지를 실험하는 소위 "왕의 트라베스티"(king's travesty)[15]라고 지칭되는 본문의 일부다. 거기서 전도자는 인간의 모든 가능성을 동원해 시도한 노력의 결과를 자신의 다음 세대에 넘겨줄 생각을 하는데, 그것이 한순간에 물거품이 될 수도 있다는 생각에 이른다. 그리고 그렇다면 그는 그것이 얼마나 허망한 일이겠는가를 한탄한다. 이것은 영원히 존재할 수 없다는 한계로 인해 사람의 일을 그 스스로가 영원히 관리할 수 없고 결국 일의 결과에 대한 주도권을 놓을 수밖에 없는 경우가 많기 때문이다.

> 내가 해 아래에서 수고한 나의 모든 수고를 미워했다. 내가 나의 다음에 존재하게 될 사람에게 남겨놓게 될 그 수고를 [말이다](전 2:18).
>
> וְשָׂנֵאתִי אֲנִי אֶת־כָּל־עֲמָלִי שֶׁאֲנִי עָמֵל תַּחַת הַשָּׁמֶשׁ שֶׁאַנִּיחֶנּוּ לָאָדָם שֶׁיִּהְיֶה אַחֲרַי
>
> 베사네티 아니 에트-콜-아말리 쉐아니 아멜 타하트 하샤메쉬 쉐아니헤누 라아담 쉐이흐예 아하라이
>
> 그가 지혜로운 사람일지 혹은 어리석은 사람일지 누가 알겠는가! 그러나 해 아래에서 내가 수고한 것과 내가 지혜로 이룬 것에 대해 그가 권리를 가질 것이다. 이것 또한 헛되다(전 2:19).

....

14   전 2:18-19은 사실 23절까지로 볼 수 있는 단락의 절반이다. Schwienhorst-Schönberger는 이 단락을 2:18-20의 왕에 대한 부분과 2:21-23의 일반적인 사람에 대한 부분으로 구분하기도 한다. 이에 관해서는 Ludger Schwienhorst-Schönberger, *Kohelet*(HThKAT; Freiburg: Herder, 2004), 230을 보라.

15   "왕의 트라베스티"에 대한 설명은 Rüdiger Lux, 구자용 옮김, 『이스라엘의 지혜자들: 언어의 대가, 백성의 지도자, 삶의 원천』(고양: 한국학술정보[주], 2012), 37을 참조하라.

הֶחָכָם יִהְיֶה אוֹ סָכָל וְיִשְׁלַט בְּכָל-עֲמָלִי שֶׁעָמַלְתִּי וְשֶׁחָכַמְתִּי תַּחַת הַשָּׁמֶשׁ גַּם-זֶה הָבֶל

וּמִי יוֹדֵעַ 헤하캄 이흐예 오 사칼 베이쉴라트 베콜-아말리 쉐아말티 베쉐하캄티 타하트 하샤메쉬 감-제 하벨 וּמִי יוֹדֵעַ

여기서 눈에 띄는 표현 중 하나는 "누가 알겠는가"(מִי יוֹדֵעַ 미 요데아)이다. 이것은 구약에서 인간의 한계를 여실히 드러낼 때 사용되는 표현 중 하나다.[16] 인간은 자신의 다음 세대에서 자신의 자리에 올 사람에 대해서 무엇인가를 결정할 권한도 지식도 갖지 못한다. 그가 해 아래서 수고함으로 그리고 지혜를 써서 이룬 일들에 대한 모든 관리도 자신이 담당하게 될 것이다. 그것에 대해 권한을 누리는 것은 잠시뿐 그것은 곧 그의 손을 떠나 그다음에 있게 될 사람에게 넘겨주어야 한다. 특히 전도자는 그다음 사람이 지혜로운 사람일지 혹은 어리석은 사람일지에 따라서 혹은 그것과 상관없이도 자신이 이룬 업적이 순식간에 무너질 수도 있음을 직시한다. 그래서 그는 그것이 헛되다는 사실을 깨닫는다. 전도서의 "헛됨"에 대한 선언은 단순히 그것이 필요 없다는 의미가 아니라 그것은 인간의 한계 밖의 일이라는 선포로 이해해야 한다. 당연히 여기에는 인간적인 실망이 내포되어 있어 아픔이 들어 있지만 동시에 그것은 인간의 한계를 인정하는 선포라고 말할 수 있다.

전도서의 왕의 트라베스티에서 언급되는 이 교훈은 특히 왕위 계승사에서도 동일하게 관찰된다. 마치 사무엘하 10장에서 나하스의 뒤를 이어 암몬 사람들의 왕이 된 하눈이 그러했듯이 말이다. 혹은 왕위 계승사의 범위를 벗어나기는 하지만, 솔로몬이 지혜로 이룩한 모든 일이 르

....

16   구자용, "죽음에 대응하는 이성(理性)으로서의 지혜: 사무엘하 12장과 전도서 9장의 '미요데아'(מִי יָדַע)와 '에인 요데아 하아담'(אֵין יוֹדֵעַ הָאָדָם)을 중심으로", *Canon & Culture* 제5권 1호(2011년), 173-4 참조.

호보암 때에 무너졌던 것같이 말이다. 사무엘하 10장 초반부의 하눈과 그의 지혜로운 자문관들의 회의 장면은 마치 솔로몬의 아들 르호보암이 왕이 된 후 노역에 대해 백성들이 원성을 높일 때, 그가 이 상황에 대해 솔로몬 때의 늙은 자문관들의 충고대로 처리하지 않고 오히려 젊은 자문관들의 말을 들음(왕상 12:8-11)으로써 이스라엘이 둘로 분열되는 결과를 초래했던 것을 연상케 한다. 또한 그것은 압살롬의 반란과 그 전략 회의에서 아히도벨과 후새의 모략을 각각 듣고 이스라엘의 장로들과 숙의하는 장면과도 연관된다. 언급한 세 곳의 모습은 각각 어떤 결과를 가져왔는가? 공교롭게도 모두 실패로 끝나버린다.

여기서 생각할 수 있는 것은 통치술의 한계다. 통치술은 다윗이나 하눈처럼 일차적으로 통치자 자신에게 있어야 할 자질이지만, 그것은 통치에 있어서 중대한 사안들을 논의하는 기구나 조직을 상정해볼 때, 사무엘하 10장의 이 본문에서처럼 왕의 옆에서 자문 혹은 함께 정사를 의논하고 결정하는 신하들의 모임으로 보완될 수 있다. 모든 사안은 그들을 통해 매우 세심하게 검토되고 판단되며 최종적인 결정들은 매우 신중하게 내려질 것이다. 그것을 위해 필요한 모든 경험과 통찰력, 예상되는 모든 가능성이 그들의 계산에 동원될 것이다.

이 문제는 특별히 왕위 계승의 관점에서 볼 때 중요한 의미를 던지는 전도서 2:18-19로 우리의 시선을 끈다. 거기서 전도자는 인간이 지혜를 소유하여 그것을 통해 도달할 수 있는 가능성이 있지만, 동시에 그 지혜는 명확한 한계를 지니고 있음을 설명한다. 그 한계는 왕위 계승에서 드러나는 어리석은 후계자와 지혜로운 통치술의 한계다. 인간의 지혜와 능력과 그것을 통해 도달할 수 있는 기쁨에 대해서 상상의 실험을 펼쳤던 전도자는 불현듯 해 아래서 자신이 지혜로 애써 이루어놓은 것을 자신이 영원히 지키지 못하고, 결국은 자신의 자리에 앉을 다음 사람에게 넘겨주게 될 것을 깨닫는다. 전도자는 자신의 후계자가 행여나 어리석은 자라면, 그 노고가 한순간에 날아갈 것을 생각하면서 아찔함을 느낀다. 그러나 그는 그것이 인간의 삶이 영원하지 않기에 막을 수 없는 일임을 또한 깨닫는다. 사무엘하 10장에 언급되는 암몬 자손의 왕위 계승자, 즉 나하스의 뒤를 이은 하눈은 결국 그가 이런 어리석은 후계자였음을 드러냈다. 그것도 그와 그의 주변의 지혜자들의 지혜로 도모한 일의 결과가 민족 몰락의 길이었다면, 그들의 지혜가 서술상 매우 뛰어난 것으로 판명됨에도 불구하고 얼마나 허망한 것이었는지 단적으로 보여주게 된다.

특히 왕과 왕의 주변에서 통치를 위해 모여 있는 지혜자들의 신중한 일의 판단과 결정들은 지혜의 실제 기능 중 하나인 통치술의 정수를 보여준다. 특히 사무엘하 10:3에 나오는 하눈의 신하들의 날카로운 통찰력과 판단력은 겉으로 보이는 대로가 아니라 전도서 8:5에서 말하는 바대로 때와 질서, 즉 사물과 사건의 돌아가는 원리를 꿰뚫어 보는 지혜와 다르지 않다. 다윗의 사신에 대한 하눈의 신하들의 조치 역시 탁월한 지혜의 표현들이다. 즉 다윗의 숨은 의도를 그들이 간파했음을 상징적으로 보여주며, 동시에 그들이 어떤 의도를 담아 다윗에게 회신하고 있는지가 그것으로 확인된다. 애초에 다윗이 조문을 위해 자신의 신하들을 보낸 것도 숨은 의도를 가진 정략적 조치였다고 볼 때, 여기에는 다윗과 하눈 그리고 각각 그들의 주위에 모셔 서 있는 지혜로운 신하들의 불꽃 튀는 지혜 대결의 양상이 펼쳐진 것이다.

그러나 왕의 주변의 지혜로운 신하들의 "때와 질서"에 대한 간파력은 전도서가 말하는 대로 한계를 갖고 있다. 그리고 그것으로 인간 지혜의 결과물은 때로는 민족의 몰락과 개인의 죽음에 이르기도 한다. 즉 전도서가 말하는 지혜로운 통치술의 한계가 드라마화되어 서술되는 것은 이곳 외에도 다윗의 왕위 계승사의 뼈대를 이루고 있다.

3. 사무엘하 10:6-12:31
다윗과 밧세바, 우리아와 요압

사무엘하 10[:6]-12장은 이스라엘이 암몬 자손과 벌인 전쟁 이야기를 앞(삼하 10:6-11:1)과 뒤(삼하 12:26-31)의 틀로 사용하고 있는 특이한 형태의 이야기다. 이 사이에 위치해서 독자들에게 더욱 주목을 받는 다윗의 이야기에는 아마도 그의 일생에서 가장 숨기고 싶을 중대한 실수가 날카로운 어조로 서술되어 있다. 그것은 이후 전개되는 왕위 계승사의 주제적 틀을 놓는 핵심적 요소가 된다. 특히 반복해서 "우리아의 아내"로 언급되는 밧세바와의 사이에서 태어난 솔로몬에 대한 언급은 말할 것도 없고, 다윗의 실수를 맹비난하는 예언자적 면모의 나단과 거기에 함축된 대로 다윗의 삶에 펼쳐질 하나님의 용서 없는 심판, 그리고 그 앞에서 자신의 죄인 됨을 자백하고 한계 너머 절대자의 처분에 순응할 수밖에 없음을 드러내는 인간다운 다윗의 모습, 그리고 인간의 모든 역사를 조종하는 주관자로서의 야웨의 모습이 삶의 드라마 속에 펼쳐진다. 각 등장인물을 통해 그려지는 인간 삶의 면모들은 마치 자신의 운명을 스스로 결정하고자 분투하지만 결국은 그 물결에 휩쓸려 가버리고 마는 인간의 자연스러운 모습이다. 본문 분석에서 함께 살펴볼 중요한 인물들로는 다윗과 밧세바, 우리아와 요압 그리고 예언자적 면모를 지녔으나 놀랍게도 그 면모에 합당한 직책명이 생략된 채 소개되는 나단이다. 우리는 이들 사이에서 특별히 왕과 신하의 관계성을 주목할 수 있고, 거기서 드러나는 왕과 그의 지혜 및 통치술의 한계와 관련해서 전도서와 연결되는 삶의 중요한 교훈을 발견할 수 있다.

1) 본문 분석

(1) 암몬 및 아람과의 전쟁(삼하 10:6-19; 12:26-31)

먼저 사무엘하 10:6은 암몬 자손이 전쟁을 준비하는 것을 보여주는 서
술이다. 거기서 눈에 띄는 특징적 표현은 바아쉬(נבאש)라는 수동형 동사
인데, 우리는 그 표현에서 암몬 자손이 자신들의 행위가 다윗에 대한 도
전이었음을 스스로 밝히고 있음을 알 수 있다. 그리고 그 표현은 이전에
사무엘상 13:4과 이후 사무엘하 16:21에도 비슷한 의미로 등장한다.[1]

> 암몬 자손이 다음의 사실을, 즉 그들 스스로가 다윗에게 냄새를 피웠음[도
> 전장을 내밀었음]을 보았다(삼하 10:6).
>
> וַיִּרְאוּ בְּנֵי עַמּוֹן כִּי נִבְאֲשׁוּ בְּדָוִד 바이르우 베네 아몬 키 니브아슈 베다비드

> 온 이스라엘이 [다음의 사실을] 들었다. 즉 …와 또한 이스라엘이 블레셋
> 사람들에게 냄새를 피웠음[도전장을 내밀었음]을(비교. 삼상 13:4a*).
>
> וְכָל-יִשְׂרָאֵל שָׁמְעוּ…וְגַם-נִבְאַשׁ יִשְׂרָאֵל בַּפְּלִשְׁתִּים 베콜-이스라엘 샤므우…베감-니브아쉬 이스라엘 바필
> 리슈팀

> 온 이스라엘이 다음의 사실을, 즉 너 스스로 너의 아비에게 냄새를 피웠음
> [도전장을 내밀었음]을 들었다(비교. 삼하 16:21bα).
>
> וְשָׁמַע כָּל-יִשְׂרָאֵל כִּי-נִבְאַשְׁתָּ אֶת-אָבִיךָ 베샤마 콜-이스라엘 키-니브아쉬타 에트-아비카

....

1   Gesenius[18], 122.

다윗에게 도전하기 위한 암몬 자손의 전쟁 준비는 치밀하며 최대한 동맹군을 끌어모을 뿐 아니라 시간이 있어야 하는 계획과 실행으로 보인다. 그것은 도울 군대를 빌려 연합군을 형성하는 전략이며 그 규모(아람 보병 20,000명, 마아가 왕과 군사 1,000명, 돕 사람 12,000명, 합이 33,000명)가 숫자로 정확하게 명시되고 있는 것이 인상적이다. 다윗의 조치는 요압과 용사들로 구성된 모든 군대(כָּל־הַצָּבָא הַגִּבֹּרִים-콜-하차바 하기보림)를 보내는 것인데, 그것은 암몬 자손의 전쟁 준비보다 신속한 대응이며, 특별해 보이지 않는, 즉 이미 조직되어 있는 군대의 일상적 투입 형식으로 보인다. 그것은 8장과 관련해서 볼 때, 다윗과 이스라엘이 오랜 전쟁에서 쌓은 경험과 자신감이라고 할 수 있다. 요압과 용사들로 이루어진 이 군대는 요압 휘하의 군대로서 8:16에 다윗의 통치 조직 소개에서도 이미 언급한 바 있다.

먼저 각 진영의 전열이 서술된다. 사무엘하 10:8은 암몬 자손과 그 연합군의 전열을, 그리고 10:9-12은 이스라엘의 전열을 각각 서술한다. 암몬 자손은 성문 입구에 전열을 갖추었고 암몬 자손의 연합군은 들에 각각 전열을 갖추었다고 비교적 간단히 소개된다. 그에 반해 이스라엘의 전열은 상세하게 서술된다.

> 요압이 그가 대항해 싸워야 할 전쟁의 대면 상황이 앞에와 뒤에 있음을 보았다(삼하 10:9).
>
> וַיַּרְא יוֹאָב כִּי־הָיְתָה אֵלָיו פְּנֵי הַמִּלְחָמָה מִפָּנִים וּמֵאָחוֹר 바야레 요아브 키-하예타 엘라브 페네 하밀하마 미파님 우메아호르

이 서술은 이스라엘이 앞과 뒤에서 각각 적을 대항해야 하는 상황임을 묘사한다. 그 상황에서 요압은 이스라엘에서 젊은 군사들을 모두 뽑아

서 아람 사람들을 대항해 전열을 갖추고 군대의 나머지는 그의 동생 아비새의 휘하에 두고 암몬 자손을 대항해 전열을 갖추게 한다. 그리고 그는 "만약 아람이 나보다 강하면, 네가 나를 돕고, 만약 암몬 자손이 너보다 강하면 내가 너를 도우러 가겠다"라고 말한다. 그리고 그는 "우리"란 표현을 붙여서 "우리"의 백성[군대]과 "우리" 하나님의 성읍들로 인해 아비새에게 담대할 것과 그리고 자신을 포함한 "우리"가 담대해지자고 용기를 북돋는다. 그뿐 아니라 그는 야웨가 그분의 눈에 선하게 보는 것을 행하실 것을 기대하며 전쟁을 시작한다. 우리는 이 표현을 특히 11장과 연결해서 중요한 것으로 볼 수 있다.

> 그리고 야웨가 그의 눈에 좋은 것을 행하시기를(삼하 10:12).[2]
>
> וַיהוָה יַעֲשֶׂה הַטּוֹב בְּעֵינָיו 바야웨 야아세 하토브 베에이나브

이제 사무엘하 10:13부터는 전쟁의 양상이 어떠함을 서술한다. 요압이 자신의 군사들과 함께 싸우고자 아람 사람들에게 다가서자 그들이 도망치고 그것을 본 암몬 자손 역시 아비새 앞에서 도망쳐 성안으로 들어가 버린다. 그리고 요압은 암몬 자손에게서 물러나서 예루살렘으로 돌아온다. 암몬 자손의 죽은 왕 나하스의 조문 사건의 결과로 시작된 암몬 자손과 이스라엘의 전쟁은 발단 원인에 대한 장황한(?) 설명에 비해 정작 전투가 실제로 벌어졌나 싶을 정도로 싱겁게 끝나버린다. 일단 여기까지를 아람 자손이 아람 연합군의 도움을 받아 이스라엘과 벌인 전쟁의 첫 번째 단계로 볼 수 있다. 일단 여기까지 전쟁과 관련한 진행 상황은 11장

....
2   미완료형을 "기원"과 "소망"의 의미로 해석함.

초반부의 암몬 자손의 랍바성 포위에 대한 언급과 12장 마지막의 랍바성 함락과 자연스럽게 연결된다. 그리고 성안에 포위된 암몬 사람들에 대한 전쟁은 이제 11장의 중요한 무대가 된다.

10장에 이어지는 전쟁 서사는 계속해서 아람 사람들을 중심으로 서술된다. 아람 사람들은 자신들이 이스라엘에 패배한 것을 보고[인정하고] 함께 힘을 모은다(וַיֵּאָסְפוּ바예아스푸 야하드 יַחַד).[3] 그 중심에 하닷에셀이 다시 언급되는데, 그가 강 건너편(?)[4]의 아람 사람들을 모아 출전하게 하자, 그들이 헬람에 모여 하닷에셀의 군대 장관 소박 앞에 나아온다. 그리고 그 소식이 다윗에게 전해진다. 그리고 다윗은 친히 아람과의 전쟁에 출전한다. 10:17 이하의 전쟁 서술에서 특이한 점은 바로 이 점이다. 다윗이 "온 이스라엘"을 모으고 요단강을 건너 헬람으로 진격한다. 그리고 아람은 다윗을 대항하여 전열을 벌이고 그와 전쟁을 벌인다. 결과는 아람이 다시 이스라엘 앞에서 도망치고 다윗의 승리는 병거 700대와 마병 40,000명을 죽인 것과 군사령관 소박을 죽인 것으로 기록된다. 게다가 하닷에셀에게 속한 왕들이 이스라엘과 화친하고 섬길 뿐 아니라 아람

....

3   여기에 사용된 "יַחַד"야하드라는 히브리어 표현은 레너드 번스타인(Leonard Bernstein)이 작곡하여 시연한 "치체스터 시편"(chichester psalms) 2부에 나오는 시편 2편의 세상 군왕들의 회합에도 쓰인 단어다. 그들이 함께 모여[힘을 합해] 야웨와 그의 기름 부은 자를 대적하자는 결의, 즉 남성 파트가 마치 스크럼을 짜고 외치는 듯 표현된 "야하드, 야하드"의 멜로디가 여기 아람 사람들의 연합에서도 느껴진다.

4   여기서 지칭하는 "강 건너편"은 정확히 어떤 강을 의미하는지가 모호하다. 요단강 동편의 암몬 자손들의 거주 지역 위에 벧-르홉의 아람 사람들이 있었고, 그 위 북동쪽에 돕 사람들 그리고 더 위로 쭉 올라가서 다메섹의 아람 사람들이 거주했는데, 벧-르홉의 아람 지역과 다메섹의 아람 지역 사이에는 적어도 2개 이상의 큰 강이 있다. 아마도 "강 건너편"은 이 강들을 의미하는 것으로 보아야 할 것이다. 이에 관해서는 Bo Reicke and Leonhard Rost, eds., *Biblisch-Historisches Handwörterbuch: Landeskunde Geschichte Religion Kultur Literatur.* Vol. 4 of *Register und Historisch-archäologische Karte Palästinas*(Göttingen: Vandenhoeck & Ruprecht, 1979), 189, 196, 254, 272을 보라.

사람들이 다시는 암몬 자손을 돕지 못하게 되었다는 사실이 기술된다.

여기에 언급된 하닷에셀은 이미 8장에 언급된 바 있다. 거기서 하닷에셀은 다윗에게 크게 패하고 세력을 잃은 상태다. 그가 동일한 패턴으로 다시 강 건너편의 아람 사람들의 도움을 구하고 또다시 완벽히 패전한 것으로 이해하기가 쉽지는 않으나, 8장의 아람 자손과의 전쟁에서 승리한 기록과 이곳의 전승 기록을 상세히 비교해보면, 차이가 나는 것이 분명하다.[5]

앞서 해결하지 않고 미루어왔던 문제에 지금 주목해보고자 한다. 그것은 여기 이스라엘과 아람 사이의 전쟁 서사가 8장의 반복인지 아니면 8장과는 별개로 다시 치러진 전쟁인가의 문제다. 먼저 주목해볼 수 있는 것은 다윗의 출전이다. 다윗이 암몬 자손과의 전쟁에는 직접 출전하지 않았다가 여기 아람 사람과의 전쟁에만 직접 나서는 모양새에 이상한 면은 없는가? 더구나 11장 초반부에서 다시 전쟁에 나서지 않는 것으로 서술된다면 더 이상하지 않은가 말이다. 12장 말미에서 다윗은 다시 친히 출전하지만, 그것은 실상 암몬 자손의 랍바성 함락이 임박한 전쟁 종결 단계에서의 형식상 출전한 것이다. 그렇다면 10장의 아람 자손과의 전쟁에만 다윗이 친히 출전하여 격렬한 전투를 벌인 것이 그렇게 자연스러워 보이지 않는다.

다윗이 왕으로서 당연히 해야 할 역할인 전쟁 수행의 의무(참조. 삼상 8:20)를 다하는 모습은 다분히 8장 이전 다윗의 모습과 부합한다. 또한 아람 사람들과 벌인 전쟁에 대한 10장의 언급은 8:3 이하 다윗의 아람

....
5   8장의 전승 기록은 다음과 같다. 마병 1,700명과 보병 20,000명을 포로로 잡고, 병거 100
     대의 말 획득 그리고 나머지 말은 힘줄을 모두 끊어버림; 다메섹 아람인 22,000명 죽임
     vs 10장의 전승 기록은 병거 700대와 마병 40,000명 죽임; 군사령관 소박 죽임.

정복 기록과 매우 유사하다. 이 두 가지 면에서 이 서술은 여기 위치한 현 상태로 볼 때, 다윗이 아람과 벌인 두 번째 전쟁으로 보기보다는 어떤 문학적인 목적을 위해 다시 반복 서술하는 것으로 보는 것이 타당하다.[6] 암몬 자손과 벌인 전쟁 기사의 자연스러운 문맥을 깨며, 8장의 전쟁 기사를 다시 삽입한 의도는 명쾌하게 설명해내기에 어려움이 있지만, 추정컨대 다윗의 전쟁 출전에 대한 과거와 현재의 모습을 대조적으로 보여주기 위함으로 볼 수 있다.

두 번째로 전쟁 서사에서 눈에 띄는 것 중 하나는 "보았다[판단했다]"는 의미인 רָאָהב아르의 빈번한 사용이다. 이 단어는 사무엘하 10:9에서 요압이 전쟁의 상황을 판단했음에 대한 서술과 10:14에서 암몬 자손이 아람 사람의 요압 앞에서의 도망[패배]을 확인한 것, 10:15에서 아람 사람들이 이스라엘에 패배한 사실을 인지한 점, 10:19에서 다윗에 의한 큰 살육 이후에 하닷에셀의 신복인 모든 왕이 자신들이 이스라엘 앞에서 패했음을 알았다는 보고에서 사용되었다. 어떤 사건들과 상황을 보고 판단하는 것은 인간의 삶에 있어서 중요한 지혜의 요소이며 인간의

....

6   참조. Alter, *The David Story*, 244. Alter는 이미 10:1의 시간 부사구인 "그 후에"가 본문이 연대기적 순서로 서술되지 않고 있음을 반영하는 것으로 판단한다. 그는 8장의 아람과의 전쟁은 다윗의 연표(annals)로부터 나온 무미건조한 연표 기록 문제의 기록으로 보고, 10장의 기록은 11장의 배경이 되는 암몬 자손과의 계속적인 군사적 충돌의 사실을 이야기 속에 구성하기 위한 의도로 서술한 것으로 본다. 이 문제에 대해 다양한 주장들을 잘 정리하여 제시하는 자료로는 Dietrich and Naumann, *Die Samuelbücher*, 229-33을 보라. 또한 삼하 10:1-19; 11:1; 12:26-31 전체를 AKB(Ammoniter Kriegsbericht)의 원자료로 보는 입장의 Seiler, *Die Geschichte von der Thronfolge Davids*, 223-38을 참조하라. 나는 처음 삼하 10-12장 전체를 문학적 측면의 한 단위로 보았으나, 지금은 그 입장을 고수하지 않으며 삼하 10-12장의 통일성이 다윗의 왕위 계승사의 전체적인 구성의 관점에서만 고려될 수 있다는 입장으로 수정했다. 나의 처음 입장에 관해서는 Ku, *Weisheit in der Thronfolgegeschichte Davids*, 27을 참조하라.

축적된 경험으로부터 자연스럽게 획득할 수 있는 것이다. 특히 이것은 전쟁을 수행하는 데 꼭 필요한 통찰력이다. 그러나 확실한 것은 전쟁을 치르는 양편에서 이 동사를 사용한 것이 반드시 승리와 직결되지는 않는다는 사실이며 그것이 이 동사의 빈번한 사용에 함축된 교훈이다.

아람 사람들과의 전쟁 서술이 마무리된 후에 사무엘하 12:26 이하는 성안으로 후퇴하여 갇혀 있는 암몬 자손들과의 전쟁을 계속해서 서술한다. 12:26 초두에 나오는 "요압이 암몬 자손의 랍바에서 전쟁을 벌였다"(וַיִּלָּחֶם יוֹאָב בְּרַבַּת בְּנֵי עַמּוֹן 바일라헴 요아브 베라바트 베네 아몬)라는 내용은 서술 기법상 "이어지는 형식의 전형"(wa-iqtol형)이므로 11:19에 연결되는 형태로 보기에 전혀 어려움이 없다. 12:27-29은 요압과 다윗의 모습과 관련하여 매우 인상적이다. 요압이 전투 후에 이미 랍바[물의 성읍[7]]를 정복한 상태지만, 다윗이 나머지 군사를 모아 와서 그 성읍을 포위 공격하고 취하게 한다. 그 성이 요압 자신의 이름으로 불릴 것을 피하기 위해서다. 그리고 다윗은 요압의 말대로 군사를 이끌고 랍바로 가서 그 성읍을 정복하고 예루살렘으로 돌아온다. 거기서 노획한 물건들과 암몬 자손에 대한 조치는 다시 8장의 서술과 유사한 형태를 보인다.

우리가 전쟁 서사에서 놓치지 말아야 할 것은 요압에 대한 긍정적인 서술이다. 요압은 다윗과 관련해서는 철저한 신복으로 그리고 전쟁을 수행하는 것과 관련해서는 지략가와 용맹한 군대 장관으로 그려진다. 특히 그가 자신의 이름보다는 다윗의 명성을 당연하게 위하는 모습

....

7   BHS의 비평 각주를 보면, 두 개의 사본(시리아어 역본, 타르굼)이 삼하 12:26과 같이 "왕의 도시"로 기록하고 있지만, 큰 의미를 둘 필요는 없다. K. Elliger에 따르면, 이 "물의 성읍"은 요압이 먼저 점령한 곳이며 다윗이 직접 와서 점령한 것이 "왕의 성읍"인 것으로 이해할 수 있다. 이에 관해서는 K. Elliger, "Rabba," BHH 3:1541을 보라.

은 매우 인상적이다. 그런데 이렇게 요압의 모습을 서술한 의도가 무엇일까? 특히 이후 사무엘하 11장과 12장에서 연속해서 그려질 다윗의 모습, 즉 전쟁 수행을 게을리하는 다윗의 모습과 요압의 모습을 비교할 때 그것은 어떤 의미가 있을까? 우리는 아래 인물 분석에서 이 질문을 더 상세히 논할 것이다.

(2) 다윗-[밧세바-우리아]-요압 이야기

사무엘하 11장은 다윗과 밧세바 그리고 우리아의 이야기에 요압이 미묘하게 얽힌 구도를 형성한다. 표면에 나타나는 분위기로 볼 때, 이것은 왕을 비판하는 서술로 볼 수 있는데, 더 깊이 들여다보면, 그것은 인류 역사상 왕에 대한 가장 신랄한 비판이라고 할 수 있다. 우리는 이것을 "왕의 지혜"[8]에 대한 비판[9]이나 "왕의 이데올로기"(Royal Ideology)[10] 또는 "왕의 제도"[11]에 대한 비판[12]으로 볼 수도 있다. 또 아니면 단순히 다윗과 솔로몬 개인 혹은 다윗 왕조에 대한 비판으로 해석할 수도 있다.[13] 먼저 사

....

8   "왕의 지혜"라 함은 왕의 통치에 꼭 필요한 지혜와 그 효용성, 가능성 등을 말하는 것으로 이해할 수 있다.

9   구자용, "삼하 11장: 아이러니화된 왕의 지혜", 119-40을 참조하라.

10   "왕의 이데올로기"라 함은 왕이란 존재에 대한 이상, 즉 고대 근동에 편만해 있는 바대로 신의 대리자로서 왕의 존재적 본질과 역할 등을 말하며, 특히 구약에 구체적으로 명시되는 바 왕의 이데올로기의 핵심 요소는 공정한 재판과 전쟁의 수행이다.

11   "왕의 제도"란 왕정에 수반되는 제도적 장치들을 통칭하는 것이다.

12   여기 삼하 11장과 직접적으로 연관되지는 않으나 다윗의 왕위 계승사에 속하는 다른 본문들에서 왕의 이데올로기에 관한 비판에 대해서는 구자용, "다윗의 왕위 계승사에 서술된 왕의 사법 집행을 통해서 본 아이러니화된 왕의 이데올로기", 『구약논단』 제74집 (2017), 74-100을 참조하라.

13   정치적인 면에 집중하는 소위 경향비평(Tendenzkritik)에 관해서는 Rudnig, *Davids Thron*, 69를 보라. 특히 Rudnig은 삼하 11장이 본래 다윗과 어느 이름 없는 여인에게서

무엘하 11장을 왕의 이데올로기에 대한 비판으로 보기에는 조금 부족한 면이 있다. 이는 고대 근동의 범위 속에 편만해 있고 이스라엘에서도 수용되고 있는 왕의 이데올로기의 핵심 요소가 첫 번째는 백성 앞에서 전쟁을 이끄는 것(삼상 8:20)이고, 두 번째는 공의로운 재판(삼상 8:3, 5)이기 때문이다. 특히 사무엘하 11장에서는 왕의 이데올로기의 두 번째 요소에 관한 서술이 빈약해 보인다. 그렇다면 그것을 왕의 제도에 대한 비판으로 보면 어떨까? 왕의 제도에 대한 비판은 왕에게서 나올 폭군적인 모습을 제시하는 것으로서 남의 아내를 취하는 모습과 그것을 감추기 위해 자기 부하를 죽게 하는 모습에서 관찰된다. 또한 이 서술은 다윗 개인혹은 솔로몬 개인에 대한 비판으로도 볼 수 있다. 다윗은 말할 것도 없거니와 솔로몬의 경우에도 그의 출생 자체에 의문을 둘 때 그 관점[14]이 성립할 수 있다. 또한 다윗 왕조에 대한 비판으로도 볼 수 있다. 혹은 이런 비판적인 관점을 초월하여 인간 삶 자체의 불완전함을 서술하는 삶의 교훈으로 볼 수 있다. 래리 포어맨(Larry Fourman)이 이 본문에 대해 말하는 것은 주목할 만한 가치가 있다.

> [이 본문이 갖는] 이야기로서의 힘은 그것이 우리 모두에게 익숙한 인간의 경험적 요소들을 포함하는 방식에서부터 나온다. 즉 성적으로 부적절한 행

난 솔로몬의 출생을 긍정적으로 서술하고 있었으나 이후 다윗 왕조에 대해 매우 선명하게 비판적인 후대 편집(밧세바와 우리아의 이야기 삽입; 우리아의 편지 등)이 이루어진 것으로 본다. 이보다 앞서 비슷한 주장을 한 Ernst Würthwein, *Die Erzählung von der Thronfolge Davids–theologische oder politische Geschichtsschreibung?*(ThSt[b] 115; Zürich: Theologischer Verlag, 1974), 19-32도 함께 참조하라.

14 이에 관해서는 Timo Veijola, "Salomo-der Erstgeborene Bathsebas," in *David: Gesammelte Studien zu den Davidüberlieferungen des Alten Testaments*(SESJ 52; Göttingen: Vandenhoeck & Ruprecht, 1990), 84-105을 보라.

동, 권력의 남용, 속임수와 은폐, 누군가의 운명에 대한 통제 상실 그리고 살인.[15]

이에 관해서는 아래서 더 자세히 논할 것이다.

사무엘하 11장은 크게 1-5절과 6-13절, 14-21절 그리고 22-27절로 나눌 수 있다. 이 단락들을 모두 "왕에 대한 비판적 서술"로 규정하고 분석할 수 있는데, 각각의 단락에 다른 초점이 놓여 있다. 각각의 단락을 왕에 대한 비판적 서술로 판단할 기준은 왕의 이데올로기와 왕의 제도와 법 그리고 왕의 길에서 찾을 수 있다.

나는 나의 박사 논문[16]과 귀국 후 쓴 첫 논문[17]에서 사무엘하 11장을 매우 상세하게 다루었다. 그 내용을 여기서 다시 그대로 반복할 필요가 없어서 이 저술의 성격에 맞게 조금은 다른 관점과 방법론으로 접근하고자 한다.

a. 사무엘하 11:1-5: 전쟁에 나가지 않는 왕

사무엘하 11:1은 때를 표현하는 2개의 ﬥ레 전치사구,[18] 실제적 행위의 서술인 3개의 동사(Wa-iqtol) 그리고 이 행위들이 진행되는 동안 다윗의 상태를 서술하는 명사구로 구성되어 있다. 여기서 눈에 띄는 것이 두 가지

....

15 Fourman, *The Life of David*, 21.

16 Ku, *Weisheit in der Thronfolgegeschichte Davids*.

17 구자용, "삼하 11장: 아이러니화된 왕의 지혜."

18 2절에 또 하나의 때를 표현하는 ﬥ레 전치사구가 있으며, 여기서 ﬥ레라는 히브리어 전치사는 다양한 의미 중 시점(時點)을 표현한다. 이에 관해서는 Ernst Jenni, *Lehrbuch der hebräischen Sprache des Alten Testaments*(2nd ed.; Basel: Helbing & Lichtenhahn, 1981), 294을 참조하라.

있는데, 하나는 다윗이 [또다시] 요압을 전쟁에 보낸다는 것, 즉 10:7b과 동일한 패턴이 반복되고 있다는 점이고, 다른 하나는 그것과 달리 여기에는 상황에 대한 묘사가 지나치게 강조되고 있다는 점이다. 따라서 이 것은 암몬 자손에 대한 첫 번째 공격, 즉 다윗이 요압을 보내 랍바 성을 공격하게 하자 그들이 성안으로 후퇴했고, 요압은 예루살렘으로 귀환한 사건에 이어서 그다음의 사건, 즉 다윗이 다시 요압을 보내 랍바 성을 포 위 공격하도록 한 것에 이어서 서술하는 단순한 내러티브 연결로 볼 수 만은 없다. 왜냐하면 앞서 언급한 לְ레 전치사구와 다윗의 상태를 묘사하 는 명사구는 특히 분사의 사용을 통해 일련의 실제적 행위가 이루어지 는 동안 다윗의 상태가 무엇이었는지를 비판적으로 강조하여 서술하려 는 기초 작업으로 볼 수 있기 때문이다.[19]

먼저 때를 표현하는 두 개의 전치사구는 사건이 시작되는 때를 두 가지로 표현한다. 즉 "그해가 돌아온 때"(לִתְשׁוּבַת הַשָּׁנָה리테슈바트 하샤나)와 "왕들 이 출전할 때"(לְעֵת צֵאת הַמַּלְאָכִים레에트 체트 하말킴)다.[20] "그해가 돌아왔다"는 것 은 단순히 새로운 해의 시작을 의미하는 것[21]으로 볼 수 있다. 그리고 때 에 대한 이 표현은 다분히 10장의 암몬 자손과의 전쟁 이야기와 연관되 며 동시에 12:26 이하에 나오는 같은 전쟁의 종결 이야기와도 무관하지 않다.[22] 또한 "왕들이 출전할 때"란 표현 역시 10:17-19을 환기(喚起)하

....

19   이에 관해서는 Stoebe, *Das zweite Buch Samuelis*, 278을 보라.
20   개역개정의 번역은 "그해가 돌아와 왕들이 출전할 때"로 번역하여 이 시점이 두 개로 표 현된 것을 인지하지 못하게 한다.
21   Gesenius[18], 1393과 Stoebe, *Das zweite Buch Samuelis*, 277을 보라.
22   삼하 10-12장을 전체적으로 하나의 전쟁 이야기로 보고, 그 사이에 다윗이 밧세바를 범 하고 아이를 낳은 이야기가 샌드위치 기법으로 삽입되었다고 보는 견해가 있다. 이것은 T. Veijola의 주장인데, 특히 그는 밧세바가 낳은 아이가 다름 아닌 솔로몬이라고 주장하 는 E. Würthwein의 견해를 따라 한 전쟁 이야기 안에서 두 아이의 출생이 도대체 가능

는 것이며 암묵적으로 무엇인가를 드러내려는 것으로 볼 수 있다. 그 의
도는 세 개의 행위를 둘러싼 다윗의 행동에 관한 서술과의 대비에서 더
욱 구체화된다.

[왕들	출전할 때(לְעֵת צֵאת הַמַּלְאָכִים)레에트 체트 하말킴]	
다윗	**보내다(וַיִּשְׁלַח**바이슐라흐)	
요압과 그의 부하들	파괴하다(וַיַּשְׁחִתוּ바야쉬히투)/에워싸는 공격을 하다 (וַיָּצֻרוּ바야추루)	
다윗	**예루살렘에 머물다(יוֹשֵׁב בִּירוּשָׁלָם**요쉐브 비루살람)	

다윗의 행위는 자신이 아닌 다른 대상을 전쟁에 내보내고 자신은 예루
살렘에 머무는 것이다. 그에 반해 왕들은—사실 이 왕들은 구체적으로
지목할 대상이기보다는 단지 10장의 여러 왕의 전쟁을 환기하는 것임에
도 불구하고—출전하며 이 왕들의 출전은 오히려 요압과 그의 부하들의
행위를 파괴하며 에워싸는 공격을 하는 것과 연결된다. 특히 다윗이 전
쟁에 보낸 대상이 요압과 그의 부하들뿐 아니라 "온 이스라엘"[남자들]
인 것처럼 묘사하는 과장된 표현[23]은 앞의 왕들이 출전할 때와 함께 이후

....
한가를 질문한다. 그에 따르면, 이런 구성의 의도는 솔로몬의 출생의 부적절함을 감추기
위한 것이다. 이에 관해서는 Veijola, "Salomo - der Erstgeborene Bathsebas," 84-105과
Würthwein, *Die Erzählung von der Thronfolge Davids*를 참조하라.

23 문학적 표현 장치로 볼 수 있는 과장의 기법에 대해서는 여기서 다시 반복할 필요
가 없다. 구자용, "삼하 11장: 아이러니화된 왕의 지혜", 123-4과 Ku, *Weisheit in der
Thronfolgegeschichte Davids*, 58을 참조하라. 사실 나의 박사 논문과 2010년 논문의 주장
에는 약간의 불확실함이 있었다. 11:1b의 서술적 표현인 Komitativ의 사용을 서술자에
의해 당연히 의도된 것으로 볼 수는 있지만, 그때는 사실 이 의도가 자연스러운 상황을

에 전개될 이야기의 기초적인 배경을 형성한다. 실제로 전쟁에 임하는 다윗의 태도가 먼저는 요압과 그의 부하들을 보내고 전세가 유리해지면 자신도 참전하여 마무리하는 패턴이었다 할지라도 여기 11장에서 이야기의 전개는 이미 다윗, 즉 왕에 대한 비판적 태도로 시작하고 있음을 알 수 있다.

사무엘하 11:2-5의 서술은 예루살렘에 홀로 남아 있는 사내 다윗의 부적절한 행동을 묘사한다. 이 이야기는 "그 어느 날의 저녁때"(הָעֶרֶב לְעֵת 레에트 하에레브)라는 또다시 등장하는 때를 가리키는 전치사구로 시작한다. 마치 새로운 이야기가 시작되는 듯한 느낌을 주는 이 시작은 사무엘하 11:1이 10장과 12:26 사이를 이어준다고 가정할 때, 그 사이에 삽입된 독립적인 이야기 자체가 시작할 수 있다는 주장에 힘을 실어준다. 왕에게라면, 이 독립적인 이야기는 쉽게 일어날 수 있는 일상의 일인가? 이것은 단순히 신명기 17:14-20에 나오는 이스라엘 왕의 이데올로기 중 특히 여인에 관해 언급하는 17:17과 비교할 때 많은 생각을 하게 한다. 이스라엘 왕의 이데올로기는 말 그대로 이상적인 것으로만 보아야 하고 실제 삶에서 펼쳐지는 모습은 이렇게 다른가 하는 생각 말이다.

다윗은 저녁나절에 자신의 침상에서 일어나 왕궁의 옥상을 거닐고 있었다. 거기서 그는 목욕하는 한 여인을 보았다. 그 여인은 용모가 매우 아름다운 여인이었다. 다윗은 사람을 보내어 그 여인을 알아보게 하고, 그 여인이 엘리암의 딸이며 헷 사람 우리아의 아내 밧세바인 것을 알았지만, 그 여인을 자기에게로 데려오게 하고 더불어 동침을 한 후 다시 집으로 돌려보낸다. 그 여인은 임신을 하자 그 사실을 다윗에게 알린다. 이

....
자연스럽지 못한 것으로 서술한 것임을 분명하게 지적해내지는 못했기 때문이다.

간략히 서술된 이야기 속에는 수많은 의문이 들어 있고 그로부터 많은 질문이 생겨난다.

먼저 다윗은 어떻게 왕궁의 옥상에서 목욕하는 여인의 모습을 볼 수 있었을까? 여인들이 목욕하는 것은 현대인들이 추정할 수 있는 것과 크게 다르지는 않았을 것이다.[24] 따라서 목욕하는 당사자의 어떤 의도가 있지 않았다면 누군가가 그 목욕하는 여인을 엿보기 쉽지는 않았을 것이다. 그렇다면 밧세바가 어떤 의도를 가졌던 것일까? 본문만 보아서는 이 질문에 대해 사실 그렇다 혹은 아니다를 판단하기 어렵다. 이것은 오롯이 독자의 판단에 달려 있다.[25] 또한 11:3의 언급이 유난히 눈에 띈다. 그 이유는 서술에서 누군가의 이름이 언급될 때, 이 경우와 같이 매우 상세히 언급되는 것이 일반적이지 않기 때문이다. 특히 밧세바의 소개에는 "엘리암의 딸"이란 표현이 필요 이상으로 첨언된 것처럼 보인다.

> 이 여인은 밧세바, 즉 엘리암의 딸, 헷 사람 우리아의 아내가 아닙니까?(삼하 11:3)
>
> הֲלוֹא־זֹאת בַּת־שֶׁבַע בַּת־אֱלִיעָם אֵשֶׁת אוּרִיָּה הַחִתִּי 할로-조트 바트-쉐바 바트-엘리암 에쉐트 우리야 하히티

더군다나 3절이 반어적 질문, 즉 무엇인가를 알아들으라는 표현의 형식

....

24   고대 이스라엘의 목욕 방식, 즉 옥상에서 목욕하는 것에 대해서는 Philip J. King & Lawrence E. Stager, 임미영 옮김, 『고대 이스라엘 문화』(서울: CLC, 2014), 118을 참조하라. 나는 밧세바의 목욕과 관련해서 그렇게 보기는 어렵다고 생각한다. 그녀의 목욕은 그보다는 공중목욕탕에서의 정결 의식으로 보는 것이 문맥에 맞는 것으로 보인다.
25   어떤 학자들은 실제로 밧세바에게 어떤 의도, 즉 왕을 유혹하려는 의도가 있었다고 말한다. 그러한 의도는 혹여라도 이후 왕의 어머니 자리에 오를 수 있는 길이기 때문이다.

임을 간과할 수 없다.

　11:3에서 서술자는 다윗의 마음을 읽었는지 다윗을 향해 그리고 독자들을 향해 그 여인은 엘리암, 즉 다윗의 심복이며 모사가인 아히도벨의 손녀이며, 또 다윗의 충성스러운 용병 중 하나인 헷 사람 우리아의 아내이므로 정신을 차리고 그 여인에게 접근하지 말라고 경종을 울리고 있다. 그러나 11:4의 서술은 더욱더 놀랍다. 거기에는 우리말 번역에서는 잘 알아채기 힘든 매우 빠른 서술의 흐름이 5개의 행위 동사(Wa-iqtol)로 표현되고 있으며 동시에 매우 느린 혹은 그 상태를 독자들에게 곰곰이 생각하게 만드는 분사구문(아래의 강조체 부분)이 그 사이에 삽입되어 있기 때문이다.

　다윗이 전령을 보냈다(וַיִּשְׁלַח דָּוִד מַלְאָכִים 바이쉘라흐 다비드 말아킴) 그리고 그[전령]가 그 여자를 취했다(וַיִּקָּחֶהָ 바이카헤하). 그리고 그[다윗]에게로 데리고 왔다(וַתָּבוֹא אֵלָיו 바타보 엘라브). 그리고 그[다윗]가 그 여자와 잠자리를 가졌다(עִמָּהּ וַיִּשְׁכַּב 바이쉬카브 이마흐). **그런데 그 여자는 그 여자의 부정함으로부터 깨끗해진 상태였다**(וְהִיא מִתְקַדֶּשֶׁת מִטֻּמְאָתָהּ 베히 미트카데쉐트 미투메아타흐). 그리고 그 여자가 자신의 집으로 돌아갔다(וַתָּשָׁב אֶל־בֵּיתָהּ 바타샤브 엘-베타흐, 삼하 11:4).

밑줄을 친 5개의 행위 동사들은 지체없이 연속적으로 진행된 사건을 표현한다. 5개의 행위 중 그 여자의 마지막 행동, 즉 집으로 돌아감을 제외하고는 사내들의 행동이다. 이것은 마치 사무엘하 13장을 연상시키기도 한다. 특히 중간에 삽입된 그 여자의 상태는 더욱더 충격적이다. 그 여자는 [막] 부정함에서 정결해진 상태였다. 레위기에 의하면 여인의 부정은 피가 흘러나오는 7일 동안 부정하고, 피의 흐름이 멈춘 후 다시 7일간 부정하며, 그 기간이 지나면 정결 의식을 행한 후 그 부정함으로부터 정결해지게 되어 있다. 즉 정결함을 회복한 때는 곧 가임기에 해당한다. 그렇다면 이 서술은 가만히 들여다보면 사내들의 무분별한 행동의 이면에 그 행동에 대한 책임이 남게 된다는 무언의 경고로 볼 수 있지 않은가? 빠른 행위 동사의 흐름 속에서 갑자기 느린 흐름을 가진 분사구문은 천천히 흐르며 "그 여인과 잠자리를 하면 임신이 된다니까!"라고 외치고 있지 않은가? 그렇다고 본다. 그리고 그 결과는 11:5에 그대로 명시된다. "내가 임신했습니다."

여기서 다시 목욕의 장면으로 돌아가보면, 이 목욕은 더러운 몸을 씻는 일상적인 목욕이 아니라 정결 의식으로서의 목욕임을 알 수 있다. 내가 독일의 슈파이어(Speyer)를 방문했을 때, 중세 시대 유대인의 공중목욕탕을 가본 적이 있다. 유대인의 공중목욕탕은 대중탕이 아니라 바로 정결 의식을 행하던 곳이었다. 그곳은 생각보다 개방된 장소였고 고인 물속으로 계단이 만들어져 있는 단순한 구조의 건물이었다.[26]

1128년까지 거슬러 올라가는 중세 시대 유대인 미크바 욕조, 슈파이어.

....
26   사진의 출처이며 슈파이어의 유대인 역사에 대해서 더 상세한 정보를 알고 싶다면 다음의 웹사이트를 참조하라. 〈https://www.wikiwand.com/en/History_of_the_Jews_in_Speyer〉.

그 목욕탕을 본 것은 이 본문을 이해하는 데 큰 도움을 주었다. 다윗이 밧세바가 목욕하는 것을 우연이지만 몰래 엿보았다고 보기보다는 아마도 다윗의 왕궁 인접한 곳에 있었던 예루살렘의 목욕탕, 즉 정결 의식을 행하던 목욕탕에서 자신의 부정함을 씻기 위해 정결 의식을 행하던 밧세바를 본 것으로 추정할 수 있다.

그렇다면 우리가 사무엘하 11:1-5에서 읽어낼 수 있는 왕에 대한 비판은 무엇일까? 우리는 1절에서 다윗이 왕으로서 전쟁의 의무[사실 다윗의 일반적인 전략으로도 볼 수 있음]를 소홀히 했다고 비판할 수는 없지만, 요압과 부하들이 전쟁의 상황에 있을 때 다윗은 한가로움 속에서 자신의 부하이자 자신의 심복이며 모사가인 아히도벨의 손녀 밧세바를 데려와 잠자리를 갖고 그녀를 임신하게 한 행위에 대해서는 비판할 수 있다. 다윗은 첫 번째 경고인 11:3의 반어적 질문에 무감각하게 반응한 것으로 행동한다. 이는 그가 자신의 하려는 행동을 절제하지 않는, 절제할 이유를 찾지 못하고 자신의 부하나 심복에 대한 최소한의 도리도 지키지 않는 "왕"의 모습을 지녔음을 의미한다. 또한 11:5이 강조하는 정결함을 막 회복한 여인이라는 서술에서 다윗은 그래서 자신의 행위가 어떤 분명한 결과를 가져올 것을 전혀 두려워하지 않는, 즉 상관할 바가 되지 못한다고 여기는 폭군이든지 아니면 여인의 생리와 종교 의식을 알지 못하는 무식한 왕으로 여겨질 것이다. 이것은 전도서 2:8, 10절에 드러나는 왕의 모습에 부합하는 것으로 볼 수 있다. 전도서의 저자가 왕의 모습을 거기서 부정적으로 묘사하지 않았다고 할지라도, 전도서의 전체적인 기조가 왕에 대한 비판이라고 할 때, 사무엘하 11:1-5은 전도서를 드라마화한 것이라고 할 수 있다.

b. 사무엘하 11:6-13: 자신의 행위를 덮으려는 왕

11:6 이하에서 다윗은 자신의 행위가 정당하지 않았음을 인지하고 그것을 수습하려고 한다. 다윗은 요압에게 기별하여 헷 사람 우리아를 자신에게 보내게 한다. 그리고 그는 우리아를 속히 자신의 집으로 내려가게 한다. 그것은 명백히 자신의 행위를 가리려는 의도였다. 그런데 우리아는 자신의 집으로 내려가지 않는다. 다윗의 계속되는 시도, 그것도 술을 먹여서 그가 의도한 바를 이루려는 시도조차도 수포로 돌아간다.

다윗이 자신의 잘못을 덮으려는 시도는 얄팍한 지혜에서 나온 것이다. 집으로 내려가지 않은 우리아를 향한 질문 "네가 [먼] 길에서 돌아오지 않았느냐? [도대체] 왜 네 집에 내려가지 않았느냐?"(יָרַדְתָּ אֶל-בֵּיתֶךָ הֲלוֹא מִדֶּרֶךְ אַתָּה בָא מַדּוּעַ לֹא 할로 미데레크 아타 바 마두아 로-야라드타 엘-베이테카)에서 다윗이 기대했던 바가 매우 단순했음을 알 수 있다. 그러나 생각해보면, 갑작스레 전쟁터에서 예루살렘으로 소환된다는 것이 결코 평범한 일이 아닐 것인데 만약 그것이 무엇인지 불분명하다면? 혹은 무슨 중요한 일임을 예상하고 왔다고 할지라도, [이것은 상상일 뿐이지만] 만약 우리아가 왕에게 오기 전에 집에 먼저 들려서 무엇인가 이상한 분위기를 감지했다면? 그리고 왕을 만났을 때 자신을 황급히 집으로 가게 한다는 것을 알았다면, 그렇다면 우리아가 이미 왕의 잘못을 짐작했을 것이고 그것이 확실함을 입증해주는 왕의 얄팍한 계책을 간파했을 것이므로 집에 내려가지 않은 것은 당연한 일이 아닐까? 좀 더 확신하기 위해 한 번 더 왕을 떠보기 위해서라도 말이다.

실상 이야기 속에 서술된 다윗의 모습에서 독자들은 이미 다윗의 마음을 훤히 들여다볼 수 있다. 11:7에서 다윗이 전쟁터에서 소환된 우리아에게 던지는 질문과 이어지는 8절을 보면 다음과 같다.

요압에게 샬롬이[무탈한가]? 그리고 백성[군대]에게는 샬롬이[무탈한가]? 그리고 전쟁에도 샬롬이[상황이 좋은가]?(삼하 11:7)

לְשָׁלוֹם יוֹאָב וְלִשְׁלוֹם הָעָם וְלִשְׁלוֹם הַמִּלְחָמָה 리쉘롬 요아브 베리쉘롬 하암 베리쉘롬 하밀하마

다윗은 자신이 한 질문의 대답을 듣지도 않았고, 거기에 관심도 없는 듯 보인다. 그는 어쨌든 우리아를 속히 그의 집으로 내려보내길 바랄 뿐이다. 그것도 왕궁에서 나가는 우리아의 등을 왕의 진수성찬으로 떼밀면서 말이다. 다윗이 이런 성급함을 티 내지 않았다면, 아마도 우리아는 자신이 갑작스레 소환된 것이 진짜 왕이 전쟁의 상황을 궁금해했기 때문이라고 생각하지 않았을까?

우리아는 집으로 내려가지 않은 이유를 묻는 다윗에게 겉으로는 이스라엘과 유다의 종교와 요압과 동료에게 충성스러운 존재로 드러나지만, 실상은 매우 신랄한 비판을 담고 있는 대답을 한다.

언약궤와 이스라엘과 유다가 야영 중이고, 나의 주 요압과 내 주의 부하들이 들에 주둔해 있는데, **내가** 내 집으로 가서 먹고, 마시며, **내 아내**와 자겠습니까?(삼하 11:11)

וַעֲבְדֵי אֲדֹנִי עַל־פְּנֵי הַשָּׂדֶה חֹנִים וַאֲנִי אָבוֹא אֶל־בֵּיתִי לֶאֱכֹל וְלִשְׁתּוֹת וְלִשְׁכַּב עִם־אִשְׁתִּי
הָאָרוֹן וְיִשְׂרָאֵל וִיהוּדָה יֹשְׁבִים בַּסֻּכּוֹת וַאדֹנִי יוֹאָב

하아론 베이스라엘 비후다 요쉐빔 바수코트 바아도니 요아브 베아브데 아도니 알-페네 하사데 호님 베**아니** 아보 엘-베티 레에콜 베리쉐토트 베리쉐카브 임-**이쉐티**

이 말은 다윗에게 이방 용병의 신앙만도 못한 왕이란 이미지를 씌운 것이며 다윗의 귀에는 아마도 다음과 같이 들렸을 것이다.

언약궤와 이스라엘과 유다가 야영 중이고 나의 주 요압과 내 주의 부하들이 들에 주둔해 있는데, **당신이 내 집으로 가서 먹고, 마시며, 남의 아내와 잤다는 말입니까?**

우리아의 입을 통해 다윗의 잘못을 지적하려는 서술자의 의도가 다분하다. 그 의도는 아래의 여러 서술 장치들을 통해 드러난다. 11:1에 "왕들이 출전할 때"란 시간 전치사구 삽입, 3절의 반어적 질문, 즉 중요한 사람의 아내임을 고지함에도 그에 대해 무감각한 다윗의 태도, 자신의 욕구를 채우려는 여인이 방금 부정함으로부터 깨끗함을 얻는 정결 의식을 행했고, 따라서 그 일을 통해 임신이라는 흔적이 남게 될 것인데도 전혀 상관하지 않는 태도까지. 그리고 종국에 그 의도는 자신의 잘못을 덮기 위해 살인을 사주하는 왕의 모습에까지 연결된다. 특히 서술자는 매우 지혜롭고, 신중하며, 충성스러워 보이는 부하 우리아의 태도와 비교해서 허둥대며 자신의 속을 의도하지 않게 드러내 보이는 왕을 얕은 지혜의 모습으로 교묘하게 표현하고 있다.

우리아를 집으로 내려보내기 위해 계속되는 다윗의 시도는 술을 이용한 것인데, 그런 다윗 앞에서 보이는 우리아의 태도는 오히려 다윗의 또 다른 얕은 술수에 대한 비웃음과도 같다. 우리아 자신의 결의를 뒤짚는 듯 서술된 우리아의 태도, 즉 먹고, 마시며, 자지 않겠다는 결기가 먹고 마시는 행위로 무너지는 듯한 태도는 분명 서술자가 의도적으로 사용하는 하나의 문학적 장치이며 왕에 대한 계속되는 비판의 표현으로 해석할 수 있다.

내가⋯가서 먹고, 마시며, 내 아내와 자겠습니까?(삼하 11:11)

אֲנִי … [לֶאֱכֹל] [וְלִשְׁתּוֹת וְלִשְׁכַּב עִם-אִשְׁתִּי] … 아니...레에콜 베리쉐토트 베리쉐카브 임-이쉬티

그[우리아]가 그[다윗] 앞에서 먹고, 마시고, 취하도록 마셨다. 그리고 저녁에 그가 그의 주[다윗?]의 부하들과 함께 침상에 누워 자기 위해 나갔다.

[וַיֹּאכַל] 레파나브 [וַיֵּשְׁתְּ] וַיִּשְׁכְּרֵהוּ וַיֵּצֵא בָעֶרֶב לִשְׁכַּב בְּמִשְׁכָּבוֹ עִם-עַבְדֵי אֲדֹנָיו 바요칼 레파나브
바예쉐트 바예샤케레후 바예쩨 바에레브 리쉐카브 베미쉐카보 임아브데 아도나브

우리아가 먹고, 마시며, 자신의 아내와 자지 않겠다고 맹세했지만, 그는 다윗의 면전에서 먹고 마신다. 이것은 우리아의 결의의 찬 맹세를 뒤집는 것처럼 보여서 다윗의 입가에 미소가 번질만 한 것이었지만, 이어지는 우리아의 행동은 그의 아내와의 잠자리가 아닌 "취하도록 마심"이었다. "취하도록 마시다"란 히브리어 동사는 위를 보면 마지막 자리가 ר레쉬로 ב베트와 한 자 차이임을 알 수 있다. 오히려 다윗이 기대했던 "~와 자다"(שכב샤카브)란 행위의 대상은 그의 아내가 아니라 다윗의 부하들이었다.

11:6-13에 나오는 왕으로서 다윗의 행위들을 종합적으로 평가하면, 그것은 폭력적인 왕의 모습이고, 치밀하지 못한 어리석은 왕의 모습이며, 서술자에 의해 매우 신랄하게 비판받는 왕의 모습일 뿐이다. 이것은 특히 전도서 9:17의 조용히 들리는 지혜자의 말들이 우매한 자들을 다스리는 자의 호령보다 낫다는 교훈이 드라마화된 것이라고 할 수 있다.

c. 사무엘하 11:14-21: 자신의 부하를 제거하려는 왕

사무엘하 11:14 이하는 자신을 죽이라는 죽음의 편지를 손에 들고 전쟁터로 돌아가는 우리아의 모습과 그에 대한 후속 처리 과정을 서술한다.

이 서술의 곳곳에는 수많은 의문과 모호함이 배어 있다. 먼저 11:14-15을 보면, 다윗이 우리아의 손에 편지를 들려서 요압에게로 돌려보내는데, 그 편지에는 우리아를 맹렬한 싸움에 앞세워 두고 너희는 뒤로 물러가서 그로 맞아 죽게 하라는 내용이 쓰여 있었다. 11장의 내용을 앞에서부터 다시 살펴볼 때, 우리아가 이렇게 죽음의 편지를 들고 돌아가게 된 이유는 무엇인가? 그것이 다름 아닌 우리아가 집으로 내려가라는 다윗의 명령을 거부한 것 때문이라면, 그렇다면 우리아는 왜 그 명령을 거부했을까? 다윗에게 말한 대로 그가 왕에 대한 충성과 야웨의 궤 그리고 요압과 동료 군사들과의 신의를 지키기 위해서였을까? 그는 바로 이런 이유 때문에 죽음의 편지를 들고 전쟁터로 돌아간 것인가? 그렇다면 우리아는 끝까지 충성스러운 다윗의 부하로 남게 되고, 반면에 다윗은 그런 충성스러운 부하에 대비되는 파렴치한 폭군의 이미지를 벗어버릴 수 없게 된다. 만약 우리아가 집에 내려가지 않은 이유가 그가 이미 무엇인가를 알고 있었기 때문이었다고 가정한다면, 사실 우리아는 자신의 손에 들려 있는 편지의 내용이 무척 궁금했을 것이다. 목적을 이루지 못한 왕이 자신을 순순히 다시 전쟁터로 돌려보낸다는 것이 수상했을 것이고 그 편지의 내용이 행여나 자신에 관한 것은 아닐까 의심스러워 그 편지의 내용을 확인하지 않았을까? 그리고 우리아는 그 길로 도망을 치지 않았을까? 그러나 우리아는 그렇게 하지 않았다. 이야기는 서술의 전체적인 흐름을 명확히 알 수 없는 이런 모호함 가운데 진행된다.[27]

....

27 이 모호함을 토대로 작가가 자신의 탁월한 상상력을 가지고 저술한 문학 작품이 있다. 역사 소설인 Stefan Heym, *Der König David Bericht: Roman*(München: btb, 2005, 『다윗 왕에 관한 보고서』[서울: 지식을만드는지식, 2016])와 Sternberg, *The Poetics of Biblical Narrative*를 참조하라.

더욱더 놀라운 것은 다윗의 명령을 실행할 때 요압이 그대로 실행하지 않는다는 점이다. 요압은 "맹렬한 싸움이 있을 때"에 우리아를 두는 것이 아니라 "용사들이 있다고 그가 아는 곳"에 우리아를 둔다. 그리고 우리아는 그 성에서 용사들이 나와서 벌어진 전투에서 다윗의 용사들과 함께 죽는다. 이것은 언뜻 보면 다윗의 명령이 순조롭게 잘 실행된 것으로 볼 수 있으나 실상은 매우 충격적인 장면이 아닐 수 없다. 비록 다윗이 원하던 대로 일이 진행되었지만 실상 다윗의 명령은 요압에 의해서 완전히 무시되었고 그와 함께 다윗의 다른 용사들까지 죽는 손실이 발생했기 때문이다.

먼저 생각해볼 것은 "요압이 왜 그렇게 했을까?"이다. 그는 맹렬한 전투가 항상 있다고 생각하지 않아서 기다릴 수 없었던 것일까? 그래서 그는 랍바 성에서 용사들이 있는 곳에 가서 전투를 촉발한 것인가? 그럴 수도 있다. 또 생각해볼 것은 "우리아가 죽게 하라"는 다윗의 명령이 "우리아도 죽게 되었다"라는 상황이 되어버렸다는 점이다. 그러나 가만히 살펴보면, "우리아가 죽게 하라"는 다윗의 명령은 누가 봐도 이상한, 즉 우리아를 제거하려는 모종의 계략이 훤히 드러나는 것임에 반해 요압이 실제로 실행한 작전은 의도된 것이 아니라 그저 약간의 판단 부족과 우연히 촉발된 전투로 인해 우리아뿐 아니라 다윗의 용사들까지도 희생된 것으로 보인다. 즉 요압은 다윗보다 훨씬 더 지혜롭고 현명한 판단을 내려 이 명령을 실행했다. 그것도 다윗을 위해서 말이다. 그래서 슈테른베르크는 이 "처형에 대한 명령"을 요압이 "명령에 대한 처형"(the order of execution and the execution of the order)을 실행한 것으로 보았다.[28]

....

28   Sternberg, *The Poetics of Biblical Narrative*, 214을 참조하라.

"우리아가 죽게 하라"는 다윗의 명령을 티 나지 않게 실행한 요압의 지혜에 대한 서술은 서술자의 어떤 의도를 드러낸다. 그것은 왕으로서 다윗의 모습에 대한 비판이 아닐 수 없다. 그것은 다윗이 어리석게도 부하를 죽여서 자신의 잘못을 덮으려는 의도를 보였지만, 그의 부하가 그의 의도를 파악하고서는 좀 더 나은 방법을 써서 티 나지 않게 알아서 처리해주는 형식이기 때문이다. 우리는 이것을 서술자가 왕을 비판하려는 의도에서 기인한 것으로 보지 않을 수 없다.

계속되는 서술을 보면, 요압의 행위는 지혜로운 것이었으나 실상 다윗의 진노를 촉발할 행위였다. 그래서 요압은 이 일의 진상이 기록된 보고문을 전달하는 전령에게 특별한 지침을 마련해준다. 그는 전령이 다윗에게 보고한 후 왕이 진노하여 왜 성 가까이에서 전투를 벌이는 어리석은 행동을 했는지 질책하는 상황이 발생할 경우에 그에게 "우리아가 죽었다"고 말하게 한다. 그는 그러면 왕의 진노가 사라질 것이라고 예상한다. 이 서술을 자세히 들여다보면, 우리는 깜짝 놀랄 만한 서술자의 날카로움, 곧 왕에 대해 아주 신랄한 비판이 들어 있음을 알게 된다. 전령이 다윗에게 전투 상황을 보고할 때, 다윗은 군사들이 성에 가까이 다가선 것을 분명히 지적할 것이며, 특히 아비멜렉의 일을 들어 그들의 어리석음을 지적할 것이라고 요압은 생각했다. 아비멜렉은 성에 가까이 다가섰다가 여인이 던진 맷돌 위짝에 맞아 죽은 어리석은 왕을 상징한다. 요압은 왜 갑자기 이런 상상을 했을까? 또한 이 모든 예상이 실제로 일어나지도 않았고 오로지 요압의 상상이었을 뿐인데 왜 여기서 서술되고 있을까? 적어도 요압의 머릿속에 있는 왕은 매우 우스운 그리고 어리석은 아비멜렉과 동일시되고 있기 때문에 그러한가?[29]

그런데 아비멜렉의 일화가 지금 우리아가 죽은 사건과 무슨 관계가 있는가? 이것은 서술자의 의도를 파악하는 데 있어 매우 중요한 질문이다. 왜냐하면 아비멜렉의 이야기는 우리아가 죽게 되는 실제 사건과는 아무런 연관성이 없고 대신 다윗과 관련이 있기 때문이다. 우리아는 다윗의 명령대로 맹렬한 싸움에 앞세워진 후 홀로 남겨져서 죽은 것이 아니었고 아비멜렉처럼 어리석게 성에 다가갔다가 위에서 던진 무엇에 맞아 죽은 것도 아니었다. 우리아는 요압이 아는 것처럼 강한 용사들이 있는 곳에 투입된 후에 그들이 몰려나와 싸우다가 죽은 것이다. 그런데 서술자는 왜 요압으로 하여금 다윗이 성에 가까이 간 것을 책망할 것이라고 상상하게 했을까? 서로 맞지 않는 두 이야기를 비교하는 것은 그것을 더 강하게 부각시키기 위한 하나의 문학적 표현 장치로 볼 수 있다. 서술자의 의도는 다름 아니라 다윗을 아비멜렉에 빗대어 비판하기 위한 것이었다. 즉 서술자는 "여인"과 "죽음"이라는 두 요소를 가지고 다윗과 아비멜렉을 연결한다. 그는 아비멜렉이 **여인**의 손에 "죽은 것"을 다윗이 **여인** 때문에 "우리아를 죽게 한 것"으로 변환한다.

이것은 왕의 통치가 불완전함을 비판하는 것이며 왕의 통치를 희화화하는 것이라고도 할 수 있지 않을까? 전도서 5:8-9과 특히 10:20의 경고가 진지하게 들리지 않은 이유가 여기에 있지 않을까?

d. 사무엘하 11:22-27: 야웨의 반대편에 대조되는 왕

사무엘하 11장의 나머지 부분은 왕의 비판에 있어서 절정을 이룬다. 전

....
29   삿 9장의 아비멜렉의 우화를 참조하라.

령은 임무를 다함에 있어서 위험이 예상될 때 자신의 목숨을 생각하지 않을 수 없다. 왕의 진노는 누구에게나 위험하며 목숨을 위협하는 일이 기 때문이다(참조. 전 8:3-4). 그래서 요압이 보낸 전령은 요압의 명령을 그대로 지키지 않는다. 그는 요압의 명령을 따르되 지혜롭게 그리고 안 전하게 그 명령을 이행하는 지혜를 보인다. 전령의 보고를 자세히 살펴 보면, 우리는 미묘하게도 요압의 실제 행위(그 사람들이 우리보다 우세함, 우 리를 향하여 들로 나옴)와 다윗이 말할 것이라는 요압의 예상(우리가 성문 어 귀까지 미침, 성 위에서 활 쏘는 자들의 공격)에서 모두 벗어난 것(돌을 던진 것이 아니라 활을 쏨, 우리아의 죽음을 왕의 진노가 일기 전에 언급함)이 적절하게 섞 여 있음을 보게 된다. 아마도 전령은 자신의 안전을 위해 최선의 보고 방 법이 무엇인지를 궁리한 것으로 보인다. 그리고 정작 다윗의 반응은 요 압의 예상과는 전혀 다르게 나타났다. 11:25을 보면, 다윗은 전령에게 요압에게 가서 다음과 같이 전하라고 한다.

> 그것이[그것을] 너의 눈에[너에게] 악하게 되어서는[보아서는] 안 된다. [즉] 이 일에 있어서[말이다].[30]

אַל־יֵרַע בְּעֵינֶיךָ אֶת־הַדָּבָר הַזֶּה 알-예라 **베에이네카** 에트-하다바르 하제

그리고 다윗은 그것이 전쟁에서 비일비재하게 일어나는 일상이기 때문 이라고 말한다. 그의 마지막 말, 즉 더 담대하게 그 성(랍바 성)에 대해 싸 우고 그 성을 무너뜨리라는 격려는 매우 역설적으로 들린다. 그런데 더

....
30   3인칭 단수형의 동사는 비인칭 주어로 생각해서 "너의 눈에"는 단순히 "너에게"로, 마지 막의 -אֶת 문장의 번역이 난해한데, 이것을 목적어 구문으로 보기는 힘들 것 같아서 "~에 있어서" 혹은 "~의 경우에 있어서"로 번역했다.

욱더 놀라운 것은 다윗의 이 말이 공교롭게도 11:27b의 야웨의 판단에 대한 언급과 극명한 대조를 이룬다는 사실이다. 특이하게 사용되는 동사 רעע라아의 비인칭적 사용의 예가 각각 나타나며 "~의 눈에" 즉 "~에게"란 관용적 표현과 "이 일"도 서로 일치하지만 부정어 אל알로 인해 각각의 태도가 상대적으로 대조된다.

> 그 일, 즉 다윗이 행한 일이 야웨의 눈에 악하게 되었다[야웨가 악하게 보았다](삼하 11:27).[31]
>
> וַיֵּרַע הַדָּבָר אֲשֶׁר־עָשָׂה דָוִד בְּעֵינֵי יְהוָה 바예라 하다바르 아쉐르-아사 다비드 베에이네 야웨

이스라엘과 고대 근동의 왕의 이데올로기에서 왕이 자신에게 왕의 지위를 수여한 신의 반대편에 세워지고 대조된다는 사실은 매우 놀라운 사실이 아닐 수 없다. 특히 그 사실이 다윗의 경우라면 더욱더 놀라운 일이라고 볼 수 있다.

다윗의 왕위 계승사의 역사 서술에 대한 형식은 이미 위에서 논한 바 있는데, 다시 말하면 그것은 모든 사건의 전개가 원인-결과의 고리를 통해 이루어진다는 것이다. 그런데 사무엘하 11장의 마지막은 다윗의 행위에 대한 야웨의 평가가 이 역사 서술의 원칙을 파악한 듯 눈에 띄게 언급된다. 그리고 그것은 사무엘하 12장으로 그대로 연결된다.

....
31   여기서도 3인칭 단수형의 동사는 비인칭 주어로 생각해서 주어를 "그 일", 즉 관계대명사로 부가 설명된 "다윗이 행한 일"로 보는 것이 좋다.

(3) 사무엘하 12:1-25: 회개와 죄사함 그리고 심판과 수용

사무엘하 12장은 다윗의 왕위 계승사에서 가장 전도서다운 부분이라고 할 수 있다. 전도서는 구약의 지혜 문학에서도 일반적으로 성숙한 지혜로 평가되는데, 사무엘하 12장은 특히 죽음과 연관된 바로 그 성숙한 지혜를 매우 극적으로 펼쳐보인다. 전도서와 사무엘하 12장이 공유하는 지혜는 "메멘토 모리"(*memento mori*[죽음을 기억하라])와 "카르페 디엠"(*carpe diem*[현재를 잡아라])으로 대변된다.

전도서에서 "메멘토 모리"는 전체적으로 깔려서 나타나는 사상이다. 프롤로그(소위 "우주의 노래", 전 1:3-11)와 에필로그(소위 "노화와 죽음의 노래", 전 11:9-12:8)에는 모두 죽음의 그림자가 드리워졌다. 그뿐만 아니라 전도서 곳곳에, 즉 인간의 지혜와 능력의 한계를 말하는 모든 곳에는 직접적으로 혹은 간접적으로 인간에게 결정적인 죽음이 있음이 내포되어 있다. 그런데 놀라운 사실은 전도서가 이런 "메멘토 모리"의 주제로만 구성되어 있지 않고 오히려 삶의 만족과 기쁨을 말하는 "카르페 디엠"의 주제도 명백하게 표명하고 있다는 점이다. 이 "카르페 디엠"의 주제도 전도서 곳곳에서 만날 수 있다. 특히 우리는 전도서 2장의 왕의 트라베스티의 마지막 부분인 2:24-26과 3:12-13 그리고 가장 절정을 이루는 9:7-10을 예로 들 수 있다.

사무엘하 12장은 1-15a절과 24-25절로 구분되어 있는 다윗의 잘못에 대한 나단의 책망과 후속 조치 사이에 다윗의 특이한 행동과 대화로 무엇인가를 강하게 드러내려고 의도된 15b-23절로 구성되어 있다.

a. 사무엘하 12:1-15a

사무엘하 12:1은 다름 아니라 야웨의 행위로 시작한다. 야웨는 죄를 범한 다윗에게 나단을 보낸다. 그리고 나단은 다윗에게 한 성읍에 사는 두 남자에 관한 꾸며진 이야기를 하는데, 그것은 한 사람은 부유하고 다른 한 사람은 가난하게 "설정된 이야기"다. 사무엘하 12:1에 Wa-iqtol 형태로 표현된 "야웨가 나단을 다윗에게 보냄"(וַיִּשְׁלַח יְהוָה אֶת־נָתָן אֶל־דָּוִד바이슐라흐 야웨 에트-나탄 엘-다비드)은 10장 초반부와 같은 어떤 정황에 대한 설명이 없지만 11장 사건 이후에 바로 이어지는 것임을 알 수 있다. 나단이 와서 그에게 하나의 이야기를 들려준다. 이것은 12:5의 다윗의 반응을 보아선 마치 왕 앞에 어떤 사건을 고발하고 그 판결을 얻으려는 것처럼 보인다. 그 이야기의 요지는 다음과 같다.

두 남자가 한 성읍에 살고 있었는데, 그 하나는 부자이고 다른 하나는 가난한 사람이었다. 부자에게는 양과 소 혹은 좀 더 정확히 번역한다면 작은 가축(צֹאן촌)과 큰 가축(בָּקָר바카르)이 매우 많이 있었다. 반면 가난한 사람에게는 한 마리의 작은 암양, 그것도 값을 치르고 산 암양 한 마리 외에는 아무것도 없었다. 그는 그것(암양[여성 목적 접미사])을 살게 했다(וַיְחַיֶּהָ바예하예하).[32] 그리고 그것(암양[여성 3인칭])은 그와 함께 그리고 그의 아들들과 함께 자랐다(וַתִּגְדַּל바티그달). 그것(암양[여성 3인칭])은 그의 입으로부터 먹고(תֹאכַל토칼) 그리고 그의 잔으로부터 마셨다(תִשְׁתֶּה티쉐테). 게다가 그것(암양[여성 3인칭])은 그의 품(חֵיקוֹ헤코, 곁)[33]에서 자며 그에게 딸과 같이

....

32   가축으로 생각하여 단순히 "기르다"로 번역할 수도 있으나, "살게 하다" 혹은 "성장하게 하다"로 번역한 것은 이후의 표현을 염두에 둔 해석이다. 이에 관해서는 Gesenius[18], 344을 참조하라.

33   חֵיק헤크라는 히브리어는 "품"으로 번역했지만, 정확히 말하면 그것은 엉덩이로 둘러싸인

되었다. 이어지는 이야기를 요약하면, 부유한 사람에게 어떤 행인이 찾아왔을 때, 그는 자신의 양과 소에게서가 아니라 가난한 사람의 양을 빼앗아 그 행인을 대접했다는 것이다. 그리고 이 이야기를 들은 다윗은 분노하고 바로 판결을 내리는데, 그것은 먼저 그 악한 일을 한 사람을 처형할 것과 그리고 그 보상으로 양 새끼를 네 배로 갚아주라는 것이다.

나단이 전하는 꾸민 이야기와 그것에 대한 다윗의 반응과 관련해서 표면적 읽기에서는 그 어떤 이상함도 발견할 수 없다. 비록 일상적이지는 않지만, 그 이야기는 일어날 만한 사건이며 그것에 대한 왕의 판결은 정당한 것으로 이상할 것이 하나도 없다. 그러나 이 이야기를 조금 더 깊이 들여다보면, 매우 눈에 띄는 점들이 있다. 먼저 우리는 부한 사람과 가난한 사람의 극명한 대조를 볼 수 있다.

> 부유한 사람에게 양과 소가 매우 많았다(삼하 12:2).
>
> לְעָשִׁיר הָיָה צֹאן וּבָקָר הַרְבֵּה מְאֹד 레아쉬르 하야 촌 우바카르 하르베 메오드
>
> 그러나 가난한 사람에게는 그가 산 작은 암양 하나 외에는 아무것도 없었다(삼하 12:3).
>
> וְלָרָשׁ אֵין־כֹּל כִּי אִם־כִּבְשָׂה אַחַת קְטַנָּה אֲשֶׁר קָנָה 베라쉬 에인-콜 키 임-키브사 아하트 케타나 아쉐르 카나

부유한 사람은 어떻게 "매우 많은" 양과 소를 소유하게 되었을까? 이것

....

신체의 부분(Schoß)을 의미하고 심지어 여성의 자궁을 의미하기도 한다. 그래서 이 단어는 שָׁכַב 사카브와 함께 사용될 때 "여인의 곁에 눕다"란 의미로 사용되기도 한다. 우리는 이러한 예를 왕상 1:2의 "아비삭이 다윗의 곁[품]에 눕다"에서 발견할 수 있다. 이에 관해서는 Gesenius[18], 347을 보라.

은 전도서 2:7이 보여주는 왕의 트라베스티 속의 부유한 왕의 모습, 즉 "또한 소와 양의 소유가 내게 많음"(נַם מִקְנֶה בָקָר וָצֹאן הַרְבֵּה הָיָה לִי감 미크네 바카르 바촌 하르베 하야 리)을 연상시킨다. 그에 대비되는 가난한 사람의 소유는 특히 "암양"으로 서술된다. 이것은 나단이 꾸민 이야기 속의 부자가 왕인 다윗을 암시하며 "암양"을 통해서 11장의 밧세바 사건으로 정향하고 있음을 보여준다.

두 번째로 주목해볼 만한 것은 가난한 사람이 그 암컷 양을 돌보는 방식이다.

> 그리고 그는 그것(암양[여성형])을 살게 하고 그와 그리고 그의 아들들과 함께 자라게 했다. [그럴 때] 그것(암양[여성형])은 그의 입으로부터 먹고 그리고 그의 잔으로부터 마시고, 그의 품[혹은 곁]에서 자며, 마치 그의 딸과 같았다(삼하 12:3).
>
> וַיְחַיֶּה וַתִּגְדַּל עִמּוֹ וְעִם־בָּנָיו יַחְדָּו מִפִּתּוֹ תֹאכַל וּמִכֹּסוֹ תִשְׁתֶּה וּבְחֵיקוֹ תִשְׁכָּב וַתְּהִי־לוֹ כְּבַת
>
> 바예하예하 바티그달 이모 베임-바나브 야흐디브 미피토 토칼 우미코소 티쉐테 우베헤코 티쉬카브 바테히-로 케바트

여기서 눈에 띄는 것은 먼저 그 암컷 양이 그 가난한 자의 입으로부터 먹고, 그의 잔으로부터 마시며, 그의 품에서 잔다는 점이다. 특히 마지막 표현이 만약 여인에게 적용된다면, 그 품 혹은 곁에서 잔다는 것은 성적인 의미를 표현하는 것인데, 그렇다면 이것은 다름 아닌 "카르페 디엠"의 모티프가 아닌가? 왜 하필이면 나단이 꾸민 이야기에, 그것도 한 가난한 사람과 그가 기르는 양의 이야기에 "먹고 마시며 그리고 잠자리를 같이한다"는 "카르페 디엠"의 요소가 포함되어 있을까? 우리아의 말에 암시되었던 다윗의 그 행위가 언뜻 연상되지 않는가?

나단이 꾸며낸 이 이야기는 사실 다윗과 우리아 그리고 밧세바 사건에 관한 이야기다. 이 이야기는 그 사건의 핵심 요소에 다가서는 듯하다가 옆으로 비켜간다. 따라서 그 정체를 드러낼 듯 말 듯 하다가 다시 모호해지는 미묘한 이야기다. 그래서 다윗은 그것이 자신에 관한 일인 줄도 모르고 스스로 판결을 내린다. 12:5에 나오는 다윗의 판결에 대한 상황 묘사와 판결문을 보면, 우리는 더욱더 재미있는 사실을 발견할 수 있다.

> 그리고 다윗이 그 사람에게 매우 분노했다. 그리고 나단에게 말했다. 야웨의 사심을 두고 맹세하되, 그 일을 한 그 사람은 죽은 사람[이 될 것이다, 즉 죽게 될 것이다](삼하 12:5).
>
> וַיִּחַר־אַף דָּוִד בָּאִישׁ מְאֹד וַיֹּאמֶר אֶל־נָתָן חַי־יְהוָה כִּי בֶן־מָוֶת הָאִישׁ הָעֹשֶׂה זֹאת
>
> 바이하르-아프 다비드 바이쉬 메오드 바요메르 엘-나탄 하이-야웨 키 벤-마베트 하이쉬 하오세 조트

다윗이 "매우" 진노했음에 사용된 "매우"(מְאֹד메오드)라는 강조사는 다윗과 우리아 그리고 밧세바의 이야기 전체에서 여기 외에 나단의 꾸며진 이야기 속의 부유한 사람과 밧세바에게 사용된다. 즉 "매우"(מְאֹד메오드)라는 강조사를 통해서 "다윗-부유한 사람"과 "[그가 빼앗은 암컷 양]-밧세바"의 연결고리가 만들어진다. 또한 다윗에게 나타나는 불의에 대해 분노하는 왕의 모습은 미묘하게도 11장 말미에 나오는 야웨의 모습, 즉 불의를 행한 다윗 왕을 악하게 여기는 모습과 어색하지만 비교된다. 이뿐 아니라 그 악을 행한 자가 반드시 죽게 될 것을 야웨의 사심을 두고 맹세하는 다윗의 모습은 11장에서 다윗의 살아 있음과 그의 네페쉬를 두고 맹세하는 우리아의 모습을 소환한다.

12:5-6에 서술된 다윗의 이중적 판결, 즉 첫째는 사형 선고, 둘째는 네 배로 배상하라는 것은 본문의 통일성을 해치며 확실히 눈에 띄는 특이한 점이다. 이것을 상이한 자료로 분리하고 어떤 편집적 손질의 흔적으로 설명해볼 수도 있겠지만, 또 다른 관점에서 보면 이 특이한 표현에는 오히려 심오한 의미가 함축되어 있음을 알 수 있다. 판결이 두 가지로 중복되어서 나타나는 것은 분명한데, 사실 가만히 살펴보면 꾸며낸 이야기 속에 나오는 그 부유한 사람의 죄는 죽음에 해당할 만큼 엄중한 것으로 보이지는 않는다. 그에게는 두 번째 판결, 즉 네 배로 배상하는 것이면 족하다. 그렇다면 다윗의 진노 가운데 선포된 사형에 관한 판결은 무엇인가? 이미 논한 것처럼 꾸며진 이야기 속의 그 부유한 사람이 다윗이라면, 그리고 그 판결은 다름 아니라 11장에 나오는 다윗의 악한 행위에 대한 판결이라면, 그가 부유한 가운데 자기 부하의 아내를 빼앗고 게다가 그를 죽게 사주한 것에 합당한 판결은 죽음이 아닐까? 즉 다윗의 판결은 아래와 같은 구도에서 오히려 이해할 만하다.

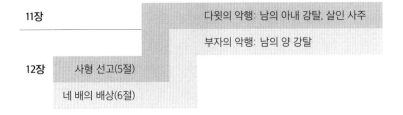

사무엘하 12장 역시 11장의 왕에 대한 비판의 기조를 이어가고 있다고 할 수 있다. 그리고 다윗은 자신의 죄에 대해서 부지중에 자기 스스로 판결을 내리는데, 그것도 사형 선고를 내리고 있다.

12:7-15a까지는 다윗이 자신에게 내린 판결과 같이 죽음의 분위기

가 짙게 깔려 있다. 그 악한 일을 행한 사람이 바로 "당신"이라는 나단의 지적과 함께 다윗의 집에서 영원토록 떠나지 않을 칼이 언급된다. 또한 죄의 고백과 죄의 용서가 언급되며 다윗 자신의 죽음이 면제되지만, 대신 다윗이 [밧세바를 통해] 낳은 아이는 죽음을 피할 수 없게 되었다.

b. 사무엘하 12:15b-25

사무엘하 12:15b-25은 다윗의 왕위 계승사에서 전도서와 가장 가까운 사상을 드러내는 곳이다. 그것은 곧 "메멘토 모리"와 "카르페 디엠"이다. 나단의 선포 대로 밧세바가 낳은 아이가 심히 앓게 되었고 그것은 곧 "죽음"을 의미하는 것이었다. 다윗은 그 아이를 위해 금식과 밤새도록 땅에 엎드리며 간구하는 동안에 "죽음의 그림자"가 아이에게 짙게 드리워졌다. 다윗은 자신의 집에서 일하는 늙은 자들의 권유에도 일어나지도 먹지도 않았다. 다윗의 모습은 죽음에 대해서 분투하는 처절한 인간의 모습을 보여준다. 이레 만에 아이가 죽었을 때의 상황은 다시 특이하게 서술된다. 다윗은 아이의 죽음에 직면하여 절망과 회의의 깊은 수렁에 빠졌고 신하들은 아이가 죽었다는 사실을 왕에게 말하기를 두려워하는데, 이러한 모습은 지극히 당연한 것이다. 그것은 마치 11장에 나오는 요압의 모습을 보여주는 듯하다. 아이의 죽음이 불러올 예상되는 왕의 진노는 다윗의 아이에 대한 간절한 간구로 충분히 이해할 만한 것이다. 그러나 11장에서 요압이 예상했던 것이 빗나간 것처럼 여기서 또다시 다윗의 반응은 예상을 뒤엎는 모습으로 전개된다.

신하들이 서로 수군거리는 것을 보고 아이의 죽음을 눈치챈 다윗이 신하들에게 아이가 죽었는지를 묻는다. 그리고 그는 "죽었다"는 대답을 듣는다. 12:20의 이 대답 이후에 펼쳐지는 다윗의 행동은 특히 인간에게는 결정적일 수밖에 없는 삶과 죽음이라는 경계선상에서 볼 때 매우 특이한 행동이다.

> 그리고 다윗이 땅에서 일어났다. 그리고 목욕을 하고, 기름을 바르며, 그의 옷을 모두 바꿔 입고, 야웨의 집으로 가서 경배하며, 그의 집으로 돌아왔다. 그리고 청하여 그를 위해 음식을 가져다 놓게 하고 먹었다(삼하 12:20).

וַיָּקָם דָּוִד מֵהָאָרֶץ וַיִּרְחַץ וַיָּסֶךְ וַיְחַלֵּף שִׂמְלֹתָו וַיָּבֹא בֵית־יהוה 바야캄 다비드 메하아레츠 바이르하츠 바야세크 바예할라프 심로타브 바야보 베트-야웨

וַיִּשְׁתָּחוּ וַיָּבֹא אֶל־בֵּיתוֹ וַיִּשְׁאַל וַיָּשִׂימוּ לוֹ לֶחֶם וַיֹּאכַל 바이쉐타후 바야보 엘-베토 바이쉐알 바야시무 로 레헴 바요칼

다윗의 태도는 아이가 죽기 전과 완전히 상반된 것으로 나타난다. 게다가 다윗의 행동에는 전도서 9:7 이하의 "카르페 디엠"이라는 모티프의 요소들이 충실하게 담겨 있다. 이것은 죽음 이전에, 즉 죽음이 인간에게 엄습해오기 전에 삶에서 해야 할 행동이었다. 그러나 다윗은 아이의 죽음 이후에 해야 할 행동을 아이가 죽기 전에 하고 아이가 죽기 전에 해야 할 행동을 죽은 이후에 한다. 그래서 사무엘하 12:21을 보면 다윗의 신하들이 질문한다. 그 질문은 서술자가 모든 독자를 대신하여 다윗 신하들의 입을 빌어 던지는 것이기도 하다.

> 이 일이 어떻게 된 것입니까? 당신이 그 아이로 인해서[34] 하신 일 말입니다.

....

34 12:21을 a와 b로 구분해주는 마소라 기호 아트나흐(*Atnah*)의 위치를 고려하지 않고 번역했다. 아트나흐의 위치를 고려하고, 또 בַּעֲבוּר바아부르를 비평 각주를 따라서 בְּעוֹד베오드로 읽는다면, "이 일이 어떻게 된 것입니까? 당신이 하신 일 말입니다. 아이가 살았을 때

살았을 때는 당신이 금식하고 울었는데, 그 아이가 죽은 동안에는 일어나 음식을 먹었습니다(삼하 12:21).

מֶה-הַדָּבָר הַזֶּה אֲשֶׁר עָשִׂיתָה בַּעֲבוּר הַיֶּלֶד חַי צַמְתָּ וַתֵּבְךְּ 마-하다바르 하제 아쉐르 아쉬타 바아
부르 하엘레드 하이 차메타 바테베크

וְכַאֲשֶׁר מֵת הַיֶּלֶד קַמְתָּ וַתֹּאכַל לָחֶם 베카아쉐르 메트 하엘레드 카메타 바토칼 라헴

사실 이 다윗의 행동에 관한 질문은 "아이의 죽음"과 관련된 행동이지만, 이것을 좀 더 보편적인 차원에서 볼 때 그것은 인간의 죽음과 관련하여 사람이 도대체 자신의 한계로 설정된 죽음을 어떻게 대해야 하는가에 대한 근본적인 자세에 관한 질문이다. 그것은 아래와 같이 다윗의 대답을 통해서 명확히 드러난다.

그[다윗]가 말했다. 그 아이가 살아 있을 때에 내가 금식하고 울었던 것은 나 스스로 [다음과 같이] 말했기 때문이다. "야웨께서 나를 위로하시고, 그 아이를 살게 하실지 누가 알겠는가?"(삼하 12:22)

וַיֹּאמֶר בְּעוֹד הַיֶּלֶד חַי צַמְתִּי וָאֶבְכֶּה כִּי אָמַרְתִּי מִי יוֹדֵעַ יְחַנַּנִי יְהוָה וְחַי הַיָּלֶד 바요마르
베오드 하엘레드 하이 차메티 바에브케 키 아마르티 미 요데아 예하나니 야웨 베하이 하엘레드

그러나 이제 죽었는데 도대체 왜[35] 내가 금식을 하겠는가? 내가 그를 돌아오게 할 수 있는가? 내가 그에게로 가는 것 [그것은 가능할 수도 있겠지만,] 그러나 그가 내게로 돌아올 수는 없다(삼하 12:23).

וְעַתָּה מֵת לָמָּה זֶּה אֲנִי צָם הַאוּכַל לַהֲשִׁיבוֹ עוֹד אֲנִי הֹלֵךְ אֵלָיו וְהוּא לֹא-יָשׁוּב אֵלָי

....

는…"으로 번역할 수 있다.

35 זֶּה가 의문사 뒤에 붙어서 강조의 의미로 사용되는 것에 관해서는 Gesenius[18], 296을 참조하라.

다윗의 대답은 명확하다. 사람은 죽음의 명확한 한계선을 넘을 수 없기 때문에 그 한계선을 인정할 수밖에 없다는 것이다. 이 한계는 사람이 죽음에 대한 권한이 없음을 인정하게 만든다. 따라서 그 한계선 앞에서 좌절하고 절망할 수밖에 없지만, 눈을 들어 그 한계선 너머에 계시는 하나님을 볼 수 있다면, 그리고 그 하나님이 삶의 세계를 향해 던지는 메시지를 알 수 있다면, 인간은 다시 힘을 얻고 삶의 세계로 돌아올 수 있다. 다윗의 행동은 바로 그 메시지를 전달하고 있는 것이다. 나는 이전에 발표한 "죽음에 대응하는 이성(理性)으로서의 지혜: 사무엘하 12장과 전도서 9장의 '미 요데아'(מי ידע)와 '에인 요데아 하아담'(אין יודע האדם)을 중심으로"라는 논문에서 이 본문을 매우 상세히 다루었다. 여기서 그 논문의 결론을 간략하게 소개하면 다음과 같다.

> 사무엘하 12장에는 "심은 대로 거둠 사상"이 깨지면서 제시되는 "부러진 지혜"가 드러나며, 죽음으로 제한된 인간의 삶과 그것을 체념을 통해 수용하는 "회의적인 지혜"와 항상 그와 병행하는 "하나님의 주권성" 그리고 마지막으로 죽음의 한계로부터 오히려 생명력 있게 제시되는 "삶에 대한 기쁨"이 전도서(특히 9장)와 긴밀하게 연관된 지혜로서 제시된다. 특히 죽음을 다루는 이성으로서의 인간 지혜의 모습은 대개의 학자들이 항상 먼 후대의 것으로만 여겼던 전도서의 대표적인 사상이 이미 오래전부터 이스라엘의 사상적 전통 속에 자리하고 있었음을 추측할 수 있게 해준다.[36]

....

36   구자용, "죽음에 대응하는 이성(理性)으로서의 지혜", 196.

사무엘하 12:24-25은 아이의 죽음 이후의 사건을 간략히 정리한다. 그것은 다윗이 밧세바를 취하고 동침하여 아들을 얻었고, 그가 솔로몬이며, 예언자 나단이 야웨가 사랑하셨다는 의미의 "여디디야"라는 이름을 부여한다. 이 짤막한 서술에서 특히 다윗이 밧세바를 취하고 동침한 것은 선행하는 다윗의 "카르페 디엠"적 행동의 한 요소로 볼 수 있다. 전도서 9:7-10의 거의 모든 요소 중에서 "사랑하는 아내와 누리며 기뻐하는 삶"이 그것의 중요한 한 요소이기 때문이다.

c. 정리

전도서의 "메멘토 모리"와 "카르페 디엠"은 상반되는 주제임이 틀림없다. 이 두 사상의 대립적인 구도는 전도서를 이해하는 데 상당한 어려움을 준다. 그러나 이 두 사상은 인간에게 결정적인 죽음을 통해서 미묘하게 접목된다. 프란츠 쿠체라(Franz Kutschera)는 그것을 "삶을 강화하는 죽음"이라는 존재 철학적 이해로 접근한다.[37] 전도서가 단순히 "헛됨"으로 점철된 회의주의 사상이나 맹목적인 "즐김"으로 가득 찬 향락주의를 말하는 책이 아님이 이러한 이해를 통해 잘 드러난다. 특히 사무엘하 12장의 서술은 전도서의 이 미묘한 구도를 그대로 담고 있다고 볼 수 있다. 저항할 수 없는 운명에 갇힌 인간이지만, 그런데도 삶의 한계를 극복하려는 분투의 모습이 다윗의 행동에 담겨 있고, 또한 죽음이라는 한계에 섰을 때, 그것을 인정하고 다시 현실의 삶 속으로 돌아와 하나님의 허락하신 기쁨과 즐거움을 누리는 모습을 다윗이 보여준다.

....

37   Franz Kutschera, "Kohelet: Leben im Angesicht des Todes," in *Das Buch Kohelet: Studien zur Struktur, Geschichte, Rezeption und Theologie* (ed. Ludger Schwienhorst-Schönberger; BZAW 254; Berlin: Walter de Gruyter, 1997), 363-76.

우리는 사무엘하 12장을 통해 다윗이 개인적 차원에서 보여주는 어떤 회개의 중요성이나 그의 성숙한 지혜를 말할 수는 없다. 왜냐하면 회개의 모습을 보여주었던 다윗이 다시 13장에서는 매우 어리석은 전혀 지혜롭지 않은 우유부단하고 무책임한 아버지로 나타나며, 결국 자신의 집에 생기는 불행을 손을 놓고 바라보기만 하기 때문이다. 그가 압살롬의 반란으로 다시 정신을 차리기 전까지 말이다. 따라서 우리는 사무엘하 12장을 철저히 인간의 한계와 가능성을 보편적으로 말하는 것으로 봐야 하고 전도서의 심오한 세계관과 철학을 드라마화하여 잘 보여주는 것으로 이해해야 한다.

2) 인물 분석

(1) 다윗

사무엘하 10장과 11장 그리고 12장에서 다윗의 모습은 모호하게 그려진다. 왕으로서 전쟁에 참여하는가 참여하지 않는가의 문제에서부터 다윗의 성격을 특정하기에 어려움이 있다. 물론 암몬 자손과의 싸움이 일단락된 후에 아람 연합군과 다시 전쟁을 벌인 것은 새로운 전쟁이 아니라 단지 8장에 대한 반복 진술일 뿐이라고 하더라도 말이다. 10장에서 다윗은 암몬 자손과 벌이는 전쟁에 불참했다가 다시 아람 연합군과 벌이는 전쟁에는 참여했고 11장에서는 암몬 자손의 랍바 성 공격에 참여하지 않다가 12장 말미에서 랍바 성을 함락할 때 다시 참전한다. 그가 사무엘하 8장 이후에는 더 직접적으로 전쟁에 참여하지 않는 왕으로 묘사된다는 가정 아래서 볼 때,[38] 다윗의 이런 모습은 약간 특이한 면을 보여준다. 따라서 우리는 이렇게 서술된 의도가 무엇인지 궁금해진다. 아마도 11장과 12장에서 전쟁과는 상관없이 행동하는 다윗의 모습이 왕위 계승사 내에서 특별히 부각되고 확연히 드러나도록 하기 위해 의도적으로 10장과 12장 말미에서 전쟁에 참여하는 다윗의 모습을 배치한 것이 아닐까?

우리는 사무엘하 11장에 나타나는 다윗의 모습을 왕이란 존재 자체에 매우 신랄하게 가해지는 비판의 맥락에서 이해하는 것이 적절하다. 다윗의 모습은 전쟁하고 있는 부하들과 대비되는 모습인 나태함(낮잠과 옥상을 거닐) 속에서 시작되고, 우리아의 입을 통해 묘사되듯 그는 "먹고, 마시며, 남의 아내와 잠자리를 갖는다." 그것은 이스라엘 사람이 아닌 용병의 입을 통해 거론되는 전쟁 중 지켜야 할, 이스라엘 종교와 무관하지 않은 관습에 정반대되는 모습이라는 사실이 독자들을 더욱 혼란스럽게 만든다. 어떻게 이스라엘의 왕이 이방인 용병 장수와 대조되어 그보다도 못한 모습으로 적나라하게 비판받고 있을까? 다윗은 고대 근동에서 이야기되는 폭군의 모습 혹은 상식적이지 못할 만큼 어리석은 모습을 띠고 있으며 이스라엘 왕의 이데올로기에 견주어볼 때도 전혀 이상적이지 않은 모습을 보인다. 그는 왕의 제도가 세워지면서 나타나는 부정적인 면을 그대로 실천하는 듯하다. 왕으로서 다윗은 야웨와 동일시되거나 동일시되어야 하는데 부지중에 야웨의 반대편에 서 있는 것으로 나타난다. 우리는 이것을 그러한 부정적인 면의 가장 정점에 도달한 모습을 보여주는 것으로 생각할 수 있다.

그러나 사무엘하 12장에서의 다윗은 11장과는 전혀 다른 모습을

....
38   물론 이 가정에는 다른 의견도 있음을 참조하라.

보여준다. 물론 우리는 그의 이러한 모습을 나단을 통해서 전해진 심판의 말과 그로 인해 철저히 회개한 왕의 모습을 보여주는 것으로 볼 수도 있지만, 그의 모습은 11장과 너무도 대조적이다. 특히 12장 후반부에 묘사되는 다윗의 모습은 전도서가 제시하는 메멘토 모리와 카르페 디엠을 함께 보여주는 성숙한 지혜자의 모습에 전혀 모자라지 않는다. 다윗의 모습을 통해 그려지는 인생의 모습은 가장 이상적인 지혜자의 모습이며 절대 주권자이신 창조주 하나님 앞에서 자신의 한계를 겸허히 인정할 뿐 아니라 그다음에 무엇을 해야 하는지를 깨닫는 인간의 모습이다. 전도서는 그다음 단계를 또 다른 한 축으로 제시하는데, 그것은 하나도 변하지 않고 그대로 유지되는 현실의 삶으로 다시 돌아오는 것이다. 마치 창세기 16장에 나오는 하갈의 모습처럼 말이다. 하갈은 광야에서 야웨의 사자를 만난 후 다시 여전히 핍박을 가하는 사람의 수하로 복귀한다. 그러나 그녀의 주체적 자아에 대한 인식과 하나님에 대한 신뢰는 이전과 이후 완전히 달라진다.[39] 동일한 현실이지만, 그 자리에 돌아와 서 있는 자신은 완전히 다른 사람으로 나타나는데, 다윗의 모습이 바로 그것과 같다.

(2) 밧세바

사무엘하 11장과 12장에 잠깐 등장하는 밧세바는 능동적이기보다는 수동적인 인물로 주로 묘사된다. 밧세바는 누군가가 보도록 목욕을 했다

....
39   김영선, "결혼 이주 여성의 타자화에 대한 선교적 고찰: 하갈과 룻 내러티브 분석을 중심으로", 『복음과 선교』 제48집(2019), 93-7.

고, 특히 다윗을 유혹하기 위해서 목욕을 했다고 추정하는 학자도 있다. 그 학자는 이러한 추정을 통해서 밧세바가 어떤 의도를 갖고 있다고 말한다. 하지만 우리가 그런 추정을 통해서 밧세바의 어떤 의도를 말하기에는 본문의 정보들이 매우 빈약하다. 밧세바는 단지 수동적인 모습으로만 서술되지만, 그런데도 사무엘하 11장과 12장을 거쳐서 진행되는 밧세바의 인생은 절대 평탄치 않다. 남편이 전쟁에 나간 이후에 홀로 남겨진 여인에게 일어난 여러 가지의 일들은 일상을 살아가는 사람들이 쉽게 감당하기 어려운 일들이다. 결국 밧세바는 다윗의 아내가 되었고 솔로몬을 낳은 어머니가 되었지만, 이 두 장에서 밧세바는 독자들에게 반복적으로 "우리아의 아내"로 소환된다. 은근한 비판으로 해석되는 그 언급은 밧세바를 향한 것인가 아니면 다윗을 향한 것인가? 아니면 그것은 우리가 스스로 감당할 수 없고 파악할 수도 없는 삶의 세계에 비일비재하게 벌어지는 모든 일에 던져지는 한탄스러운 울림일 뿐인가? 밧세바가 보여주는 삶의 모습에는 우리의 삶이 투영되어 있다. 마치 전도서가 보여주는 삶의 모습처럼 말이다.

(3) 요압

사무엘하 10장에 나오는 전쟁 서사는 특별히 요압을 긍정적으로 부각시켜 서술한다. 요압은 다윗의 충실한 심복으로 그리고 전쟁 수행에서는 지략가이자 용맹한 군대 장관으로 그려진다. 특히 그가 자신의 이름보다는 당연히 다윗의 명성을 위해 분투하는 모습은 매우 인상적이다. 요압은 군지휘관으로서 특히 통찰력을 겸비한 지략가의 면모를 드러낸다 (삼하 10:9). 그는 전세와 전황 파악에 능하며 무엇을 어떻게 해야 할지를 명확히 알고 있다. 또한 그는 전쟁을 피하지 않는 용기를 가진 장수이고, 전쟁의 목적에 대해 알고 있으며, 전쟁은 오로지 야웨의 손에 달려 있음과 그분이 이끄신 대로 전쟁이 이루어질 것임을 확신한다. 공교롭게도 요압의 이런 모습은 이후 압살롬의 반란 때에 광야로 도망쳐서 압살롬의 반란군에 대항하기 위해 다시 전열을 갖추는 다윗을 군사령관으로 묘사했던 군사령관으로서 왕의 자질임이 틀림없다. 훌륭한 장수가 훌륭한 장수를 알아본다는 말처럼 확실히 요압과 다윗은 전술적인 면에서 통하는 면이 있다. 그런데 이런 요압의 모습을 서술하는 의도가 무엇일까? 그것은 아마도 11장과 12장에서 연속적으로 그려질 다윗의 모습을 신랄하게 대조시키기 위함으로 보인다. 특히 사무엘하 11장에서 우리아를 처형하라는 다윗의 지혜롭지 못한 명령을 받고서는 그 명령과 약간 다르게 자신의 방식대로 일을 처리하는 요압의 모습은 왕에게 대적하는 모습을 넘어 왕을 비웃은 모습으로까지 평가된다. 또한 상상 속에서 아비멜렉을 소환하며 자신의 잘못을 해명하려던 요압의 어리석은 모습이 정의로운 왕의 진노를 일으키기는커녕 오히려 왕으로부터 걱정하지 말라는 뜬금없는 위로로 돌아오는 모습은 독자들에게는 한층 더 신랄한 왕의 비판으로 읽히지 않을 수 없다.

요압에 대한 강조는 12장 말미에서 다시 한번 부각된다. 요압의 이름이 남겨질 것을 염려하여 다윗이 직접 와서 다 정복된 랍바 성을 함락하게 하는 모습은 결국 다윗의 용사적인 왕의 이미지마저 완전히 빼앗아가는 모습이 아니면 무엇인가?

(4) 나단

사무엘하 12장에서 나단은 예언자의 모습으로 등장한다. 왕 앞에서 조금도 굴하지 않고 그의 잘못을 지적하며 신랄한 하나님의 심판 신탁을 전달하는 나단의 모습은 과연 예언자다운 모습이 아닐 수 없다. 나단이 다윗 앞에서 베푸는 우화는 그가 꾸며낸 이야기라고 가정할 때 치밀한 구성과 암시가 돋보일 뿐 아니라 죄를 범한 다윗이 스스로 자신의 행위에 판결을 내리게 하는 숨겨진 의도를 담고 있다. 그의 예언자다운 모습은 사무엘하 12장에서 나타나지만, 나단의 지혜로운 언변의 진수는 열왕기상 1장에 나타난다. 나는 그 내용을 아래서 다룰 것이다.

(5) 전령

잘 드러나지는 않으나, 요압이 보내서 우리아의 죽음을 알리게 한 전령의 모습도 주목할 만하다. 실제로 일어난 일과 요압이 이러저러하게 전달하라고 전령에게 일러준 말 그리고 실제로 전령이 다윗에게 전달한 말은 모두 다른 내용과 구성을 취한다. 왜 이런 일이 일어나는가? 그것은 사람이 자신에게 일어날 일을 계산하고 그 일을 어떻게 하면 안전하게 피할 것인가를 생각하기 때문이다. 요압이 보낸 전령도 그렇게 행동했다. 그래서 그는 자신의 일을 하면서 요압을 뛰어넘고 자신의 안전을 확보했다.

이 모습은 사무엘하 19장에서 압살롬의 죽음의 핵심인 전쟁의 승전 소식을 전하는 중에 아히마아스에게서도 반복된다. 이러한 삶의 모습에 대해서는 거기서 다시 한번 논할 것이다.

3) 전도서와의 연결점

사무엘하 10:6부터 12장 마지막까지의 긴 본문에서 파악한 삶에 대한 다양한 주제와 사상을 전도서와 연결하려고 할 때 다뤄야 할 것이 많다. 그러나 우선은 크게 네 가지 주제 아래서 논의를 전개하고자 한다. 첫째는 전쟁에 대한 것, 둘째는 왕에 대한 비판에 관한 것, 셋째는 메멘토 모리와 카르페 디엠에 관한 것이며, 마지막으로 행위-화복-관계 사상에서 하나님의 절대 주권에 관해 생각해보고자 한다.

(1) 전쟁

다윗의 왕위 계승사에 나타난 전쟁에 대한 서술은 모두 세 번 등장한다. 이스라엘이 암몬 자손과 벌인 전쟁, 압살롬의 반란(삼하 18장), 그리고 세바의 반란 때 요압의 아벨-벧-마아가 성을 공격(삼하 20:14 이하)한 것이다. 전쟁에 대한 각각의 서술을 서로 비교해볼 만한데, 그것은 이후의 연구로 미뤄두고 여기서는 전쟁과 지혜에 대해서, 특히 전쟁의 지략과 용기, 전세를 읽는 판단력, 전쟁의 수습 등에 대해서 이야기하고자 한다. 일단은 사무엘하 10장을 주목해서 볼 때, 요압을 통해서 서술되는 전쟁의 지혜는 특이하게도 요압을 중심으로 묘사된다. 이미 요압에 대한 인물 분석에서 언급한 대로 요압은 이스라엘의 군지휘관이 가져야 할 모든 자질을 갖추고 있다. 물론 왕위 계승사 전체에서 볼 때, 요압의 이러한 자질에도 불구하고 그의 전 인생이 어떻게 전개되어나갔는지를 말할 수 있지만, 현재의 본문을 중심으로 전도서와 연결하여 생각해볼 만한 전쟁과 지혜의 관련성은 특히 암몬 자손의 경우에서 잘 드러난다.

암몬 자손이 다윗과의 전쟁을 결의하고 준비하는 모습은 매우 상세하고 철저한 것으로 서술된다. 특히 그들은 아람 연합군의 대대적인 지원을 확보하고 다윗과 대결한다. 그러나 전쟁의 결과는 당연히 누구도 예측할 수 없이 전개되는데, 그것이 바로 전도서가 말하는 우리 인생의 모습이다. 전도서 9장은 모든 것이 "하나님의 손에 있음"(בְּיַד הָאֱלֹהִים베야드 하엘로힘), 그래서 어떤 일의 "성공을 [사람이] 마음대로 할 수 없음"(Unverfügbarkeit des Erfolgs)[40]을 말하는 맥락에서 전쟁에 대해 다음과 같이 짤막하게 언급한다.

> 내가 돌이켜서 해 아래에서 다음을 보았다. (…) 용사들에게 전쟁이 [승리로 주어지지] 않는다(전 9:11).
>
> שַׁבְתִּי וְרָאֹה תַחַת־הַשֶּׁמֶשׁ כִּי (…) לֹא לַגִּבּוֹרִים הַמִּלְחָמָה샤브티 베라오 타하트-하쉐메쉬 키 (…) 로 라기보림 하밀하마

우리는 전쟁에서 어떤 외형적 조건이 반드시 승리를 보장하지 않는다는 사실을 다윗과 골리앗의 대결(삼상 17:33)이라는 이스라엘의 전승 안에서 확인할 수 있지만,[41] 오늘날의 성서 독자들 역시 그러한 사실을 삶에서 항상 경험한다. 특히 다윗의 왕위 계승사의 이 본문은 암몬과 아람 연합군의 규모로 특정되는 우월함이 승리를 보장하지 못했음을 드라마화하여 보여준다고 할 수 있다.

....

40 Birnbaum and Schwienhorst-Schönberger, *Das Buch Kohelet*, 222.
41 Birnbaum and Schwienhorst-Schönberger, *Das Buch Kohelet*, 223.

(2) 왕에 대한 비판

사무엘하 11장에 나오는 왕의 모습에 대한 비판은 전도서에서도 직접
적으로 제시되는 왕과 권력자에 대한 비판과 맞닿아 있다. 특히 전도서
2:8과 10절에 나오는 왕의 트라베스티에는 왕의 수많은 처첩을 거느리
는 모습과 자신의 눈에 원하는 모든 것을 하려는 왕의 욕망이 제시되고
있다. 또한 전도서 4:13에 나오는 "늙고 둔하여 경고를 받을 줄 모르는
왕"의 모습은 우리아 앞에 서 있는 다윗의 모습과 매우 흡사하다. 전도
서 5:8-9은 하나님 앞에서 왕이 얼마나 나약하고 초라한 존재인가를 보
여주며 앞서 다룬 전도서 8: 2-5의 "왕의 지혜"를 직접 언급한 후 그것
을 비판하는 전도자의 모습은 다윗 앞에서 보여준 우리아의 행동과 유
사하다. 또한 본분을 잊고 잔치에 취해 있는 왕에 대한 전도서 10:16-17
의 비판도 사무엘하 11장에 여러모로 묘사되어 있다. 전도서 10:20의 경
고는 사무엘하 11장에서 우리아와 요압 그리고 저자에 의해 완전히 무
시되며 비판되고 있다. 이것이 전도자의 실제적인 의도일진대 전도서의
이런 왕에 대한 비판의 모습은 사무엘하 11장과 매우 가까이 놓여 있다
고 할 수 있다.

a. 전도서 2:8, 10

전도서 2:8, 10절은 왕의 트라베스티의 한 부분이다. 왕의 트라베스티
의 핵심적 주제는 사람이 가진 모든 지혜와 능력 혹은 부로써 스스로 만
족함 혹은 기쁨에 이를 수 있는지를 시험해보는 것이고 왕의 사치스러
움과 호기로움을 비판하는 것이 아니다. 그러나 지금은 이런 왕의 트라
베스티의 취지와는 다르게 전도서 2:8, 10절에 접근해보고자 한다. 그

것은 여기에 설정된 가상의 왕의 행위를 왕의 제도(삼하 8장)와 법(신 17장) 그리고 지혜(잠 31장)의 측면에서 살펴보는 것이다.[42] 구약이 갖고 있는 왕의 제도를 특히 부정적인 측면에서 서술하는 곳은 사무엘상 8:10-18이다. 거기에 언급되는 소위 "[그가] 너희를 다스릴 왕의 제도"(עֲלֵיכֶם מִשְׁפַּט הַמֶּלֶךְ אֲשֶׁר יִמְלֹךְ 미쉬파트 하멜레크 아쉐르 이믈로크 알레이헴 [삼상 8:11])는 백성의 젊은 남자(아들)와 여자(딸)를 데려다가 군역과 노역을 시킬 것과 세금을 거두어가는 것으로 요약될 수 있다. 또한 이스라엘 왕의 법으로 지칭되는 신명기 17:14-20은 왕이 절제해야 할 것들인 병마와 아내 그리고 은금에 관해서 경고한다. 또한 정체가 모호하나 이스라엘 왕의 길에 대해 교훈하는 지혜로 볼 수 있는[43] 잠언 31:1-9에 나오는 르무엘 왕의 어머니가 르무엘 왕에게 하는 교훈도 왕에게 주어진 권력을 여자들과 포도주 및 독주에 쓰지 말 것과 공의의 실천을 경고한다.

　　전도서 2:8, 10에서 사무엘하 8:10-18과 연관하여 왕의 제도에 관한 부정적 시각을 읽어내기 위해서는 세밀한 분석과 조심스러운 접근이 필요하다.[44]

....

42　이 시도는 확실히 과도한 해석이 될 수도 있음을 미리 밝혀둔다. 하지만 그러한 해석이 도무지 불가능한 것은 아니다. 세밀한 검증과 판단은 각자의 몫에 맡겨둔다. 김순영은 약간은 비슷한 맥락에서 솔로몬의 영광에 대해 이스라엘 사회를 향한 전도자의 경고로 이 본문을 해석하기도 한다. 김순영,『일상의 신학, 전도서: 지금, 여기, 행복한 일상을 위한 코헬렛의 지혜 탐구』(서울: 새물결플러스, 2019), 98을 참조하라.

43　르무엘 왕이 이방의 왕이지만 그와 관련된 왕의 길에 대한 교훈이 잠언에 보존되어 있으므로 이스라엘의 지혜로도 볼 수 있다는 주장에 대해서는 배재욱, "잠언 31:1-9 번역과 해석에 대한 연구 맛사와 데렉크에 대한 연구를 중심으로",『성경원문연구』44(2019), 82을 참조하라.

44　전도서를 해석하는 다양한 목소리 중에서 이 본문을 이렇게 해석하는 입장이 있을지에 관해서는 사실 의문이 있다.

내가 나를 위해 또한 은과 금 그리고 왕들과 여러 지방[메디나]의 보물을
수집했다. 내가 나를 위해 노래하는 남녀들을 두었고 인자(人子)들[45]의 욕
망인 쉬다와 쉬도트[46]를 두었다(전 2:8).

כָּנַסְתִּי לִי גַּם־כֶּסֶף וְזָהָב וּסְגֻלַּת מְלָכִים וְהַמְּדִינוֹת עָשִׂיתִי לִי שָׁרִים וְשָׁרוֹת 카나스티 리 감-
케세프 베자하브 우세굴라트 멜라킴 베하메디노트 아시티 리 사림 베샤로트

וְתַעֲנֻגֹת בְּנֵי הָאָדָם שִׁדָּה וְשִׁדּוֹת 베타아누고트 베네 하아담 쉬다 베쉬도트

내 눈이 원하는 모든 것을, 내가 그것들을 억제하지 않았고, 내가 내 마음을
모든 즐거움으로부터 절제시키지 않았다[마음에서 하기를 원하는 것을 억
제하지 않았다]. 왜냐하면 내 마음이 나의 모든 수고에 대해서 흡족해했기
때문이다[스스로 자신의 수고에 만족하고 보상을 주고자 했기 때문이다].
그리고 이것은 나의 모든 수고로부터 주어진 나의 몫이었기 때문이다(전
2:10).

וְכֹל אֲשֶׁר שָׁאֲלוּ עֵינַי לֹא אָצַלְתִּי מֵהֶם לֹא־מָנַעְתִּי אֶת־לִבִּי מִכָּל־שִׂמְחָה 베콜 아쉐르 사알루
에이나이 로 아찰티 메헴 로-마나티 에트-리비 미콜-심하

כִּי־לִבִּי שָׂמֵחַ מִכָּל־עֲמָלִי וְזֶה־הָיָה חֶלְקִי מִכָּל־עֲמָלִי 키-립비 싸메아흐 밀콜-아말리 베제-하야 헬키
미콜-아말리

먼저 전도서 2:8을 보면, 은금과 보물들을 수집하여 쌓아놓는 것은 신
명기 17:14-20에 서술되는 이스라엘의 왕의 법 중에서 특히 17절과 부
합하지 않는다. 나단의 우화에 등장하는 부자의 양과 소의 소유가 "심

....
45   이것을 특별히 "사내들"(Männer)로 번역하는 것과 관련해서는 Birnbaum and
      Schwienhorst-Schönberger, *Das Buch Kohelet*, 79을 참조하라.
46   Gesenius[18], 1325을 참조하라.

히 많음"으로 묘사되고 그것이 결국 다윗을 암시하는 것이었다면, 사무엘하 12장은 충분히 전도서의 이 본문과 연결될 수 있다. 그런데 인자(人子)들의 욕망, 곧 "쉬다와 쉬도트"(שִׁדָּה וְשִׁדּוֹת)를 두었다는 것은 무엇을 말하는 것인가? 이것은 "욕망"으로 번역된 תַּעֲנוּגֹת타아누고트와 어떤 관련이 있는가? תַּעֲנוּג타아누그의 복수형[47]으로 사용된 תַּעֲנוּגֹת타아누고트는 여기와는 다르게 남성 복수의 형태로 사용되었지만 "육체적 사랑의 즐거움"을 의미하는 아가서 7:6(히, 7절)과 연관하여 해석할 수 있다. 즉 그것은 의심의 여지 없이 "육체적 쾌락"을 의미하는 것으로 볼 수 있다. 단지 "쉬다와 쉬도트"에 관해서는 게제니우스 18판이 말하는 대로 그 어원을 정확히 알수 없으므로 단지 그 의미를 추정할 수밖에 없는데, 슈빈호르스트-쇤베르거는 "쉬다와 쉬도트"를 [여인의] 가슴과 가슴들, 즉 매우 많은 가슴으로 제안한다. 이것은 그가 "שִׁדָּה וְשִׁדּוֹת쉬다 베쉬도트"를 수사적 표현의 일종인 제유법(synecdoche)으로 보고 지칭하려는 대상의 일부(젖가슴)를 언급함으로써 전체(여인들 혹은 처첩들)를 표현한 것으로 해석했기 때문이다.[48] 여인을 통해 인자들의 욕망을 채우는 것은 이스라엘뿐 아니라 고대 왕들이 소유한 왕의 하렘(harem)을 통해 나타나는 전형적인 모습임에는 틀림이 없다.[49] 이것은 왕 제도의 부정적인 면과 왕의 법 그리고 왕의 길에

....

47 뒤에 한정하는 소유격이 있는 경우 앞의 단어가 복수형으로 오는 것에 관해서는 GK, § 124 r을 참조하라.

48 Schwienhorst-Schönberger, Kohelet, 212을 참조하라. 그가 Gordis를 따라 그렇게 번역하는 근거는 שִׁדָּה쉬다가 여인의 젖가슴을 의미하는 שַׁד사드에서 파생된 단어로 파악하기 때문이다. 이에 관해서는 Robert Gordis, Koheleth-The Man and His World. A Study of Ecclesiastes(New York: Bloch, 1955), 208-9을 참조하라.

49 이에 관해서는 H. Ringgren, "Frauenhaus," BHH 1:496과 Dietrich and Naumann, Die Samuelbücher, 278을 참조하라.

서 경고하는 바에 부합하지 못하는 왕의 행위로 볼 수 있다.[50]

전도서 2:10은 "내 눈이 원하는 모든 것"과 "마음에서 하기를 원하는 것"을 왕이 스스로 절제하지 않고 시행했다고 말한다. 그리고 그 이유는 자신의 수고에 대해서 스스로 흡족하게 생각하기 때문이다. 다시 말하면 왕은 그것을 자신의 수고에 대한 당연한 보상이며 자신의 몫으로 판단하기 때문이다.[51] 왕의 트라베스티의 이 진술은 모든 권력을 손에 쥔 왕이기에 가능함(전 8:3)을 내포한다. 그리고 왕의 욕구 대상이 되는 존재들에게 가해지는 폭력의 모습도 그 이면에 담겨 있다. 따라서 2:10의 진술은 특히 르무엘 왕에게 주는 그의 어머니의 교훈에서 왕에게 있는 권력과 힘을 공의를 위해 사용해야 하는 것과 비교해볼 때 그렇게 긍정적이지만은 않다. 이것에 대한 평가는 왕의 트라베스티 자체에 포함되어 있는가? 2:11의 "무익한 것"이란 평가가 그것을 의미하는가? 밧세바를 아무런 거리낌 없이 데려다가 자신의 욕망을 채우는 다윗은 모습은 이와 같은 왕의 모습으로 해석할 수 있으며, 그것이 전도서와 함께 왕의 제도에 대한 비판적 목소리로 해석할 수 있다면, 사무엘하 11장은 전도서가 보여준 비판을 드라마화한 것으로 볼 수 있다.

....

50   Birnbaum and Schwienhorst-Schönberger, *Das Buch Kohelet*, 79를 참조하라.
51   왕의 트라베스티에 언급되는 1인칭 화자, 즉 가상의 왕이 보여준 이 행동을 평가하기는 쉽지 않다. 하지만 분명한 것은 전 2:1-11의 다양한 형태의 시도를 장성길이 말하듯 "지혜의 이끌림을 받아" 행한 것으로 볼 수는 없다는 점이다. 왕의 트라베스티의 전체 구성이 지혜에 대한 부분을 앞(전 1:12-18)과 뒤(전 2:12-16)에 가지고 있음에도 말이다. 이에 관해서는 장성길, 『하나님을 경외하는 지혜자』(용인: 킹덤북스, 2012), 67, 특히 각주 84를 참조하라. 또한 왕이 무엇이든지 할 수 있는 자신의 권력으로 이룬 일들과 관련해서 그것이 헛된 것임을 고백한다고 해서, 그가 어쩌면 무모하게 벌인 일들, 즉 자신이 원하는 일이면 혹은 갖길 원하는 것은 무엇이든지 손에 넣는 행위에 정당성을 얻을 수는 없다. 이에 관해서는 김순영, 『일상의 신학, 전도서』, 96을 참조하라.

b. 전도서 5:8-9[+ 4:13]

전도서 4:13의 지혜로우나 가난한 소년의 입지전적 이야기는 위의 II. 1. 3)에서 이미 논한 바 있다. 거기서 우리는 그 소년이 감옥에서 나와 왕이 되지만, 결국 그가 다시 충고를 받아들이지 못하는 늙고 어리석은 왕의 자리에 있게 되고 그를 대신하여 다시 가난과 지혜를 소유한 소년이 나타나 그의 자리를 차지하게 된다고 해석했다. 이것은 인간이 지혜와 노력으로 성취한 것의 무상함을 말한다. 그러나 거기에는 왕의 통치에 대한 비판과 그것의 불완전성에 대한 의미도 포함되어 있다. 특히 약자에 대한 압제의 문제에 대해서 논하는 전도서 4:1-3을 이전과 이후의 맥락, 즉 3:16-22과 5:8-9의 연속선상에서 파악할 때 5:9에는 왕에 대한 비판이 확연하게 나타난다. 거기에는 명확히 언급되지는 않으나 의미상 인식 가능한 하나님과 왕과의 절대적 비교가 보이고, 단지 누군가의 섬김을 받을 때만 그가 가진 권력에 힘을 얻게 되는 왕의 한계가 암시되어 있다. 이 문제는 내가 사회 정의와 인권에서의 차별에 대해서 다루는 전도서의 교훈에 관한 논문에 잘 명시되어 있다.[52] 특히 왕에 대한 비판의 부분만 간략히 인용하면 다음과 같다.

> 마지막으로 전도자는 왕의 모습에 대해서도 말한다. 땅으로부터 나오는 모든 유익한 것들, 즉 그 소산물은 우리가 의식하든 그렇지 않든 간에 모두 하나님으로부터 각각의 사람과 동물들에게 주어지는 것이라고 전도자는 말한다. 그에 반해 왕은 단지 밭에 관해서만, 즉 관리되고 경작되는 곳인

....
52   구자용, "'힌네, 디메아트 하아슈킴!'(전 4:1b): 사회 정의와 인권에서의 차별에 대한 전도서의 교훈", 『미션 네트워크』 제7집(2019), 121-41.

"싸데"(שָׂדֶה)에 관해서만 섬김을 받는다는 사실을 부각시킨다. 가난한 자를 압제하고 정의와 공의가 시행되지 않는 메디나에서의 왕은 오로지 사람의 권력과 그 조직을 통해서만 힘을 얻는다. 따라서 어떤 높은 권력자가 혹은 왕이 압제를 자행하고 정의와 공의가 제대로 시행되지 못하도록 막는 불의를 저지른다 할지라도 그들은 단지 하나님 앞에서 하찮은 존재일 뿐이므로 놀랄 필요가 없다는 것이다.[53]

여기서 왕은 하나님 앞에서 하찮은 존재일 뿐이다. 사무엘하 11장도 왕과 하나님을 대비시키며 왕에 대한 비판의 모습을 암묵적으로 드러내고 있기 때문에 전도서의 지혜를 드라마화한 것으로 볼 수 있다.

c. 전도서 9:13-10:20

전도서 9:13부터 10장까지는 전체적으로 매우 난해한 장이다. 그러나 첫인상으로부터 왕 혹은 통치자(전 9:14, 17; 10:4, 5, 7, 16-17, 20)에 대한 비판적 시각이 곳곳에 분명히 드러나고 있음을 쉽게 알 수 있다. 전도서 9:17은 다음과 같다.

> 조용한 가운데 청취되는 지혜자들의 말이 우매한 자들 가운데서 고함치는 통치자의 소리보다 낫다(전 9:17).
>
> דִּבְרֵי חֲכָמִים בְּנַחַת נִשְׁמָעִים מִזַּעֲקַת מוֹשֵׁל בַּכְּסִילִים 디브레 하카밈 베나하트 니쉐마임 미자아카트 모쉘 바케실림

....

53   구자용, "힌네, 디메아트 하아슈킴", 133.

전도자의 이 말은 비교 잠언의 형식을 띠고 있다. 아트나흐(*Atnah*)와 자케프 파르붐(*Zaqep parvum*)을 고려하여 번역하면 위와 같다. 이것은 다시 말하면, 지혜자들의 말은 존중되고, 듣고 실행되지만, 어리석은 자들 앞에서 고함치는 통치자의 말은 존중되지도 않을 뿐더러 듣고 실행에 옮겨지지 않는다. 어리석은 자들의 귀에 고함을 치는 왕은 어리석은 자로 직접적으로 표현되지는 않으나 이미 어리석은 자 중 하나로 볼 수 있다. 지혜로운 통치자의 나지막한 말은 이미 신하들이 귀를 기울여 들으므로 소리칠 필요조차도 없기 때문이다.

전도서의 이 구절은 다윗의 왕위 계승사에서 특히 다윗과 우리아 사이에서 관찰된다. 다윗은 자신의 잘못을 숨기기 위해 우리아를 신속히 예루살렘으로 소환했고 그에게 빨리 집으로 내려가게 한다. 그러나 우리아는 다윗의 그 말에 도무지 복종하지 않는다. 그것은 왜 그런 것일까? 다양한 가능성들이 추정된다. 우리아가 이미 모든 일을 알고 있었기에 그의 불복종의 행위가 당연하다고 볼 수도 있고, 정말 그가 이방인 용병이지만 이스라엘의 전쟁 중 종교적 관습을 존중하기를 원하기 때문에 그런 일을 하지 않았을 수도 있다. 왜 집에 내려가지 않았는지를 묻는 다윗에게 우리아가 돌려주는 대답은 집으로 빨리 내려가라는 다윗의 말이 단지 어리석은 자들 앞에서 소리치는 왕의 고함과도 같음을 보여주지 않는가?

전도서 9:16의 어리석은 왕에 대한 비판과 17절의 지혜로운 왕에 대한 찬사 그리고 결코 표면적인 의미로만 읽을 수 없는 20절은 사무엘하 11장과 연결해볼 때 왕에 대한 비판의 기조를 강하게 띠고 있으며 그것이 드라마화된 모습이라고 말할 수 있다.

d. 소결론

전도서가 왕에 대한 비판적 자세를 취하고 있다는 주장은 새롭고 또 폭넓게 수용되지 않는다고 말할 수도 있다. 나 자신도 전도서에서 왕정 제도와 왕의 지혜 그리고 왕의 길과 이데올로기에 대한 비판을 말하기 시작한 것이 그리 오래되지 않았다. 그러나 위에서 살펴본 것처럼 전도서는 아주 정교한 방법으로 왕에 대한 비판을 표현하고 있다. 어쩌면 이것은 표면적인 의미에만 머물 때는 잘 인식하지 못할 수도 있다. 그러나 전도서의 본문들을 세밀하게 관찰하고 내면 깊숙이 들여다보면, 우리는 왕에 대해 비판하는 매우 분명하고 확실한 전도자의 목소리를 들을 수 있다.

실제로 많은 학자가, 특히 다윗의 왕위 계승사의 본문을 경향비판[54]으로 분석하는 학자들은 왕에 대해 매우 비판적 사상들이 다윗의 왕위 계승사에 내포되어 있음을 주장한다. 나는 이 주장에 전적으로 동의하지는 않지만, 사무엘하 11장은 왕에 대한 비판적 의도를 가지고 서술되어 있다는 데는 동의하지 않을 수 없다. 그것이 반드시 전도서의 사상만이 드라마화되어 있는 것이라고 말할 수는 없으나 전도서가 보이는 왕에 대한 비판적 사상이 다윗의 왕위 계승사에, 특히 사무엘하 11장에 잘 드러나고 있음은 부인할 수 없다.

....
54 대표적인 학자로는 서론에서 언급한 것처럼 T. A. Rudnig이나 E. Würthwein, T. Veijola 등을 들 수 있다.

(3) 메멘토 모리 + 카르페 디엠

이제 사무엘하 12:15b 이하의 다윗의 행동에서 뚜렷하게 펼쳐지는 메멘
토 모리와 카르페 디엠을 주제로 하는 드라마의 기본 사상이 전도서에
서 어떻게 펼쳐지는지를 살펴보고자 한다.

a. 전도서의 프롤로그와 에필로그

전도서는 1:1을 제목으로 본다면, 2절의 모토, 즉 "헛되고 헛되며 헛되고
헛되니 모든 것이 헛되도다"(הֲבֵל הֲבָלִים … הֲבֵל הֲבָלִים הַכֹּל הָבֶל하벨 하발림 … 하벨 하
발림 하콜 하벨) 이후에 프롤로그 격인 소위 "우주의 노래"로 시작한다. 그리고
그것은 에필로그 격인 소위 "노화와 죽음의 노래"와 다시 반복되는 12:8
의 "헛되고 헛되도다. 모든 것이 헛되도다"(הֲבֵל הֲבָלִים … הַכֹּל הָבֶל하벨 하발림 …
하콜 하벨)라는 모토로 종결된다. 즉 전도서의 전체적인 구성은 앞과 뒤에 동
일한 혹은 유사한 요소의 의도된 배치를 통해 의미 있게 이루어져 있다.

제목(1:1) ⫴ **모토(1:2)** ‖ "우주의 노래"(1:3-11) | …**본문**… | "노화와 죽
음의 노래"(11:9-12:7) ‖ **모토(12:8)** ⫴ 후기(12:9ff)

시작과 끝에 있는 모토의 근거는 단정적으로 제시되어 있지 않다. 대신
전도서는 독자들에게 그림을 펼쳐 보여준다. 그 그림은 땅으로 대표되
는 우주의 그림과 그 속의 작은 인간이다. 프롤로그로 제시되는 우주의
그림은 해 아래의 땅이라는 비록 제한된 영역 속에서 그려지기는 하나
시간의 영원성과 함께 제한된 한계 속 인간의 모습을 품고 있다. 이 모습
이 에필로그로 제시되는 인간의 노화와 죽음의 그림에서 다시 나타나며

죽음으로 인간의 한계가 영원한 시간의 흐름 속으로 빨려 들어가버린다. 이런 시작과 종결의 멋진 그림이 전도서의 심오하고 뜨거운 철학적 논의의 시작을 이끌고 끝을 마무리하는 역할도 한다.

프롤로그인 우주의 그림을 보면, 무엇보다도 먼저 1:3의 질문을 만나게 된다. "해 아래에서 수고하는 모든 수고가 사람에게 무슨 유익이 있는가(מַה־יִּתְרוֹן לָאָדָם בְּכָל־עֲמָלוֹ שֶׁיַּעֲמֹל תַּחַת הַשָּׁמֶשׁ 마-이트론 라아담 베콜-아말로 쉐야아몰 타하트 하샤메쉬)?" 이 질문은 단지 우주의 노래뿐 아니라 실상 전도서를 여는 질문이다. 그리고 그것은 전도서를 읽는 내내 독자들을 붙잡아둔다. 그리고 그 질문은 전도서를 다 읽고 난 이후에도 과연 삶의 의미가 무엇인지를 끊임없이 되뇌게 한다. 전도서는 독자들에게 처음부터 이렇게 의미 있는 질문을 던지며 그 해답을 추구하는 삶의 자세를 요구한다. 게다가 이 질문은 전도서의 모든 논의의 영역을 "해 아래"(תַּחַת הַשָּׁמֶשׁ 타하트 하샤메쉬)로 규정함으로써 그곳이 바로 다름 아닌 인간의 삶의 장소임을 부각한다. 그리고 바로 그 "해 아래서" 진행되는 인간 세대의 끊임없는 교차(וְדוֹר בָּא דּוֹר הֹלֵךְ 도르 홀레크 베도르 바)를 말하며 그것을 영원히 움직이지 않는 땅(וְהָאָרֶץ לְעוֹלָם עֹמָדֶת 하아레츠 레올람 오마데트)에 대비한다.[55] 그런데 1:5 이하에서 곧바로 그림이 바뀐다. 움직이지 않는 땅이 해, 바람, 강물로 대치되며 영원한 순환의 쉬지 않는 움직임으로 변화한다. 해와 바람과 강의 흐름으로 상징되는 영원한 자연의 순환은 1:8에서 다시 그 앞에서 인간이 느끼는 피곤함과 연결되며 대조된다. 1:8aα의 כָּל־הַדְּבָרִים יְגֵעִים 콜-하데바림 예게임이란 표현은 이중적 해석의 가능성을 지니고 있다. 이것은 일차적으로 "모든 만물의 피곤함"으로 해석하여 앞서 언급된 모든 순환하는 대상들, 즉 해, 바

....
55   세대와 땅의 움직임과 상태가 모두 분사형으로 와서 영원한 움직임을 표현한다.

람 그리고 강물이 영원한 움직임으로 인해 느끼게 될 피곤함으로 해석할 수 있다. 사실 이 피곤함이 이미 인간의 관점에서 서술되는 것이긴 하지만 말이다. 그러나 동시에 8aα절은 "모든 말[즉 모든 언어적 표현]의 피곤함"으로 해석되어 8aβ절의 그것을 사람이 말로 표현할 수 없음과도 연결할 수 있다. 그렇다면 이 표현은 영원한 자연 만물의 순환과 그 앞에서 드러나는 인간의 한계, 즉 말의 표현과 눈으로 봄 그리고 귀로 들음에 대한 한계를 교묘하게 대조시키는 것으로 볼 수 있다. 그리고 이어지는 1:9-11은 한계 속에 있는 "인간에게 새로운 것이 없음"과 그것의 근본 원인이 될 수 있는 "기억의 한계"와 "존재의 한계"를 제시한다. 여기 1장의 소위 "우주의 노래"에는 "죽음"이란 단어가 한마디도 사용되지 않지만, 그럼에도 이것은 명백히 "메멘토 모리"의 지혜를 암시하고 있다고 할 수 있다.

에필로그에 나타난 인간의 노화와 죽음에 대한 그림은 청년에게 그의 젊음의 때를 기뻐하며 아직 그의 머리가 검을 때를 흡족하게 여겨야 한다는 명령과 당위적 진술로 시작한다. 그리고 하나님의 심판을 염두에 둔다는 전제 아래서 서술되는 "카르페 디엠"의 모티프(전 11:9-10)가 이어서 강렬하게 제시된다. 이것은 전도서가 보여주는 매우 독특한 진술 방식 중 하나로 볼 수 있다.[56] 이제 에필로그의 그림은 창조의 그림으로 옮겨간다. 그러나 여기서 묘사되는 창조의 그림은 마치 창세기 1장에 서술된 창조의 역방향으로 진행되는 듯하다. 전도서 12:2에 나오는 해와 빛과 달과 별들의 어두워짐은 빛이 창조되고 해와 달과 별들이 창조

....
56   전 11:9-10은 전 2:10과 비교해볼 때 동일한 진술이지만 완전히 다른 맥락에서 파악된다. 가장 중요한 차이는 그것이 각각 전도서의 교훈을 인지한 이후와 이전에 인간이 취하는 태도라는 점에 있다.

되어 낮과 밤을 주관하며 땅을 밝히던 그 그림과 대조되는 그림이다. 비 뒤에 구름이 다시 일어남[57]은 창조주가 청년에게 허락하신 풍성함이 곧 바로 곤고함으로, 낙이 없음으로 신속하게 옮겨가는 모습을 연상케 한 다. 마치 시나브로 엄습하는 어둠과 같이 말이다.[58] 12:3부터 시작되는 집의 그림은 더욱 독특하다. 그 집에는 많은 사람이 있고 그 집의 문은 이제 외부와 단절된다. 떨고 있는 "집을 지키는 사내들"(שֹׁמְרֵי הַבַּיִת쇼므레 하 바이트), 구부러져 있는 "힘 있는 남정네들"(אַנְשֵׁי הֶחָיִל안쉐 헤하일), 수가 적어져 서 일을 멈추는 "맷돌질하는 여인들"(הַטֹּחֲנוֹת하토하노트), 어두워져가는 "두 창 에서 보고 있는 여인들"(הָרֹאוֹת בָּאֲרֻבּוֹת하로오트 바아루보트), 닫힌 "거리의[로 향해 난] 두 문"(דְלָתַיִם בַּשּׁוּק델라타임 바슈크) 그리고 마지막으로 [문밖에서 듣는 사람 에게] 그와 동시에 잦아드는[59] 맷돌 소리(בִּשְׁפַל קוֹל הַטַּחֲנָה비쉐팔 콜 하타하나)의 그 림에서 각각의 사람들과 닫힌 문은 다름 아니라 사람의 노화되는 모습 을 은유법으로 표현한 것이다. 집을 지키며 떨고 있는 사내들은 나이가 들어 떨리는 사람의 두 팔을, 힘은 있었지만 이제 구부러져 있는 남정네 들은 구부러져 가는 두 다리를,[60] 수가 적어져서 일을 멈추는 맷돌질하는 여인들은 하나둘씩 빠져가는 치아들과 그래서 더는 잘 씹을 수 없어 씹

....

57   매우 개인적인 경험이지만, 나는 어려서 홍수를 겪은 적이 있다. 그치지 않고 쏟아지던 비가 멎고 파란 하늘이 나오는 듯하다가 다시 몰려오는 먹구름의 이미지는 두려움 그 자 체라고 할 수 있다.

58   이 구절을 야웨의 심판의 날과 연관시키는 Schwienhorst-Schönberger의 견해를 참조하 라. Schwienhorst-Schönberger, *Kohelet*, 532-3.

59   맷돌 소리가 잦아드는 것이 선행하는 행위인, 즉 거리로 향한 문들이 닫히는 행위와 동 시에 이루어진다고 볼 수 있는 근거는 잦아든다라는 동사 שָׁפֵל사팔이 전치사(בְּ베) + 부정 사로 이루어져 있기 때문이다.

60   Aarre Lauha, *Kohelet*(BK.AT XIX; Neukriche-Vluyn: Neukirchener Verlag, 1978), 211을 참조하라.

는 것을 거리끼는 상태를, 어두워져 가는 두 창에서 밖을 내다보고 있는 여인들은 다름 아닌 침침해져 가는 두 눈을 그리고 마지막으로 닫힌 거리로 난 두 문은 마치 열려 있는 듯 보이는 두 귀가 이제 더는 잘 들리지 않게 되고, 마치 차단되어가는 집 안의 맷돌 소리가 밖에서 듣기에 잦아드는 것을 표현하고 있다.

인간의 신체적 노화의 모습이 여기서 어두워져 가고 외부와 차단되어가는 집의 그림에 은유적으로 대비되고 있다는 점은 국내외에서 오래전부터 제시되어온 주장이다.[61] 그러나 이 본문을 특히 12:2의 예언서의 종말론적 "야웨의 날" 모티프와 연결해 종말론의 관점에서 해석하는 시도도 있다.[62] 이 주장은 상당히 타당성이 있고 주목할 만하다. 그러나 집의 은유를 인간의 노화와 연관하여 해석하는 것이 더 적절하다고 판단된다. 왜냐하면 12:4b 이하는 노화된 인간의 죽음 직전의 모습을 자연의 왕성함에 적절하게 대비시키고 있기 때문이다. 12:4b의 무엇인가를 일으켜 세우는 새의 소리는 4a절의 마지막 잦아드는 맷돌 소리와 4b절의 음악을 하는 여자들의 [소리가] 쇠함 사이에서 마치 자연의 왕성함과 인간의 쇠락함 간의 대조를 시위하듯 보여준다. 한 세대에 속해서 이제는 물러가야만 하는 인간의 한계 속의 모습이 여전히 왕성하고 강인한, 즉 자연의 영원함에 대비됨은 프롤로그의 인간과 자연 간의 대비와 궤가

....

61 이에 관해 국내 학자로는 장성길, 『하나님을 경외하는 지혜자』, 257을 참조하라. 국외 학자로는 대표적으로 A. Lauha 등을 들 수 있다. 이에 관해서는 Lauha, *Kohelet*, 215을 참조하라.

62 대표적으로 김순영을 들 수 있다. 이에 관해서는 김순영, 『일상의 신학, 전도서』, 320-327을 참고하라. 또한 Thomas Krüger도 김순영과 비슷한 주장을 펴고 있다. 이에 관해서는 Thomas Krüger, *Kohelet*(BK.AT XIX[Sonderband]; Neukriche-Vluyn: Neukirchener Verlag, 2000), 354을 보라.

잘 맞는 해석으로 볼 수 있다. 또한 12:5은 뤼디거 룩스가 적절하게 밝혀 낸 것과 같이,[63] 이제 드디어 사람이 비유의 그림에서 현실로 직접 등장 하고 그의 종착역은 다름 아닌 그의 영원한 집, 즉 무덤임을 보여주고 있다. 따라서 개인의 종말에 대한 서술 이후 개인의 죽음으로의 논리적 흐름보다는 개인의 노화에서 개인의 죽음으로의 논리적 흐름이 더 적절해 보인다. 전도서 12:6-7의 죽음 이후 계속되는 영원한 시간의 흐름은 프롤로그가 보여주는 영원한 순환의 그림의 일부로 보아도 전혀 손색이 없다.

정리하면, 전도서의 프롤로그와 에필로그는 모두 죽음의 진한 그림자를 갖고 있으며 그로부터 인간의 한계를 명확하게 그리고 있다. 이런 인간의 유한함은 인간이라면 그 누구도 결정적으로 피할 수 없는 죽음에서 기인하며 그것은 자연의 영원함에 대비되어 더욱 선명하게 드러난다. 이것을 분명한 "메멘토 모리"의 메시지로 본다고 할 때, 비록 프롤로그에는 없으나 에필로그에는 청년을 향해 주어지는 명령과 권고를 통해 선명한 "카르페 디엠"의 메시지가 함께 나타난다. 특히 "메멘토 모리"와 "카르페 디엠"이 미묘하게 창조주로부터의 심판과 기억을 중심으로 심오한 교훈을 만들어내고 있다. 우리는 의심의 여지 없이 그것이 다윗의 왕위 계승사에서 드라마화되어 펼쳐지고 있음을 알 수 있다. 특히 사무엘하 12:15b 이하에서 관찰되는 다윗의 모습 중에서 밧세바가 낳은 아이의 죽음을 대하는 자세는 전도서의 전체적인 틀의 분위기를 그대로 담고 있는 드라마로 보기에 손색이 없다.

....

63   Lüdiger Lux, 『이스라엘의 지혜자들』, 193을 참조하라.

b. 전도서 2:22-26

프롤로그 격인 "우주의 노래"에 바로 이어지는 왕의 트라베스티에서 "인간은 과연 자신의 지혜와 능력 그리고 수고로 낙(樂)을 누릴 수 있는 가"라는 상상 실험이 진행되고 그 일차적 결론이 전도서 2:22-23에서 언급된다.

> 과연[진실로] 사람에게 남는 것이 무엇인가? 해 아래에서 그가 수고하는 그의 모든 노고와 그의 마음의 애쓰는 것에서 [말이다](전 2:22).
>
> כִּי מֶה-הֹוֶה לָאָדָם בְּכָל-עֲמָלֹו וּבְרַעְיֹון לִבֹּו שֶׁהוּא עָמֵל תַּחַת הַשָּׁמֶשׁ 키 메-호베 라아담 베콜-
>
> 아말로 우베라으욘 리보 쉐후 아멜 타하트 하샤메쉬
>
> 과연[진실로] 그의 일평생 동안 많은 근심과 걱정이 그의 일이며, 또한 밤에도 그의 마음이 잠들지 못한다. 이것이 또한 헛됨 그 자체다(전 2:23).
>
> כִּי כָל-יָמָיו מַכְאֹבִים וָכַעַס עִנְיָנֹו גַּם-בַּלַּיְלָה לֹא-שָׁכַב לִבֹּו גַּם-זֶה הֶבֶל הוּא 키 콜-야마브
>
> 마크오빔 바카아스 인야노 감-발라엘라 로-샤카브 리보 감-제 헤벨 후

2:22에 언급되는 질문은 "유익"(יִתְרֹון이트론)과 "남는 것"(הֹוֶה호베)이란 단어 사용의 차이에도 불구하고 마치 전도서 1:3의 질문을 다시 대하는 것 같다. 즉 그것은 인간의 가능성에 대한 직접적 질문이다. 그 질문에 대해 주어지는 대답인 전도서 2:23을 보면, 그것은 일평생이 근심과 걱정으로 점철되어 있을 뿐이며 심지어 밤에도 마음이 편치 않음이다. 이것은 직접적으로 죽음과 관련이 없지만 인간의 한계에 대한 적나라한 표현으로 "메멘토 모리"와 가깝다. 왕의 트라베스티가 여기서 종결된다면 그리고 전도서 전체가 이런 회의적 결론을 넘어서지 못한다면, 전도서의 핵심 주제는 단지 "메멘토 모리"라고 해야 할 것이다. 그러나 이어지는

2:24-26은 정반대의 모티프를 제시하는데 그것은 다름 아닌 "카르페 디엠"이다.

> 사람에게 있어 먹는 것과 마시는 것과 그의 노고 가운데서 그 자신으로 하여금 좋은 것을 보게 하는 것 외에 더 좋은 것이 없다. 이것을 또한 나는 본다. 진실로 그것이 하나님의 손으로부터 기인한다는 것을(전 2:24).

> אֵין־טֹוב בָּאָדָם שֶׁיֹּאכַל וְשָׁתָה וְהֶרְאָה אֶת־נַפְשֹׁו טֹוב בַּעֲמָלֹו 에인-토브 바아담 쉐요칼 베샤타 베헤르아 에트-나프쇼 토브 바아말로

> גַּם־זֹה רָאִיתִי אָנִי כִּי מִיַּד הָאֱלֹהִים הִיא 감-조 라이티 아니 키 미야드 하엘로힘 히

> 과연[진실로] 누가 먹을 수 있고 그리고 근심할 수 있겠는가? 내가 아니면/그가 허락하지 않으면 [말이다](전 2:25).

> כִּי מִי יֹאכַל וּמִי יָחוּשׁ חוּץ מִמֶּנִּי 키 미 요칼 우미 야후쉬 후츠 미메니

> 과연[진실로] 그의 앞에서 선한 사람에게 그[하나님]는 지혜와 지식과 기쁨을 주신다. 그러나 죄인에게는 노고를 주시는데, 그것은 쌓고 모아서 하나님 앞에서 선한 사람에게 주게 하기 위한 것이다. 이것 또한 헛되고 바람을 잡으려는 것이다(전 2:26).

> כִּי לְאָדָם שֶׁטֹּוב לְפָנָיו נָתַן חָכְמָה וְדַעַת וְשִׂמְחָה וְלַחֹוטֶא נָתַן עִנְיָן לֶאֱסֹוף 키 레아담 쉐토브 레파나브 나탄 호크마 베다아트 베심하 베라호테 나탄 인얀 레에소프

> וְלִכְנֹוס לָתֵת לְטֹוב לִפְנֵי הָאֱלֹהִים גַּם־זֶה הֶבֶל וּרְעוּת רוּחַ 베리크노스 라테트 레토브 리페네 하엘로힘 감-제 헤벨 우레우트 루아흐

그러나 이 세 개의 절을 단순하게 "카르페 디엠"의 메시지로 볼 수는 없다. 25절의 מִמֶּנִּי 미메니를 מִמֶּנּוּ 미메누로 증거하는 사본들에 기대어 חוּץ מִמֶּנִּי 후츠 미메니를 חוּץ מִמֶּנּוּ 후츠 미메누로 보아 "그를 제외한다면" 즉 "하나님이 허락

하시지 않는다면"으로 해석한다면,[64] 이것은 "카르페 디엠"이 철저하게 하나님의 허락하심으로 주어지는 것임을 말하게 된다. 그러나 하나님이 허락하시는 것에는 "카르페 디엠"뿐 아니라 동시에 "근심"[65]이 마치 전도서 2:22-23에 서술되는 고통과 같이 동반될 수 있음을 주지시킨다. 2:26은 그것을 더욱 명확하게 제시한다.

이러한 전도서의 사상은 다윗의 왕위 계승사에도 나타남을 알 수 있다. 특히 사무엘하 12장 후반부의 서술은 이러한 하나님의 절대 주권과 그 앞에서 단지 자신의 한계를 인정하고 순응해야 하는 사람의 모습을 드라마화하여 보여준다.

c. 전도서 3:9-13

전도서 3장에는 소위 "때의 노래"가 나오고 3:10-11에는 그 "때의 노래"를 기반으로 제시되는 전도서의 세계관이 명시된다. 그것은 또다시 전도서 1:3 및 2:22과 같이 "사람의 수고에 대한 유익이 무엇인가"에 대한 질문과 함께 서술된다.

....

64 전 2:25의 번역은 매우 난해하다. Krüger는 מִמֶּנִּי/נּו 후츠 미메니/누를 "나/그(하나님)를 제외한다면"으로 해석할 근거를 미쉬나에서 빈번히 볼 수 있는 מִן 후츠 민의 용법(~을 제외하고)에서 찾는다. 이에 관해서는 Krüger, *Kohelet (Prediger)*, 129을 보라.

65 Gesenius[18]도 정확한 의미를 제시하지 않고 있는 חוּשׁ 후쉬에 대한 해석은 Schwienhorst-Schönberger에 의하면, "번역자들의 십자가 고통"(crux interpretum)이라고 불릴 만하다. 이 동사의 의미는 전후 맥락에 따라 대략 "먹는다"의 동의어(Synonym)로 생각해서 "마시다/즐기다"로 볼 수도 있고 또는 "먹는다"의 반의어(Antonym)로 생각해서 "근심하다"로 볼 수도 있는데, 그는 후자를 선호한다. 나는 Schwienhorst-Schönberger가 주장하는 대로 왕의 트라베스티 자체가 지닌 양면성, 즉 "먹는 것(즐김)"과 "근심(수고)"이 25절을 거쳐 26절에서도 동일한 논리적 흐름을 만든다고 생각된다. 이에 관해서는 Schwienhorst-Schönberger, *Kohelet*, 236을 참조하라.

[무엇인가를] 하는 사람이 그가 수고하는 것에서 [얻는] 유익이 무엇인 가?(전 3:9)

מַה-יִּתְרוֹן הָעוֹשֶׂה בַּאֲשֶׁר הוּא עָמֵל마-이트론 하오세 바아쉐르 후 아멜

내가 **고통**을 보았다. 그 고통은 하나님이 인자(人子)들에게 **그것 때문에 고 통을 받도록** 주신 것이다(전 3:10).

רָאִיתִי אֶת-הָעִנְיָן אֲשֶׁר נָתַן אֱלֹהִים לִבְנֵי הָאָדָם לַעֲנוֹת בּוֹ라이티 에트-**하인얀** 아쉐르 나탄 엘로힘 리베네 하아담 **라아노트 보**

모든 것을 그가 그의 때에 아름답게 만드셨다. 또한 영원[의 개념]을 그들 의 마음에 허락하셨다. 하나님이 행하시는 그 행위를 사람이 처음부터 끝 까지 발견해내지 못하게 하면서 말이다(전 3:11).

אֶת-הַכֹּל עָשָׂה יָפֶה בְעִתּוֹ גַּם אֶת-הָעֹלָם נָתַן בְּלִבָּם מִבְּלִי에트-하콜 아사 야페 베이토 감 에트-하 올람 나탄 벨리밤 밉벨리

אֲשֶׁר לֹא-יִמְצָא הָאָדָם אֶת-הַמַּעֲשֶׂה אֲשֶׁר-עָשָׂה הָאֱלֹהִים מֵרֹאשׁ וְעַד-סוֹף아쉐르 로-임차 하아 담 에트-하마아세 아쉐르-아사 하엘로힘 메로쉬 베아드-소프

전도자가 이해하는 세계는 고통으로 가득한 세상이다. 그 고통은 다름 아닌 하나님이 인간에게 당하도록 허락하신 것이다. 전도자는 그것을 "때의 노래"에서 이미 암시한 후 3:10에서 명시적으로 선언한다. 특히 전도서에서 "내가 보았다"(רָאִיתִי라이티)라는 표현은 전도자가 세상을 세밀 하게 관찰한 후 손에 쥔 분명한 세계의 그림을 말하는 것이다. 전도자는 사람들에게 주어진 고통이 "때와 기한"의 촘촘한 격자 안에 갇혀 있을 수밖에 없는 인간의 운명 안에 있음을 발견한다. 이어지는 3:11에 언급 되는 그때의 격자 속에 있는 "아름다움"과 인간의 마음에 하나님으로부 터 부여된 "영원"이란 두 개념은 인간에게 긍정적으로 작용함이 분명하

지만, 인간이 그 주도권을 쥐지 않는 한 오히려 더 고통을 유발하는 것일 뿐이다. 특히 영원에 대한 인식은 한계 속에 머물러 있는 인간에게는 차라리 알지 못함만 못하다. 특히 처음부터 끝까지 알지 못함으로 귀결된 하나님의 행하심은 어쩌면 인간에게 주어진 최대의 고통이라고 말할 수 있다.

그러나 이러한 비관적인 전도서의 세계관은 곧장 "카르페 디엠"의 모티브로 반전된다. 전도서 3:12-14은 이 아픈 경험의 발판 위에서 제시되므로 더욱 강렬하다. 특히 이 모티프는 앞의 "내가 보았다"가 아니라 "내가 깨달았다"라는 도입어로 제시되면서 좀 더 성숙한 사고의 단계로 발전된 것으로 볼 수 있다.

> **나는 깨달았다.** 진실로[66] 그들[인자들]에게 있어서 기뻐하는 것과 그들이 살아가는 동안 좋은 것을 행하는 것 외에는 좋은 것이 없음을 [말이다](전 3:12).
>
> יָדַעְתִּי아다티 키 에인 토브 밤 키 임-리스모아흐 토브 베하야브 כִּי אֵין טוֹב בָּם כִּי אִם-לִשְׂמוֹחַ וְלַעֲשׂוֹת טוֹב בְּחַיָּיו
>
> 그리고 또한 먹고 마시며 그리고 그가 고생하는 모든 일에 있어서 좋은 것을 보는 모든 사람[이 존재한다는 것], 바로 그것[67]이 하나님의 선물임을 [나는 깨달았다](전 3:13)
>
> וְגַם베감 콜-하아담 쉐요 כָּל-הָאָדָם שֶׁיֹּאכַל וְשָׁתָה וְרָאָה טוֹב בְּכָל-עֲמָלוֹ מַתַּת אֱלֹהִים הִיא

....

66 전 3:12, 14의 יָדַעְתִּי아다티 이후의 כִּי키는 목적절을 이끄는 접속사로 볼 수 있으나 그것뿐 아니라 동시에 "진실로"로도 번역할 수 있다. 특히 전도자가 깨달은 바가 "진실로" 그러하다는 것을 강조하기 위해 이렇게 번역했다.

67 히브리어 원문의 הִיא히는 앞 문장 전체를 통칭해서 받는 것으로 보인다. 전 2:24도 참조하라.

나는 깨달았다. 진실로 하나님이 행하시는 모든 것은 영원히 있을 것이다. 그것에 더할 수도 없고 그것으로부터 덜할 수도 없다. 하나님이 그렇게 하심은 그들[인자들]이 그[하나님]의 앞에서 두려워하도록 하기 위함이다 (전 3:14).

יָדַעְתִּי כִּי כָּל־אֲשֶׁר יַעֲשֶׂה הָאֱלֹהִים הוּא יִהְיֶה לְעוֹלָם עָלָיו 야다티 키 콜-아쉐르 야아세 하엘로힘

후 이흐예 레올람 알라브

אֵין לְהוֹסִיף וּמִמֶּנּוּ אֵין לִגְרֹעַ וְהָאֱלֹהִים עָשָׂה שֶׁיִּרְאוּ מִלְּפָנָיו 에인 레호시프 우밈메누 에인 리그로

아 베하엘로힘 아사 쉐이르우 밀레파나브

이미 전도서 3:11에서 암시된 것처럼 인생의 삶은 고통으로 점철된 것이지만, 그럼에도 살아가는 동안 기뻐하고 좋은 것을 눈으로 보는 것, 그것이 가장 최선이다. "카르페 디엠"의 대명사라고도 할 수 있는 "먹고 마시며 그리고…"은 2:24과 동일하게 여기서도 반복된다. 더구나 "하나님의 손으로부터 나온 것"이란 진술이 더 구체화하여 여기서는 "하나님의 선물"로 제시된다. 전도자의 궁극적인 깨달음은 하나님께서 친히 사람이 하나님을 경외하도록 하기 위함으로 제시된다는 것이다. 즉 하나님에 대한 인간의 경외는 단순히 하나님의 행하심의 간접적인 결과가 아니라 인간이 하나님을 경외하도록 그분이 그렇게 행하신다는 것이다. 이러한 하나님의 적극적인 의도에 관하여 슈빈호르스트-쉔베르거의 주장은 주목할 만하다.

[전도서 3:]14b은 이제 처음으로 **하나님 경외**에 관해서 말한다. 그것은 하나님이 스스로 인간에게 두신 근본적인 자세다. 14b절의 하나님 경외를

하나님의 행위로부터 비롯된 간접적인 결과로도 이해할 수 있겠지만…그러나 에스겔 36:27(עשׂה ≫행하다, ~ 되게 하다≪ + 하나님을 주어로 하는 אשׁר: ≫내가 내 영을 너희 가운데 두어 너희가 내 법을 따르고 내 계명에 주의하여 그것을 지키도록 하겠다[עשׂה]≪)에 주목하여 볼 때 여기 제안되고 있는 이해가 분명해진다. 따라서 전도자가 말하는 하나님 경외는 하나님이 직접 근본적으로 인간에게 있게 하신 자세 중 하나다.[68]

하나님이 철저하게 의도하신 하나님에 대한 경외는 다윗의 왕위 계승사에서도 관찰된다. 물론 전도서에서는 전후의 인과관계가 생략된 채 해 아래의 세계를 그와 같이 서술하고 다윗의 왕위 계승사에는 분명한 인과관계 속에서 제시된다는 차이는 있지만 말이다.

d. 전도서 9:7-10

전도서 9:1-12은 1-6절, 7-10절 그리고 11-12절로 구분할 수 있다. 그런데 여기서 1-6절과 11-12절은 모두 인간 행위의 한계를 극명하게 서술하고 있는데, 그 근거를 각각의 사람이 미래에 대해서 알지 못함(전 9:1bβ; אֵין יוֹדֵעַ הָאָדָם הַכֹּל לִפְנֵיהֶם에인 요데아 하아담 하콜 리프네이헴)과 인간은 누구나 시기와 우연[운명]을 맞닥뜨려야 하기(전 9:11b; כִּי-עֵת וָפֶגַע יִקְרֶה אֶת-כֻּלָּם키-에트 바페가 이크레 에트-쿨람) 때문이라고 밝히고 있다. 9:7-10은 이 사이에서 "카르페 디엠"을 말하고 있다. 여기서 유난히 눈에 띄는 것은 6절과 9절에 각각 나오는 두 개의 "몫"(חֵלֶק헬레크)을 대비하는 것이다.

....

68   Schwienhorst-Schönberger, *Kohelet*, 272.

몫이 그들에게는 영원히 없다(전 9:6bα).

וְחֵלֶק אֵין־לָהֶם עוֹד לְעוֹלָם 베헬레크 에인-라헴 오드 레올람

진실로 그것이 너의 삶과 너의 수고에의 몫이다(전 9:9bαβ).

כִּי הוּא חֶלְקְךָ בַּחַיִּים וּבַעֲמָלְךָ 키 후 헬케카 바하임 우바아말카

9:6bα에 나오는 인간의 한계 속에서 인간에게 주어질 "몫"은 영원히 없다는 선언에 대해서 9:9bαβ은 이것이 바로 삶 속에 그리고 수고 속에 주어진 몫이라는 정반대의 진술을 한다. 특히 9:7-10에 주목하여 볼 때, 이것은 고대 근동 및 이스라엘의 주변 문화의 "카르페 디엠" 모티프와 가장 유사하게 근접해 있는 것으로 평가된다.[69]

전도서 9:7-10에 서술되는 "카르페 디엠" 모티브는 각각의 구성 요소에 대한 세심한 관찰이 필요하다. 이것은 향후 사무엘하 12:15b 이하의 다윗의 이상한 행동과 비교함에 있어 결정적인 요소들이 되기 때문이다.

가서 기쁘게 너의 양식을 먹어라. 그리고 좋은 마음으로 너의 포도주를 마셔라. 왜냐하면 하나님이 이미 너의 행위를 흡족하게 보셨기 때문이다(전

....

69   이탈리아어로 되어 있는 J. Y.-S. Pahk, *Il Canto della Gionia in Dio. L'itinerario sapeinziale espresso dall' unità lettereria in Qohelet 8,16-9,10 e il parallelo di Gilgameš Me iii* (Istituto Universitario Oreentale. Dipartimento di Studi Asiatici. Series Minor LII; Napoli, 1996), 65(Schwienhorst-Schönberger에서 재인용함)와 또한 Schwienhorst-Schönberger, *Kohelet*, 467 이하에서 전 9장의 카르페 디엠 모티브의 근원에 대한 학자들의 다양한 주장을 참조하라. 전도서에 언급되는 "카르페 디엠"의 요소들은 백영식의 논지를 따라 길가메쉬 서사시(TUAT III, 65f)와 관련하여 생각해볼 수 있다. 또한 그것은 다른 학자들의 주장인 기원전 14세기경의 안테프의 노래(Lied des Antef) 중 아름다운 날의 축제(TUAT II/6, 905f)와 그리스 문헌(특히, 에우리피데스의 *Alkestis*) 등과 비교할 수 있다.

9:7).

מֶךָ לֶחֶם וּשֲׁתֵה בְלֶב־טוֹב יֵינֶךָ כִי כְבָר רָצָה הָאֱלֹהִים אֶת־מַעֲשֶׂיךָ רֶכ אֵכֹל בְּשִׂמְחָה

에콜 베심하 라흐메카 우샤테 베레브-토브 예네카 키 케바르 라차 하엘로힘 에트-마아세카

언제나 너희 옷들이 흰 상태에 있어야 하고 그리고 너의 머리에 기름이 모자라지 않아야 한다(전 9:8).

בְּכָל־עֵת יִהְיוּ בְגָדֶיךָ לְבָנִים וְשֶׁמֶן עַל־רֹאשְׁךָ אַל־יֶחְסָר 베콜-에트 이흐유 베가데이카 레바님 베쉐멘

알-로쉬카 알-예흐사르

네가 사랑하는 아내와 함께 삶을 즐겨라.[70] 해 아래에서 그가 너에게 주신 너의 헛됨의 삶의 모든 날 동안에, 헛됨의 모든 날 동안에 [말이다.] 진실로 그것이 너의 삶에 그리고 해 아래에서 네가 고생하는 너의 고생에 [주어진] 너의 몫이다(전 9:9).

רְאֵה חַיִּים עִם־אִשָּׁה אֲשֶׁר־אָהַבְתָּ כָּל־יְמֵי חַיֵּי הֶבְלֶךָ אֲשֶׁר נָתַן־לְךָ תַּחַת הַשֶּׁמֶשׁ 에라 하임

임-이샤 아쉐르-아하브타 콜-예메 하예 헤브레카 아쉐르 나탄-레카 타하트 하샤메쉬

כָּל יְמֵי הֶבְלֶךָ כִּי הוּא חֶלְקְךָ בַּחַיִּים וּבַעֲמָלְךָ אֲשֶׁר־אַתָּה עָמֵל תַּחַת הַשֶּׁמֶשׁ 콜 예메 헤블

레카 키 후 헬케카 바하임 우바아말카 아쉐르-아타 아멜 타하트 하샤메쉬

여기 "카르페 디엠"에 나타나는 요소들은 먼저 기쁨 가운데 양식을 먹는 것이다. 그리고 그것은 역시 기쁨으로 이해되는 "좋은 마음으로 포도주를 마시는 것"이다. 그렇게 하는 근거로 제시된 바 하나님이 인간의 행위를 이미 흡족하게 보았다는 것은 무슨 의미인가? 먼저 전도서 9장의 맥락에서 언급되는 인간의 행위는 의인들, 지혜자들의 행위다. 또한 그

....

70   일반적으로 "보다"로 해석되는 האר 라아의 "즐기다"란 의미에 관해서는 Gesenius[18], 1204
      을 보라.

것은 의인과 악인, 선한 자와 선하지 않은 자, 깨끗한 자와 깨끗하지 않은 자, 제사를 드리는 자와 제사를 드리지 않는 자, 선인과 죄인, 맹세하는 자와 맹세하기를 무서워하는 자이고 통칭해서 "모든 자"의 행위를 가리킨다. 그들의 모든 행위는 다 하나님의 손에 있다. 그 행위에 대한 보상이 사랑일지 미움일지는 인간이 알지 못한다. 인간의 측면에서 보면, 모든 사람의 결국이 죽음으로 귀결되므로 그 행위의 보상이 무엇이든 무슨 의미가 있겠는가? 따라서 전도자는 인간이 자신의 행위에 대한 보상으로 표현된 개념인 "몫"이 영원히 없다고 선포한다. 그러나 자신의 행위에 대한 보상―그것이 좋은 것이든 그렇지 않든 상관없이―의 굴레에서 벗어난다면, 그것은 진정한 "카르페 디엠"이 가능하다는 것으로 볼 수 있지 않을까? 그리고 계속해서 제시되는 "카르페 디엠"의 요소는 "깨끗하고 좋은 옷을 입는 것" 그리고 머리에 기름을 바르는 것으로 은유되는 몸단장이다. 양식과 포도주와 기름은 시편 104:15에서 모든 창조물에 대한 은택 중 특히 사람에게 주어지는 하나님의 복의 중요한 요소로 언급된다. 즉 "카르페 디엠"은 다름 아닌 창조주의 선물이라고 할 수 있다. 그리고 마지막으로 언급되는 요소는 "사랑하는 아내와 함께 삶을 즐기는 것"이다.

e. 소결론

우리는 사무엘하 12:15b 이하의 다윗의 모습에서 다윗의 왕위 계승사를 전도서와 연결할 수 있는 가장 명확한 그림을 얻을 수 있다. 나는 다윗의 왕위 계승사를 연구했던 초기 시절부터 깊은 관심을 기울이고 이 본문을 지켜보고 있다. 우리는 거기에 나오는 다윗의 행동을 결코 현실적인 모습으로 단순하게 볼 수 없다. 우리는 그것을 마치 프로그램화되어 펼쳐지는 그림, 즉 전도서의 삶의 교훈을 의도적으로 체화하여 보여주는 그림으로 이해할 수 있다. 그리고 우리는 그것을 다윗의 왕위 계승사에 면면히 흐르는 삶에 대한 교훈의 핵심을 제시한 것으로 볼 수 있다.

(4) 행위-화복-관계 사상과 하나님의 절대 주권

다윗의 왕위 계승사에도 구약 지혜 문학의 핵심 사상인 행위-화복-관계 사상이 확연하게 서술된다. 밧세바가 낳은 아이의 죽음은 분명히 다윗이 죄를 범한 것에 대한 보응이며 나단의 심판 신탁은 다윗의 왕위 계승사에 그대로 입증되어 드러난다. 이후 사무엘하 16장에서 볼 수 있는 압살롬의 끔찍한 행위는 그것이 아무리 전술적인 차원의 행위라 하더라도 다윗의 행위에 대한 하나님의 징벌적 갚음으로밖에 볼 수 없다. 이런 면에서 다윗의 왕위 계승사의 보응 사상은 와이브레이가 말한 것처럼 잠언의 보응 사상에 매우 가깝다.

그러나 전도서가 말하는 행위-화복-관계 사상의 깨짐이 반드시 인간 삶의 경험 전체를 대변하는 것은 결코 아니다. 전도서 역시 인간의 행위에 대한 보응이 하나님의 절대 주권에 있음을 말한다. 잠언과 전도서의 차이를 말한다면, 그것은 보응하시는 하나님의 행위를 인간이 파악하지 못함에 있다고 말할 수 있다.

4. 사무엘하 13:1-14:27
암논과 다말 그리고 요나답과 압살롬

사무엘하 13/14장은 큰 구도로 보면, 두 왕자인 암논으로 시작하여 압살롬으로 마치는 구조 아래서 그 둘의 갈등을 그리고 있다. 그 구도 안에서 미묘하게도 암논의 친구인 요나답과 다말의 간접적인 갈등 역시 발견된다. 요나답은 매우 지혜로운 사람으로 암논의 난관을 극복할 수 있게 도움을 주고, 그래서 다말은 닥친 난관을 지혜로운 말로 극복하려고 했으나 실패하고 만다. 결국 이 두 장에는 왕위 계승이라는 정치적인 큰 사안 외에 삶에서 지혜가 과연 그것을 얻은 사람 혹은 그것의 도움을 받은 사람에게 어떤 결과를 가져오는가의 문제와 더불어 지혜란 것이 실제로 어떻게 사용되는가의 문제 그리고 지혜가 추구하는 "의"(צְדָקָה체다카)가 과연 현실에서 통할 수 있는가의 문제들이 복잡다단하게 논의되는 것으로 볼 수 있다.

또한 사무엘하 13/14장은 11/12장과 절대 무관하지 않다. 행위-화복-관계 사상(Tun-Ergehen-Zusammenhang)이 명확한 구도로 입증되고 있기 때문이다. 사무엘하 12:10-12에서 나단의 심판 예언으로 언급된 내용이 여기서 실제로 일어나고 있다.

1) 본문 분석

(1) 사무엘하 13장

1절의 첫 번째 등장하는 Wa-iqtol 표현인 "그 후에 …이 있었다"(אַחֲרֵי-כֵן
וַיְהִי바예히 아하레-켄)는 이후의 사건을 12장과 연결하려는 의도가 있다. 이 표현
과 1절의 두 번째 Wa-iqtol 표현인 "그리고 암논, 다윗의 아들이 그녀를
사랑했다"와의 사이에는 다말을 소개하는 명사구문(NS)이 있다. 이것은
Wa-iqtol로 형성되는 내러티브 흐름 가운데서 역시 눈에 띄는 명사구문
(NS)인 13:3의 요나답에 대한 소개와 연관된다. 이 두 명사구문은 13장
의 초반부에서 등장인물들의 관계 구도를 미묘하게 설정하고 있다.

(Wa-iqtol)　　　וַיְהִי אַחֲרֵי-כֵן바예히 아하레-켄 그 후에 …이 있었다

(NS)　　　וּלְאַבְשָׁלוֹם בֶּן-דָּוִד אָחוֹת יָפָה וּשְׁמָהּ תָּמָר우레아브살롬
벤-다비드 아호트 야파 우세마흐 타마르 그리고 **압살롬**, 다윗
의 아들에게 **아름다운 여동생**이 [있었는데,]
그녀의 이름은 **다말**.

(Wa-iqtol)　　　וַיֶּאֱהָבֶהָ אַמְנוֹן בֶּן-דָּוִד바예에하베하 암논 벤-다비드 그리고 암논, 다윗
의 아들이 그녀를 사랑했다.

(Wa-iqtol)　　　וַיֵּצֶר … וַיִּפָּלֵא바예체르 … 바이팔레 그리고 [어떤 상황이] 닥쳤
다…그리고 [무엇을 하는 것이] 불가능해 보였다.

(NS)　　　וּלְאַמְנוֹן רֵעַ וּשְׁמוֹ יוֹנָדָב בֶּן-שִׁמְעָה אֲחִי דָוִד우레암논 레아
우쉐모 요나답 벤-쉬메아 아히 다빗

וְיוֹנָדָב אִישׁ חָכָם מְאֹד베요나답 이쉬 하캄 메오드 그리고 **암**

논에게 친구가 [있었는데,] 그의 이름은 **요나
답**, 다윗의 형제 쉬메아의 아들이며, 요나답은
매우 지혜로운 사람.

(Wa-iqtol)　　　נֵיֹּאמֶר 바요메르 그리고 그가 말했다.

여기서 설정된 인물들 간의 관계 구도는 다시 다음과 같이 도식화할 수
있다.

0 **압살롬**{[특성: 아름다움]} 다말　⟺　**요나답**{특성: 매우 지혜로움}]**암논**

1 압살롬[{특성: 아름다움}]**다말**　⟺　**요나답**{특성: 매우 지혜로움}]**암논**

2 압살롬{특성: **아름다움**}]**다말**　⟺　**요나답**{특성: 매우 지혜로움}]암논

3 **압살롬**[{특성: 아름다움}]**다말**　⟺　요나답{특성: 매우 지혜로움}]**암논**

4 **압살롬**[{특성: 아름다움}]다말　⟺　요나답{특성: 매우 지혜로움}]**암논**

0 표면적 관계 구도, 1 요나답과 암논의 [악한] 지혜와 다말 사이의 평범한
갈등, 2 다말의 의로운 지혜와 요나답의 목적을 위한 수단으로서의 지혜의
갈등, 3 지혜로운 행동의 모범인 압살롬/다말과 암논 사이의 갈등, 4 압살
롬과 암논의 정치적 갈등.

조금 복잡해 보이는 위의 인물 관계 구도에 대해서는 아래의 본문 분석
에서 좀 더 자세히 살펴볼 것이다.

암논은 자신의 [이복] 누이동생인 다말로 인해 아프게 된 상황을 맞
게 되었다. 우리는 암논이 그녀를 사랑했다는 앞의 진술과 그녀가 "결혼
을 해도 될 만한 처녀"(בְּתוּלָה 베툴라)이지만, 그가 무엇인가를 시도하는 것

이 불가능해 보였다는 진술에서 그 원인을 찾을 수 있다. 이것은 사람이 살아가는 삶의 상황에서 충분히 일어날 수 있는 일이며 어떻게든 해결 방안을 찾아야 할 일이다. 그것을 해결하는 것은 자신의 경험을 통해 얻은 지혜나 그것이 불가능할 때 다른 누군가의 도움을 통해 가능하다. 암논 자신에게는 이 상황을 해결할 경험적 지혜가 없었다. 그러나 그에게는 도움을 줄 친구가 있었다. 바로 요나답이다. 요나답은 다윗의 형 쉬메아[1]의 아들이며 "매우 지혜로운 자"(אִישׁ חָכָם מְאֹד 이쉬 하캄 메오드)[2]로 소개된다.

요나답은 암논을 "왕자"(בֶּן-הַמֶּלֶךְ 벤-하멜레크)로 지칭하면서 왜 그가 매일 아침에 볼 때마다(בַּבֹּקֶר בַּבֹּקֶר 바보케르 바보케르) 그렇게 수척해지는지를 묻는다. 그리고 그는 자신에게 그 이유를 알려줄 것을 암논에게 요청한다(나에게 알려주지 않겠는가? הֲלוֹא תַּגִּיד לִי 할로 타기드 리). 암논의 어려움은 다말을 사랑하는 것이었다. [그러나 그 사랑을 이룰 어떤 방안도 찾지 못하는 것이었다.] 요나답은 곧바로 이 어려운 상황을 극복할 방안을 알려준다. 그의 조언은 두 개의 명령형과 그것을 수행하면서 예상되는 결과, 그리고 그 결과를 토대로 그가 어떻게 행동할지를 상세히 일러주는 것이다. 그런데 눈에 띄는 것은 암논이 실제로 다윗에게 한 말이 조금 다르다는 사실이다. 다말이 구워야 하는 음식 혹은 빵 또는 과자의 종류(아래의 굵은 글씨 참조)가 다르다.

....

1   "쉬메아"(שִׁמְעָה)는 삼상 16:9; 17:13과 다른 곳에서 "삼마"(שַׁמָּה)로 언급되나 동일인으로 볼 수 있다.

2   원문에 나오는 "지혜롭다"는 개념을 부정적인 뉘앙스로 번역하는 것은 옳지 않다. 실제 우리의 삶 속에서 단순히 지혜로운 것과 그 지혜의 목적이 부정적이라 간교하다고 표현하는 경우는 허다하기 때문이다. 그런데 그 둘의 차이를 무엇으로 명확하게 구분할 수 있겠는가?

[요나답의 두 개의 명령형] 너의 침대에 누워라. 그리고 아픈 척해라(삼하 13:5a).

שְׁכַב עַל-מִשְׁכָּבְךָ וְהִתְחָל 쉐카브 알-미쉐카브카 베히트할

[수행에 예상되는 결과] 그러면 너의 아버지가 너를 보려고 올 것이고 너는 그에게 말할 수 있게 될 것이다(삼하 13:5b).

וּבָא אָבִיךָ לִרְאוֹתֶךָ וְאָמַרְתָּ אֵלָיו 우바 아비카 리르오테카 베아마르타 엘라브

[요나답이 암논에게 일러준 말] 다말, 나의 누이가 제발 와서 나에게 음식 [빵]을 먹여주고 나의 눈앞에서 **비르야[병자를 위한 음식]³를 만들어준다면** [좋겠습니다](삼하 13:5c).

תָּבֹא נָא תָמָר אֲחוֹתִי וְתַבְרֵנִי לֶחֶם וְעָשְׂתָה לְעֵינַי אֶת-הַבִּרְיָה 타보 나 타마르 아호티 베타브레니
레헴 베아스타 러에이나이 에트-하비르야

그래서 내가 보고 그녀의 손으로 먹여주는 것을 먹을 수 있도록 [말입니다](삼하 13:5d).

לְמַעַן אֲשֶׁר אֶרְאֶה וְאָכַלְתִּי מִיָּדָהּ 레마안 아쉐르 에르에 베아칼티 미야다흐

[암논이 다윗에게 실제로 한 말] 다말, 나의 누이가 제발 와서 나의 눈앞에서 레비바 두 개를 구워서 그녀의 손으로부터 내가 먹으면 [좋겠습니다](삼하 13:6).

תָּבוֹא-נָא תָמָר אֲחֹתִי וּתְלַבֵּב לְעֵינַי שְׁתֵּי לְבִבוֹת וְאֶבְרֶה מִיָּדָהּ 타보-나 타마르 아호티 우텔라베브
러에이나이 쉐테 레비보트 베에브레 미야다흐

모든 것이 요나답의 말대로 진행되었다. 그런데 우리는 사무엘하 13:5

....

3   Alter, *David Story*, 266을 참조하라.

에 나오는 요나답이 꾸민 계획이 도대체 무엇을 목표로 하는지를 한번 생각해볼 필요가 있다. 요나답은 단순히 암논이 다말에게 접근할 방법을 알려준 것인가? 그것도 그녀의 손으로부터 음식을 받아먹을 정도로 근접할 방법을 알려준 것인가? 그러한 방법은 다말을 사랑하는 마음 때문에 병까지 든 암논에게 어떤 기회를 제공하는가? 요나답은 그러한 방법을 통해 뒤에서 벌어질 일을 암논이 행하도록 의도했을까? 아니면 암논이 다윗에게 한 말과 그의 실제 행위는 요나답의 의도와 다르게 그 자신의 의도를 더 노골적으로 드러낸 것일까? 요나답이 암논에게 알려준 행동 지시는 모호하며 그가 암논에게 무엇을 구체적으로 지시했는지를 판단하기 어렵다.

그러나 암논의 실제 행동이 요나답의 말과 약간의 차이를 보임은 주목할 만하다. 요나답의 말은 다말이 암논에게 음식을 그녀의 손으로 먹여주는 것과 그의 눈앞에서 "비르야"를 만드는 것에 대한 부탁이었다. 그러나 암논이 실제로 다윗에게 한 말은 다말이 암논의 눈앞에서 두 개의 "레비바"[하트 모양의 케잌"](לְבִבוֹת레비보트)를 구워서(תְלַבֵּב텔라베브) 그녀의 손으로 먹여주는 것으로 드러난다. "레비바"와 그것을 "굽다"는 의미의 תְלַבֵּב텔라베브라는 미완료형은 여기 사무엘하 13장에서만 발견되므로 정확한 의미를 설명하기가 어렵다. 단지 알터가 제안하는 것처럼 "레비바"와 "텔라베브"의 어근에 "마음"(לֵב레브)이 포함되었는데, 우리는 그것이 단지 하트 모양과 관련된 것이고 "마음을 강하게 하는 무엇"이라는 추측과 그 개념과 관련해서 특히 아가서에서 발견되는 동사가 어떤 성적 홍

....

4   Gesenius[18], 593.

분과 연관된다는 알터의 추측을 긍정적으로 참고할 수 있다.[5] 아가를 살펴보면, 그곳에는 여기에 나오는 동일한 동사가 사용되지는 않았다. 하지만 우리는 아가 2:5에서 건포도나 사과로 힘을 돋고 시원하게 함으로써 사랑의 병에 어떤 효험을 얻으려는 것을 확인할 수 있다.

요나답의 말과 암논의 말에 차이가 있음은 사무엘하 13:7의 다윗의 행위에 관한 서술과 8절의 다말의 행위, 즉 그녀가 다윗의 명령에 따라 암몬의 집에 가서 실제로 한 행위에 대한 서술을 연이어 살펴볼 때 더 큰 궁금증을 유발한다. 그 두 서술은 마치 요나답과 암논의 행위와 같이 또다시 어긋난다.

> [다윗의 명령] 암논, 너의 오빠의 집에 가서 그를 위해 **비르야를 만들어라**
> (삼하 13:7).
>
> **לְכִי נָא בֵית אַמְנוֹן אָחִיךְ וַעֲשִׂי-לוֹ הַבִּרְיָה** 레키 나 베이트 암논 아히카 바아시-로 하비르야
>
> [다말의 행위] 그녀가 반죽을 가지고 [가서] 주물러 그의 눈앞에서 **굽고 레비바를** 구웠다(삼하 13:8).
>
> **וַתִּקַּח אֶת-הַבָּצֵק וַתָּלוֹשׁ וַתְּלַבֵּב לְעֵינָיו וַתְּבַשֵּׁל אֶת-הַלְּבִבוֹת** 바티카흐 에트-하바체크 바탈라쉬 바
>
> 텔라베브 레에이나브 바테바쉘 에트-할레비보트

"비르야-레비바"의 차이는 미묘하게도 요나답과 암논과 다윗과 다말 사이에서 아래와 같이 다르면서도 동시에 일치한다.

요나답/다윗: 비르야;   만들다

....

5   Alter, *David Story*, 267을 참조하라.

암논/다말: 레비바; 굽다

이 차이와 일치를 통해서 인물 간의 구도를 다시 아래와 같이 표현할 수도 있다.

[비르야; 만들다]   요나답   다윗

[레비바; 굽다]   암논   다말

다시 "레비바"에 연관되는 성적인 개념을 고려하면, 이것은 암논과 다말에게 벌어질 일을 암시하는가? 우리는 저자의 의도가 본문의 서술에 고려되어 포함되어 있는지를 판단할 수 없지만, 위의 현상은 매우 독특한 것임은 틀림없다. 따라서 우리는 그 의미가 무엇인지도 매우 궁금해진다.

13:9 이하의 암논의 행위가 그의 의도를 노골적으로 드러낸다. 다말이 [구운 "레비바"를 담은] 팬을 취하여 그의 앞에 쏟아놓자 암논은 먹기를 거부한다. 먼저 다말의 이 행동에는 13:6 말미에서 암논이 다윗에게 말했던 그의 소원, 즉 다말이 손으로 "레비바"를 먹여주는 것이 포함되어 있지 않다. 그것은 당연하다. 왜냐하면 13:7에서 다윗이 다말에게 한 명령 혹은 부탁에는 그것이 포함되어 있지 않기 때문이다. 즉 다말이 음식을 차려놓고 그것을 암논에게 먹여줄 하등의 이유가 없었다. 게다가 음식을 누군가의 앞에 쏟아놓는 행위를 이상하게 혹은 성의가 없는 것으로 볼 필요도 없다. 다말이 음식을 쏟아놓는 이 행동(צק 야차크)은 이곳 외에 열왕기하 4:40-41에서도 발견되기에 일반적인 표현으로 볼

수 있기 때문이다.[6] 암논이 먹기를 거부한 행동은 곧이어 그로부터 모든 사람을 물러가게 하는 더욱 노골적인 행동으로 이어진다. 그리고 암논은 다말에게 그 "비르야"를 침실로 가져오도록 할 뿐 아니라 다말의 손으로부터 직접 [받아] 먹겠다고 말한다. 다말은 [아무런 의심없이] 구운 "레비바"를 들고 자기 오빠인 암논의 침실로 가져간다.

여기서 또 혼동을 일으키는 표현을 만나게 된다. 왜 또 암논은 여기서 다시 "비르야"를 언급하는 것일까? 그리고 다말은 "비르야"를 가져오라는 암논의 말에 왜 "레비바"를 가져가는 것일까? 결국 "비르야"와 "레비바"는 같은 음식인가? 그렇더라도 이 내러티브는 왜 계속해서 "비르야"와 레비바를 교차해서 언급하는 것일까?

사무엘하 13:11 이하부터는 더는 음식 이야기를 하지 않는다. 다말이 음식을 먹여주기 위해 암논에게 다가갔을 때, 암논은 그녀를 붙들고 (וַיַּחֲזֶק־בָּהּ 바야하제크-바흐) 말한다.

[내 옆에] 오라[=누워라],[7] 나와 눕자[=동침하자], 나의 누이야(삼하 13:11).[8]

בּוֹאִי שִׁכְבִי עִמִּי אֲחוֹתִי 보이 쉬크비 이미 아호티

....
6 일반적으로 음식을 툭 던지는 행위는 우리나라의 예절로 보면 버릇없는 행위일 수도 있지만, 타 문화권에서 특히 내가 경험한 독일에서는 일반적인 행위다. 그것에 문화 충격을 받았던 기억이 있다.
7 이것은 명백히 성적인 관계를 요구하는 표현이다. 이에 관한 많은 용례는 Gesenius[18], 129, בּוֹא의 Qal 1. b)에서 확인할 수 있다. 가령 창 16:2 또는 삼하 16:21 등.
8 암논의 말과 행동, 즉 "그녀를 붙들고", "오라", "나와 눕자"는 모두 성적인 행동과 깊은 연관이 있다.

11a절에서 기다리던 그 순간이 암논에게 왔을 때, 암논의 머릿속에는 온통 하나의 생각만으로 가득 찼다. 마치 잠언 7:4-23의 "유혹하는 낯선 여인"(אִשָּׁה זָרָה נָכְרִיָּה이샤 자 노크리야)에게 홀려 끌려가는 판단력이 결핍된 젊은이(נַעַר חֲסַר-לֵב나아르 하사르-레브)의 에피소드가 이것과 미묘하게 맞물린다.[9] 그런데 유혹당하여 이끌려가는 그 어리석은 젊은이가 여기서는 반대로 유혹을 한다는 점이 역설적이다.

다말의 호소는 이스라엘의 윤리적 차원에 근거하며, 태도로 볼 때 우리는 그것을 간절한 호소로 볼 수 있다. 다말의 말은 애원과 지혜로운 판단에의 호소, 그 둘에게 닥칠 미래에 대한 예상과 그것을 직시할 것, 그리고 돌파구를 찾아보고자 하는 몸부림이다. 마치 요나답이 어려움에 직면한 암논에게 해결책을 제시해준 것처럼 다말 역시 지혜자로서 암논에게 교훈과 해결책을 제시해주고자 하는 것으로 볼 수 있다.

> 안돼, 나의 오빠야, 나를 강간하지 마라. 이스라엘에서는 [관습적으로] 그런 짓을 하지 않기 때문이다(삼하 13:12a).
>
> אַל-אָחִי אַל-תְּעַנֵּנִי כִּי לֹא-יֵעָשֶׂה כֵן בְּיִשְׂרָאֵל알-아히 알-테아네니 키 로-예아세 켄 베이스라엘
>
> 이런 어리석은 일을 제발[가급적] 하지 마라(삼하 13:12b).
>
> אַל-תַּעֲשֵׂה אֶת-הַנְּבָלָה הַזֹּאת알-타아세 에트-하네발라 하조트
>
> 나는, 나의 수치와 함께 나는 어디로 갈 수 있을까? 그리고 너는, 이스라엘에서 어리석은 자들 중에 하나와 같이 될 것이다(삼하 13:13a).

....

9   특히 사용된 표현 중에서 7:13 "그를 붙잡고"(הֶחֱזִיקָה בּוֹ헤헤지카 보)의 행위는 이런 상황을 대변하는 것으로서 서로 정확히 일치한다.

וַאֲנִי אָנָה אוֹלִיךְ אֶת־חֶרְפָּתִי וְאַתָּה תִּהְיֶה כְּאַחַד הַנְּבָלִים בְּיִשְׂרָאֵל 바아니 아나 올리크 에트-헤

르파티 베아타 티흐예 케아하드 하네발림 베이스라엘

이제 왕에게 한번 말해 보라. 그가 너에게서 나를 거절하지 않을 것이다(삼하 13:13b).

וְעַתָּה דַּבֶּר־נָא אֶל־הַמֶּלֶךְ כִּי לֹא יִמְנָעֵנִי מִמֶּךָ 베아타 다베르-나 엘-하멜레크 키 로 임나에니 미메카

다말의 말이 간절한 호소로 보이는 것은 특히 부정어 אַל알 때문이다. 다말은 암논에게 부정어 אַל알을 두 번이나 사용한다. 특히 이 부정어가 미완료형과 함께 사용될 때, 그것은 "완곡한 경고"(vetitive)로 표현된다. 다말이 언급하는 "이스라엘의 관습" 즉 "이런 일을 하지 않음"은 단순한 관습을 의미하는가? 아니면 이스라엘의 법을 의미하는가? 그것은 단순히 성폭행만을 의미하는가? 아니면 그것은 이복 남매지간의 결혼을 의미하는가?

우선은 오경에 나오는 법들의 연대 설정을 접어두고 생각할 때, 가령 출애굽기 22:16-17[히, 15-16]의 "약혼하지 않은 처녀를 꾀어 동침한 경우"에 대해서는 문제가 없다. 그러한 경우는 "납폐금"으로 해결이 가능하기 때문이다. 그러나 레위기 18:6 이하의 소위 "이집트 땅의 풍속" 혹은 "가나안 땅의 풍속과 규례"로 분류되는 "자기의 살붙이"를 성적으로 가까이 하여 그 하체를 범하지 말 것, 특히 "누이"에 대한, 즉 "네 아버지의 아내가 네 아버지에게 낳은 딸"에 대한 규정은 사무엘하 13장의 다말이 말한 바로 그 경우다. 즉 그것은 "이스라엘에서는 이처럼 행하지 않음"에 부합한다. 일반적으로 레위기 성결법의 연대를 포로기 이후로 본다면, 우리는 다르게 생각해야 하겠지만, 어쨌든 지금의 경우는 다말의 말과 연관시켜 생각할 수 있다. 그것은 레위기 20:17과 거의 동

일한 경우이지만, 앞의 예와는 다르게 "반드시 죽일 죄"의 범주에 포함되며 다시 언급되는 "자기 자매의 하체를 범함"도 이 경우와 동일하다. 신명기 27:22의 소위 "저주의 십[이]계명" 속에서의 저주와 그에 대해 "아멘"으로 화답해야 하는 맥락도 분명히 이것과 연관된다. 다말이 스스로 생각하는 자신의 운명에 대해서 신명기 22:20-21의 경우를 고려하고 있는지는 좀 더 살펴보아야 한다.

다말이 언급하는 "어리석은 일"은 그녀를 그것의 반대 개념, 즉 어리석음을 꾸짖는 지혜 여인의 모습으로 드러나게 한다. 게다가 다말의 언어 사용의 형태는 잠언 1-9장에서 매우 빈번하게 사용되는 "אַל알 + 미완료형"의 형태인데 이 언어 형식에 기초해서 볼 때도 다말은 지혜로운 여인의 면모를 유감없이 발휘하고 있다. 반면 암논은 다말의 이 완곡한 거부와 충고에도 불구하고 그녀의 목소리를 듣기를 거부한다(לִשְׁמֹעַ בְּקוֹלָהּ로 아바 리쉐모아 베콜라흐 וְלֹא אָבָה). 암논의 이런 모습은 잠언 1:24 이하에서 볼 수 있는 지혜가 목소리를 높여 부르며 돌이키기를 청하나 듣지 않는 어리석은 자의 모습과 직결된다. 그리고 암논은 다말을 성폭행한다.

이어지는 사무엘하 13:15에 묘사된 암논의 심리에 대한 서술과 그의 행동은 이해하기에 어려움이 있다.

> 그리고 암논이 매우 강한 증오로 그녀를 증오했다. 그것은 그가 그녀를 사랑하던 사랑보다도 그가 그녀를 증오하던 그 증오가 더 컸기 때문이다(삼하 13:15a).
>
> וַיִּשְׂנָאֶהָ אַמְנוֹן שִׂנְאָה גְּדוֹלָה מְאֹד כִּי גְדוֹלָה הַשִּׂנְאָה אֲשֶׁר שְׂנֵאָהּ מֵאַהֲבָה אֲשֶׁר אֲהֵבָהּ
>
> 바이스나에하 암논 시네아 게돌라 메오드 키 게돌라 하시네아 아쉐르 세네아흐 메아하바 아쉐르 아헤바흐
>
> 그리고 암논이 그녀에게 말했다. "일어나 가라!"(삼하 13:15b)

먼저 인간의 심리에 대한 구약의 서술 중에서 이와 같은 심리 상태의 급반전은 낯설다. "암논은 왜 그랬을까?"에 대한 몇몇 추론이 가능하다.[10] 그러나 인간의 삶의 모든 상황 속에서 이 서술의 의미를 생각해보면, 확실한 것은 인간의 심리 상태를 완전히 파악하는 것이 불가능하다는 결론이다. 그것은 전도서 1:17이나 조금은 다른 내용이지만 잠언 14:10-14에 견주어볼 만하다.

우리는 이 서술에서 다음과 같은 문제를 좀 더 생각해볼 수 있다. 곧 그것은 암논이 요나답의 지혜를 통해서 자신이 목적하던 것을 손에 넣었지만, 그 목적이 완벽하게 암논이 추구하던 것과 똑같은 것이었나의 문제와 자신이 목적한 것을 이룬 다음에도 암논에게 과연 행복이 주어졌는가의 문제다. 이것은 인간이 자신의 능력만으로 과연 "낙"(樂)을 얻을 수 있는가를 실험한 왕의 트라베스티(전 1:12-2:26)와 연결된다. 그곳을 보면, 전도자는 2:2에서 다음과 같이 말한다.

> 웃음에 대해서 나는 말했다. 바보짓을 하는 것! 그리고 즐거워하는 것에 대해서는 [말하길,] [도대체] 뭐 하는 것?(전 2:2)
>
> לִשְׂחוֹק אָמַרְתִּי מְהוֹלָל וּלְשִׂמְחָה מַה-זֹּה עֹשָׂה리스호크 아마르티 메홀랄 우레심하 마-조 오사

인간의 행복과 관련하여 인간의 지혜는 최종적인 단계를 예상할 수도

....

10   예를 들면 Alter는 다말이 격렬하게 저항하는 가운데, 암논이 그리던 소기의 목적을 만족스럽게 이루지 못한 것에서 이런 증오심이 기인한 것이 아닐까 추론하기도 한다. 이에 관해서는 Alter, *David Story*, 269을 참조하라.

또 성취할 수도 없다. 그것이 인간 지혜의 한계이며 그래서 인간은 항상 그 한계 너머의 무엇, 곧 다른 가능성에 대해서 마음을 열어야 한다.

암논이 다말을 성폭행한 후 다말에게 "일어나 [집으로] 가라"고 말하는 행동의 부당함은 이미 다말이 사무엘하 13:13에서 한 말과 16절에서 한 말에서 확연히 드러나고 있다.

> 안돼…이 큰 악행 때문에 [이렇게 함은] 다른 행위보다 더 큰 악행이다. 즉 [나에 대한 책임 없이] 네가 나를 가게 하는 것은 [말이다](삼하 13:16).
>
> אַל־אוֹדֹת הָרָעָה הַגְּדוֹלָה הַזֹּאת מֵאַחֶרֶת אֲשֶׁר־עָשִׂיתָ עִמִּי לְשַׁלְּחֵנִי 알-오도트 하라아 하게돌라
>
> 하조트 메아헤레트 아쉐르-아시타 이미 레샬르헤니

다말의 말을 정확하게 번역하기는 어렵다. 히브리어 본문의 표현 중에서 먼저 עַל־אוֹדֹת알-오도트에 관련해 몇몇 사본이 אַל־אוֹדֹת알-오도트를 עַל־אוֹדֹת알-오도트로 다르게 읽는다. 그러한 사본들은 עַל־אוֹדֹת알-오도트를 예레미야 3:8과 같이 "~ 때문에"란 의미의 관용구로 보기 때문에 그렇게 읽는다.[11] 그러나 이 문장의 전후 맥락과 견주어볼 때, 거부의 표현인 부정어 אַל알로 그대로 두는 것이 적절해 보인다. 동시에 비록 전치사 עַל알이 누락된 채 "~ 때문에"란 관용구가 해석되었더라도 말이다. 또한 우리는 מֵאַחֶרֶת메아헤레트를 암논의 이전 행위, 즉 다말을 성폭행한 행위와 비교 대상으로 표현한 것으로 판단할 수 있다. 그리고 그 행위와 비교되는 대상은 אֲשֶׁר아쉐르절 이하의 행위, 즉 다말을 가게 하는 것이다. 그것은 "더 큰 악행"의 의미로 번역될 수 있다. 이 번역은 사실 인위적이며, 문장론에 따라 정확히

....
11   이에 관해서는 Gesenius[18], 22를 참조하라.

번역한 것은 아니다. 오히려 말의 앞뒤가 뒤엉킨 듯 보인다. 그러나 다시 생각해보면, 우리는 이것을 다말의 심리 상태가 조리 있게 논리적으로 말할 상황이 아님을 간접적으로 표현하는 것으로도 볼 수 있다.[12]

또 하나 눈에 띄는 것은 다말의 말에 마치 후렴구와 같이 따라 붙는 13:14 초두의 לֹא אָבָה לִשְׁמֹעַ בְּקוֹלָהּ로 아바 리쉐모아 베콜라흐와 13:16 말미의 לֹא אָבָה לִשְׁמֹעַ לָהּ로 아바 리쉐모아 라흐라는 두 개의 동일한 표현이다. 이 두 가지 표현은 다말의 말을 도무지 듣지 않는 암논의 고집스러운 모습을 강조한다. 우리는 그러한 암논의 모습을 지혜의 부름에 응답하지 않는 어리석은 자의 모습으로 밖에 볼 수 없다. 이어지는 암논의 행동은 무자비하다. 그러한 무자비함은 사무엘하 13:17에서 암논이 자신의 시종에게 명령하는 말에서 잘 드러난다.

> 이 여자를 나로부터 [떼어내서] 밖으로 내보내라. 그리고 그녀의 등에다 대고 문을 닫아라!(삼하 13:17)
>
> שִׁלְחוּ־נָא אֶת־זֹאת מֵעָלַי הַחוּצָה וּנְעֹל הַדֶּלֶת אַחֲרֶיהָ 쉴레후-나 에트-조트 메알라이 하후차 우네올 하델레트 아하레하

암논이 4절에서는 "다말"로, 5절에서는 "다말…나의 누이"로, 그리고 11절에서는 "나의 누이"로 지칭했는데, 이 구절에서는 "이 여자"(זֹאת조트[대명사])로 지칭하는 점이 눈에 띈다. 그리고 우리는 다말에게 보이는 암논의 태도가 그가 자신에게서 다말을 밀어내려는 방향과 자신에게서 그녀를 돌려세우는 방향임을 "나로부터 [떼어내서]"(מֵעָלַי메알라이), "밖으

....
12   이에 관해서는 Stoebe, *Das zweite Buch Samuelis*, 319과 321의 번역과 설명을 참조하라.

로"(הַחוּצָה 하후차) 그리고 "그녀의 등에다 대고"(אַחֲרֶיהָ 아하레하)란 표현에서 명백히 관찰할 수 있다.

사무엘하 13:18a은 마치 이 순간을 잠시 정지시키고 뜬금없이 다말의 옷을 매우 화려하게 소개한다. 그녀가 입고 있는 옷은 "시집가지 않은 왕의 딸들"이 입는 옷으로 소개되는데, 그것이 "소매가 달린 긴 옷"(כְּתֹנֶת פַּסִים 케토네트 파심)을 속에 입고 그 위에 소매가 없는 겉옷(מְעִילִים 메일림)을 입는 방식인지 아니면 소매가 있는 옷(כְּתֹנֶת פַּסִים 케토네트 파심)인지 아니면 소매가 없는 옷(מְעִילִים 메일림)인지가 명확히 서술되지는 않는다.[13] 그러나 분명한 것은 이 옷이 마치 흑백으로 쓰인 글자들 위에 빨간펜으로 밑줄을 긋듯 독자들의 시선을 끌어들이고 있다는 점이다. 비록 פַּס 파스의 어원이 불분명하지만 우리가 몇몇 학자들에 의지해 이 단어의 어원을 *PSS*로 보고 "채색된"의 의미로 이해할 수 있다면,[14] 만약 그렇다면 이 옷에 대한 언급은 하나의 문학적 서술 장치로서 분명 독자들로 하여금 이 순간 이후 이어지는 일련의 사건들에 주목하도록 만드는 효과를 낸다.

암논의 명령이 그대로 시행되며 다말은 13:19의 강렬한 상징적 행동을 통해서 왕의 딸인 자신에게 가해진 2차 폭력(삼하 13:18b)을 1차 폭력과 함께 고발한다.

....

13 כְּתֹנֶת פַּסִים 케토네트 파심은 "소매 있는 긴 옷"으로, כְּתֹנֶת 케토네트가 보통 맨몸에 입는 셔츠와 같은 종류의 옷이므로 대략 그와 같은 옷으로 이해할 수 있다. 반면에 מְעִילִים 메일림은 "소매 없는 긴 겉옷"으로 대개 כְּתֹנֶת 케토네트 위에 걸쳐 있는 옷으로 이해할 수 있다. 이에 관해서는 Gesenius[18], 580, 1064 그리고 710을 참조하라. 위의 설명과는 조금은 다르지만, 학문적으로 확정적이지 않은 이스라엘의 복식에 대해서는 Philip J. King & Lawrence E. Stager, 임미영 옮김, 『고대 이스라엘 문화』, 355-64을 참조하라.

14 Gesenius[18], 1064와 Manfred Görg, "Der gefärbte Rock Josefs," *BN* 102 (2000): 9-13을 참조하라.

다말이 먼지[재]를 자신의 머리에 뿌렸다. 그리고 입고 있던 소매가 달린 긴 옷을 찢었다. 그리고 그녀의 팔을 머리에 올리고 멈추지 않고 걸어가며 끊임없이 울부짖었다(삼하 13:19).

וַתִּקַּח תָּמָר אֵפֶר עַל־רֹאשָׁהּ וּכְתֹנֶת הַפַּסִּים אֲשֶׁר עָלֶיהָ קָרָעָה וַתָּשֶׂם יָדָהּ עַל־רֹאשָׁהּ[바]

티카흐 타마르 에페르 알-로샤흐 우케토네트 할파심 아쉐르 알레이하 카라아 바타셈 야다흐 알-로샤흐

וַתֵּלֶךְ הָלוֹךְ וְזָעָקָה[바텔레크 할로크 베자아카]

문장론의 관점에서 볼 때, 다말의 행동은 특징적으로 서술되었다. 특히 위에서 굵은 글씨로 표시된 두 곳이 그렇다. 먼저 앞에서 강조되었던 "소매가 달린 긴 옷"(כְתֹנֶת פַּסִּים 케토네트 파심)을 찢는 행위(Wᵉ-X-qatal)는 이야기 전개의 흐름 속에서 돌출을 형성하여 독자들의 시선을 끌어당기며 이어서 "가다"(הָלוֹךְ 할라크)는 "어원학적 반복"(figura etymologica[미완료 + 부정사 절대형])[15]을 사용하여 그 가는 행위가 단순한 움직임이 아니라 "중단없이 꿋꿋이 가는 행위"임을 나타내고 있다. 또한 위와 같은 독특한 형태의 어원학적 반복에 이어지는 완료형(perf. cons.) 역시 소위 "반복의 완료"(Perf. frequentativum)로서 끊임없이 지속되는 행위를 표현한다.[16] 즉 울부짖는 행위가 단발적이지 않고 "지속적인 행위"로 표현되고 있다.

다말이 보이는 이런 일련의 행동들은 결코 일상적이지 않다. 먼지

....

15 강조적 의미의 어원학적 반복의 형식은 부정사 절대형(inf. abs.)이 동사의 앞이나 뒤에 오며, 동사의 의미를 "반드시", "진실로", "확실히"로 강조한다. 그러나 이 구절처럼 미완료가 먼저 나오고 부정사 절대형이 뒤따르는 경우 이것은 "행위가 길게 지속함"(die längere Fortdauer der Handlung)을 나타낸다. 이에 관해서는 GK, §113 s와 u를 참조하라.

16 Gesenius¹⁸, 277과 GK, §113 t를 참조하라.

[재]를 머리에 뿌리는 행위는 죽음을 애도하는 상징 중 하나다. 옷을 찢는 행위는 머리에 손을 얹는 것 그리고 걸으며 울부짖는 행위와 함께 자신의 상황이 죽음과 별반 다르지 않음을 고발하는 것으로 이해할 수 있다.

비블로스 왕 아히람의 석관, 기원전 1000년, 레바논, <www.museumsyndicate.com>.

엘렌 렘(Ellen Rehm)은 비블로스의 왕 아히람의 석관을 보고서는 그것의 북쪽 세로 면에 새겨진 여인들의 그림에서 세 가지 특징, 곧 상반신을 나체로 드러낸 것, 넓은 옷소매가 엉덩이 부분에 늘어져 있는 것, 그리고 팔을 머리 위에 올리고 있는 것(앞의 두 여인은 가슴에 손을 모으고 있음)에 주목한다. 그리고 헤로도토스의 증언과 함께 이것이 이집트의 애도 관습이며 동시에 미케네 시대부터의 그리스뿐 아니라 레반트 지역과 특히 구약에서도 확인되는 애도 행위로 이해한다.[17]

....

17   이에 관해서는 Ellen Rehm, *Dynastensarkophage mit szenischen Reliefs aus Byblos und Zypern. Teil 1.1 Der Ahirom-Sarkophags* (Forschungen zur phönizischen und zyprischen Plastik II.1.1; Mainz: Philip von Zabern, 2004), 50-51을 참조하라. 헤로도토스와 관련하여 Rehm이 인용한 부분을 한국어 번역의 헤로도토스에서 재인용함. "이집트에서는 유명한 사람이 죽으면 그 집안의 여자들은 모두 머리와 얼굴에 진흙을 바르고 유해는 실내에 남겨둔 채 옷을 벗어 상반신을 드러내고 옷은 허리띠로 동여맨 다음에 유방을 노출한

다말의 행위보다 그녀의 오빠 압살롬의 반응은 확연하게 대비되어 나타난다. 압살롬은 다말에게 다음과 같이 말한다.

> 너의 오빠, **아미논**이 너와 함께 있었느냐? 이제 [그만], 나의 누이야, **침묵
> 해라**. 그는 너의 오빠다. 너의 마음을 이것을 말하는 것에 두지 마라(삼하
> 13:20).
>
> הַאֲמִינוֹן אָחִיךְ הָיָה עִמָּךְ וְעַתָּה אֲחוֹתִי הַחֲרִישִׁי אָחִיךְ הוּא אַל־תָּשִׁיתִי _{하아미논 아히크 하야}
> 임마크 베아타 아호티 하하리쉬 아히크 후 알-타쉬티
>
> אֶת־לִבֵּךְ לַדָּבָר הַזֶּה _{에트-리베크 라다바르 하제}

우리는 압살롬의 말과 관련해서 두 가지 사항에 주목할 수 있다. 첫 번
째는 압살롬이 "암논"(אַמְנוֹן)을 "아미논"(אֲמִינוֹן)으로 지칭하고 있다는 점
이다. 암논과 아미논은 어떤 차이가 있는가? 암논(אַמְנוֹן)은 아만(אמן)이라
는 동사에서 파생된 것이다. 따라서 암논은 대략 "신뢰하는", "믿음직스
러운" 정도의 의미를 담고 있다. 그렇다면 "아미논"(אֲמִינוֹן)은 암논의 단
순한 이형으로 볼 수도 있지만, 그것이 만약 히필형의 뉘앙스를 풍기고
자 한 것이라면, 그래서 그것이 "믿는다" 혹은 "누군가를 신뢰할 만하게
보다"를 의미한다면, 우리는 조금 달리 생각할 수 있다. 즉 압살롬이 암
논을 "아미논"으로 지칭한 것은 다말에게 암논이 네 오빠이며 큰 잘못을

....
상태로 친척 여자들과 함께 가슴을 치면서 열을 지어 도시 안을 걷는다." 헤로도토스, 박
광순 옮김, 『역사』(서울: 범우사, 1993), 157. 헤로도토스의 기록에는 손을 머리에 두는
것에 대한 언급이 없고, 손으로 가슴을 치는 행위가 언급되었으나, Rehm에 의하면, 이집
트에서 여인들이 애도의 뜻으로 손을 머리에 두는 것은 잘 알려져 있다. Rehm은 그리스
에서도 손으로 머리를 두드리는 애도의 행위를 보여주는 증거가 있다고 말한다. 또한 그
는 이런 관습이 레반트 지역에 널리 분포되어 있으며 구약에서도 발견된다고 주장한다.

했지만, 그를 신뢰하라는 의미를 담고 있다고 할 수 있다. 그런데 압살롬은 왜 다말에게 큰 잘못을 저지른 암논을 신뢰하라고 말한 것일까?

두 번째로 주목할 만한 것은 다말에게 침묵하라는 점이다. 이것은 다말의 의도적인 행위에 결정적으로 대비되는 조치다. 이 침묵은 문제를 지금 해결하려는 것이 아니라 덮어두려는 것이며 피해자에게는 결코 도움을 줄 수 없는 행동이다. 이후에 압살롬이 보이는 행동을 고려할 때, 그가 내린 이 침묵의 명령은 마음속 깊이 묻어두었다가 결정적일 때 기회를 잡아 앙갚음하려는 의도였음이 드러난다. 하지만 다말의 입장에서 볼 때 그것은 명백한 3차 폭력이 아닐 수 없다. 다말은 13:20 말미에 언급된 대로 압살롬의 집에 격리된 채로 이야기 속에서 사라진다. 그녀의 인생이 어떻게 전개되었는지는 아무도 모른다. 단지 압살롬이 출생한 자기 딸의 이름을 다시 "다말"이라고 애매하게 진술하는 것 외에는 다말의 흔적은 완전히 사라진다.

사무엘하 13:7은 다윗으로 표현하는데 13:21은 그러한 표현과 비교해서 특별히 "왕"을 강조하여 다윗 왕이라고 말한다. 다윗은 이 모든 일에 대해서 들었고 매우 분노했다. 13:13에서 다말은 "왕"에게 말해보자고 암논에게 제안한다. 그러한 제안은 아마도 왕은 매우 어려워보이는 일이라도 가능케 할 수도 있음을 고려한 것이다. 비슷한 맥락에서 지금 13:21에 "왕"이라고 특별히 강조된 다윗 왕이 보이는 분노와 그 이후 벌어질 일은 독자들로 하여금 긴장감을 가지고 기다리게 만든다. 더군다나 전도서 8:2-4에 명시된 것처럼 백성들이 때와 판단을 정확히 하지 않으면 그들은 왕이 내리는 해를 피할 길이 없을 정도로 왕은 절대 권력을 가진 위치에 있기 때문이다. 하지만 우리에게 놀라운 것은 다윗이 그 다음 조치를 전혀 취하지 않는다는 사실이다. "그러한 이야기를 듣고 왕은 어떤 일을 했을까?" 오랜 정적이 흐르나…결론은 "그는 아무것도!!!
하지 않았다"이다. 이것은 어쩌면 전도서가 강하게 제시하는 것, 곧 인간
의 삶은 우리가 알고 있는 지식과 경험대로 되지 않음을 간접적으로 시
사한다. 마치 전도서 11:5처럼 말이다.

이러한 다윗의 방관에 이어 압살롬의 이어지는 행동 역시 침묵으로
드러난다. 압살롬은 암논에게 그의 행동이 그른지 혹은 옳은지를 직접
말하지 않는다. 그는 다말을 성폭행한 암논을 증오했기 때문이다. 이것
은 그가 다말에게 침묵을 요청한 것과 같이 때를 기다리는 압살롬의 치
밀함으로 볼 수 있다.

이제 시간이 흐르고 복수의 때를 기다렸던 압살롬이 그동안 궁리해
왔던 치밀한 계획을 실행한다. 양털을 깎는 일들이 생겼을 때, 압살롬은
모든 왕자를 초대한다. 왕자들을 초대한 장소가 본문에서 언급되는데,
그곳은 에브라임 곁에 있는 바알-하솔이다. 압살롬은 왕에게도 그곳에
함께 가자고 청한다. 하지만 왕은 함께하지 않겠다고 말한다. 압살롬은
왕을 합류시키는 일에는 실패했지만 모든 왕자와 함께 암몬이 합류하도
록 하는 일에는 성공했다. 그런데 압살롬의 이 계획은 도대체 무엇을 목
표로 한 것일까? 왜 다윗은 한사코 그의 간청을 마다하는 것일까?

양털을 깎는 일에 왕과 왕의 신하를 초청하는 것은 일상적인가?[18]
압살롬은 일상적이고 당연한 일을 통해 어떤 음모를 꾸미는 것일까? 여
기 특별히 양털을 깎는 장소가 명시되는 이유는 무엇인가?[19] 압살롬은

....
18   Gesenius[18], 419 그리고 Philip J. King & Lawrence E. Stager, 임미영 옮김, 『고대 이스라엘
      문화』, 172을 참조하라.
19   바알-하솔은 예루살렘에서 북쪽으로 상당한 거리가 떨어진 장소로 보인다. 아마도 초청
      을 받는 사람들이 다말의 일과 관련하여 압살롬을 대면하는 것을 여전히 꺼렸다면, 매우

다말의 일과 관련해서 복수의 대상으로 암논만 생각하고 있을까? 아니면 그는 암논을 포함해서 모든 왕자 혹은 심지어 다윗까지도 복수의 대상으로 생각하고 있을까? 다윗은 왕자들을 이미 모두 초대하고 자신까지 초대하는 압살롬(삼하 13:24)의 말을 어떻게 받아들였을까? 그는 마음속으로 다말의 일을 두려워하고 있을까? 그는 압살롬이 어떤 의도를 품고 있다고 의심하는 것일까? 아마도 자신의 초대를 거절하기 힘들 것이란 예상을 하고 말하는 압살롬에게 다윗은 어떤 적절한 핑계를 대고 있는 것인가? 반면 압살롬은 실제로 어떤 의도를 갖고 있을까?

위의 질문을 하나씩 살펴보면, 먼저 압살롬이 다윗에게 제안하는 일은 납득할 만하다. 그러한 초대가 일상적이라고 단언할 수는 없지만, 사무엘상 25:8에는 양털을 깎는 일에는 많은 일손과 그래서 많은 음식을 준비하는 "좋은 날"(즉 축제의 날[יום טוב 욤 토브])로 지칭되고 있음을 통해 충분히 가능한 제안으로 볼 수 있다. 압살롬은 무르익은 적절한 때를 위해 2년의 세월을 기다린 것일까? 그런데도 다윗은 한사코 그의 초청을 거부한다.

> 아니다, 나의 아들아. 우리 모두 절대 가지 않을 것이다. 우리가 너에게 짐이 될 수는 없다(삼하 13:25).
>
> אַל-בְּנִי אַל-נָא נֵלֵךְ כֻּלָּנוּ וְלֹא נִכְבַּד עָלֶיךָ 알-베니 알-나 넬레크 쿨라누 벨로 니크바드 알레카

"우리 모두"는 다윗과 신하만을 말하는가? 아니면 다윗과 신하뿐 아니라 모든 왕자를 말하는가? 압살롬이 다윗의 이 말에 대해 다시 한번 간

....
신경이 쓰이는 거리였을 것으로 판단된다.

청을 하지만, 다윗은 가기를 원치 않는다. 그리고 그는 혼자 가서 잘하라고 압살롬을 격려해준다. 아마도 다윗은 압살롬의 음모를 파악한 것인가? 그리고 그의 계획에 휘말리지 않기 위해 안간힘을 쓰는 것인가? 그러나 압살롬은 왕이 가지 않는다면, 그렇다면 암논이 그들과 함께 갈 것을 다시 청한다. 이것이 압살롬의 본래 의도였는지는 모르나, 최소한의 그의 목적을 달성하는 듯하다. 그리고 다윗은 [화들짝 놀라며] 말한다.

왜 그가 너와 함께 가야 하느냐?(삼하 13:26)

לָמָה יֵלֵךְ עִמָּךְ 라마 옐레크 이마크

우려하는 다윗의 마음이 느껴진다. 그러나 그는 무엇을 우려하는 것일까? 압살롬은 다시 간청하고, 결국 다윗은 그와 함께 암논을 포함해서 모든 왕자를 보낸다.

여기 압살롬과 다윗 간에 이루어지는 대화를 보면 긴장감이 느껴진다. 사실 어떤 의도와 그 의도를 어떻게 파악했는지는 압살롬에게서도 또한 다윗에게서도 알 수는 없지만 말이다. 그리고 결국 우리는 압살롬의 지혜가 다윗을 압도했음을 볼 수 있다. 여기서 두드러지게 드러나는 압살롬의 지혜는 놀라운 설득력이다. 그가 처음부터 암논과 왕자들을 말했다면 그는 아마도 자신의 목적을 이루지 못했을 것이다.

암논과 모든 왕자들이 압살롬의 양털 깎는 일에 오게 되자 압살롬은 그다음 단계의 일을 진행한다. 사무엘하 13:28에서 압살롬은 자신의 부하들에게 아래와 같이 명령한다.

[너희들은] 잘 살펴보라. 암논의 마음이 **술에 취해** 좋아졌는지 말이다. 그

러면 내가 너희에게 분명히 말하는데,[20] 암논을 쳐서 그를 죽여라. **두려워 하지 마라.** 내가 너희에게 명령한 것이 아니더냐! **담대하고 대장부가 되어 라**(삼하 13:28).

רְאוּ נָא כְטוֹב לֵב־אַמְנוֹן בַּיַּיִן וְאָמַרְתִּי אֲלֵיכֶם הַכּוּ אֶת־אַמְנוֹן וַהֲמִתֶּם אֹתוֹ 레우 나 케토브
레브-암논 **바야인** 베아마르티 알레이켐 하쿠 에트-암논 바하미템 오토

אַל־תִּירָאוּ הֲלוֹא כִּי אָנֹכִי צִוִּיתִי אֶתְכֶם חִזְקוּ וִהְיוּ לִבְנֵי־חָיִל 알-티라우 할로 키 아노키 치비티 에
트켐 **히즈쿠 비후유 리베네-하일**

여기서 눈에 띄는 두 가지 사실은 첫째, "술"을 이용하는 점과 전쟁 전에 군사들을 독려하는 표현의 형식을 사용한다는 점이다. 술을 이용하는 것은 마치 다윗이 우리아를 집으로 내려보내기 위한 방편으로 사용했던 것과 연관해서 볼 때, 13장의 일련의 과정은 11장의 반복일 수 있다. 그리고 전쟁 전에 군사들을 독려하는 형식인 "두려워하지 마라. (…) 담대하고 대장부가 되어라"(אַל־תִּירָאוּ [...] חִזְקוּ וִהְיוּ לִבְנֵי־חָיִל 알-티라우 […] 히즈쿠 비흐유 리브네-하일)라는 표현이 역설적으로 다름 아닌 "술 취한 상대"에게 사용된다는 점이다. 당연히 그러한 표현은 암논을 호위하는 군사도 상정할 수 있으며 감히 왕자를 그것도 왕위 계승의 첫 순위인 암논을 죽인다는 것에 대한 두려움이 압살롬의 부하들에게 있음은 당연하다. 그런데도 여기서 이러한 표현 형식이 사용된 것은 역설이 아닐 수 없다.

압살롬의 부하들은 명령대로 행했고 왕자들은 모두 도망쳤다. 그들이 아직 도주 중에 있을 때, 압살롬이 모든 왕자를 쳐 죽였고 한 명도 살

....
20   명령형 다음에 이어지는 완료형(*perf. cons.*)은 시간적 결과 혹은 논리적 결과로서의 미래의 행동을 표현한다. 그리고 그것의 주어는 동일할 수도 있고 다를 수도 있다. 이에 관해서는 GK, §112 *p* γ)를 보라.

아남지 못했다는 소문이 다윗에게 전달되었다. 이 소문은 나중에 사실이 아님이 밝혀지지만, 그런데 왜 갑자기 여기서 이것이 언급된 것일까? 사무엘하 13:23부터 압살롬이 계획한 복수의 실행과 관련해서 사실 처음 언급된 것이 "모든 왕자들"(כָּל־בְּנֵי הַמֶּלֶךְ 콜-베네 하멜레크)이란 표현이었다. 그의 복수가 완성되고 난 이후에 퍼진 이 헛소문의 핵심도 바로 "모든 왕자"에 관한 것이다. 그렇다면 우리는 압살롬의 복수가 "모든 왕자"에 관한 것이 아니라 "암논"에게만 집중된 것이었음을 더욱 부각하는 역할을 그 표현이 하고 있다고 볼 수 있지 않을까?

13:31은 다윗과 그의 신하들의 특징적인 행위를 서술한다. 그것은 그들의 옷을 찢는 것이다. 죽음과 관련하여 옷을 찢는 행위는 다말의 동일한 행위와 매우 유사하다. 그리고 그와 그의 신하들의 옷을 찢는 행위 사이에 언급되는 "땅에 누움"(וַיִּשְׁכַּב אַרְצָה 바이슈카브 아르차)은 12:16 후반부의 그의 모습을 그대로 재현한다. 삶에서 맛보는 절망과 쓴맛이 그 스스로가 자초한 것으로 다윗에게 연속적으로 제공된다.

13:32에는 놀랍게도 다시 요나답이 등장한다. 그것도 이 상황에 대한 답을 제시하면서 말이다. 요나답의 말은 형식과 내용에서 두드러진다. "[사람들이]⋯라고 말하지 못할 것이다"(אַל־יֹאמַר 알-요마르)라는 표현은 אַל 알이라는 부정어가 미완료형과 결합한 형태로 무엇인가가 일어나지 않을 것을 확신하는 표현이다.[21] 그 확신의 내용은 모든 왕자가 죽은 것이 아니라 암논만 죽었다는 것이다. 그리고 요나답은 자신의 확신과 관련해서 암몬이 다말을 성폭행한 날부터 압살롬이 그를 죽이기로 작정하고 있었기 때문이라는 근거를 제시한다. 요나답은 그 이유를 마치 13장

....
21   GK, § 107 p를 보라.

을 처음부터 읽은 독자인 것처럼 정확히 설명한다.

요나답의 상황 판단력은 정확했다. 그런데 그는 이러한 사달의 원인 제공자가 아닌가? 그런 그가 낙심한 왕을 진정시키려고 건네는 말 자체가 역설이 아닌가? 요나답은 독자들에게 도대체 무엇을 말하고자 함인가? "병 주고 약 주고"를 하는 것인가? 여하간 요나답의 인물적 특성은 13장에서 매우 모호하게 드러난다.

그리고 압살롬은 도망한다. 압살롬의 도망에 대한 언급은 무려 3번 반복된다(삼하 13:34, 37, 38절). 그 언급들 사이에 살아남은 모든 왕자가 돌아왔음과 다윗 및 그들이 모두 울었다는 것 그리고 압살롬은 그술로 가서 거기서 3년을 지냈음이 언급되는데, 특히 압살롬이 그술에 갔다는 것은 두 번이나 반복해서 서술된다. 이 본문에 대한 BHS의 재구성은 현재 상태로 볼 때, 중복 기술과 갑작스러운 주어의 변동 그리고 실제 의미가 무엇인지를 추정하기 어려울 정도로 모호하게 되어 있다. 특히 13:37b과 39절의 다윗의 마음은 이제 죽은 암논과 도망한 압살롬의 사이와, 그리고 그리움과 여전한 적대감 사이에서 매우 모호하게 나타난다.

(2) 사무엘하 14:1-27

이스라엘은 사무엘하 13장에서 빚어진 사건으로 인해 순식간에 왕위를 계승할 수 있는 후보에 올라 있는 왕자 둘을 잃게 되었다. 다윗의 왕위를 계승할 암논은 살해되었고 그를 살해하도록 한 압살롬 역시 도망을 간 상태였다. 이런 상황에서 압살롬에 대한 다윗의 마음이 어떠한지, 그가 왕위 계승의 순서를 넘겨받을 왕자인 압살롬을 다시 돌아오게 할 것인지, 아직도 그의 마음에 압살롬을 향해 적대감으로 불타오르고 있는지 모호한 상태에서 14장의 서술이 시작된다.

14장에는 처음과 마지막에 요압과 압살롬의 이야기가, 그러나 중간의 핵심 부분에서는 다윗과 드고아의 지혜로운 여인의 이야기가 서술된다. 특히 다윗과 지혜로운 여인의 대화 속에는 지혜와 삶의 또 다른 차원이 매우 미묘하게 서술된다. 드고아의 지혜로운 여인은 특히 화술과 설득력을 중심으로 그것도 감히 왕 앞에서 꾸며진 이야기를 가지고 위험을 극복하며 안전하게 자신이 목표한 바에까지 이르는 놀라움을 보여준다. 그러나 깊이 있게 들여다보면, 우리는 그녀의 지혜에도 역시 넘을 수 없는 한계와 문제점이 드러나고 있음을 문득 알게 된다. 또한 그녀의 배후에 있는 요압의 지혜와 그 행위의 결과가 무엇인가는 지혜의 열매 차원에서 생각해볼 만한 대상이다.

그러한 지혜는 조금은 다른 면에서 인생을 서술한 것처럼 보인다. 즉 우리는 마침내 죽는다는 것, 땅에 쏟아진 물을 다시 담지 못하는 것처럼 한번 죽음은 돌이킬 수 없음에 대한 사상, 왕에게 있어야 할 선악의 분별에 대한 예찬과 그 한계 등이 전도서와 관련해서 생각해볼 만한 것으로 보인다. 우리는 사무엘하 14장을 전도서 8:1에 나오는 지혜의 능력과 연결이 가능하고 7장의 인식론적 지혜의 한계, 특히 7:24 이하와 연결 지어 생각해볼 수 있다.

먼저 14장에서 눈에 띄는 것 중 하나는 여기서 "다윗"이란 이름은 언급되지 않고 그가 오로지 "왕"(הַמֶּלֶךְ 하멜레크)으로만 언급된다는 사실이다. 13장과 15장에서 다윗의 이름을 사용하는 것과는 다르게 왜 유독 14장에서만 다윗의 이름을 사용하지 않고 "왕"이란 직위만을 사용하는 것일까? 이것은 아마도 14장을 어떤 가족사의 관점에서가 아니라 순전히 정치적인 면에서만 다루려는 의도가 아닐까? 즉 정치적 관점에서 모종의 일을 만들어가고, 즉 손을 쓰고 그 과정에서 적용되는 정치적 지혜 혹은 통치술의 면에서 지혜를 다루려는 것으로 이해할 수 있을 것 같다. 이러한 관점은 내가 나의 박사 학위 논문에서도 다룬 적이 있으므로 여기서는 좀 더 세밀한 관점에서 접근하고자 한다.

14:1에서는 요압이 압살롬에 대한 왕의 마음을 알았다고 언급된다. 그런데 요압이 파악한 왕의 그 마음은 무엇인가? 그것은 왕이 여전히 압살롬에게 적대감을 느끼고 있으므로 요압은 자신이 목표하는 일을 도모하면서도 매우 신중해야만 했음을 말하는 것인가? 아니면 요압은 왕이 이미 압살롬을 그리워하고 있고, 어떻게든지 그를 다시 왕위를 계승할 왕자의 자리에 회복시키려고는 하지만 그 구체적인 실행 방법을 몰라 주저하는 왕의 마음을 알았다는 것인가? 사실 14장 초반부에서 요압이 드고아의 지혜로운 여인을 불러 자신의 목표를 이루기 위해 꾸미는 일은 아마도 어떤 경우라도 결코 쉬운 일이 아니었다. 그는 정치적으로 매우 어려운 일을 성취해내고자 신중하게 접근하고 있다.

요압이 드고아의 지혜로운 여인을 분장시키는 것을 보면, 그것은 마치 여러 날 동안 암논에 대해 슬퍼한 다윗 자신을 묘사한 것이다. 특히 요압이 그 여인에게 "죽은 자에 대해 [실제적인 애도의 관습을 따라 행하며] 오래 슬퍼한 것처럼 하라"(יָמִים רַבִּים מִתְאַבֶּלֶת עַל־מֵת 야밈 라빔 미트아벨레트 알-메트; הִתְאַבְּלִי־נָא 히트아벨리-나)라고 하는데 이것은 정확히 13:37b의 다윗의 행위(עַל־בְּנוֹ כָּל־הַיָּמִים 알-베노 콜-하야밈)와 일치한다. 그리고 그것은 다윗에게 일어난 사적인 일 때문에 난관에 봉착해 있는 국가의 중대한 일, 즉 왕위 계승자의 확정이 교착 상태에 있는 어려움을 해결하기 위해 취하는 특별한 조치다.

또한 요압은 그녀에게 할 말을 일러준다. 입에 할 말을 넣어준다는 표현은 단순히 요압이 이 여인에게 무엇을 말해야 할지를 세세히 일러주었다는 뜻보다는 여인에게 어떤 특정한 임무를 부여했다는 뜻으로 이해할 수 있다.[22] 즉 이 여인은 요압이 지시한 말만 전달하는 단순한 꼭두각시가 아니라 엄중한 상황에 대해 바르게 판단하고 행동하며 돌발 상황에 지혜롭게 대처할 사명을 가진 사람이다. 14:4에 드러나는 왕 앞에서 이 여인의 행동은 무엇을 어떻게 해야 할지를 아는, 소위 들고날 줄 아는 모습이며 그녀의 첫 외침이 "구해주소서, 왕이여"(הוֹשִׁעָה הַמֶּלֶךְ호쉬아 하멜레크)다. 이것은 마태복음 21:9의 ὡσαννά호산나와 동일한 표현이다.[23]

왕이 무슨 일인지를 묻자 이 여인은 자신이 가져온 호소의 내용을 자세히 말한다. 우리가 여인이 내놓는 호소의 형태를 단순하게 "소송"의 건으로 볼 수 있는지는 모호하다. 하지만 왕의 결정이 그대로 효력을 갖는다는 사실에서 그녀의 호소를 "소송"의 건으로 보는 데는 무리가 없다.

장황한 여인의 말의 핵심을 하나씩 짚어보면, 먼저 그녀는 과부이고 남편이 죽었으며 두 아들이 있었고 그 둘이 들에서 싸우게 되었는데, 그 둘 사이를 떼어놓을[말릴] 사람이 없는 가운데 하나가 다른 하나를 쳐서 죽였다. 그리고 그 사건 이후 모든 친족(כָּל־הַמִּשְׁפָּחָה콜-하미슈파하)[24]이 그녀에게 와서 다음과 같이 말했다. 형제를 죽인 살인자를 내놓으라. 우리가 죽은 그 형제의 목숨에 대한 보상으로 그를 죽이겠고 기업 이을 자를

....

22 Gesenius[18], 1040.
23 14:4의 명령형에는 강조의 부가어 נָא나가 빠진 형태이고 마 21:9에 그리스어로 굳어진 형태는 강조의 부가어가 결합한 형태다.
24 מִשְׁפָּחָה미슈파하는 수 7:14에 잘 구별이 되어 있는 것처럼 지파(שֵׁבֶט쉐베트)와 가족(בַּיִת바이트) 사이의 개념이다. 이에 관해 Gesenius[18], 759을 보라.

[그가 기업 이을 자라 할지라도] 또한 없애버리겠다. 그리고 그들이 그녀의 남겨진 불씨마저 꺼버리고 그래서 그녀의 남편 이름과 자손이 땅 위에 있지 못하도록 하려고 한다.

내용을 다시 살펴보면, 먼저 의도한 바가 아니라 할지라도 구약의 법(출 21:12)에 비추어볼 때, 살인죄가 무마될 수는 없다.[25] 그러나 모든 친족이 당사자인 이 여인의 뜻에 반하여 살인한 아들의 목숨을 빼앗으려는 것은 눈에 띄는 언급이다. 빌트베르거(H. Wildberger)에 의하면 "피에 대한 복수"가 거룩한 책무이지만, 그것은 그것을 감당해야 할 자 (gō'ēl), 즉 죽은 자의 아들이나 형제 혹은 가까운 친척이 행해야 할 의무이며 그 의무를 진 자가 없을 때는 "피에 대한 복수"가 소멸한다.[26] 오히려 살인죄에 대한 처벌은 법적 판단의 조직 혹은 이 경우와 같이 왕이 판단해야 할 일로 보아야 한다.[27] 그래서 왕은 그 여인에게 집으로 돌아가라고 말하며 그가 그녀에 관해서 명령을 내리겠다고 약속한다. 여인이 왕에게 가져온 호소의 내용은 이스라엘의 일반적인 삶의 현장에서 충분히 일어날 수 있는 일이고 왕에 의해 충분히 시정이 가능한 일이다.

그런데도 드고아의 지혜로운 여인은 물러가지 않고 왕에게 다음과 같이 말한다.

나에게, 나의 주 왕이여, **그 죄**는 [나와] 내 집에 [있습니다.] 그리고 왕과 왕의 보좌는 무죄합니다(삼하 14:9).

....

25   Stoebe, *Das zweite Buch Samuelis*, 343.

26   이에 관해서는 Stoebe, *Das zweite Buch Samuelis*, 343과 H. Wildberger, "Blutrache," BHH 1:261을 참조하라.

27   고대 이스라엘의 법관의 제도에 관해서는 소형근, "고대 이스라엘의 법관 선발 기준과 윤리 강령",『구약논단』제78집(2020), 67-71을 참조하라.

עָלַי אֲדֹנִי הַמֶּלֶךְ הֶעָוֹן וְעַל־בֵּית אָבִי וְהַמֶּלֶךְ וְכִסְאוֹ נָקִי알라이 아도니 하멜레크 **헤아본** 베알-베이트 아비 베하멜레크 베키스오 나키

도대체 "그 죄"는 무엇을 의미하는가? 이것은 피 흘린 죄를 의미하는 것이 분명하다. 사무엘하 3:27-29을 보면, 일전에 아브넬이 살해되었을 때 다윗은 그 피가 아사헬의 피로 말미암았음을 알았다. 따라서 다윗은 아브넬의 피에 대하여 자신과 자신의 나라가 야웨 앞에 영원히 무죄함을 선언했고 그 피[우리말 번역에 "죄"로 언급됨)가 요압의 머리와 그의 아버지의 온 집을 향하게 한다. 우리는 위에 나오는 여인의 말을 이런 맥락에서 이해할 수 있다. 즉 우리는 여인의 말을 아들이 흘린 피의 값은 어떻게든 여인 자신과 그녀의 살아 남은 아들에게 다시 돌아갈 염려가 있고, 왕이 어떤 조치를 내리더라도 누군가가 반드시 문제 삼을 것이며, 그러면 그것은 여인에게 여전히 위협이 될 것을 염려하는 것으로 이해할 수 있다. 그런데 도대체 누가 이것을 "피의 복수"의 개념으로 문제 삼는다는 말인가? 요압이 자기 동생 아사헬을 죽인 아브넬에게 피를 요구한 것처럼 죽은 아들의 핏값을 요구하는 당사자가 이 여인 외에 누가 요구할 수 있단 말인가? 형제를 살해한 아들? 이미 죽고 없는 아버지? 사실 여인의 이 말은 이해하기가 어렵다. 그래서 왕은 만약 누군가가 그 여인에게 [이 문제에 관해] 말을 하는 자가 있다면, 그를 왕에게 데려오라고 말한다. 그러면 그가 그 여인을 건드리지 못할 것이라고 말한다.

하지만 여인은 왕의 이 약속에 여전히 만족하지 못한다. 여인은 왕에게 "야웨, 당신의 하나님"(יְהוָה אֱלֹהֶיךָ 야웨 엘로헤카)을 기억할 것을 요청한다.

왕은 기억하소서, 야웨, 당신의 하나님을 [말입니다]. 그래서 피의 복수자

가 더 많은 파괴의 행위를 하지 않도록,[28] 그리고 그들이 나의 아들을 죽이지 못하도록 말입니다(삼하 14:11).

יִזְכָּר־נָא הַמֶּלֶךְ אֶת־יְהוָה אֱלֹהֶיךָ מֵהַרְבִּית גֹּאֵל הַדָּם לְשַׁחֵת וְלֹא יַשְׁמִידוּ אֶת־בְּנִי[이즈카]

르-나 하멜레크 에트-야웨 엘로헤카 메하르바이트 고엘 하담 레샤헤트 벨로 야쉬미두 에트-베니

먼저는 여인이 야웨를 언급하면서까지 왕과의 대화를 끈질기게 이어나가고 있음이 눈에 띈다. 실상 여인의 아들이 피를 흘리려고 의도한 것이 아니라고 할지라도 그에 대한 책임을 지는 것이 야웨 하나님의 뜻이 아닌가? 야웨 하나님에 대한 기억이 피의 복수자가 더 많은 파괴를 하지 못하도록 막는 것이라면, 그것은 아마도 도피성 제도와 관련이 있을 텐데 이 여인의 아들이 저지른 사건은 도피성 제도와 관련이 있을까? 또 도피성 제도는 피의 복수자와 여인의 아들을 죽이려는 사람들과는 무슨 관계가 있을까? 여인이 꾸민 말속에 언급되는 친족이 "피의 복수자"인가? 여인의 말은 의도적으로 매우 난해하고 서로 앞뒤가 맞지 않는 장황한 표현일 뿐이다. 이것은 단지 의도된 화술이며 본질을 흐리는 수단일 뿐인가? 어쨌든 드고아의 지혜로운 여인은 이 문제를 해결하는 방안으로써 야웨를 기억할 것을 요구하고 있으며 마침내 왕은 야웨를 두고 너의 아들의 머리카락도 땅에 떨어지지 않을 것을 맹세했다.[29]

....

28 이 부분은 분석이 매우 어렵다. 그러나 현재 상태의 해석은 הַרְבִּית[하르바이트]를 히필 부정사로 보고, מ[메]를 전치사 מִן[민]으로 보면, מִן[민]이 부정사와 결합할 때, 그래서 "~하지 않도록"의 의미를 가지는 것으로 해석할 수 있다. 삼상 2:31에서도 전치사 מִן[민]의 동일한 용례를 확인할 수 있다. 이에 관해서는 Stoebe, *Das zweite Buch Samuelis*, 319과 Gesenius[18], 694을 참조하라.

29 삼하 11:11 말미도 번역이 쉽지는 않다. BHS 본문은 "너의 아들의 머리카락으로부터 떨어지는 것"으로 읽히지만, 이것은 다른 사본들이 뒤에 "그의 머리"를 첨가하여 읽는 것에 근거를 둔다. 그러나 이 경우도 전치사 מִן[민]의 위치에 대해서 의문이 완전히 해소되지

이제 사무엘하 14:12부터는 양상이 달라진다. 이 여인은 자기 일에 대한 해결책을 왕의 맹세로 확보한 후 갑자기 왕에게 "한 말씀"(דָּבָר다바르)을 드리고자 한다. 그것은 다음과 같다.

그런데[30] 왜 당신[왕]은 하나님의 백성에 대하여[31] 이와 같은 일을 도모하십니까? 왕이 이 말씀을 하셨음으로 인해 죄 있는 사람과 같이 되셨는데, 그것은 왕께서 그의 쫓겨난 자[즉, 왕에 의해 쫓겨난 자]를 돌아오게 하지 않으시기에 그렇습니다.

וְלָמָּה חָשַׁבְתָּה כָּזֹאת עַל־עַם אֱלֹהִים וּמִדַּבֵּר הַמֶּלֶךְ הַדָּבָר הַזֶּה 베라마 하샤브타 카조트 알-암 엘로힘 우미다베르 하멜레크 하다바르 하제

כְּאָשֵׁם לְבִלְתִּי הָשִׁיב הַמֶּלֶךְ אֶת־נִדְחוֹ 케아솀 레빌티 하쉬브 하멜레크 에트-니드호

여인의 이 말은 그 여인의 호소에 대한 왕의 맹세에 근거를 둔 말이지만, 동시에 왕에 의해 쫓겨난 자, 즉 압살롬에 관한 말임이 분명하다. 자기 일과 관련해서 왕의 조치를 맹세로까지 확보한 이 여인은 왜 갑자기 화제를 왕에 의해 쫓겨난 자, 곧 압살롬으로 발전시키는 것일까? 여인의 말은 인생에 대한 철학적 진술과 이스라엘의 종교적 진술로 표현된다.

진실로 우리는 죽습니다. 그리고 땅으로 쏟아진 물처럼 그래서 다시 모일 수 없는 물처럼 [말입니다.] 그리고 하나님은 원하지 않으며 생각지도 않

....
는 않는다.

30   *Waw copul.*(연결사)는 일반적으로 선행하는 문장과의 연결 기능을 하지만, 여기와 같이 앞선 상황과 연결하는 기능도 갖고 있다. 이에 관해서는 GK, §154 *b*를 보라.
31   부정적 뉘앙스를 가진다.

습니다. 그에게서 쫓겨난 자가 [다시] 쫓겨나는 것, 즉 쫓겨난 상태로 있는 것을 [말입니다](삼하 14:4).

כִּי-מוֹת נָמוּת וְכַמַּיִם הַנִּגָּרִים אַרְצָה אֲשֶׁר לֹא יֵאָסֵפוּ וְלֹא-יִשָּׂא אֱלֹהִים נֶפֶשׁ 키-모트 나무트
베카마임 하니가림 아르차 아쉐르 로 예아세푸 벨로-이사 엘로힘 네페쉬

וְחָשַׁב מַחֲשָׁבוֹת לְבִלְתִּי יִדַּח מִמֶּנּוּ נִדָּח 베하샤브 마하샤보트 레빌티 이다흐 미메누 니다흐

여기서 이스라엘의 종교적 진술은 14:11과 연결되는가? 여인의 아들의 상황에 해당하는 "피의 복수자가 많아지는 것"은 아마도 압살롬의 상황에 해당하는 쫓겨난 자가 쫓겨난 상태로 있는 것과 자세히 비교해보면 서로 깊은 관련은 없다. 그러나 이 여인은 그것을 왕의 죄로 당당하게 지적하고 있다. 특히 그녀는 암논의 죽음과 관련된 인생에 대한 철학적 진술을 통해 이제는 죽은 암논을 잊고 압살롬을 복권해야 함을 요청하고 있다.

놀라운 것은 14:15부터 이 여인은 자신이 꾸민 이야기 속의 아들에 관한 호소로 다시 돌아간다는 점이다. 그리고 14:17b에서 왕에게 최고 수준의 아첨을 한다.

진실로 하나님의 사자 같이 그렇게 내 주 왕은 선과 악을 [구별하여] 들으시며 당신의 하나님 야웨가 당신과 함께 계십니다(삼하 14:17b).

כִּי כְּמַלְאַךְ הָאֱלֹהִים כֵּן אֲדֹנִי הַמֶּלֶךְ לִשְׁמֹעַ הַטּוֹב וְהָרָע וַיהוָה אֱלֹהֶיךָ יְהִי עִמָּךְ 키 케
말아크 하엘로힘 켄 아도니 하멜레크 리쉐모아 하토브 베하라아 바야웨 엘로헤카 예히 이마크

여인의 아첨은 왕에게 겁 없이 잘못을 지적하는 14:13과 가장 멀리 대비되고 14:4 말미의 "왕이여, 도와주소서!"와 가장 가까이 일치한다. 그런

데 실상 이 아첨의 말은 매우 역설적이다. 이 여인은 선과 악을 구별하여 듣는다고 칭찬을 듣는 대상인 왕을 정작 현혹하고 있지 않은가? 그리고 그녀는 자신이 꾸민 가상의 상황에 대한 맹세의 판결을 이용하여 그 왕을 쥐락펴락하고 있지 않은가?

왕은 곧 그 여인의 배후에 요압이 있는지를 묻고, 그 여인은 이 모든 것이 요압이 꾸민 것임을 실토한다. 그 여인이 이어서 하는 말은 인상적이다. 그것은 또다시 아첨의 말일 뿐이다.

> 일의 국면을 돌리기 위해 당신의 종 요압이 이 일을 했습니다(삼하 14:20a).
>
> לְבַעֲבוּר סַבֵּב אֶת־פְּנֵי הַדָּבָר עָשָׂה עַבְדְּךָ יוֹאָב אֶת־הַדָּבָר הַזֶּה 레바아부르 사베브 에트-페네
> 하다바르 아사 아브데카 요압 에트-하다바르 하제
>
> 내 주는 하나님의 사자의 지혜같이 지혜로우셔서 땅에 있는 모든 것을 아십니다(삼하 14:20b).
>
> אֲדֹנִי חָכָם כְּחָכְמַת מַלְאַךְ הָאֱלֹהִים לָדַעַת אֶת־כָּל־אֲשֶׁר בָּאָרֶץ 아도니 하캄 케호크마트 말라크
> 하엘로힘 라다아트 에트-콜-아쉐르 바아레츠

먼저 "일의 국면을 돌린다는 것"은 구약의 지혜 개념에서 어떻게 평가할 수 있는가? 어떤 일에 손을 쓴다는 것에서 비롯된 조작(manipulation)은 부정적인 개념을 담고 있다. 요압과 이 여인은 압살롬의 귀환을 위해 손을 쓰면서 그것에 농락을 당하고 있는 왕으로부터의 예상 가능한 진노를 피하고자 이렇게 아첨의 말로 현혹하고 있다. 이것은 지혜가 매우 긍정적이지 않은 모습으로 사용되는 전형이다.

왕은 마치 요압이 그 자리에 대기하고 있었던 것처럼 그에게 압살롬을 귀환시킬 것을 명령한다. 그리고 요압이 궁중에서 왕 앞에서 행해

야 하는 의례적인 행위를 실행한 것에 대한 언급과 그가 관심을 둔 이 일이 [자신이 원하던 대로] 처리된 것을 은혜로 언급하는 것이 서술된다. 요압은 14장 초반부에서 이 모든 세심한 행동들을 드고아의 지혜로운 여인을 통해서 그리고 지금 이 부분에서는 자신이 직접 행하면서, 소위 왕 앞에서 들고날 줄 아는 지혜자의 모습을 입증한다. 게다가 우리는 요압이 자신의 목표한 바를 왕의 진노의 위험 앞에서도 지혜롭게 성취했음을 알 수 있다. 이것은 전형적으로 전도서 8장에 나오는 사물의 이치를 아는 지혜자의 모습이고, 불행을 피하는 지혜자의 모습이며, 때와 판단을 분별하는 지혜자의 모습이다. 하지만 우리는 전도서 8:6에 이어지는 "때와 판단이 있음으로 사람에게 임하는 화가 심함"이 이 일에 이어지고 있음을 어떻게 바라볼 것인가?

요압은 일어나 그술로 가서 압살롬을 예루살렘으로 귀환시킨다. 그러나 압살롬의 귀환길은 종착역에 닿기 직전에 구부러진다. 그것은 다윗의 추가적인 조치 때문이다.

> 그는 자기 집으로 길을 돌려야 하며 나의 얼굴을 보지 못할 것이다(삼하 14:24).
>
> יִסֹּב אֶל־בֵּיתוֹ וּפָנַי לֹא יִרְאֶה 이소브 엘-베이토 우파나이 로 이르에

다윗의 이런 추가적인 조치는 요압이 계산한 최종 목표에서 약간 빗나간 결과라고 할 수 있다. 그는 그것을 예상하지 못했을 것이며 그것이 인생의 모습일 수 있다.

왕의 이 조치는 14:28에 압살롬이 예루살렘으로 귀환한 후 두 해 동안 왕의 얼굴을 보지 못했다는 진술로 이어진다. 그런데 특이한 것은 왕

의 얼굴을 보지 못할 것이란 왕의 명령과 그가 실제로 왕의 얼굴을 보지 못했다는 이 진술 사이에서 압살롬의 외모에 대한 설명이 나온다는 점이다. 압살롬의 외모는 구약 전체에서도 눈에 띌 정도로 강렬하게 설명된다. 압살롬은 아름다운 남자(אִישׁ־יָפֶה 이쉬-야페)이며 이스라엘에서 그만큼 외모로 칭찬을 받는 자가 없을 정도다. 더구나 그는 발바닥에서 정수리까지 흠(מוּם 뭄)이 없었다. 사람에게 묘사되는 "흠이 없음"은 레위기 21:17 이하에서 아론의 자손 중에서 하나님께 음식을 드릴 자의 조건으로 나오며 아가서 4:7에서 어여쁜 여인을 "흠이 없다"고 지칭할 때 사용된 개념이다. 또한 특이하게도 압살롬의 머리카락에 대한 언급이 과할 정도로 상세히 서술되는데, 그 이유가 무엇인지 매우 궁금하다. 그리고 이어지는 압살롬의 자녀들에 대한 언급 중 놀랍게도 그의 딸에 대한 언급이 나온다. 그의 딸의 이름이 공교롭게도 "다말"이며 그녀 역시 "외모가 아름다운 여인"(אִשָּׁה יְפַת מַרְאֶה 이샤 예파트 마르에)으로 언급되는데, 이것은 13장 초반부의 압살롬의 누이 다말에 대한 용모 묘사와 함께 사무엘하 13-14장의 전체적인 구조를 형성하는 것으로 볼 수 있다.

그 구조는 13:1-14:27과 14:28 이하, 즉 압살롬이 왕위에 오르기 위한 대장정과 그의 죽음까지를 서술하는 15-18장으로 구분하는 것으로 볼 수 있다. 왜냐하면 13:1-14:27에서 초반과 마지막이 모두 외모에 대한 서술이라는 점과 또한 13:1과 14:27에서 각각 압살롬의 아름다운 누이 "다말"과 압살롬의 아름다운 딸 "다말"을 언급하고 있기 때문이다. 압살롬이 왕의 얼굴을 보지 못할 것이라는 진술과 또한 실제로 보지 못했다는 진술은 이전 사건의 결말과 이후 사건 전개의 발단으로 훌륭하게 기능할 수 있다.

우리는 다윗의 왕위 계승사의 전체적인 구성에서 여인의 아름다운 외모와 관련하여 언급되는 부분들을 살펴볼 필요가 있다. 아름다운 여인에 관한 언급은 먼저 사무엘하 11:2의 "그 여인은 외모가 매우 좋다[아름답다]"(הָאִשָּׁה טוֹבַת מַרְאֶה מְאֹד 하이샤 토바트 마르에 메오드)란 표현과 13:1의 "아름다운 여동생"(אָחוֹת יָפָה 아호트 야파)이란 표현과 14:27의 "외모가 아름다운 여인"(אִשָּׁה יְפַת מַרְאֶה 이샤 예파트 마르에) 그리고 마지막으로 열왕기상 1:3, 4절의 "매우 아름다운 처녀"(הַנַּעֲרָה יָפָה עַד-מְאֹד 하나아라 야파 아드-메오드)란 표현이 있다. 그리고 독특하게도 남자에게 적용된 사무엘하 14:25의 "이스라엘에서 매우 칭찬을 받을 만큼 아름다운 남자"(אִישׁ-יָפֶה בְּכָל-יִשְׂרָאֵל לְהַלֵּל מְאֹד 이쉬-야페 베콜-이스라엘 레할렐 메오드)란 표현이 있다. 이 표현을 함께 비교해보면, 먼저 11장에 나오는 밧세바의 아름다움은 다윗이 범죄하는 것의 근원이 되어 밧세바가 낳은 아들의 죽음으로 이어졌고 13장에 나오는 다말의 아름다움 역시 암논이 잘못하는 것의 근원이 되어 그를 죽음으로 몰아간 시초가 되었다. 이어지는 두 여인의 아름다움은 이와 대비되게 성적인 어떤 행위와도 관련이 없다. 압살롬의 딸 다말의 아름다움은 왜 언급이 되는지조차 모호하며, 특히 열왕기상 1장의 아비삭은 다윗의 후궁이 되었으나 오히려 다윗이 가까이할 수 없는 형편이었다. 그러나 다시 생각해보면, 압살롬의 딸 다말도 아비삭도 모두 죽음과 관련이 없지 않다. 압살롬의 딸 다말은 암논에게 성폭행을 당한 후 압살롬의 집에 격리된 후 어떻게 살아갔는지도 모르는 다말의 죽음과도 같은 삶을 다시 회상시키며, 아비삭은 그 아름다움을 탐내는 아도니야가 결국 죽게 되는 귀결을 만들었기 때문이다. 이것이 아름다움과 얽힌 삶의 역설이다. 압살롬 역시 그의 아름다움과 직접적인 연결이 되는지 확실치는 않으나 그의 무거운 머리 때문에 죽음을 맞게 되었으니 말이다.

2) 인물 분석

사무엘하 13장은 왕위 계승자인 암논과 그의 모사가로도 볼 수 있는 "매우 지혜로운 사람"으로 묘사되는 요나답과 그들에게 성폭행당하는 압살롬의 누이 다말 그리고 그의 오빠 압살롬이 중심인물로 등장한다. 여기에 다윗은 매우 수동적이고 영향력이 없는 모습으로 등장한다. 이들의 관계도는 특히 암논과 다말이 밀접하게 관련을 맺고 그 둘의 배후에 각각 포진해 있는 지혜자 요나답과 압살롬이 밀접하게 관련을 맺은 구도를 보여준다. 요나답과 압살롬은 지혜자이지만, 서로 지혜를 겨루는 관계로 설정되지는 않았다. 등장인물들은 모두 각자 삶의 세계에서 자신의 삶과 운명을 극복해나가기 위해 최선을 다한다. 그들은 최선을 다하는 가운데 인간의 한계에 부딪히기도 하고 때로는 크고 작은 성공을 거두기도 한다. 그러나 궁극적인 삶의 세계는 왕위 계승사의 큰 틀인 인간 삶에서 두드러지는 한계 아래에 있음이 거듭 증명될 뿐이며 그 가운데 독자들에게 그들 자신도 함께 경험하게 되는 동일한 삶의 문제를 되돌아보게 만든다. 지혜의 면에서 사무엘하 13장은 특히 단순히 목적에 도달하기 위해 물불을 가리지 않는 지혜, 즉 목적을 이루기 위한 수단으로 전락한 지혜(Zweck-Mittels-Rationalität)와 그 한계가 중점적으로 서술된다.

사무엘하 14장은 암논의 죽음과 그다음 왕위 계승자인 압살롬의 도망으로 왕위 계승의 문제가 정치적으로 불거진 상황을 타개하기 위한 요압의 치밀한 계획이 펼쳐지는 것을 서술한다. 요압과 드고아에서 온 지혜로운 여인은 다윗 앞에서 그들의 지혜의 최정점을 보여준다. 거기서 다윗은 최상의 아첨을 들으며 가장 둔감한 왕의 모습으로 서술된다.

(1) 암논

암논은 어리석고 우매한 자의 표상으로 서술된다. 그는 지혜로운 친구가 있어 다행히 지혜를 얻었으나 여전히 어리석음 속에서 결국 악행을 거듭하는 인물일 뿐이다. 다말을 마음에 원하는 대로 얻었지만, 그의 악행은 그것으로 그치지 않고 더욱 무자비하게 발전해나간다. 암논은 인간의 심리는 이해할 수 없고 변화무쌍한 것임을 입증하는 모습을 보여준다. 그는 지혜를 구하지만 목적을 이루기 위해서 무작정 지혜를 구하는 자의 전형으로 나타난다. 그는 시간이 흐르며 자신의 악행을 망각하고 조심할 줄 모르는 인간 세대의 전형이기도 하다. 특히 암논은 13:23 이하에 서술되는 압살롬의 치밀한 계략, 그것도 자신을 죽이려는 계획을 전혀 눈치채지 못하는 둔한 사람이다. 암논의 모습은 특히 전도서 10:8-9에 나오는 사람을 위해 질서 정연하게 놓인 것들에 대한 침해가 그 자신에게 어떤 결과로 돌아오는지를 잘 보여준다.

(2) 다말

사무엘하 13장에서 다말은 지혜로운 여인의 모습으로 행동하거나 지혜 자체의 화신과도 같은 언어의 형식을 사용한다. 그녀는 이스라엘의 지혜와 관습을 정확히 알고 있을 뿐 아니라 암논의 어리석음으로 자신에게 닥친 난관에 무엇을 어떻게 해야 할지도 알고 있다. 다말은 그 길을 찾을 뿐 아니라 구체적으로 무엇을 해야 하는지도 알아 어리석은 암논을 향해 권고한다. 더구나 자신이 당한 악행을 용감하게 고발하는 다말의 행동은 할 말을 해야 할 때에 말하는 대단한 용기로 평가받을 수 있다. 그러나 안타까운 것은 그녀의 지혜가 수용되지 못하며 암논으로 파괴된 그녀의 삶이 다시 한번 오빠인 압살롬에게 정치적으로 이용당하고 만다는 점이다. 그리고 다말은 죽음과도 다를 바 없이 압살롬의 집에 갇혀 평생을 살게 된다. 압살롬의 딸의 이름으로 다시 세상 밖으로 언급될 때 다말의 인생은 독자들의 마음에 아련하게 다시 떠오를 뿐이다.

남자들이 우글거리는 상황 속에서 유일하게 여인으로 등장하는 다말의 모습 역시 특징적이다. 암논은 어리석은 자의 모습이나 지혜의 권고를 들은 존재이고, 요나답은 매우 지혜로운 자이며, 압살롬 역시 지혜로운 자이지만, 그 두 사람은 그 지혜를 어떤 목적을 이루기 위한 도구로 철저하게 이용하는 특징을 보인다. 아버지인 다윗 역시 지혜롭지 못하고, 과감하지 못하며, 필요한 조치를 행하지 않는 왕의 모습을 보여준다. 이런 가운데 다말은 유일하게 지혜로운 여인의 면모를 보이지만 그 지혜가 거절되고 그 지혜가 한계 속에 감금되고 만다. 우리가 지혜를 구하고 얻기를 바라지만, 우리가 찾는 지혜는 마치 사무엘하 13장과 같이 우리가 찾을 수 없는 곳에 묻히고, 우리가 정작 소유했다고 생각하는 지혜는 오로지 자신의 욕심을 채우고 다른 사람에게 해악을 주는 것은 아닐지 생각하게 만든다.

(3) 요나답

요나답은 한마디로 "병 주고 약 주고" 하는 괴상한 인물이다. 요나답은 암논이 다말에게 아주 가까이 근접할 수 있는 길을 열어준 동시에 그에게 죽음을 선사했다. 그리고 그는 다윗 집에 암논의 죽음과 압살롬의 도망이 있게끔 한 동시에 압살롬이 암논을 죽일 때, 모든 왕자가 다 죽지 않았다는 확신을 다윗에게 준다. 이것은 다윗을 위로하고 안정을 주려는 요나답의 모습을 보여주는 것일까? 사무엘하 13장이 이런 자를 "매우 지혜롭다"고 서술하는 의도는 도대체 무엇을 표현한 것일까? 그것은 인간 지혜의 극단적인 뒤틀림을 비꼬는 문학적 표현 장치인가? 우리는 그렇다고 밖에는 말할 수 없다.

(4) 압살롬

압살롬의 지혜는 한마디로 "침묵"과 때를 기다리는 인내로 구체화되는 지혜로 나타난다. 하지만 압살롬이 피해자인 다말에게 침묵을 강요하는 것은 부당한 처사다. 그가 인내하며 때를 기다리는 것의 유일한 목적은 그의 야망을 이루기 위한 것 외에 아무것도 아니다. 압살롬에게서도 역시 목적을 이루기 위한 수단으로서의 지혜가 확인된다.

(5) 다윗

알터는 다윗의 행위를 다음과 같이 아픈 말로 지적한다. "간통을 통해 죄를 저지른 다윗은 자기 딸을 실수로 암논에게 소개해주는 포주로 행동한다."[32] 그는 자신의 욕망을 채우고자 했던 것이 부지중에 자신의 딸을 그런 욕망을 채우려는 자에게 내어준 꼴을 보인다. 또한 슈테른베르크는 암논이 다말에게 한 악행이 다윗에게 보고된 후 그가 왕으로서 진

....

노했는데도 그다음에 예상되는 행동의 패턴이 없음을 잘 지적했다.[33] 특히 우리는 다윗을 "왕"으로 강조하는 사무엘하 13:21부터 전도서 8:2-4을 예상할 수 있지만, 그러한 왕의 모습은 오히려 전도서 11:5과 연결되어 주저하는 지혜로운 인간의 모습으로 드러날 뿐임을 안다. 경험이 쌓이고 쌓여 그 경험에 붙잡히면 이것저것을 고려하느라 막상 해야 할 일을 하지 못하는 역설 말이다. 다윗이 암논을 처벌하지 못한 것은 그가 무엇인가를 열심히 계산했기 때문이 아닐까? 이것은 그를 통해 인간 경험의 허상을 적나라하게 보여준다.

암논이 죽었을 때 다윗은 이미 사무엘하 12장에서도 경험한 죽음의 쓴맛을 다시 한번 경험한다. 그가 이미 죽음의 경계선에서 삶을 향한 하나님의 의지를 깨달았다면, 다윗의 모습이 13장에서 이렇게 허무하게 드러나지는 않았을 것이다. 다시 옷을 찢고 땅에 누움이 도대체 여기서 무슨 의미가 있을까? 독자들은 다윗의 삶에서 전달되는 고통에 연민을 느끼지만 동시에 삶의 교훈을 얻는다. 그것은 인간이라면 누구에게나 피할 수 없는 죽음이 찾아오며 그 고통은 쉽사리 위로가 되지 않는다는 교훈이다.

사무엘하 14장은 다윗을 왕의 보좌에 깨어 있는 모습으로 앉아 있는 군주로 묘사한다. 왕에게 자연스럽게 따라오는 권위와 진노가 원상 회복되었다. 압살롬의 귀환 문제를 거론하여 관철시키려는 요압과 그가 사주한 드고아의 여인은 목숨을 걸고 왕 앞에서 신중히 행동할 수 밖에 없다. 다윗은 그 여인으로부터 마치 하나님의 천사와 같다는 말을 두 번이나 들으며 칭송을 받는다. 하지만 실상 그는 인생이 무엇인지에 대해

....

33   Sternberg, *The Poetics of Biblical Narrative*, 384.

서 시청각 교육을 받고 의도를 속이고 다가온 그 두사람의 말을 들으면서 자기 스스로 판결을 내려 돌이킬 수 없는 행동을 저지르도록 유도된다. 그것이 다윗의 모습이다. 지혜로운 왕으로서 다윗의 모습은 도대체 이전에 있기는 했던가? 그는 그것을 언제 다시 회복할 것인가?

(6) 요압

사무엘하 14장은 전쟁에서 용맹한 군지휘관으로 활약했던 요압을 매우 신중하고, 치밀하며, 정확하고 빠른 판단을 내리는 판단력의 소유자이자 대담한 지혜자로 서술한다. 드고아의 지혜로운 여인에게 왕 앞에 나아가 할 말을 교육하고 그녀가 어긋남이 없이 행동할 기반을 마련해준 장본인이 바로 요압이다. 요압은 암논과 압살롬의 사건과 유사한 패턴의 사건을 꾸미고 다윗이 그 사건에 대한 판결을 내리게 한 후 그것을 토대로 다윗의 불합리함을 정면으로 지적하도록 만들었다. 그리고 요압의 계획은 대성공이었다. 왕 앞에 뛰어들어가 왕을 칭송하지만, 그것은 요압이 자신의 계획이 이루어진 것을 기뻐한 것에 불과한 것 아닌가? 그러나 가만히 생각해보면, 요압은 속임과 가장이란 수단을 통해 지혜를 교묘히 이용하는 부정적인 모습의 전형으로 드러난다. 독자들은 소위 어떤 일을 만들고 그 일을 키워서 자신의 목적하는 바를 이루는 정치적인 조작의 모습을 요압에게서 확인한다. 그러나 우리는 요압의 지혜에도 한계가 있음을 보게 된다. 압살롬의 귀환은 허락되었지만, 정작 왕 앞에 나올 수 없다는 조치가 압살롬에게 내려진다. 요압은 전도서 8장에 나오는 지혜자의 모습의 전형, 즉 왕 앞에서 때와 판단을 통해 불행을 알지 못하는 모습의 지혜자다. 하지만 전도서 8:6과 같이 그도 지혜자로서 때와 판단(עֵת וּמִשְׁפָּט에트 우미쉬파트)을 안다고 하지만, 일의 결과가 어떻게 될지를 모르는 것은 그에게 역시 때와 판단(עֵת וּמִשְׁפָּט에트 우미쉬파트)이 있기 때문이다. 즉 인간의 한계의 적나라함이 그에게서도 확인된다.

(7) 드고아의 지혜로운 여인

다윗의 왕위 계승사에 나오는 밧세바와 다윗의 열 명의 후궁 및 아비삭을 제외한 나머지 여인들은 모두 지혜로운 여인의 표상이다. 특히 우리는 나머지 지혜로운 여인과 관련해서 사무엘하 13장에 나오는 다말과 14장에 나오는 드고아에서 온 지혜로운 여인 그리고 20장에 나오는 대군을 이끌고 온 요압을 지혜로운 말로 제압한 아벨-벧-마아가의 지혜로운 여인을 들 수 있다. 사무엘하 14장에 나오는 지혜로운 여인은 완벽한 변장과 연기(삼하 14:2), 특히 그것이 애곡하는 여인의 지혜(참조. 렘 9:17-18)와도 연결이 가능한 행동과 인생에 대한 철학적 진술, 이스라엘의 종교적 관습과 그 문제점에 대한 진술을 통해 심지어 왕의 죄를 지적하기까지 하는 대담함을 보인다. 물론 그 여인의 진술을 자세히 살펴보면, 그녀의 진술에는 핵심 내용과 관련해서 서로 일치하지 않는 점과 본질을 흐리는 문제가 있다. 그럼에도 이 여인은 조금도 흔들림 없이 왕을 감언이설로 쥐락펴락한다. 그 여인이 자신의 문제로 시작하여 압살롬과 관련한 왕의 문제의 핵심에 도달한 후, 왕의 진노 앞에서 안전하게 다시 자신의 문제로 돌아오는 과정은 가히 화술의 예술을 보는 듯하다. 그러나 이 여인에게서도 요압과 마찬가지로 지혜를 교묘히 사용하는 부정적인 모습의 전형을 보게 된다.

3) 전도서와의 연결점

(1) 전도서 10:8-9

최소한의 상식적인 면에서 생각해볼 때, 강자들이 판을 치는 사회 속에서도 침해되어서는 안 되는 많은 질서와 원칙들이 있다. 그러나 그것이 무너질 때가 많다. 심지어는 창조로부터 설정된 질서들조차도 오로지 인간 중심의 신학적 사고에 의해 파괴되는 경우가 비일비재하다. 그 점을 여기서 함께 생각해볼 수 있다. 물론 우리가 살아가는 사회에 있는 모든 질서와 원칙 및 제도가 모두 창조주의 질서라고 할 수는 없다. 그러나 사회가 유지되는 데 필요한 제도들이 있게 마련인데, 그러한 제도들은 유지되어야 한다.

사무엘하 13장에 묘사된 암논의 모습은 우리가 전도서 10:8-9에서 볼 수 있는 것처럼 사람이 자신을 위해 질서 정연하게 놓인 것들을 침해했을 때 그것이 자신에게 어떤 결과로 돌아오는지를 잘 보여준다.

> 구덩이를 파는 자는 그 안으로 [빠져] 떨어질 것이다. 그리고 담을 허는 자를 뱀이 물 것이다(전 10:8).
>
> חֹפֵר גּוּמָץ בּוֹ יִפּוֹל וּפֹרֵץ גָּדֵר יִשְּׁכֶנּוּ נָחָשׁ 호페르 구마츠 보 이폴 우포레츠 가데르 이쉬케누 나하쉬

> 돌들을 떠내는 자는 그것에 의해 다칠 것이며 나무들을 쪼개는 자는 그것에 의해 위험에 처하게 될 것이다(전 10:9).
>
> מַסִּיעַ אֲבָנִים יֵעָצֵב בָּהֶם בּוֹקֵעַ עֵצִים יִסָּכֶן בָּם 마시아 아바님 예아체브 바헴 보케아 에침 이사켄 밤

전도서의 이 잠언은 속담에서부터 발전되어나온 소위 "구덩이 잠언"의 확장 형태다.[34] 그것은 겉으로 보기에는 다양한 형태의 사고로 인식된다. 구덩이를 파다가 그 안으로 떨어지는 사고, 담을 헐다가 뱀에 물리는 사고, 돌을 떠내다가 잘못하여 깔리거나 돌의 날카로움에 다치거나 그리고 나무를 쪼개다가 역시 위험한 사고를 당하는 모습이다. 그런데 다시 생각해볼 때, 우리는 행위자의 의도와 그 행위에 대한 결과가 그 행위자 외의 대상자에게 어떤 결과를 가져오는지를 관찰할 수 있다. 행위자는 왜 그런 행위를 했을까? 그의 행위에는 욕심이 없었을까? 그리고 그 행위를 받는 대상자는 그 행위를 통해 어떤 침해를 받는가?[35]

암논의 경우를 전도서의 이 잠언과 연결해서 생각해보면, 암논은 자연 질서에 대한 것은 아니지만 이스라엘이라는 공동체에서 상식적으로 깨뜨리면 안 되는 질서를 파괴하는 행위를 저질렀다. 그리고 그 행위의 의도는 어떤 뚜렷한 면도 없이 그런 의도가 본래는 아니었을 수도 있지만, 결과적으로 볼 때 암논의 행위는 자신의 욕망을 채우기 위한 단순한 행위였다. 그 행위의 결과는 한 여인의 삶을 송두리 채 파괴하는 매우 악한 결과를 가져왔다. 그래서 결국 암논은 오랜 기다림 끝에 기회를 잡은 압살롬의 손에 죽게 된다.

암논의 경우에서 확인되는 바와 같이 인간의 모든 행위는 그 결과가 따르며, 그 결과에 대한 책임을 져야 한다는 교훈을 얻게 된다. 암논의 경우 특히 그것이 지혜의 결과라는 사실은 더욱 놀랍다. 그는 요나답의 지혜로부터 도움을 얻었고 그 지혜의 충고를 따라 행동했다. 그러

....

34   Rüdiger Lux, 『이스라엘의 지혜자들』, 115-6.
35   이에 관해서는 Rüdiger Lux, 『이스라엘의 지혜자들』, 116을 참조하라.

나 그 결과는 지혜가 본래 추구하는 방향인 생명과 구원이 아니라 죽음으로 드러났다. 오늘날 자연환경을 파괴하고 동식물에 무참히 가해지는 개발의 논리 역시 따지고 보면, 인간의 지혜를 따라 진행되는 일의 결과들이다. 따라서 생태계에 대한 고려 없이 무차별적으로 진행되는 개발은 이 잠언의 내면적 의미로부터 반드시 교훈을 찾아 얻고 점검되어야 한다.

(2) 전도서 8:1-8

전도서 8:1-8은 왕의 주변에서 활동하는 모사가들의 활약을 다루고 있으므로 앞서 살펴본 본문과 밀접하게 관련된다. 이 본문은 왕은 아니지만, 왕자인 암몬 주위의 요나답, 다윗 주위의 요압과 드고아의 지혜로운 여인을 대상으로 생각해볼 만한 본문이다. 전도서의 이 본문은 지혜의 능력을 칭송하는 듯 보이지만 중간에 반전을 보이고 그것은 지혜를 칭송하는 것이 아니라 매우 신랄하게 비판하는 것이며 지혜 자체의 한계를 적나라하게 보여주는 것이다. 이제 본문을 자세히 살펴보자.

> 누가 그 지혜자와 같은가? 그리고 누가 일[사건/현상 혹은 말]의 의미[36]를 알겠는가?(전 8:1a)
>
> מִי כְּהֶחָכָם וּמִי יוֹדֵעַ פֵּשֶׁר דָּבָר 미 케헤하캄 우미 요데아 페쉐르 다바르

....

36 우리말은 "사물의 이치"로 번역한다. 여기서 특히 פֵּשֶׁר페쉐르는 여기에 단 한 번만 등장하는 단어(Hapaxlegomenon)다. Lauha에 의하면 이것은 아람어의 차용어이며, 그것은 어원상 פָּתַר페테르라는 히브리어 단어에 가까우며, 특히 이후 쿰란 텍스트에서 중요한 신학적이고 문학적인 용어가 되었다. 이에 관해서는 Lauha, *Kohelet*, 144을 보라.

사람의 지혜는 그의 얼굴을 빛나게 한다. 그리고 [그 지혜로 말미암아] 그의 얼굴의 일그러짐[37]이 변하게 된다(전 8:1b).[38]

חָכְמַת אָדָם תָּאִיר פָּנָיו וְעֹז פָּנָיו יְשֻׁנֶּא 호크마트 아담 타이르 파나브 베오즈 파나브 예슈네

나는[내 생각을 말한다면 다음과 같다.][39] 왕의 명령을 지키라. 그리고 그것은 하나님께 대한 맹세의 말에 근거해서 말하는 것이다(전 8:2).

אֲנִי פִּי-מֶלֶךְ שְׁמֹר וְעַל דִּבְרַת שְׁבוּעַת אֱלֹהִים 아니 피-멜레크 쉐모르 베알 디브라트 쉐부아트 엘로힘

그[왕] 앞에서 물러나면서 허둥대지 마라. 험악한 상황이 있을 때에는 [그의 앞에서] 끼어들지 마라. 왜냐하면 그는 하고자 하는 모든 것을 할 수 있기 때문이다(전 8:3).

אַל-תִּבָּהֵל מִפָּנָיו תֵּלֵךְ אַל-תַּעֲמֹד בְּדָבָר רָע כִּי כָל-אֲשֶׁר יַחְפֹּץ יַעֲשֶׂה 알-티바헬 미파나브 텔레크 알-타아모드 베다바르 라아 키 콜-아쉐르 야흐포츠 야아세

왕이 말하는 것에는 권능이 있다. 그러므로 누가 그에게 "뭐 하시는 겁니까?"라고 말할 수 있겠는가?(전 8:4)

בַּאֲשֶׁר דְּבַר-מֶלֶךְ שִׁלְטוֹן וּמִי יֹאמַר-לוֹ מַה-תַּעֲשֶׂה 바아쉐르 디바르-멜레크 쉴톤 우미 요마르-로 마-타아세

....

37 직역하면, "힘"인데, 얼굴의 힘이라면 혹독한 상황에 대한 근심으로 인해 얼굴이 일그러짐으로 이해할 수 있다.

38 이 부분과 전 8:2-5에 밑줄을 표기한 것은 나는 이 말을 전도자가 아닌 다른 사람의 말 혹은 다른 사람의 말을 인용한 것으로 판단하기 때문이다.

39 이 번역은 전 8:6 초반부의 꺾은 괄호 안의 삽입구와 함께 אֲנִי아니만을 기초로 상당히 의역한 것이긴 하지만 이것을 단순히 "내가 권하노라"로 보기에는 마뜩잖다.

[왕의] 명령을 지키는 자는 악한 일[불행한 일]을 알지 못할 것이다. 그리고 때와 질서[판결]⁴⁰를 지혜자의 마음은 안다(전 8:5).

שׁוֹמֵר מִצְוָה לֹא יֵדַע דָּבָר רָע וְעֵת וּמִשְׁפָּט יֵדַע לֵב חָכָם 쇼메르 미츠바 로 예다 다바르 라아 베에트 우미쉬파트 예다 레브 하캄

[그러나 실상은]⁴¹ 진실로 모든 계획[하고자 하는 일]에는 때와 질서[판결]이 있다. 진실로 사람의 불행[악한 일]이 그에게 많아진다(전 8:6).

כִּי לְכָל־חֵפֶץ יֵשׁ עֵת וּמִשְׁפָּט כִּי־רָעַת הָאָדָם רַבָּה עָלָיו 키 레콜-헤페츠 예쉬 에트 우미쉬파트 키-라아트 하아담 라바 알라브

진실로 어떤 일이 일어날지 아는 사람이 없다. 진실로 누가 [과연] 일어나게 될 것과 같이 그에게 알려줄 수 있겠는가?(전 8:7)

כִּי־אֵינֶנּוּ יֵדַע מַה־שֶּׁיִּהְיֶה כִּי כַּאֲשֶׁר יִהְיֶה מִי יַגִּיד לוֹ 키-에이네누 요데아 마-쉐이흐예 키 카아쉐르 이흐예 미 야기드 로

바람을 통제할 만하여 바람을 불지 못하도록 막을 사람이 없고 죽는 날에 대하여 권능[을 가진 사람]도 없다(전 8:8).

אֵין אָדָם שַׁלִּיט בָּרוּחַ לִכְלוֹא אֶת־הָרוּחַ וְאֵין שִׁלְטוֹן בְּיוֹם הַמָּוֶת 에인 아담 샬리트 바루아흐 리클로 에트-하루아흐 베에인 쉴톤 베욤 하마베트

....
40   우리말 번역의 "판단"은 단순히 왕의 판결로만 의미가 제한되는 것 같아 여기서는 Schwienhorst-Schönberger를 따라 "질서"로 번역할 것을 제안한다. 물론 그의 번역도 질서[판결]로 제시되어 있다. 이에 관해서는 *Kohelet*, 416을 보라.
41   원문에는 없지만, 전 8:6에서 전도자의 견해로 전환됨을 확실히 밝히기 위해 삽입했다.

전도서 8:1a은 두 개의 질문으로 시작한다. "누가 그 지혜자와 같은가?" 그리고 "누가 일의 의미를 알겠는가?" 이 두 질문은 전도자가 던지는 질문이다. 전도자는 긍정적인 대답이 아니라 부정적인 대답을 기대하고 질문을 던지고 있다. 여기서 "그 지혜자"는 어떤 대상을 특정하듯 표현되어 있지만, 우리는 그가 누구인지를 정확하게 몰라서 그 대상을 특정하기 어렵다. 또한 두 번째 질문의 "일"은 דָּבָר다바르로 어떤 일의 상황, 현상 또는 사건을 말하기도 하고 "말"로 번역해도 무방하다. 어떤 경우든 그것은 누가 지혜자가 되어 세상 일의 돌아가는 바와 그 의미를 파악하겠느냐는 질문이다. 우리는 이것을 전도자가 전도서 8장에서 지혜와 지혜자의 한계를 말하기 위해 던지는 반어적 질문으로 볼 수 있다. 8:1b은 이 반어적 질문에 대한 누군가의 당당한 대답을 제시한다[밑줄 친 부분]. 이 누군가는 전도자가 아니며 그가 인용하는 어떤 대상일 것이다. 그는 전도자가 던지는 질문인 "누가 알겠는가"란 질문에 대해서 "사람의 지혜"(חָכְמַת אָדָם호크마트 아담)가 그것을 알 수 있다고 대답한다. 사람의 지혜는 경험을 토대로 축적된 것이며 특히 세대에서 세대를 거쳐 전달되는 지혜는 의심의 여지 없이 확실한 것임에는 틀림없다. 그래서 사람의 지혜는 그것을 소유한 사람의 얼굴을 빛나게 하며 어떤 어려운 상황으로 인해 일그러진 얼굴을 변하게 만드는 능력이 있다. 이것은 구약 지혜의 핵심 기능을 잘 설명하며 그 지혜가 가진 능력을 올바르게 주장하고 있다. 8:2은 1인칭으로 표현한 전도자 자신이 지혜에 대해 주장하는 견해다. 8:2의 히브리어 첫 단어인 אֲנִי아니를 "나는[내 생각을 말한다면 다음과 같다]"으로 번역하지 않고 비평 각주에 제안된 것처럼 "모든 혹은 다수의 사본들과 같이"(Vrs)[42] 단순히 목적어를 표현하는 전치사 את에트로 보거나 아니면 개역개정의 번역처럼 "내가 권하노라"로 번역한다면, 이 단락에서 전도자가 말하고자 하는 바가 정확하게 전달되지 못한다.[43] 이 אני아니, 즉 "나는[내 생각을 말한다면 다음과 같다]"은 8:2-5의 소위 "왕의 지혜"에 대한 간접 인용을 지나 8:1a의 반어적 질문에 대한 8:6 이하에 나오는 전도자의 견해와 연결해서 이해해야 한다.[44] 그래서 나는 8:6 앞에 [그러나 실상은]을 추가했다. 8:2에 나오는 왕의 명령을 지키라는 권고의 근거로 제시된 하나님께 대한 맹세는 전도서 5:2[히, 1절]과 미묘한 반향을 이룬다. 또한 8:3이 말하는 왕 앞에서 어떻게 행동해야 하는지와 그 근거 그리고 8:4에 나오는 왕의 말에 있는 권능도 마치 전도서 5:1-2[히, 4:17-5:1]과 유사함을 통해 마치 왕과 하나님이 동일시되는 느낌을 준다.[45] 이것은 구약의 다른 곳, 특히 잠언에서도 발견되는 사상이기는 하지만[46] 전도자의 사상이 또한 그러하다고 할 수 있을까? 전도자는 왕과 권력자들에게 결코 아무런 생각없이 복종하게 하지 않는다.[47] 이제 8:5은 전도자에게 상당히 신중한 판단을 하게 한다. 먼저 다른

....

42   BHS의 Prolegomena의 sigla et compendia apparatuum을 참조할 것. 한편 라틴어역인 불가타에도 אני아니가 ego로 번역되어 있음을 확인하라.

43   나의 견해와는 다르게 전 8:2 이하의 소위 "왕의 지혜"를 전도자의 견해로 보는 것에 대해서는 우상혁, 『해아래에서 어떻게 살 것인가?』(용인: 목양, 2009), 135와 장성길, 『하나님을 경외하는 지혜자』(용인: 킹덤북스, 2012), 186 이하를 참조하라.

44   전 8장에 대한 김순영의 해석은 꽤 주목할 만하다. 이에 관해서는 김순영, 『일상의 신학, 전도서』, 225-30을 보라.

45   하나님과 동일시되는 왕위 권위와 진노를 말하는 왕의 지혜에 관해서는 구자용, "삼하 11장: 아이러니화된 왕의 지혜", 『구약논단』 제35집(2010), 134-6을 참조하라.

46   가령 잠 24:21-22; 20:2; 16:14-15; 19:12을 참조하라.

47   물론 잠언 역시 아무런 생각 없이 왕에게 복종할 것을 말하지는 않지만 말이다. 이에 관해서는 구자용, "'힌네, 디메아트 하아슈킴!'(전 4:1b): 사회 정의와 인권에서의 차별에 대한 전도서의 교훈", 『미션 네트워크』 제7집(2019), 134을 보라.

설명이 없이 "명령"을 지키는 자는 불행을 알지 못한다는 주장은 무슨 말인가? 이것을 "왕의 명령"으로 이해하는 것이 문맥에 맞다. 그리고 그렇게 이해할 때, 그것은 상황에 대한 적절한 판단을 기초로 한 지혜의 행위로 볼 수 있다. 8:5b은 그 행위를 직설적이며 일반적인 진리로, 즉 지혜자의 마음은 때와 질서[판결]을 안다고 주장한다. 여기서 מִשְׁפָּט미쉬파트 라는 히브리어 단어를 적절하게 번역하기란 쉽지 않다. 의미상으로 8:5b 의 "때와 질서"는 8:6a의 "때와 질서"와 동일해야 한다. 하지만 5b절의 "질서"는 "왕 앞에서 정해진 질서, 규율, 법도"로, 그리고 6a절의 "질서"는 명시되지는 않았으나 "하나님 앞에서, 즉 하나님이 정해놓으신 질서, 규율, 법도"로 이해할 수 있다. 이와 연관하여 슈빈호르스트-쉔베르거는 8:5a의 "때와 질서"에서 "때"를 8:3의 "험악한 상황이 있을 때"로 생각하고 그리고 "질서"는 8:3의 왕 앞에서 물러나는 방식과 연관된다고 의미 있게 지적했다.[48] 또한 8:5b의 이 진술에 대한 8:6ab의 두 진술은 당혹스럽다. 그것은 8:5b의 진술을 완전히 뒤집는다. 그것은 사람이 도모해서 이루고자 하는 모든 계획과 일에는 8:5b에서 지혜자가 안다고 말하는 "때와 질서[판결]"가 있고, 그래서 사람에게 불행한 일이 많아진다고 진술한다. 그리고 이어지는 8:7과 8:8은 인간 지혜의 한계를 명확히 서술한다. 곧 인간은 바람을 주장할 권리가 없어서 바람을 멈추게 할 수 없고, 죽는 날에 대한 권리도 없어서 그날을 막거나 변경할 수 없다.

우리는 지혜 자체의 능력을 말하는 것으로 볼 수 있는 전도서 8:1에서 암논의 일그러진 얼굴을 밝게 펴주는 요나답을 상상할 수 있고 그 구절을 왕 앞에서 들고 날 줄 아는 드고아에서 온 지혜로운 여인 및 요압의

----

48   Schwienhorst-Schönberger, *Kohelet*, 416을 보라.

모습과 연결하여 생각해볼 수 있다. 그러나 이들은 모두 때와 질서[판결]를 분별하는 지혜의 능력에도 불구하고 그들이 예상할 수 없는 때와 질서[판결]로 인해 커다란 난관을 자신이 혹은 그들이 지혜로 도움을 준 대상에게 초래하고 말았다.

(3) 전도서 2:13-17

사무엘하 13장과 14장은 지혜와 지혜의 불꽃 튀는 경연장이라고도 말할 수 있다. 여기에는 매우 지혜로운 사람으로 지칭되는 요나답, 암논의 어리석음에 대비되어 서술되고 마치 여성으로 의인화된 것 같은 지혜로운 다말 그리고 대단한 인내와 때를 기다릴 줄 아는 압살롬, 요압, 드고아에서 온 지혜로운 여인까지, 그리고 비록 아첨의 말 속에 나오는 표현이지만 다윗에게 지칭된 하나님의 지혜까지 등장한다. 마지막에 언급되는 하나님의 지혜는 앞에 열거된 인간의 지혜와 비교해볼 수 있는 좋은 토대다. 사무엘하 13장과 14장의 저자는 그런 의도로 하나님의 지혜를 언급했을 수도 있다.

앞서 열거한 지혜자들의 지혜를 인간의 지혜로 규정하고 그들의 지혜의 결과를 살펴보면, 공통적으로 이들이 지닌 지혜는 대체로 죽음으로 귀결된다. 달리 표현하면, 이들의 지혜가 그 지혜를 획득한 존재에게 생명과 죽음 사이에서 생명을 선택하게 할 능력이 없다는 점이다. 다말의 지혜 역시 어리석은 자에게 수용되지 못하고 버려지며 지혜자 자체에게 죽음과도 같은 불행의 결과를 가져다준다. 이것은 지혜의 한계를 말하는 전도서의 본문을 떠올리게 한다. 특히 지혜의 한계를 말하며 지혜자와 우매자의 차이가 무엇인지를 진지하게 묻는 전도서 2:13-17이 여기서 드라마화되어 펼쳐진다고 볼 수 있다.

그리고 내가, 지혜가 어리석음 보다 유익이 있다는 것이고, 그것이 마치 빛
이 어둠보다 더 유익함과 같다는 것을 보았다(전 2:13).

וְרָאִיתִי אָנִי שֶׁיֵּשׁ יִתְרוֹן לַחָכְמָה מִן־הַסִּכְלוּת כִּיתְרוֹן הָאוֹר מִן־הַחֹשֶׁךְ 베라이티 아니 쉐예쉬 이
트론 라호크마 민-하시클루트 키트론 하오르 민-하호쉐크

지혜자는 그의 눈이 그의 머리에 있고 우매자는 어둠 가운데에 헤맨다. 그
러나 내가 다시 깨달은 것은 동일한 한 운명이 그들 모두를 맞닥뜨리게 된
다는 것이다(전 2:14).

הֶחָכָם עֵינָיו בְּרֹאשׁוֹ וְהַכְּסִיל בַּחֹשֶׁךְ הוֹלֵךְ 헤하캄 에이나브 베로쇼 베하케실 바호쉐크 홀레크

וְיָדַעְתִּי גַם־אָנִי שֶׁמִּקְרֶה אֶחָד יִקְרֶה אֶת־כֻּלָּם 베야다으티 감-아니 쉐미케레 에하드 이크레 에트-쿨람

그래서 내가 마음 속으로 말했다. "우매자가 당할 운명과 마찬가지로 나도
역시 그것이 나를 맞닥뜨리게 될 것인데, 내가 무엇하러 지혜자가 되었고,
그래서 나에게 남는 것이 있었던가?" 그리고 내가 마음속으로 말했다. "이
것 또한 헛되구나"(전 2:15).

וְאָמַרְתִּי אֲנִי בְּלִבִּי כְּמִקְרֵה הַכְּסִיל גַּם־אֲנִי יִקְרֵנִי וְלָמָּה חָכַמְתִּי אֲנִי אָז יוֹתֵר 베아마르티
아니 벨리비 케미케레 하케실 감-아니 이케레니 베라마 하캄티 아니 오즈 요테르

וְדִבַּרְתִּי בְלִבִּי שֶׁגַּם־זֶה הָבֶל 베디바르티 벨리비 쉐감-제 하벨

진실로 지혜자에게도 우매자와 함께 영원한 기억이 있지 않으며 이미 오래
전에 다가온 날들 가운데 모두가 잊혀졌다. [도대체] 어떻게[49] 지혜자가 우
매자와 함께[동일하게] 죽는단 말인가?(전 2:16)

כִּי אֵין זִכְרוֹן לֶחָכָם עִם־הַכְּסִיל לְעוֹלָם בְּשֶׁכְּבָר הַיָּמִים הַבָּאִים הַכֹּל נִשְׁכָּח 키 에인 지크론

....
49   개역 개정의 "오호라"는 의미가 불확실하여 이렇게 번역했다.

레하캄 임-하케실 레올람 베쉐케바드 하야밈 하바임 하콜 니쉐카

וְאֵיךְ יָמוּת הֶחָכָם עִם-הַכְּסִיל 베에이크 야무트 헤하캄 임-하크실

그래서 내가 삶을 혐오했다. 진실로 내가 해 아래에서 행하는 행위가 나에
게 악한 것이다. 진실로 모든 것이 헛되며 허공에서 무엇인가를 잡으려는
것이다(전 2:17).

וְשָׂנֵאתִי אֶת-הַחַיִּים כִּי רַע עָלַי הַמַּעֲשֶׂה שֶׁנַּעֲשָׂה תַּחַת הַשָּׁמֶשׁ כִּי-הַכֹּל הֶבֶל וּרְעוּת רוּחַ

베사네티 에트-하하임 키 라아 알라이 하마아세 쉐나아사 타하트 하쉐메쉬 키-하콜 헤벨 우레우트 루아흐

비른바움과 슈빈호르스트-쉔베르거가 밝힌 전도서의 이 구절의 의미는
주목할 만하다.

> "왕으로서의 전도자"는 이 단락에서 사회적 지식, 즉 그것의 의미 세계를
> 형성하고 있는 지식과 현실, 곧 그 자신이 하나씩 하나씩 인식하게 되는 현
> 실 사이의 근본적인 차이를 처음으로 확실하게 경험한다. 명목상 죽음을
> 초월하고 영원한 삶을 보장해준다고 그 유효함에 대한 권리를 요구하는 지
> 혜와 왕권이 실상은 도무지 따라 잡을 수 없는 것으로 밝혀지고 만다. 단순
> 히 인간일 뿐임에서 받는 현실 충격은 "왕으로서의 전도자"를 우선적으로
> 는 회의와 증오로 이끌지만 그러나 결국 그것이 회복을 가져다주는 실망으
> 로 드러난다. 현실에 대한 경험, 그것도 그 존재하는 그대로에 대한 경험은
> 모든 화려한 치장과 아름답게 꾸밈의 저편에서 적절하고 행복을 보장해주
> 는 삶의 자세로 이끈다.[50]

....

50   Birnbaum and Schwienhorst-Schönberger, *Das Buch Kohelet*, 272.

다윗의 왕위 계승사는 지혜와 왕권에 기대되는 이상이 현실에서 너무 높아서 그것으로부터 현실 세계에 실제로 영향을 주는 것이 많지 않음을 적나라하게 보여준다. 사무엘하 13장과 14장의 지혜자들이 거둔 성공은 단지 표면적인 것 혹은 일시적인 것일 뿐이며 영원한 행복과 안정을 가져다주지는 않는다. 또한 지혜의 결국이 그 지혜를 소유한 사람에게 오히려 비참함으로 드러나고 삶의 안정을 주기보다는 결정적인 문제를 야기시키는 혼란을 보여준다. 그러나 다윗의 왕위 계승사 역시 이런 혼란과 당혹감을 통해 독자들을 단순히 좌절시키지 않는다. 그것은 현실에 대한 아픈 경험으로 오히려 사람들을 더 성숙한 삶의 자세로 이끌기 때문이다.

5. 사무엘하 14:28-19:43[히. 44]
다윗과 압살롬 그리고 아히도벨과 후새의 다양한 지혜와 그 결과

사무엘하 13-14장은 왕위 계승자인 암논의 죽음과 그를 이어 왕위 계승자가 될 압살롬의 도망 그리고 우여곡절 끝의 귀환을 서술하고 있다. 그러나 14장 말미는 완전한 귀환과 복권으로 보이지 않는 압살롬의 문제에 대해 압살롬 자신이 해결하는 지혜를 서술한다. 그리고 이 문제의 해결과 함께 자유롭게 된 압살롬은 스스로 왕위에 오르고자 하는 계획을 서서히 실행한다. 그는 이 계획의 주도면밀한 실행으로 반란을 일으키고, 거기에 영향력 있는 많은 사람이 가담한다. 결국 다윗은 예루살렘에서 도망치고 그 도망의 길에서 자신의 정치적이고 종교적인 삶의 다양한 실패와 가능성이 14장 말미에 열거된다.

압살롬의 반란을 주된 주제로 하는 사무엘하 15-19장은 다윗을 기준으로 도망과 귀환이라는 대칭적 구조를 형성한다. 여기서는 압살롬의 반란 준비에 나타나는 이스라엘 왕의 이데올로기에 관한 서술과 의미를 특히 전도서에 나오는 왕이 지닌 지혜의 한계와 비교할 수 있고 신의를 바탕으로 하는 인간 삶의 많은 경험과 의미들이 다윗의 주변 인물을 통해 그려진다. 따라서 우리가 이것을 삶의 드라마로 평가하는 데는 조금의 손색도 없다.

1) 본문 분석

(1) 사무엘하 14:28-33

압살롬은 예루살렘에 귀환하여 2년을 지내는 동안에 아직 왕의 얼굴을 볼 수 없었다. 그가 요압을 왕에게 보내 이 문제를 해결하려고 그에게 사람을 두 번이나 보냈으나 요압은 이에 응하지 않는다. 요압의 이 모습은 그가 본래 도모했던 일의 성격과 전개 과정에 비해 매우 특이한 모습이 아닐 수 없다. 요압이 왜 이렇게 갑자기 수동적으로 되었는지를 본문을 통해서 도무지 알 수 없다. 여하튼 압살롬은 요압이 자신을 만나지 않을 수 없게끔 만드는 조처를 내린다. 압살롬의 밭 바로 옆에 요압의 밭이 있었는데 압살롬은 자신의 부하들에게 요압의 밭에 난 보리에 불을 지르게 한다. 압살롬의 이러한 과격한 명령과 그 명령에 순종하는 그의 부하들의 모습은 그가 암논을 살해할 때 자신의 부하들에게 이렇게 저렇게 할 것을 지시하던 모습과 매우 유사하다. 압살롬은 시간이 지나도 변한 것이 전혀 없어 보인다.

압살롬은 당장 자신의 집으로 찾아온 요압에게 왕에게 가서 전할 말을 친히 알려준다. 이것은 요압이 드고아의 여인에게 한 행위의 정반대 모습이다.

> 왜 내가 그술에서 돌아왔습니까? 내가 거기 여전히 있었다면 좋았겠습니다. 이제 내가 왕의 얼굴을 보려고 합니다. **만약 내게 죄가 있다면**, 나를 죽이십시오(삼하 14:32).
>
> לְמָה בָּאתִי מִגְּשׁוּר טוֹב לִי עֹד אֲנִי־שָׁם וְעַתָּה אֶרְאֶה פְּנֵי הַמֶּלֶךְ? 라마 바티 미게슈르 토브 리 오

וְאִם-יֶשׁ-בִּי עָוֹן וֶהֱמִתָנִי 베임-예쉬-비 아온 베헤미타니

죄는 특히 드고아에서 온 지혜로운 여인의 말속에 있는 핵심 단어였고 그것이 요압이 여인에게 지시한 말의 핵심 개념이었다면, 죄에 대한 언급은 요압에게는 더욱 역설적으로 들렸을 것이다. 요압은 왕에게 가서 압살롬의 말을 전했고 압살롬은 왕을 볼 수 있었다. 그리고 왕이 압살롬과 입을 맞추었다는 서술[1]이 압살롬의 지위가 완전히 회복되었음을 보여주는 것인지는 의문이 들지만, 그러한 서술은 그와 왕 사이의 앙금이 사라졌음을 상징적으로 보여주는 것 같다. 특히 왕 앞에 나아와 얼굴을 땅에 대고 절하는 왕궁에서의 행동 방식에 대한 묘사는 드고아의 지혜로운 여인과 요압 그리고 압살롬으로 연속된다. 이것은 14장이 의도하는 점층적인 그림으로도 볼 수 있다. 지혜로운 여인의 엎드림, 요압의 엎드림과 최종적으로 압살롬 자신의 엎드림으로 말이다.

(2) 사무엘하 15장

15장 초반부는 압살롬이 왕과의 관계를 회복하고 나서 진행한 일을 두 가지 면에서 매우 특징적으로 서술한다. 압살롬은 먼저 자신을 위해 전차와 말 그리고 보병 오십을 자기 눈앞에 배치한다. 그리고 압살롬은 아침에 일찍 일어나서 성문 길 옆으로 간다. 그곳에는 송사할 일이 있어 왕에게 재판을 받으려고 온 모든 사람이 있었다. 압살롬은 그들과 다음과

....
1   "입맞춤"의 정치적인 의미에 대해서는 더 연구할 필요가 있다.

같은 대화를 나눈다.

> 너는 어느 성읍에서 왔느냐?(삼하 15:2a)
>
> אֵי־מִזֶּה עִיר אָתָּה 에이-미제 이르 아타

> 당신의 종은 이스라엘의 한 지파에서 [왔습니다](삼하 15:2b).
>
> מֵאַחַד שִׁבְטֵי־יִשְׂרָאֵל עַבְדֶּךָ 메아하드 쉬브테이-이스라엘 아브데카

> 보라! 너의 일[2]이 옳고 바르다. 그러나 너의 일을 들어줄 사람이 왕으로부터 [세워져 있지 않다](삼하 15:3).
>
> רְאֵה דְבָרֶךָ טוֹבִים וּנְכֹחִים וְשֹׁמֵעַ אֵין־לְךָ מֵאֵת הַמֶּלֶךְ 레에 데바레카 토빔 우네코힘 베쇼메아 에인-레카 메에트 하멜레크

> 누가 나를 이 땅의 재판관으로 세워줄 것인가? 그래서 송사와 재판받을 일이 있는 모든 사람이 나에게 와서 내가 그에게 정의를 베풀게 할 것인가?(삼하 15:4)[3]
>
> מִי־יְשִׂמֵנִי שֹׁפֵט בָּאָרֶץ וְעָלַי יָבוֹא כָּל־אִישׁ אֲשֶׁר־יִהְיֶה־לּוֹ־רִיב וּמִשְׁפָּט וְהִצְדַּקְתִּיו 미-예시메니 쇼페트 바아레츠 베알라이 야보 콜-이쉬 아쉐르-이흐예-로-리브 우미쉐파트 베히츠다케티브

이 당시에는 송사를 맡아 주관하는 조직이 따로 있지 않았던 것으로 보

....

2   BHS의 비평 각주를 보면, 적지 않은 사본들이 דְבָרֶךָ 데바레카를 דְבָרֶיךָ 데바레이카로 읽는다고 밝히고 있고 따라서 그것을 "말"보다는 "일", 즉 왕에게 재판을 받고자 함의 용무로 번역한다.

3   מִי의 소망이 담긴 의문사의 기능에 대해서는 Gesenius[18], 666을 보라.

인다. 그렇다면 압살롬의 말은 당연히 맞는 말이다. 따라서 백성들이 왕 앞에 직접 나가서 재판을 받았던 것이 아니었을까? 마치 14장의 드고아에서 온 지혜로운 여인처럼 말이다. 그렇다면 압살롬의 말은 맞는 것이면서도 실상은 사실을 왜곡한 것이 아닐까? 또한 우리는 압살롬이 마지막으로 자신의 소망을 의문문으로 표현한 말을 왕의 이데올로기와 관련하여 판단할 때, 그것은 상당히 위험한 말이다. 이것은 다름 아닌 "누가 나를 왕으로 세워준다면!"과 같은 말이기 때문이다.

우리가 압살롬이 보인 두 가지 특징적인 행동을 이스라엘과 주변 민족들에 형성되어 있던 "왕의 이데올로기" 측면에서 볼 때, 그것은 중요한 의미를 가진다. 사사의 시대가 저물어가고 이스라엘 백성이 왕을 요구하게 되는 과정을 서술하는 사무엘상 8장을 보면, 그것은 왕의 존재 목적, 즉 왕이 왜 필요한지를 두 가지 측면에서 서술한다. 첫 번째는 사무엘의 아들들이 불의하게 재판한 것에서 비롯된 왕의 필요성이고, 두 번째는 백성에 앞서 전쟁을 이끄는 필요성이다. 압살롬의 행위는 바로 이 두 가지를 가시적으로 보여주는 것이다. 우리는 그것을 그가 왕으로 행세하는 것으로 판단할 수 있다.

또한 압살롬은 왕에게 재판을 받기 위해 오는 사람들이 자신에게 다가와 엎드려 절하려고 하면 손을 내밀어 그를 붙잡고 입을 맞추었다. 그는 이러한 행동을 통해서 이스라엘 사람들의 마음을 훔쳤다. 압살롬은 이러한 행동을 무려 4년간 지속했고 4년이 다 되어갈 무렵 그는 왕에게 헤브론으로 가서 자신이 서원한 서원을 갚겠다고 말한다. 그것은 그가 아람 그술에 있을 때 서원한 것인데 야웨가 자신을 예루살렘에 돌아가게 한다면 자신이 야웨를 섬기겠다고 말한 서원이다. 왕은 압살롬의 계획을 허락하고 압살롬은 헤브론으로 간다.

15장 초반부에 나오는 압살롬의 치밀한 계획과 실행 그리고 그 기간이 무려 4년이나 지속했다는 서술은 그가 이미 13장에서 증명해 보인 그의 주도면밀함을 다시 돋보이게 하는 것이 아닐 수 없다. 압살롬은 모든 일을 급하게 서둘지 않고 인내하며 가장 좋은 적절한 때를 기다리는 지혜를 갖고 있다. 또한 그는 어떤 일을 행할 때 그에 대한 확실한 명분과 근거를 항상 준비한다. 압살롬의 이런 신중함에는 깊은 숙고가 결여되고 통찰력이 없어 보이는 다윗 왕의 모습이 계속해서 대조된다.

　　압살롬의 반란이 시작된다. 압살롬이 밀사(מְרַגְּלִים메라글림)를 이스라엘의 모든 지파에 보내서 다음과 같이 말한다.

> 너희가 나팔 소리를 듣게 될 때, 압살롬이 헤브론에서 왕이 되었다고 외쳐라(삼하 15:10).
>
> כְּשָׁמְעֲכֶם אֶת־קוֹל הַשֹּׁפָר וַאֲמַרְתֶּם מָלַךְ אַבְשָׁלוֹם בְּחֶבְרוֹן 케샴아켐 에트-콜 하쇼파르 바아마르템 밀라크 아브살롬 베헤브론

그리고 초대받은 200명의 사람들이 압살롬과 함께 예루살렘에서부터 동행했다. 그런데 놀라운 것은 그들이 이 모든 일을 모르고 동행한다는 사실이다.

　　그리고 압살롬과 함께 200명의 초대된 사람들이 예루살렘에서부터 **영문도 모른 채**[아마도 헤브론에서 압살롬의 일에 동참한다는 것은 알았겠으나 정확히 그 일의 목적은 모른 채][4] 동행했다. 그러나 그들은 이 모든 일을

....
4　　이 번역에 대해서는 Gesenius[18], 1442과 Stoebe, *Das zweite Buch Samuelis*, 360을 보라.

알지 못했다(삼하 15:11).

וְאֶת־אַבְשָׁלוֹם הָלְכוּ מָאתַיִם אִישׁ מִירוּשָׁלַם קְרֻאִים וְהֹלְכִים לְתֻמָּם וְלֹא יָדְעוּ כָּל־דָּבָר

베에트-아브살롬 할쿠 마타임 이쉬 미루살라임 케루임 베홀킴 **레투맘** 벨로 야드우 콜-다바르

사무엘하 15:11은 압살롬의 캐릭터를 보여주는 중요한 서술이다. 15:12을 통해 볼 때, 그와 동행하도록 초대받은 사람들은 분명히 그들이 왜 초대를 받았는지, 무엇을 위해 초대를 받았는지 알았을 것이다. 그러나 그 초대가 궁극적으로 압살롬이 왕이 되고자 한 반란의 회합이었다는 사실을 모른 채 그들이 반란에 가담하게 되었다면, 우리는 그것을 어떻게 판단해야 할까? 이것은 압살롬의 명백한 속임수다. 따라서 슈퇴베는 이것을 압살롬 전승에서 특별히 그를 적대적으로 언급하는 부분의 일부로 보기도 한다.[5]

압살롬은 그가 번제를 드리는 동안 사람을 보내서 다윗의 모사가인 아히도벨을 자신의 성읍 길로에서부터 [불러낸다].[6] 반란의 규모는 점점 커지고 백성이 모여 압살롬과 함께하는 사람이 많아졌다. 이것은 15장 초반부의 진술이 말하는 압살롬이 한 행위의 지극히 당연한 결과로 볼 수 있다. 그런데 우리는 아히도벨의 가담을 어떻게 이해해야 할까? 다윗의 모사가인 그가 왜 압살롬의 반란에 가담했을까? 우리는 아히도벨이 압살롬의 반란에 가담한 이유에 대해서 추정만 할 수 있다. 아히도벨은 자기 아들 엘리암(삼하 23:34)을 통해 다윗과 연결된다. 그것도 밧세바의 사건으로 말이다. 우리아의 아내 밧세바는 엘리암의 딸(삼하 11:3)이며

....

5   이에 대해서는 Stoebe, *Das zweite Buch Samuelis*, 360을 보라.
6   "불러낸다"는 표현이 BHS에는 없지만, 비평 각주를 보면 70인역에 καὶ ἐκάλεσεν카이 에칼레센이 추가되어 있음을 알 수 있다.

아히도벨의 손녀인 셈이다. 아마도 우리아의 사건으로 아히도벨의 마음이 다윗에게서 떠난 것이 아닐까 추정된다. 그러나 이후 전개되는 아히도벨의 삶은 인간의 삶의 궤적이 어떻게 흘러가고 그렇게 될 수밖에 없는지를 전도서의 교훈과 함께 숙고하게 만든다.

이 소식이 다윗에게 전해졌다. 요지는 이스라엘 각 사람의 마음이 압살롬에게로 향해 있다는 것이었다. 지나친 관찰일 수도 있지만, 압살롬이 훔친 "이스라엘 사람들의 마음"(삼하 15:6bß. לֵב אַנְשֵׁי יִשְׂרָאֵל 레브 안쉐 이스라엘)이 이스라엘 사람 전체의 민심을 말하되 뭉뚱그려진 마음이라면, 여기에 언급되는 "이스라엘 각 사람의 마음"(לֶב־אִישׁ יִשְׂרָאֵל 레브-이쉬 이스라엘)은 동일하게 민심을 말하면서도 각각의 마음을 더 선명하게 표현하는 것으로 볼 수 있다. 다윗이 예루살렘에 함께 있는 그의 신하들에게 말하는 것을 보면, 이 상황이 어떤 상황인지 짐작할 수 있다.

> 일어나라. 우리가 도망하자. 왜냐하면 압살롬에게서 벗어날 기회가 우리에게 없을지도 모르기 때문이다. 서둘러 가자. 그[압살롬]가 서둘러 우리를 따라잡아 우리에게 화를 입히고 칼로 이 성읍을 치지 못하도록 말이다.
>
> קוּמוּ וְנִבְרָחָה כִּי לֹא־תִהְיֶה־לָּנוּ פְלֵיטָה מִפְּנֵי אַבְשָׁלוֹם מַהֲרוּ לָלֶכֶת פֶּן־יְמַהֵר 쿠무 베니브라하 키 로-티흐예-라누 펠레타 미프네 아브샬롬 마하루 랄레케트 펜-예마헤르
>
> וְהִשִּׂגָנוּ וְהִדִּיחַ עָלֵינוּ אֶת־הָרָעָה וְהִכָּה הָעִיר לְפִי־חָרֶב 베히시가누 베히디아흐 알레누 에트-하라아 베히카 하이르 레피-하레브

그러나 다윗으로부터 당연히 예상되는 용사의 이미지와 비교할 때, 이 말은 당연하게 들리지 않는다. 이것은 이후 다윗의 모습들과 함께 연관하여 따로 생각해볼 만하다.

이제 왕이 나가고 그의 모든 집사람이 그의 뒤를 따른다. 그런데 다윗은 왕궁을 지키도록 후궁(שׁ‎‏לֶ‎‏‎‏פֶ‎‏‏‏필레게쉬)[7] 열 명을 남겨놓는다. 여기서 눈에 띄는 특이한 점은 다윗이 왕궁을 떠나는 모습이다. 후궁 열 명을 남겨놓았다는 진술 후에 동일한 언급이 반복된다. 왕이 나가고 모든 백성이 그 뒤를 따른다. 그리고 그들이 베이트 하메르하크에 멈춰 선다.

그리고 왕이 나갔고 그의 집사람이 모두 그 뒤를 따랐다.

וַיֵּצֵא הַמֶּלֶךְ וְכָל־בֵּיתוֹ בְּרַגְלָיו 바예체 하멜레크 베콜-베이토 베라글라브

그리고 왕이 열 명의 후궁을 **왕궁**을 지키도록 남겨놓았다(삼하 15:16).

וַיַּעֲזֹב הַמֶּלֶךְ אֵת עֶשֶׂר נָשִׁים פִּלַגְשִׁים לִשְׁמֹר הַבָּיִת 바야아조브 하멜레크 에트 에세르 나쉼 필라그쉼 리쉐모르 하바이트

그리고 왕이 나갔고 백성이 모두 그 뒤를 따랐다.

וַיֵּצֵא הַמֶּלֶךְ וְכָל־הָעָם בְּרַגְלָיו 바예체 하멜레크 베콜-하암 베라글라브

그리고 그들이 **베이트 하메르하크**에 멈춰 섰다(삼하 15:17).

וַיַּעַמְדוּ בֵּית הַמֶּרְחָק 바야아메두 베이트 하메르하크

왕궁을 떠나는 왕의 모습은 매우 특징적으로 서술되었다. 떠나는 행위의 연속적인 그림 속에 왕궁을 지키도록 남긴 열 명의 후궁의 정지된 모습과 이미 어느 정도 거리를 이동한 왕의 도주 행렬이 베이트 하메르

....
7   "후궁"으로 번역되는 이 단어는 아내의 개념이나 권리 면에서 차등이 있는 아내로 볼
     수 있으며 왕궁에서의 "후궁" 혹은 "첩"의 개념으로 이해할 수 있다. 이에 관해서는
     Gesenius[18], 1053을 보라.

하크에서 멈춰선 장면 사이에는 이미 확연한 거리감과 함께 장소 전환이라는 특징이 확연히 드러난다. 그리고 이어지는 장면은 왕과의 만남이 더는 왕궁에서가 아닌 길 위에서의 만남임을 분명하게 보여주려고 한다.

[잇대]

이제 15:18 이하부터는 왕이 도망하는 길에서 만나는 여러 무리의 사람에 대한 이야기가 차례대로 서술된다. 가장 먼저 언급되는 것은 다윗의 용병들이다. 다윗의 모든 신하가 그의 옆으로 지나가고 가드에서부터 왕을 따라온 모든 그렛[크레타] 사람, 모든 블레셋 사람 그리고 모든 가드 사람 600명이 왕의 앞을 지나갔다. 그때 왕이 가드 사람 잇대와 다음과 같은 말을 주고받는다.

> 왜 너도 우리와 함께 가려고 하느냐? 돌아가라! 그리고 왕[이미 압살롬을 의미?]과 함께 살아라. 너는 이방인이고 또한 너의 고향으로부터[고향에 대해서 볼 때] 쫓겨난 자이기 때문이다(삼하 15:19).
>
> לָמָה תֵלֵךְ גַּם־אַתָּה אִתָּנוּ שׁוּב וְשֵׁב עִם־הַמֶּלֶךְ כִּי־נָכְרִי אַתָּה וְגַם־גֹּלֶה אַתָּה לִמְקוֹמֶךָ
>
> 레크 감-아타 이타누 슈브 베쉐브 임-하멜레크 키-노크리 아타 베감-골레 아타 리메코메카

> 어제 너는 왔고 오늘 나는 너를 우리와 함께 이리저리 헤매게 한다. 그러나 나는 내가 갈 곳으로 갈 것이다. 돌아가라! 그리고 너의 형제들을 돌이키라.[8] 너와 함께 [야웨로부터의] 은혜와 성실이 있기를(삼하 15:20).

....

8   절대형의 부정사(*Inf. abs.*)가 강조적 명령으로 사용되는 것에 대해서는 GK, §113 *bb a*)

תְּמוֹל אֶתְמוֹל 테몰 보에크 베하욤 아 בּוֹאֶךָ וְהַיּוֹם אֲנוֹעֲךָ עִמָּנוּ לָלֶכֶת וַאֲנִי הוֹלֵךְ עַל אֲשֶׁר־אֲנִי הוֹלֵךְ

니아카 이마누 랄레케트 바아니 홀레크 알 아쉐르-아니 홀레크

שׁוּב שׁוּב וְהָשֵׁב אֶת־אַחֶיךָ עִמָּךְ חֶסֶד וֶאֱמֶת 슈브 베하쉐브 에트-아헤이카 이마크 헤세드 베에메트

야웨의 살아 계심과 나의 주 왕의 살아 계심을 두고 맹세하거니와 나의 주 왕이 계신 그곳에 그곳이 죽음의 자리이든 혹은 생명의 자리이든 바로 거기에 당신의 종도 있을 것입니다(삼하 15:21).

חַי־יְהוָה וְחֵי אֲדֹנִי הַמֶּלֶךְ כִּי אִם־בִּמְקוֹם אֲשֶׁר יִהְיֶה־שָּׁם אֲדֹנִי הַמֶּלֶךְ 하이-야웨 베헤이 아도

니 하멜레크 키 임-비메콤 아쉐르 아흐예-샴 아도니 하멜레크

אִם־לְמָוֶת אִם־לְחַיִּים כִּי־שָׁם יִהְיֶה עַבְדֶּךָ 임-헤마베트 임-레하임 키-샴 이흐예 아브데카

여기서 확인되는 것은 다윗과 그의 용병 잇대 사이에 매우 돈독한 신뢰가 형성되어 있다는 점이다. 또한 잇대의 말을 보면, 우리는 그가 특별히 야웨 신앙에 신실한 상태였음을 알 수 있다. 다윗은 그러한 잇대를 함께 가도록 허락하고 먼저 건너가라고 그에게 말한다. 가드 사람 잇대와 그의 수하들 그리고 그와 함께한 아이들이 모두 건너갔다. 온 땅이 큰 소리로 울며 모든 백성이 건너갔고 왕도 기드론 시내를 건너갔으며 모든 백성이 건너 광야 길로 향했다. 왕의 기드론 시내를 건너 광야로 향하는 길도 앞에서와 마찬가지로 동일한 표현을 두 번씩 반복하여 지속적인 움직임을 만들어낸다.

그리고 모든 백성이 건너갔다.

....
를 보라.

וְכָל-הָעָם עֹבְרִים 베콜-하암 오브림

그리고 왕이 **기드론 시내**를 건넜다.

וְהַמֶּלֶךְ עֹבֵר בְּנַחַל קִדְרוֹן 베하멜레크 오베르 베나할 키드론

그리고 모든 백성이 건너갔다.

וְכָל-הָעָם עֹבְרִים 베콜-하암 오브림

광야 길을 향해서(삼하 15:23)

עַל-פְּנֵי-דֶרֶךְ אֶת-הַמִּדְבָּר 알-페네-데레크 에트-하미드바르

다윗의 움직임은 장소들에 대한 특징적 서술을 통해 끊임없이 이어진다. 그는 왕궁에서 베이트 하메르하크로 그리고 기드론 시내를 넘어 이제는 광야 길로 접어들고 있다. 다윗의 도망길의 분위기는 그래도 다윗을 따르는 많은 백성과 용병을 중심으로 한 부하들의 동행으로 절망적이지는 않게 그려진다.

[사독과 모든 레위인]

도망하는 길에 만나는 각 부류의 사람에 대한 서술은 특징적으로 시작한다. 바로 "보라!"(הִנֵּה히네)로 시작한다. 두 번째 다윗에게 온 사람들은 사독과 하나님의 언약궤를 메고 함께한 레위 사람들이다. 그들이 [왕의 앞에] 하나님의 궤를 내려놓았고 아비아달도 올라왔다. 모든 백성이 성읍으로부터 나와 건널 때까지 말이다. 왕이 사독에게 말한다.

하나님의 궤를 그 성읍에 도로 가져다놓아라. 만약 내가 야웨의 눈에서 은혜를 발견하게 된다면, 그가 나를 돌아오게 하고 내가 그것[궤]과 그것이

놓여 있는 곳을 보게 하시리라(삼하 15:25).

הָשֵׁב אֶת־אֲרוֹן הָאֱלֹהִים הָעִיר אִם־אֶמְצָא חֵן בְּעֵינֵי יְהוָה 하쉐브 에트-아론 하엘로힘 하이르 임-엠차 헨 베에이네 야웨

וַהֲשִׁבַנִי וְהִרְאַנִי אֹתוֹ וְאֶת־נָוֵהוּ 베헤쉬바니 오토 베에트-나베후

그러나 만약 그가 "내가 너를 기뻐하지 않는다"고 말씀하시면, 보라. 그의 눈에 좋으신 대로 그가 나에게 행하실 것이다(삼하 15:26).

וְאִם כֹּה יֹאמַר לֹא חָפַצְתִּי בָּךְ הִנְנִי יַעֲשֶׂה־לִּי כַּאֲשֶׁר טוֹב בְּעֵינָיו 베임 코 요마르 로 하파츠티 바크 히네니 야아세-리 카아쉐르 토브 베에이나브

다윗의 이 모습은 가깝게는 압살롬을 연상시킨다. 압살롬은 일찍이 자신이 아람 그술에 있을 때 야웨께서 자신을 예루살렘으로 돌아오게 해주신다면 자신이 야웨를 섬기겠다는 서원을 했다고 다윗에게 말한다. 그리고 그는 자신이 한 서원을 갚기 위해 헤브론에 가서 번제를 드리고 싶다고 다윗에게 말했는데, 그것이 실상은 반란을 일으킬 명목이었다. 다윗은 지금 하나님의 궤를 다시 예루살렘으로 돌려놓으며 그가 만약 다시 예루살렘으로 돌아오게 된다면 그것은 자신의 손이 아니라 야웨의 은혜임을 분명히 밝힌다. 또한 이것은 우리가 사무엘하 11장에서 이미 확인한 적 있는 그의 모습과 강렬하게 대조된다. 11장에서 다윗은 하나님이 보시기에 악한 행위를 저질렀다. 특히 그가 요압에게 "너의 눈에 이 일을 악하게 보지 마라"고 위로하는 말은 야웨가 그 일을 악하게 보았다는 진술과 정확하게 대비되지 않았던가? 그런데 지금 다윗은 철저하게 야웨의 눈에 선한 것이 자신에게는 무엇이든지 그대로 이루어질 것을 당당히 요청하는 모습을 보여준다. 어려움과 곤경에 처했을 때, 사람은 하나님을 성숙하게 바라보게 되는 것일까?

왕이 제사장 사독에게 성읍으로 평안히 돌아가라고 말한다. 그리고 그는 사독의 아들 아히마아스와 아비아달의 아들 요나단을 통해 예루살렘의 상황을 전달받기를 원한다. 특히 왕은 그들로부터 소식이 올 때까지 광야의 나루에서 기다리고 있겠다고 말한다. 이 상황은 이후 아히도벨의 두 가지 모략 중 압살롬에게 결정적인 패인을 가져다준 두 번째 모략과 밀접한 관련이 있다. 이미 다윗도 아히도벨도 광야의 나루턱에서 광야로 넘어가는지 그렇지 못한지의 상황이 이 반란의 성패를 가를 것을 예견하고 있었음을 우리는 간접적으로 확인할 수 있다. 이것과 관련하여 눈에 띄는 표현이 있는데 그것은 왕이 사독에게 "너는 선견자가 아니냐?"(הֲרוֹאֶה אַתָּה하로에 아타)라고 말하는 부분이다. 이것은 현재 상황을 파악하고 일이 미래에 어떻게 전개될지를 예측하는, 그래서 어떻게 행동해야 할지를 아는 지혜자의 모습과 연관이 있다. 그것은 군사적인 면에서의 상황 판단, 그것을 알지 못하겠느냐는 취지이며 여기서 다시 한번 용사로서 다윗의 모습이 되살아나는 듯하다.

사독과 아비아달이 하나님의 궤를 가지고 예루살렘으로 돌아간 뒤 다윗은 그와 함께한 모든 백성과 함께 감람산의 오르막을 오르기 시작한다. 오르는 모습은 "오르다", "울다" 그리고 "[슬픔의 행위인] 머리를 덮는다"라는 세 개의 동사가 주로 분사형으로 여러 번 반복되어 표현된다. 그리고 그 행위는 다윗 자신과 그와 함께한 모든 백성 각각의 모습으로 세밀하게 표현된 움직이는 그림과 같다.

아히도벨이 압살롬과 함께한 [반란] 동맹에 있다는 소식이 다윗에게 전해지자 다윗이 다음과 같이 말한다.

아히도벨의 모략이 어리석은 것처럼 보이게 하소서, 야웨여(삼하 15:31).

סַכֶּל־נָא אֶת־עֲצַת אֲחִיתֹפֶל יְהוָה 사켈-나 에트-아차트 아히토펠 야웨

이것은 짧지만 매우 강렬한 기도다. 아히도벨의 모략은 다윗 자신이 잘 알듯이 어리석은 것이 될 수 없다. 그가 잠시라도 분별력을 잃어 실수하거나 정신이 혼미해질 가능성이 없다. 그런데도 최종 결정권자가 어리석어 그 좋은 모략을 듣고도 선택하지 않으면 그 좋은 모략은 아무런 효력이 없게 된다. 다윗은 바로 그 틈을 노리고 매우 노련하며 주효한 기도를 야웨께 드렸다. 그리고 정상에 도달했을 때 다윗은 거기서 하나님께 경배를 드린다. 그런데 그때 또 한 사람과의 만남에 대한 서술이 "보라"(הִנֵּה 힌네)와 함께 시작한다. 그는 슬픔의 상징으로 이미 옷을 찢고 머리를 땅에 조아리고 있는 아렉 사람 후새다. 다윗은 그에게 다음과 같이 말한다.

> 만약 네가 나와 함께 건너간다면, 그러면 나에게 짐이 될 것이다(삼하 15:33).
>
> אִם עָבַרְתָּ אִתִּי וְהָיִתָ עָלַי לְמַשָּׂא 임 아바르타 이티 베하이타 알라이 레마사

그러나 만약 네가 성읍으로 돌아가서 압살롬에게 "왕이여, 이전부터 저는 당신의 아비의 종이었으나 이제 저는 당신의 종입니다"라고 말하면, 너는 나를 위해 아히도벨의 모략을 좌절시킬 수 있을 것이다(삼하 15:34).

וְאִם־הָעִיר תָּשׁוּב וְאָמַרְתָּ לְאַבְשָׁלוֹם עַבְדְּךָ אֲנִי הַמֶּלֶךְ אֶהְיֶה עֶבֶד אָבִיךָ וַאֲנִי מֵאָז 베임-하이르 타슈브 베아마르타 레아브샬롬 아브데카 아니 하멜레크 에흐예 에베드 아비카 바아니 메오즈

וְעַתָּה וַאֲנִי עַבְדֶּךָ וְהֵפַרְתָּה לִי אֵת עֲצַת אֲחִיתֹפֶל 베아타 바아니 아브데카 베헤파르타 리 에트 아차트 아히토펠

그리고 너와 함께 거기에 사독과 아비아달 제사장이 있지 않으냐? 네가 왕궁으로부터 듣는 말을 모두 사독과 아비아달 제사장에게 전하라(삼하 15:35).

וַהֲלוֹא שָׁם עִמְּךָ צָדוֹק וְאֶבְיָתָר הַכֹּהֲנִים וְהָיָה כָּל־הַדָּבָר 바할로 이메카 삼 차도크 베에브야타르 하코하님 제하야 콜-하다바르

אֲשֶׁר תִּשְׁמַע מִבֵּית הַמֶּלֶךְ תַּגִּיד לְצָדוֹק וּלְאֶבְיָתָר הַכֹּהֲנִים 아쉐르 티쉬마 미베이트 하멜레크 타기드 레차독 우레에브야타르 하코하님

보라, 거기에 그들과 함께 두 아들, [즉] 사독에게 아히마아스와 아비아달에게 요나단이 있다. 그들 편에 너희가 듣는 모든 말을 나에게 [전갈해] 보내도록 하라(삼하 15:36).

הִנֵּה־שָׁם עִמָּם שְׁנֵי בְנֵיהֶם אֲחִימַעַץ לְצָדוֹק וִיהוֹנָתָן לְאֶבְיָתָר 히네-샴 이맘 쉐네 베네헴 아히마아츠 레차도크 비호나탄 레에브야타르

וּשְׁלַחְתֶּם בְּיָדָם אֵלַי כָּל־דָּבָר אֲשֶׁר תִּשְׁמָעוּ 우셸라흐템 베야담 엘라이 콜-다바르 아쉐르 티쉬마우

이것은 하나님께 드리는 기도 외에 다윗이 마련한 탁월한 전략이다. 다윗은 후새에게 앞으로 취할 행동의 목적과 그 목적을 달성하기 위해서 구체적으로 어떻게 행동해서 압살롬의 의심을 피할지를 상세하게 일러준다. 이것은 마치 13장에서 다윗을 겨냥하여 암논에게 할 말을 일러주었던 요나답의 모습과 14장 초반부에서 역시 다윗을 겨냥하여 드고아에서 온 지혜로운 여인에게 할 말을 일러주었던 요압의 모습, 또한 14장 말미에서 역시 다윗을 겨냥하여 요압에게 전달할 말을 일러주는 압살롬의 모습을 회상시킨다. 놀랍게도 항상 전달되는 말을 들어야 할 대상이기만 했던 다윗이 이번에는 말을 전달하는 전혀 다른 역할을 수행한다. 이렇게 할 말을 알려주고 사람을 보내 일의 목적을 이루고자 하는 행위는

지혜자들이 보여주는 행위의 일면일 뿐 아니라 그것이 이런저런 역학관계 속에서 한번은 이 사람에게서 저 사람에게로 또 그와 전혀 다른 반대 방향으로 전개되기도 한다. 이것은 우리가 삶에서 어렵지 않게 경험할 수 있는 일상적인 모습이다. 하지만 최종적인 목표는 누구의 손에 의해 성취될까?

이렇게 해서 이제 이어지는 사무엘하 16장과 17장의 중요 무대가 되는 예루살렘에서 다윗의 친구인 후새와 압살롬이 만난다.

(3) 사무엘하 16장

사무엘하 16장은 다윗이 사울 집과 관련이 있는 두 사람과 연속으로 만나는 것을 서술한다. 한 사람은 다윗에게 우호적이고 다른 한 사람은 다윗에게 적대적이다. 첫 번째 사람의 이름은 시바이고 두 번째 사람의 이름은 시므이이다.

다윗이 마루턱을 조금 지났을 때, 16장은 역시 "보라!"(הִנֵּה히네)로 시작하고 시바와 다윗의 만남을 서술한다. 시바는 므비보셋의 시종인데 사무엘하 9장에서 이미 등장했던 인물이다. 그는 왕을 만나러 나오면서 두 나귀에 안장을 매고 그 위에 떡 200개, 건포도 100개, 여름 과일 100개 그리고 포도주 한 가죽 부대를 싣고 왔다. 그는 이것들을 무엇을 위해 싣고 왔느냐는 다윗의 물음에 나귀는 왕의 가족들이 타도록, 그리고 떡과 여름 과일 및 포도주는 광야에서 지친 자들이 먹고 마시도록 가져왔다고 말한다. 우리는 왕과 시바 사이에 이루어진 중요한 대화를 바로 아래서 확인할 수 있다.

그런데 너의 주인의 아들은 어디 있느냐?(삼하 16:3a)

וְאַיֵּה בֶּן־אֲדֹנֶיךָ베아예 벤-아도네카

보십시오. 그가 예루살렘에 있는데, 그가 말하기를 "이스라엘 집이 나에게 내 아비의 왕국을 되돌리려 한다"고 합니다(삼하 16:3b).

히네 요쉐브 הִנֵּה יוֹשֵׁב בִּירוּשָׁלַם כִּי אָמַר הַיּוֹם יָשִׁיבוּ לִי בֵּית יִשְׂרָאֵל אֵת מַמְלְכוּת אֲבִי
비루살라임 키 아마르 하용 야쉬부 리 베이트 이스라엘 에트 맘레쿠트 아비

보라. 므비보셋에게 속한 모든 것이 너의 것이다(삼하 16:4a).

히네 레카 콜 아쉐르 리메피-보쉐트 הִנֵּה לְךָ כֹּל אֲשֶׁר לִמְפִי־בֹשֶׁת

내가 엎드려 절합니다. 내가 나의 주 왕의 눈에서 은혜를 발견합니다(삼하 16:4b).

히슈타하베티 엠차-헨 베에이네카 아도니 하멜레크 הִשְׁתַּחֲוֵיתִי אֶמְצָא־חֵן בְּעֵינֶיךָ אֲדֹנִי הַמֶּלֶךְ

왕은 시바가 갖고 온 것에 가장 큰 관심을 보이지 않았다. 그는 시바의 주인인 므비보셋의 소재 파악에 가장 큰 관심을 보였다. 시바는 그것을 이미 예상하고 있었던 것일까? 만약 그가 그 점을 예상하고 있었다면 그러한 예상은 무엇에서 기인할까? 아마도 시바는 사무엘하 9장의 사건을 확실히 기억하고 있었던 것으로 추정된다. 왕의 물음에 대한 시바의 대답은 왕의 심기를 불편하게 만들기에 충분했다. 이미 사무엘하 9장에서 논한 것처럼 왕이 므비보셋을 견제하기 위한 정치적인 목적으로 그를 자신 앞에 두고 있었던 것이라면, 시바를 통해 전해진 므비보셋의 말은 왕에게 괘씸한 것이기에 충분하다. 반대로 왕의 의도가 말 그대로 요

나단에 대해 은혜를 갚고자 므비보셋을 선대한 것이라고 하더라도 마찬가지일 것이다. 그런데 왕의 처지나 혹은 므비보셋의 처지나, 압살롬의 반란 상황에서 그것이 무슨 소용인가? 실제적인 왕권은 이미 압살롬의 손아귀에 있는데 그것이 서로에게 그리 중요한 일이 될까? 여하튼 왕의 분노와 실망은 바로 시바에게 혜택으로 돌아간다. 즉 므비보셋에게 속한 모든 것을 왕이 시바의 것으로 확정한다. 그러나 이 또한 무슨 소용인가? 도망가는 왕의 명령일 뿐 아닌가?

여기서 한쪽의 말만 듣고 무엇인가에 분노하고 무엇인가를 확정하는 것이 얼마나 우스운 일인가가 분명하게 드러난다. 또한 자신의 감정에 휘말리는 것이 얼마나 상황 판단에 악영향을 끼치는지도 극명하게 드러난다.

이제 다시 다윗 왕은 바후림으로 이동하고 거기서 사울 집의 사람인 게라의 아들 시므이를 만난다. 시므이와의 조우 역시 "보라!"로 시작한다.

시므이의 거주지가 아마도 바후림으로 추정되는데, 그가 그곳에서 나오며 다윗을 계속하여 저주했다. 그뿐만 아니라 그는 다윗과 다윗왕의 모든 부하에게 돌까지 던졌다. 모든 백성과 모든 용사가 다윗의 좌우에 있었는데도 말이다. 시므이는 다음과 같은 말로 저주했다.

가라, 가라, 피의 사람아 그리고 불량배와 같은 자야(삼하 16:7).

צֵא צֵא אִישׁ הַדָּמִים וְאִישׁ הַבְּלִיָּעַל 체 체 이쉬 하다밈 베이쉬 하벨리야알

야웨께서 너에게 사울 집의 모든 피를 돌리셨다. 그를 대신하여 네가 왕이 되었던 그 사울. 그러나 야웨께서 왕권을 압살롬, 너의 아들의 손에 주셨다.

그리고 보라, 너의 곤란 가운데 네가 있음을. 너는 피의 사람이기 때문이다 (삼하 16:8).

הֵשִׁיב עָלֶיךָ יְהוָה כֹּל דְּמֵי בֵית־שָׁאוּל אֲשֶׁר מָלַכְתָּ תַּחְתָּו וַיִּתֵּן יְהוָה אֶת־הַמְּלוּכָה ^{헤쉬브}

알레이카 야웨 콜 데메 베트-샤울 아쉐르 말라크타 타흐타브 바이텐 야웨 에트-하멜루카

בְּיַד אַבְשָׁלוֹם בְּנֶךָ וְהִנְּךָ בְּרָעָתֶךָ כִּי אִישׁ דָּמִים אָתָּה ^{베야드} 아브샬롬 베네카 베히네카 베라아테카

키 이쉬 담임 아타

시므이의 독설은 특히 다윗의 주위에 있던 용사들을 분노케 했다. 그래서 스루야의 아들 아비새가 다윗에게 말했다.

어찌하여 이 죽은 개가 나의 주 왕을 저주합니까? 내가 건너가서 그의 목을 베어버리겠습니다(삼하 16:9).

לָמָה יְקַלֵּל הַכֶּלֶב הַמֵּת הַזֶּה אֶת־אֲדֹנִי הַמֶּלֶךְ אֶעְבְּרָה־נָּא וְאָסִירָה אֶת־רֹאשׁוֹ ^{라마 예칼렐}

하켈레브 하메트 하제 에트-아도니 하멜레크 에으베라-나 베아시라 에트-로쇼

하지만 다윗의 대답은 다시 예상을 깨고 오히려 그에게 쏟아지는 비난을 겸허히 수용하는 자세로 드러난다.

그렇게 하는 것이 나에게 그리고 너희에게 무슨 소용이 있겠는가?[9] 스루야의 아들들아. 그가 그렇게 저주하는 것은 야웨가 그에게 다윗을 저주하라 말씀하신 때문인데 "어찌하여 네가 그렇게 하느냐?"고 누가 말할 수 있겠느냐?(삼하 16:10)

....
9   유명한 이 표현은 요 2장에서 예수가 그의 어머니에게도 사용했던 표현이다.

מַה־לִּי וְלָכֶם בְּנֵי צְרֻיָה כִּי יְקַלֵּל וְכִי יְהוָה אָמַר לוֹ קַלֵּל אֶת־דָּוִד마-리 베라켐 베네 체루야

코 예칼렐 베키 야웨 아마르 로 칼렐 에트-다비드

וּמִי יֹאמַר מַדּוּעַ עָשִׂיתָה כֵּן우미 요마르 마두아 아시타 켄

보라, 내 태에서 나온 나의 아들이 나의 목숨을 찾아 노린다. 그런데 이제 베냐민 사람이랴? [그러하다고 한들 그것이 놀랄 일인가?][10] 그를 내버려 두라. 야웨가 그에게 말했기 때문에 그가 저주하는 것이다(삼하 16:11).

הִנֵּה בְנִי אֲשֶׁר־יָצָא מִמֵּעַי מְבַקֵּשׁ אֶת־נַפְשִׁי וְאַף כִּי־עַתָּה בֶּן־הַיְמִינִי הַנִּחוּ לוֹ힌네 베니 아쉐

르-야차 미메아이 메바케쉬 에트-아프쉬 베아프 키-아타 벤-하예미니 하니후 로

וִיקַלֵּל כִּי אָמַר־לוֹ יְהוָה비칼렐 키 아마르-로 야웨

아마도 야웨께서 내 죄과로 인해 내게 생긴 징벌을 보시고 야웨께서 오늘 그의 저주를 대신하여 나에게 좋은 것으로 갚아주실 것이다(삼하 16:12).

אוּלַי יִרְאֶה יְהוָה בְּעֵינִי וְהֵשִׁיב יְהוָה לִי טוֹבָה תַּחַת קִלְלָתוֹ הַיּוֹם הַזֶּה올라이 이르에 야웨

베에니 베헤쉬브 야웨 리 토바 타하트 킬라토 하욤 하제

다윗은 이렇게 저주의 말을 들으면서도 한층 여유가 생겼다. 이것은 그가 마치 사무엘하 12장 후반부의 모습을 완전히 회복한 모습이다. 다윗은 거기서 자신의 행동을 보며 의아해하던 신하들에게 말하듯이 지금 자기 주변에 있는 용사들에게 말하고 있다.

이 대화는 정지된 상황에서 이루어진 것이 아니라 다윗과 용사들의

....

10 히브리어 כִּי אַף아프 키의 번역과 뉘앙스에 대해서는 창 3장 그리고 왕상 1장에 동일하게 사용된다.

계속되는 행진과 더불어 시므이가 다윗 옆에서 산비탈을 따라가며 계속해서 저주하고 돌을 던지고 먼지를 날리는 상황에서 이루어진 것이다. 혼란과 격동 가운데서 다윗의 인내와 참음이 돋보인다. 왕과 함께한 모든 백성이 피곤한 가운데 요단강 강가에[11] 도착했다. 그리고 거기서 그들이 숨을 돌렸다.

16:15부터는 이제 장면이 예루살렘으로 전환된다. 압살롬과 이스라엘의 모든 백성이 예루살렘으로 왔고 아히도벨도 그와 함께 왔다. 다윗의 친구 아렉 사람 후새가 압살롬에게 왔을 때, 그가 압살롬에게 말한다. 그 대화는 다음과 같이 이어진다.

> 왕이여, 만세수를 하옵소서, 왕이여, 만세수를 하옵소서!(삼하 16:16)[12]
>
> יְהִי הַמֶּלֶךְ יְהִי הַמֶּלֶךְ 예히 하멜레크 예히 하멜레크

> 이것이 네가 너의 친구에 대해 베푸는 은혜이냐? 왜 너는 너의 친구와 함께 가지 않았느냐?(삼하 16:17)
>
> זֶה הַסְדְּךָ אֶת־רֵעֶךָ לָמָּה לֹא־הָלַכְתָּ אֶת־רֵעֶךָ 제 하스데카 에트-레에카 라마 로-할라크타 에트-레에카

> 아닙니다. 진실로, 야웨가 선택했고 이 백성과 이스라엘의 모든 사람이 선택한 자, 그에게[13] 저는 속해 있습니다. 그리고 그와 함께 저는 살 것입니다 (삼하 16:18).

....
11 BHS에는 언급되지 않았으나 70인역을 참고하여 이 표현을 삽입했다.
12 짧은 미완료형, 소위 간접명령(Jussiv)의 의미를 "소망"으로 해석할 수 있다. 이것은 특히 새로운 왕이 단순히 장수하기를 소망하는 것이 아니라 새로운 왕의 자리, 존재가 든든하게 서기를 바란다는 축복의 형식으로 이해할 수 있다.
13 לֹא로를 לֹו로로 수정하여 읽는 적지 않은 사본의 증거를 따른다.

לֹא כִּי אֲשֶׁר בָּחַר יְהוָה וְהָעָם הַזֶּה וְכָל־אִישׁ יִשְׂרָאֵל לֹא אֶהְיֶה וְאִתּוֹ אֵשֵׁב **רוֹ**

하르 야웨 베하암 하제 베콜-이쉬 이스라엘 로 에흐예 베이토 에쉐브

그리고 두 번째로 제가 누구를 섬기겠습니까? 그의 아들이 아니겠습니까? 당신의 아비를 제가 섬긴 것 같이 그렇게 저는 당신 앞에 있을 것입니다(삼하 16:19).

וְהַשֵּׁנִית לְמִי אֲנִי אֶעֱבֹד הֲלוֹא לִפְנֵי בְנוֹ כַּאֲשֶׁר עָבַדְתִּי לִפְנֵי אָבִיךָ כֵּן אֶהְיֶה לְפָנֶיךָ **וֶ**

하쉐니트 레미 아니 에에보드 할로 리프네 베노 카아쉐르 아바드티 리프네 아비카 켄 에흐예 레파네카

후새가 압살롬의 의심을 피하고 그의 신뢰를 얻는 것은 결코 쉬운 일이 아니다. 여기서 후새의 화술이 입증된다. 그런데 후새의 말을 가만히 살펴보면, 그의 말에 매우 모호한 면이 있다. 후새는 "야웨가 선택했고 이백성과 이스라엘의 모든 사람이 선택한 왕"을 섬길 것을 명확히 하는데 그 왕이 과연 누구인가? 그 왕은 시간이 흘러 누구인지가 밝혀질 것이지만, 지금 후새는 그것을 당당히 밝히고 있다.

후새는 다윗의 결정적인 전략을 통해 신의를 얻고 압살롬이 벌인 반란의 핵심에 합류할 수 있었다. 다윗이 꾸민 모든 계획은 사독과 아비아달, 아히마아스와 요나단 그리고 후새로 이어지기 때문이다. 아히도벨은 이런 전략적인 틈새를 알아채지 못했던 것일까?

이제 드디어 아히도벨이 무대의 전면에 등장한다. 압살롬이 아히도벨을 포함한 무리에게 말한다. 그가 명백하게 "너희"가 명시되어 있는 무리[14]를 향해 다음과 같이 말하기 때문이다.

....
14　후새가 이 무리에 포함되어 있지는 않은 것으로 볼 수 있다. 삼하 17:5에서 압살롬이 후

[너희들은] 모략을 내놓아보라. 우리가 무엇을 할까?(삼하 16:20)

הָבוּ לָכֶם עֵצָה מַה־נַּעֲשֶׂה 하부 라켐 에차 마-나아사

아히도벨이 먼저 나선다. 그는 압살롬에게 다음과 같이 말하면서 첫 번째 모략을 제시하는데 그 내용이 상당히 충격적이다.

당신의 아버지가 왕궁을 지키도록 남겨놓고 간 그의 후궁들에게로 들어가십시오.[15] 그러면 온 이스라엘이 당신이 당신의 아버지에게 당신을 증오하도록 만들었음을 듣게 될 것이며 그러면 당신과 함께한 모든 사람의 손이 강해질 것입니다(삼하 16:21).

בּוֹא אֶל־פִּלַגְשֵׁי אָבִיךָ אֲשֶׁר הִנִּיחַ לִשְׁמוֹר הַבַּיִת וְשָׁמַע כָּל־יִשְׂרָאֵל 보 엘-필락쉐 아비카 아쉐르 힌니아흐 리쉐모르 합바이트 베샤마 콜-이스라엘

כִּי־נִבְאַשְׁתָּ אֶת־אָבִיךָ וְחָזְקוּ יְדֵי כָּל־אֲשֶׁר אִתָּךְ 키-니브아쉐타 에트-아비카 예데 콜-아쉐르 이타크

아히도벨의 이 첫 번째 모략은 바로 시행되었다. [아마도 왕궁의] 지붕 위[16]에 압살롬을 위한 장막이 쳐졌다. 그리고 압살롬은 온 이스라엘의 눈앞에서 자기 아버지의 후궁들을 성적으로 취했다. 아히도벨의 이 첫 번째 모략에 대해서는 다양한 해석과 평가가 있다. 어떻게 그런 일을 권고할 수 있으며 또 당사자도 어떻게 그런 일을 아무런 거리낌 없이 할 수가 있다는 말인가? 이것은 승자의 만용일 뿐인가? 사실 이 지붕(גָּג)이 명확

....
새를 부른 것은 그제야 그를 전략회의에 참여시킨 것으로 볼 수 있다.

15 이것은 명백히 후궁들을 성적으로 취해서 소유했음을 사람들에게 보여주라는 의미다.

16 이스라엘 가옥 구조상 지붕은 평평한 곳이며 다양한 일이 거기서 이루어졌다. 이에 관해서는 Philip J. King & Lawrence E. Stager, 『고대 이스라엘 문화』, 75을 보라.

히 다윗 왕궁의 지붕이라고 명시되지는 않았다. 하지만 추정해볼 때 압살롬이 다윗이 남겨놓은 후궁들을 취하는 문제이기에 그곳은 다윗 왕궁의 지붕임이 자명하다. 그렇다면 이 장면은 독자들을 사무엘하 11:2에 나오는 장소로 이끌어간다. 그곳은 다름 아닌 다윗이 밧세바를 보고 그녀를 데려오게 해서 그녀를 취한 일의 시발점이 된 동일한 장소다. 인생의 모든 일이 돌고 돌아 내가 다른 사람에게 행한 악한 일이 그대로 자신에게 돌아오기 마련(전 10:8-9)인데 그것이 왕궁의 지붕이란 특정 장소에서 다윗과 압살롬 사이에 그대로 실현되고 있다.

하지만 아히도벨의 이 첫 번째 모략은 위와 같이 삶 속에서 의미를 갖는 것 외에도 전쟁이란 상황 속에서도 특별한 의미를 갖는다. 모든 사람이 깜짝 놀랄 만한 그리고 도무지 용납할 수 없는 일을 했을 때, 압살롬에게는 어떤 결과가 생길까? 암논이 다말을 성폭행하려는 어리석은 일을 하려고 했을 때, 다말은 암논을 향해서 다음과 같이 말했다.

> 안돼, 나의 오빠야, **나를 강간하지 마라**. 이스라엘에서는 [관습적으로] 그런 짓을 하지 않기 때문이다(삼하 13:12a).
>
> אַל־אָחִי אַל־תְּעַנֵּנִי כִּי לֹא־יֵעָשֶׂה כֵן בְּיִשְׂרָאֵל 알-아히 알-테아네니 키 로-예아세 켄 베이스라엘

> **이런 어리석은 일을 제발[가급적] 하지 마라**(삼하 13:12b).
>
> אַל־תַּעֲשֵׂה אֶת־הַנְּבָלָה הַזֹּאת 알-타아세 에트-하네발라 하조트

> 나는, 나의 수치와 함께 나는 어디로 갈 수 있을까? 그리고 너는 **이스라엘에서 어리석은 자들 중에 하나와 같이 될 것이다**(삼하 13:13a).
>
> וַאֲנִי אָנָה אוֹלִיךְ אֶת־חֶרְפָּתִי וְאַתָּה תִּהְיֶה כְּאַחַד הַנְּבָלִים בְּיִשְׂרָאֵל 바아니 아나 올리크 에트-헤

그 누구보다도 압살롬이 그와 같은 어리석은 일을 선명하게 기억하고 있었을 것이다. 다말의 말은 암논을 향한 것이었지만 이제는 그 대상이 압살롬으로 바뀌는 것이 아닌가? 그러나 아히도벨의 첫 번째 모략의 핵심이 바로 이 점에 있다. 압살롬은 이 일을 행함으로써 그 누구보다도 자신의 아버지인 다윗에게 하지 못할 짓을 했고 압살롬과 다윗의 관계는 영원히 회복이 불가능한 것처럼 보인다. 아히도벨이 이 일을 왕궁의 지붕에서 행하도록 한 것은 누군가가 왕위를 찬탈했을 때 이전 왕의 하렘을 접수하여 자신이 왕권을 손에 넣었음을 상징적으로 보여주었던 관습을 따르게 한 것으로 볼 수 있다. 그러나 아히도벨이 온 이스라엘로 하여금 이 끔찍한 일을 목도하게 한 것에는 또 다른 이유가 있었다. 지금 온 이스라엘이라는 표현은 일차적으로 압살롬의 반란에 가담한 모든 무리를 지칭한다. 아히도벨은 압살롬이 다시는 다윗을 대면할 수 없을 뿐 아니라 그가 그렇게 하지 않겠다는 각오와 의지를 이 무리의 눈에 확인시켜주길 원했다. 즉 아히도벨의 첫 번째 모략은 압살롬이 반란을 성공시키지 못했을 경우에 그에게는 오로지 죽음만이 있음을 말해준다. 하지만 이러한 죽음은 그 반란에 가담한 그들에게도 마찬가지라는 사실이 반란에 가담한 이들의 의도와 상관없이 확정된다. 따라서 아히도벨은 "그러면 당신과 함께한 사람들의 손이 강해질 것입니다"라고 말했다.[17]

　　아히도벨은 압살롬에게 첫 번째 모략에 이어서 두 번째 모략을 알려주려고 한다. 아히도벨의 두 번째 모략이 이야기되기 전에 그의 첫 번

17　　이 견해는 학자들 간의 논쟁이 되는 해석이다.

째 모략에 대해 짧지만 강렬한 평가가 언급된다.

> 그 당시 베풀어지던 아히도벨의 모략은 마치 하나님의 말씀에 묻는 것[즉,
> 하나님의 뜻을 물어 확증을 받는 것]과 같았는데, 아히도벨의 모든 모략이
> 다윗에게뿐 아니라 압살롬에게도 그러했다(삼하 16:23).

וַעֲצַת אֲחִיתֹפֶל אֲשֶׁר יָעַץ בַּיָּמִים הָהֵם כַּאֲשֶׁר יִשְׁאַל־ בִּדְבַר הָאֱלֹהִים 바아챠트 아히토펠 아쉐
르 야아츠 바야임 하헴 카아쉐르 이쉬알- 비데바르 하엘로힘

כֵּן כָּל־עֲצַת אֲחִיתֹפֶל גַּם־לְדָוִד גַּם לְאַבְשָׁלֹם 켄 콜-아챠트 아히토펠 감-레다비드 감 레아브살롬

다윗이 올리브산에 오르는 도중에 자신의 신하로부터 압살롬의 반란에
아히도벨이 가담했음을 들었을 때, 그는 그 즉시 하나님께 간구했다(삼
하 15:31). 그에게는 다른 방법이 없었기 때문이다.

(4) 사무엘하 17:1-23

이제 아히도벨은 압살롬에게 자신의 두 번째 모략을 말한다. 그것은 매
우 신속하게 실행되어야 할 전략이었다.

> 내가 만 이천 명의 사람을 선발하겠습니다. 그리고 일어나 오늘 밤에 [당
> 장] 다윗의 뒤를 쫓겠습니다(삼하 17:1).

אֶבְחֲרָה נָּא שְׁנֵים־עָשָׂר אֶלֶף אִישׁ וְאָקוּמָה וְאֶרְדְּפָה אַחֲרֵי־דָוִד הַלָּיְלָה 에브하라 나 쉐넴-아사
르 엘레프 이쉬 베아쿠마 베에르데파 아하레-다비드 할라옐라

> 그리고 내가 그에게로 가겠습니다. 그는 피곤하고, 두 손이 축 처져 있을 것

인데, 내가 그를 놀라게 하면 그와 함께한 모든 백성이 도망할 것입니다. 그러면 내가 오로지 왕만 쳐 죽이겠습니다(삼하 17:2).

וְאָבוֹא עָלָיו וְהוּא יָגֵעַ וּרְפֵה יָדַיִם וְהַחֲרַדְתִּי אֹתוֹ וְנָס כָּל־הָעָם אֲשֶׁר־אִתּוֹ베아보 알라브 베

후 야게아 우레페 야다임 베하하라드티 오토 베나스 콜-하암 아쉐르-이토

וְהִכֵּיתִי אֶת־הַמֶּלֶךְ לְבַדּוֹ베히케티 에트-하멜레크 레바도

그리고 내가 모든 백성을 당신께 되돌아오게 하겠습니다. 당신이 찾는[구하는] 모든 사람이 돌아오게 될 때 모든 백성이 평안을 누릴 것입니다(삼하 17:3).

וְאָשִׁיבָה כָל־הָעָם אֵלֶיךָ כְּשׁוּב הַכֹּל הָאִישׁ אֲשֶׁר אַתָּה מְבַקֵּשׁ כָּל־הָעָם יִהְיֶה שָׁלוֹם베아

쉬바 콜-하암 엘레이카 케슈브 하콜 하이쉬 아쉐르 아타 메바케쉬 콜-하암 이흐예 샬롬

아히도벨의 이 말이 압살롬과 이스라엘의 모든 장로의 눈에 옳게 보였다. 그리고 실제로 아히도벨의 상황 판단은 정확한 것이었다.

그런데 사무엘하 16:5을 보면, 놀랍게도 압살롬이 갑자기 후새의 의견도 들어보고 싶어 한다. 이미 아히도벨이 좋은 모략을 제시했고 압살롬 자신뿐만 아니라 이스라엘의 모든 장로가 그 모략을 다 좋게 여겼는데도 말이다. 게다가 아히도벨의 모략은 "오늘 밤"에 곧바로 시행되어야 할 것인데도 말이다. 특히 16:6의 압살롬의 말과 7절의 그에 대한 후새의 대답은 매우 놀랍다. 아히도벨의 모략을 누가 감히 평가한단 말인가?

이 말과 같이 아히도벨이 말했다. 우리가 그의 말을 실행해야 하느냐? 만약 그렇지 않다면 너도 말해보라(삼하 17:6).

כַּדָּבָר הַזֶּה דִּבֶּר אֲחִיתֹפֶל הֲנַעֲשֶׂה אֶת־דְּבָרוֹ אִם־אֵין אַתָּה דַבֵּר 카다바르 하제 디베르 아히토펠
하나아세 에트-데바로 임-아인 아타 다베르

이번에 아히도벨이 베푼 모략은 좋지 않습니다!!!!!!!!!!!!(삼하 17:7)

לֹא־טוֹבָה הָעֵצָה אֲשֶׁר־יָעַץ אֲחִיתֹפֶל בַּפַּעַם הַזֹּאת 로-토바 하에차 아쉐르-야아츠 아히토펠 바파암 하
조트

이 순간 이미 다윗의 전략은 성공을 거둔 것이나 다름 없다. 압살롬은 아
히도벨의 완벽한 모략을 보잘 것 없는 후새를 상대로 그것이 어떤지를
평가해보라고 묻는다. 더욱이 그는 그것을 실행하는 것이 좋은지에 대
해서도 묻는다. 도대체 압살롬은 왜 이런 행동을 했을까? 그가 이전에
보여주었던 그의 지혜자다운 면모는 어디로 사라졌을까? 당연히 후새
는 그 모략이 좋지 않다고 평가했다. 이것은 우리가 인생에서 어렵지 않
게 경험할 수 있는 참으로 신비로운 현상이다. 그것은 모든 계산과 예측
을 뛰어넘어 전개되는 인간사의 문제인데 전도자는 이것을 전도서 9:11
에서 정확히 다루고 있다.

후새는 당당히 왜 아히도벨의 모략이 좋지 않은지에 대한 근거를
장황하게 제시할 뿐 아니라 그의 허무맹랑한 모략을 베푼다. 그러나 그
허무맹랑한 모략은 그의 언변으로 그럴싸하게 포장된다.

당신은 당신의 아버지와 그의 사람들이 용사들이고, 비정한 자들[마음이
쓰디쓴 자들]이며, 마치 새끼를 빼앗긴 들의 암곰과 같다는 것을, 그리고
당신의 아버지는 전쟁의 용사로서 백성과 함께 자지 않는다는 것을 알고
있습니다(삼하 17:8).

אַתָּה יָדַעְתָּ אֶת־אָבִיךָ וְאֶת־אֲנָשָׁיו כִּי גִבֹּרִים הֵמָּה아타 야다타 에트-아비카 베에트-아나샤브 키 깁보림 헤마

וּמָרֵי נֶפֶשׁ הֵמָּה כְּדֹב שַׁכּוּל בַּשָּׂדֶה וְאָבִיךָ אִישׁ מִלְחָמָה וְלֹא יָלִין אֶת־הָעָם우마레 네페쉬
헤마 케도브 샤쿨 바사데 베아비카 이쉬 밀하마 벨로 얄린 에트-하암

보십시오. 이제 그가 구덩이 중 하나 혹은 여러 장소 가운데 한 곳에 매복하고 있을 것인데, [섣불리 공격하다가] 그들 중에서 누가 처음 쓰러질 것이고, 누군가 그것을 듣고 "압살롬을 따르는 백성들 가운데 패배가 있다"고 말할 것입니다(삼하 17:9).

הִנֵּה עַתָּה הוּא־נֶחְבָּא בְּאַחַת הַפְּחָתִים אוֹ בְּאַחַד הַמְּקוֹמֹת וְהָיָה כִּנְפֹל בָּהֶם בַּתְּחִלָּה네 아타 후-네흐바 베아하트 하페하팀 오 베아하트 하메코모트 베하야 키네폴 바헴 바테힐라

וְשָׁמַע הַשֹּׁמֵעַ וְאָמַר הָיְתָה מַגֵּפָה בָּעָם אֲשֶׁר אַחֲרֵי אַבְשָׁלֹם베샤마 핫쇼메아 베아마르 하예타 마게파 아쉐르 아하레 아브샬롬

그리고 그가 비록 마음이 사자의 마음 같이 담대한 자라 할지라도 그가 [그의 마음이] 반드시 녹아내릴 것입니다. 왜냐하면 온 이스라엘이 당신의 아버지는 용사이며, 그와 함께한 자들이 담대한 자들임을 알기 때문입니다(삼하 17:10).

וְהוּא גַם־בֶּן־חַיִל אֲשֶׁר לִבּוֹ כְּלֵב הָאַרְיֵה הִמֵּס יִמָּס כִּי־יֹדֵעַ כָּל־יִשְׂרָאֵל베후 감-벤-하일 아쉐
르 리보 켈레브 하아르예 히메스 이마스 키-요데아 콜-이스라엘

כִּי־גִבּוֹר אָבִיךָ וּבְנֵי־חַיִל אֲשֶׁר אִתּוֹ키-기보르 아비카 우베네-하일 아쉐르 이토

진실로 저는 [다음과 같이] 모략을 베풀겠습니다. 단에서부터 브엘세바까지 온 이스라엘이 바다의 모래 같이 많이 모이고 모여서 당신의 앞에서 그

들이 전장 한가운데로 나아가야 합니다(삼하 17:11).

כִּי יָעַצְתִּי הֵאָסֹף יֵאָסֵף עָלֶיךָ כָל־יִשְׂרָאֵל מִדָּן וְעַד־בְּאֵר שֶׁבַע 키 야아츠티 헤아소프 예아세프 알

레이카 콜-이스라엘 믹단 베아드-베에르 쉐바

כַּחוֹל אֲשֶׁר־עַל־הַיָּם לָרֹב וּפָנֶיךָ הֹלְכִים בַּקְרָב 카홀 아쉐르-알-하얌 라로브 우파네카 홀킴 바케라브

우리가 그에게로, 그가 발견될 한 장소에 가서 땅 위에 [내리는] 이슬처럼
그를 덮치고 그뿐 아니라 그와 함께하는 모든 남자 중 하나도 [살아] 남겨
두지 말아야 합니다(삼하 17:12).

וּבָאנוּ אֵלָיו בְּאַחַת הַמְּקוֹמֹת אֲשֶׁר נִמְצָא שָׁם וְנַחְנוּ עָלָיו 우바누 엘라브 베아하트 하메코모트 아쉐르

님차 삼 베나흐누 알라브

כַּאֲשֶׁר יִפֹּל הַטַּל עַל־הָאֲדָמָה וְלֹא־נוֹתַר בּוֹ וּבְכָל־הָאֲנָשִׁים אֲשֶׁר־אִתּוֹ גַּם־אֶחָד 카아쉐르 이

폴 하탈 알-하아다마 베로-노타르 보 우베콜-하아-ㅏ쉼 아쉐르-이토 감-에하드

만약 그가 [자신을 따르는 무리와 함께] 한 성읍에 모여 있다면, 온 이스라
엘이 그 성읍에 밧줄을 둘러놓고, 우리가 그것을 강으로 끌어가 거기에 돌
하나조차도 발견되지 못하게 해야 합니다(삼하 17:13).

וְאִם־אֶל־עִיר יֵאָסֵף וְהִשִּׂיאוּ כָל־יִשְׂרָאֵל אֶל־הָעִיר הַהִיא חֲבָלִים 베임-엘-이르 예아세프 베히시우

콜-이스라엘 엘-하이르 하히 하발림

וְסָחַבְנוּ אֹתוֹ עַד־הַנַּחַל עַד אֲשֶׁר־לֹא־נִמְצָא שָׁם גַּם־צְרוֹר 베사하브누 오토 아드-하나할 아드 아쉐르-

로-님차 삼 감-체로르

여기서 후새가 아히도벨의 모략이 왜 좋지 않은지를 밝히는 근거와 그
가 제안하는 모략은 매우 특징적으로 드러난다. 내용이 길고 장황하며
마치 그림을 그리듯 현란하게 펼쳐진다. 이것은 듣는 이에게 냉철한 판

단력을 상실하게 만든다. 그러나 동시에 후새의 논리에도 사실과 가능성에 기반한 놀라울 정도의 설득력이 있다. 따라서 그도 대단한 지혜자의 전형이라고 할 수 있다.

압살롬과 이스라엘의 모든 사람이 아렉 사람 후새의 모략이 아히도벨의 모략보다 더 좋다고 판단한다. 사람들의 이런 결정은 그것이 현명한 판단이었는지 아니면 어리석은 판단이었는지 곧 드러난다. 그러나 결정을 내리는 순간에 사람들은 그 결정이 현명한 판단이었는지 아니면 어리석은 판단이었는지를 알지 못한다. 전도서가 말하는 인간 지혜의 한계가 바로 그것이다. 우리의 삶에 화가 닥치는 것은 우리가 "때와 시기"를 알지 못하기 때문이 아니겠는가?

이제 다윗이 준비해둔 비밀 연락 조직이 가동된다. 후새는 사독과 제사장 아비아달에게 아히도벨이 압살롬과 이스라엘의 장로들에게 이러저러한 모략을 베풀었음과 그 자신은 이러저러한 계략을 베풀었음을 알렸다. 아마도 후새 자신도 압살롬과 이스라엘 장로들이 누구의 모략을 채택했는지 몰랐던 것으로 보인다. 그래서 그는 사독과 아비아달에게 서둘러서 다윗에게 전갈을 보내라고 말한다. 전갈의 요지는 광야 나루터에서 오늘 밤을 지내지 말고 반드시 강을 건너 왕과 그와 함께 있는 모든 백성이 죽임을 당하지 않도록 하라는 것이었다. 요나단과 아히마아스는 자신들이 성읍에 왔음을 다른 사람들에게 들키지 않으려고 로겔 샘[18]에 대기하고 있었다. 어떤 한 여종이 그들에게 가서 후새의 전갈을 전하고 요나단과 아히마아스는 다윗에게 달려가서 그것을 전했다.

....

18   예루살렘 근처 유다와 베냐민 지파 경계에 있는 샘. 이에 관해서는 Gesenius[18], 956을 참조하라.

요나단과 아히마아스가 그 성읍에도 감히 들어가지 못하고 예루살렘 밖에 대기하고 있었음에도 그들이 다윗에게 소식을 전하는 과정은 긴장감 넘치는 드라마였다. 16:18-20을 보면, 한 소년이 그들을 보고 압살롬에게 알렸다. [그사이에] 그 둘은 황급히 달려 바후림의 어떤 사람의 집으로 갔다. 그 집 뜰에는 우물[19]이 있었는데, 그들이 우물 속으로 내려갔다. 그 집의 여인이 덮개를 가져다 우물을 덮고 그 위에 곡식 알갱이를 펼쳐놓았다. 그래서 그 사실이 전혀 드러나지 않았다. 압살롬의 부하들이 그 여인에게 와서는 아히마아스와 요나단이 어디 있는지를 물었다. 그러자 그 여인은 물 쪽으로 가서(מִיכַל הַמַּיִם 미칼 하마임)[20] 건너갔다고 말했다. 압살롬의 부하들은 시내로 가서 그들을 찾았지만 결국 찾지를 못하고 예루살렘으로 돌아갔다. 아히도벨의 모략은 채택되지도 않았지만, 다윗에게 성공적으로 전달되었고 다윗은 자신과 함께한 모든 백성과 동이 틀 때까지 밤새도록 강을 건넜으며 요단강을 건너지 못한 사람이 한 명도 없었다.

그런데 이 장면을 이렇게 소상히 서술하는 의도가 무엇일까? 왜 다윗의 운명을 가를 그 밤의 피를 말리는 사건이 연속되었던 것을 보여주며 독자들에게 무엇을 생각하도록 만드는 것일까? 이것은 다윗의 전략, 즉 후새와 사독 및 아비아달 그리고 아히마아스와 요나단을 준비시킨 것 외에도 여기 등장하는 어떤 여종, 바후림의 어떤 사람과 그의 아내의

....

19 이에 관해서는 Philip J. King & Lawrence E. Stager, 『고대 이스라엘 문화』, 184-5을 참조하라.

20 이 부분은 해석이 불가능한 부분이다. מִיכַל 미칼은 여기서 단 한 번 사용된 단어인데, 아마도 필사의 과정에서 붕괴한 단어로 볼 수 있으며 이것을 מִכֹּה אֶל־הַמַּיִם 미코 엘-하마임, 즉 "여기서 저 물쪽으로"로 수정해서 이해할 수도 있다. 이에 관해서는 Gesenius[18], 667을 보라.

조력이 없었다면, 따라서 후새의 전갈이 다윗에게 전달되지 못하고 그 일이 실패로 돌아갔다면, 과연 다윗이 어떻게 되었을까를 생각해보게 만든다.

결국 다윗의 운명이 다윗의 지혜와 전략에만 달린 것도 아니었음을 깨닫게 하려고 말이다. 아히도벨은 자신의 모략이 실행되지 않음을 보고 나귀에 안장을 지우고 일어나 자신의 성읍, 곧 자신의 집으로 돌아갔다. 그리고 그는 자신의 집을 [이렇게 저렇게 처분하도록] 명령하고 스스로 목을 매 죽었다. 그리고 그는 자기 조상의 묘에 장사되었다. 아히도벨의 죽음은 상징적이다. 그는 결코 자신이 압살롬에게 더는 인정을 받지 못할 것이라고 생각해서 죽음을 선택하지 않았다. 그가 죽음을 스스로 선택한 것은 분명하지만 그것은 선택의 여지가 없었던 것이기도 하다. 아히도벨은 자신의 모략이 실행되지 않는 순간 압살롬의 패배가 자명한 일이라고 생각했고, 따라서 그에게 다가올 일 역시 죽음 외에 다른 것이 없었다고 생각했기 때문이다. 이 모습은 마치 전도서 2장에 나오는 소위 "지혜자의 죽음"을 연상시킨다. 나는 이것을 아래서 다루고자 한다.

(5) 사무엘하 17:24-19:8

다윗은 마하나임으로 갔고 압살롬도 요단을 건넜다. 그와 온 이스라엘이 함께했다. 압살롬은 요압을 대신해서 아마사가 군대를 지휘하도록 명령했다. 아마사는 이스르엘[70인역 이스마엘] 사람 이드라의 아들이며 이드라가 요압의 어머니 스루야의 동생인 아비갈과의 사이에서 낳은 아들이었다. 그리고 압살롬은 이스라엘 무리와 길르앗 땅에 진을 쳤다.

전쟁의 구도에 관한 서술을 간략히 살펴보면, 다윗과 압살롬 사이의 전쟁이 요단강 동편에서 이제 곧 벌어질 것이란 사실과 각각의 군대를 이끄는 장수에 대한 소개가 나온다. 다윗 편에 요압과 압살롬 편의 아마사인데, 특히 요압과 아마사는 이종 사촌지간임이 눈에 띈다. 사실 전쟁의 구도 자체가 아버지와 아들의 싸움이고 군대 지휘관 역시 사촌 간의 대결로 시작되는 것인데 이것은 무엇을 의미하는가?

다윗이 마하나임에 도착하자 몇 사람이 다윗에게 나온다. 그들은 암몬 사람에게 속한 랍바 출신 나하스의 아들 소비와 로 데바르 사람 암미엘의 아들 마길과 로글림에서 온 길르앗 사람 바르실래였다. 이들은 광야에서 필요할 여러 물품과 식자재를 가지고 와서 다윗과 그와 함께 한 백성들을 도왔다. 그 물품은 잠자리,[21] 그릇,[22] 질그릇이며, 식자재는 밀, 보리, 곡식 가루,[23] 볶은 곡식, 콩, 렌틸콩,[24] 볶은 곡식[25] 그리고 꿀, 버터와 양[혹은 양젖으로 만든 버터],[26] 치즈[소젖으로 만든 치즈]다. 그들

....

21   가구 개념의 "침상"으로 번역하기보다는 광야에서 바닥에 깔고 잘 수 있는 것으로 보는 것이 좋다.

22   "대야"로 번역된 סַף사프는 주로 금속이나 세라믹으로 된 넓은 그릇으로 주로 제의의 용도로 많이 사용되었는데, 일상에서도 어떤 용도로든 사용이 된 것이 여기에 유일하게 언급된다. 이에 관해서는 Gesenius[18], 895–896을 참조하라.

23   밀 혹은 보리 등의 곡식 가루 총칭. 이에 관해서는 Philip J. King & Lawrence E. Stager, 『고대 이스라엘 문화』, 147을 참조하라.

24   עֲדָשָׁה아다사를 "팥"으로 번역하기는 어려움이 있다. 이것은 둥글고 납작한 콩의 종류로 이해할 수 있다. 이에 관해서는 Gesenius[18], 929를 보라.

25   또다시 언급된 "볶은 곡식"을 우리말 번역은 "볶은 녹두"로 표현하고 있는데, 사실 קָלִי칼리란 표현만으로 볶은 곡식의 종류를 구분하는 것은 어려우며, 70인역이 중복으로 보이는 이 단어를 생략하고 있음을 참조할 필요가 있다.

26   곡식 종류 이후 주로 꿀과 유제품이 언급되는 맥락에서 "양"이 언급되는 것이 자연스럽지는 않다. 따라서 이어지는 치즈, 즉 소의 젖으로 만든 제품과 같이 이것 역시도 양의 젖으로부터 만든 버터 혹은 크림을 의미하는 것으로 보는 것이 자연스럽다.

이 가지고 온 물품과 식자재를 살펴보면, 당시 사람들의 삶의 모습이 오늘날 우리의 삶의 모습과 별반 다르지 않음을 알게 된다.

이제 전쟁이 시작된다. 전쟁 서술의 시점은 확실히 다윗 편에 치중되어 있다. 왜냐하면 다윗이 자신과 함께한 백성들을 상세히 파악하고 (파카드 פָּקַד) 조직했다는 서술에서 시작하기 때문이다. 그는 백성의 규모를 정확히 파악하고 그들 위에 천부장과 백부장을 세운다. 또한 전체 백성을 세 부분으로 나누고 삼 분의 일은 요압의 손에, 삼 분의 일은 요압의 형제 스루야의 아들 아비새의 손에, 그리고 나머지 삼 분의 일은 가드 사람 잇대의 손에 맡긴다. 그리고 다윗 자신도 그들과 함께 반드시 출전하고자 한다. 그러나 백성이 그것을 허락하지 않는다. 그들은 반란의 무리는 자신들이 아니라 오직 왕만을 노리기 때문에 왕은 차라리 성읍에 머물며 자신들을 돕는 것이 더 좋다고 판단했기 때문이다. 왕이 성문의 옆에 섰을 때, 모든 백성이 출전하는데 백 명씩 그리고 천 명씩 조직된 대로 질서 정연하게 나갔다. 다윗과 그와 함께한 백성은 전쟁에 이렇게 정교하게 조직된 모습으로 임하고 있으며 왕을 보호하고 자신들은 희생할 각오를 단단히 한 것으로 보인다. 그러나 압살롬 진영의 모습은 어떠한가? 압살롬의 진영에 대한 언급은 본문에 등장하지 않는다. 대신 왕이 요압과 아비새와 잇대에게 압살롬에 관해 부탁하는 말이 언급된다.

> 나를 생각하여 이 젊은 아이를, 압살롬을 관대히 대하도록 [내가 꼭 부탁한다](삼하 18:5).
>
> לְאַט־לִי לַנַּעַר לְאַבְשָׁלוֹם 레아트-리 라나아르 레아브샬롬

이미 압살롬의 패배가 기정사실화된 것인가? 아니면 이것은 자신을 죽

이고자 하는 아들일지라도 그에 대한 연민을 느끼는 다윗을 모습을 제시하기 위함인가? 저자는 이 말을 왕의 "명령"으로 서술한다(וַיְצַו הַמֶּלֶךְ바예차브 하멜레크). 그리고 그는 모든 백성이 압살롬에 관한 왕의 명령을 들었다고 설명한다. 아마도 압살롬과 이스라엘의 장로들이 후새의 모략을 따라 전쟁을 준비하고 출전했다면 이스라엘 군대의 조직과 역량이 대단했을 것으로 추정되는데, 그에 대한 언급이 전혀 없고 오히려 압살롬을 아끼는 왕의 언급과 함께 전쟁이 시작된다는 것은 매우 특이한 모습이라고 할 수 있다.

이제 에브라임 숲에서 전투가 벌어진다. 그리고 전투는 당일에 승패가 갈렸다. 이스라엘 군대가 다윗의 부하들 앞에서 크게 패전한다. 그리고 죽은 사람도 이만 명이나 되었다. 그런데 전쟁에 대한 기사를 읽다 보면, 도대체 왜 전쟁이 에브라임 숲에서 벌어졌는지 의구심이 든다. 후새가 말했던 것 같이 "땅 위에 내리는 이슬같이 덮치는" 작전은 어떻게 된 것인가? 과연 압살롬과 장로들이 그의 모략을 채택한 것인가? 전사자 이만 명으로부터 추정할 수 있는 이스라엘의 군대의 규모는 과연 얼마나 되었는가? 도대체 아히도벨의 빈자리가 그렇게 컸던 것인가?

거기[에브라임 숲]서 전쟁이 있었는데 본문은 그 전쟁의 양상을 다음과 같이 서술한다.

[전쟁이] 온 땅 위에 넓게 펼쳐진 채로 진행되었다. 그리고 그날에 숲이 백성을 삼킨 것이 칼이 삼킨 자보다 많았다(삼하 18:8).

נָפֹצִית עַל-פְּנֵי כָל-הָאָרֶץ וַיֶּרֶב הַיַּעַר לֶאֱכֹל בָּעָם מֵאֲשֶׁר אָכְלָה הַחֶרֶב בַּיּוֹם הַהוּא나포

체트 알-페네 콜-하아레츠 바예레브 하야아르 레에콜 바암 메아쉐르 오클라 하헤레브 바욤 하후

이 상황이 어떤 상황인지 정확히 알 수는 없지만, 이 울창한 숲은 곧바로 압살롬의 죽음과 연결된다. 압살롬이 다윗의 부하들과 맞닥뜨렸을 때, 그는 노새를 타고 있었는데 그 노새가 거대한 테레빈 나무[27] 가지 아래로 달리는 바람에 압살롬의 머리가 테레빈 나무에 걸렸고, 그는 하늘과 땅 사이에 매달리게 되었으며, 그가 타고 있던 노새는 빠져나가버렸다. 이 것을 한 사람이 보고 요압에게 보고했다. 그리고 요압이 그에게 말했다.

네가 보았을 때, 왜 그를 거기서 땅에 떨어지도록 쳐 죽이지 않았느냐? 그 러면 **내가 너에게 은 열 개와 [허리] 띠 하나를 주어야 했을 것이다**(삼하 18:11).[28]

וְהִנֵּה רָאִיתָ וּמַדּוּעַ לֹא־הִכִּיתוֹ שָׁם אָרְצָה וְעָלַי לָתֶת לְךָ עֲשָׂרָה כֶסֶף וַחֲגֹרָה אֶחָת 베히네

라이타 우마두아 로-히키토 삼 아르차 베알라이 라테트 레카 아사라 케세프 바하고라 에하드

진실로 말하건대, **나는 내 손바닥 위에 은 천 개를 들어올린다 해도 내 손을 왕의 아들에게 대지 않을 것입니다. 왜냐하면 우리 귀로 왕이 당 신과 아비새 그리고 잇대에게 다음과 같이 말하는 것을 들었기 때문** 입니다. "[너희 중] 누구든 그 아이 압살롬을 아끼라"(삼하 18:12).

וְלֹא אָנֹכִי שֹׁקֵל עַל־כַּפַּי אֶלֶף כֶּסֶף לֹא־אֶשְׁלַח יָדִי אֶל־בֶּן־הַמֶּלֶךְ כִּי 벨루 아노키 쇼켈

알-카파이 엘레프 케세프 로-에쉘라흐 야디 엘-벤-하멜레크 키

בְּאָזְנֵינוּ צִוָּה הַמֶּלֶךְ אֹתְךָ וְאֶת־אֲבִישַׁי וְאֶת־אִתַּי לֵאמֹר שִׁמְרוּ־מִי בַּנַּעַר בְּאַבְשָׁלוֹם

....
27   אֵלָה엘라에 대해서 Philip J. King & Lawrence E. Stager, 『고대 이스라엘 문화』, 164-5을 보라.
28   목적 접미사를 가진 עַל알이라는 전치사가 부정사와 함께 사용될 때 목적 접미사가 지칭
      하는 존재에게 부정사가 가진 행위를 해야 하는 어떤 책임이 부과됨을 의미한다. 이에
      대해서는 Gesenius[18], 963을 보라.

베오즈네누 치바 하멜레크 오트카 베에트-아비샤이 베에트-이타이 레모르 쉬메루-미 바나아르 베아브샬롬

혹은 내가 나 자신의 삶을[29][그의 생명에 관해서] 속이고 행동했어야 했습니까? 그리고 **이 모든 일이 왕에게 숨겨질 수 없을 것입니다. 그러니 당신도 그 일로부터 물러서 있으십시오**(삼하 18:13).

오-아시티 אוֹ-עָשִׂיתִי בְנַפְשִׁי שֶׁקֶר וְכָל-דָּבָר לֹא-יִכָּחֵד מִן-הַמֶּלֶךְ וְאַתָּה תִּתְיַצֵּב מִנֶּגֶד

베나프쉬 쉐케르 베콜-다바르 로-이카헤드 민-하멜레크 베아타 티트야체브 미네게드

나는 네 앞에서 그렇게 지체할 수 없다[지체하고 싶지 않다](삼하 18:14a).

로-켄 오힐라 레파네카 לֹא-כֵן אֹחִילָה לְפָנֶיךָ

이 대화를 자세히 살펴보면, 우리는 "이미 전쟁이 시작될 때 요압이 압살롬의 목숨에 어떤 현상금을 걸었는가"란 의심을 하게 된다. 요압은 압살롬이 테레빈 나무에 매달려 있는 것을 본 어떤 사람이 왕의 명령을 지키고 왕이 부탁한 대로 압살롬의 목숨을 아끼는 일에 어떤 욕심도 품지 않을뿐더러 그것이 그의 삶에 어긋나는 것임을 분명히 인식한다. 그러나 그는 그런 태도와는 정반대 편에서 왕의 명령도 아랑곳하지 않고 자신의 의지대로 무자비하게 행동하는 모습으로 서술된다. 매우 선명하게 지혜자의 면모를 보이는 그 소식을 전해준 사람의 모습은 요압의 이런 무자비함을 더욱 돋보이게 하는 역할을 한다. 요압의 이런 무자비한 모습은 당황스럽다. 그가 본래부터 이런 사람이 결코 아니었는데 말이다. 그가 사무엘하 10장과 12장 말미에서 암몬 자손과의 전쟁에서 보여주었던 그 모습이 언제 그리고 무엇 때문에 이렇게 바뀌었을까?

....

29   이 번역에 관해서는 Stoebe, *Das zweite Buch Samuelis*, 397을 보라.

요압은 손에 나무 꼬챙이 셋(שְׁלֹשָׁה שְׁבָטִים 쉘로샤 쉐바팀)[30]을 쥐고 가서는 테레빈 나무 한가운데에 [매달려] 여전히 살아 있는 압살롬의 심장에 모두 꽂았다. 그리고 요압의 무기를 들고 다니는 소년 10명이 압살롬을 쳐서 그를 죽였다. 왜 요압은 하필이면 나무 꼬챙이를 가지고 압살롬을 찔렀을까? 행여라도 그가 나무 꼬챙이로 압살롬의 가슴을 툭툭 치면서 그를 죽이라고 시늉한 것인가?[31]

전쟁이 끝나고 요압은 나팔을 불어 백성이 이스라엘 무리를 더 이상 쫓지 말라는 명령을 내렸다. 아히도벨도 밝혔듯이 반란으로 비롯된 전쟁에서는 각 편의 핵심만 죽이면 더 이상의 죽음은 필요 없기 때문이다. 그는 압살롬을 숲에 있는 큰 구덩이에 던지고 그 위에 돌무더기를 쌓았다. 그리고 이스라엘은 모두 각기 자신의 장막으로 도망쳤다.

사무엘하 18:18은 압살롬이 살았을 때 자신을 위해 세운 비석에 대해 언급한다. 비석에 대한 언급은 앞과 뒤의 서술, 즉 압살롬의 죽음과 그 죽음을 대하는 왕의 비통함 사이에서 마치 상징적인 기념물처럼 기능한다. 압살롬은 이미 자신의 운명을 예견했던 것일까? 그는 자신의 기구한 운명을 스스로 극복해보고자 분투한 인생과 그 한계를 이미 스스로 알았던 것일까?

죽음 이후에 압살롬이 비록 숲속 돌무더기 속에 장사되었지만, 그의 이름이 자신이 세운 기념비에 남아 후대까지 전해진다는 것은 의미

....

30 이것은 일반적으로 사용되는 무기류에 속하지는 않는다. 그런데 왜 요압은 이것을 가지고 가서 압살롬을 찔렀을까?

31 이 구절을 정확하게 해석하기란 사실상 어렵다. 요압이 압살롬을 쳤는지, 찔렀는지 그리고 그가 찌른 후에도 압살롬이 살았다는 것인지 아니면 그가 막대기로 압살롬을 찌르기 전에 압살롬이 살아 있는 채로 나무에 매달려 있었다는 이야기인지…이에 관해서는 Stoebe, *Das zweite Buch Samuelis*, 399을 참조하라.

가 있다. 어찌 보면 그의 삶에는 파란만장한 면이 많기 때문이다. 자신의 삶과 운명을 개척하고 무엇이든지 이겨내고자 분투하는 인간의 일면을 가진 압살롬이 역설적으로 부지중에 스스로 자기 운명의 마지막 모습을 규정했다.

이제는 압살롬의 반란군과 치른 전쟁의 승전 소식이 왕에게 전해지는 장면이 서술된다. 이 소식을 가장 먼저 알리고 싶은 사람은 아히마아스였다.

> 내가 속히 달려가서 왕에게 복된 소식을 전하겠습니다. 진실로 야웨가 그의 대적의 손아귀 앞에서 그가 옳다고 판정하셨음을 말입니다(삼하 18:19).
>
> אָרוּצָה נָּא וַאֲבַשְּׂרָה אֶת־הַמֶּלֶךְ כִּי־שְׁפָטוֹ יְהוָה מִיַּד אֹיְבָיו 아루차 나 바아바세라 에트-하멜레크
> 키-쉐파토 야웨 미야드 오예바브

아마도 아히마아스는 사무엘하 15장에서 왕이 예루살렘을 떠나 도망하는 중에 하나님의 언약궤를 다시 예루살렘으로 돌려보내며 한 말을 기억하고 있었던 듯하다. 그리고 드디어 그는 야웨께서 다윗의 손을 들어 주셨음을 속히 달려가 왕에게 알리고 싶었다. 1인칭 화자의 말에 묻어 있는 그의 간절한 의지와 열망이 독자들로 하여금 이미 달리고 있는 그의 모습을 상상하게 만드다.

하지만 요압은 아히마아스에게 왕의 아들이 죽은 오늘 말고 나중에 소식을 전하라고 말한다. 그리고 그는 구스 사람에게 "네가 본 것"을 왕에게 전하라고 명령한다. 아히마아스는 구스 사람이 출발한 후에도 요압에게 간청한다.

청하건대[그것이 이루어지길] 나도 달려가겠습니다. 구스 사람의 뒤를 따라서. {도대체 왜 너는 달려가고자 하느냐? 내 아들아. 그리고 너에게 무엇인가를 얻게 해줄 좋은 소식이 없다.} 청하건대[그것이 이루어지길] 내가 달려가겠습니다(삼하 18:19).

וַיְהִי מָה אַרְצָה־נָא גַם־אָנִי אַחֲרֵי הַכּוּשִׁי비히 마 아루차-나 감-아니 아하레 학쿠쉬

{לָמָה־זֶּה אַתָּה רָץ בְּנִי וּלְכָה אֵין־בְּשׂוֹרָה מֹצֵאת} וַיְהִי־מָה אָרוּץ라마-제 아타 라츠 베니 우레카 에인-베쏘라 모체트}비히-마 아루츠

요압의 이 모습은 사무엘하 11장에서 우리아가 죽은 이후 그 소식을 다윗에게 전하기 위해 사자를 보내며 고심하던 모습을 떠올리게 한다. 거기서도 요압은 이 소식을 전했을 때 일어날 일을 계산하고 어떻게든 왕의 진노를 피하고자 머리를 썼다. 그러나 실제로 왕의 반응은 그의 예상과는 완전히 다르게 나타났다. 지금 요압은 오히려 압살롬의 죽음을 알리려는 아히마아스를 만류하면서 이 소식을 전해서 좋을 것이 하나도 없다고 단정하고 있다. 그러나 아히마아스는 완강하게 이 소식을 전하겠다고 한다. 그래서 요압은 아히마아스를 가도록 허락한다.

아히마아스는 구스 사람을 앞질러 달려갔다. 왕은 두 문 사이에 앉아 있고 성문 위층에서 파수하는 파수꾼이 달려오는 사람을 보는데 처음 한 사람을 보고 이어서 다른 또 한 사람의 달려오는 것을 본다. 그리고 앞서 달려오는 사람이 아히마아스인 것을 왕께 보고한다. 왕은 아히마아스는 좋은 사람이니 그가 반드시 좋은 소식을 가져오리라고 확신한다.

이 장면은 다시 사무엘하 13장 후반부에서 압살롬이 암논을 죽이고 도망한 후 암논과 함께 압살롬의 양털 깎는 축제에 갔던 왕자들이 놀라

도망하여 돌아오는 것을 파수꾼을 통해 전해듣는 다윗의 모습을 연상시킨다. 사무엘하 13장에서는 암논의 죽은 소식이 전달되고 압살롬은 도망쳤는데 지금 사무엘하 18장에서는 압살롬의 죽은 소식이 전달되고 있다. 또한 왕의 말에 담겨 있는 "좋은 소식"은 그것이 과연 좋은 소식인지 그렇지 않은지가 모호함 속에서 왔다갔다 한다.

다윗의 첫 물음은 "그 아이, 압살롬은 무사한가?"(לַנַּעַר לְאַבְשָׁלוֹם 하샬롬 라나아르 레아브샬롬)였다. 그런데 아히마아스의 대답이 수상하다. 그는 분명히 요압으로부터 왕의 아들이 죽었다는 소식을 들었고 이 소식을 전하는 것이 오늘은 적절하지 않으며 이 소식을 전해서 얻을 상도 없음을 분명히 요압에게 들었음에도 그는 압살롬의 죽음을 모른 척한다. 구스 사람이 도착하면서 다시 왕은 압살롬의 안위를 물었고 그가 죽었음을 알게 되었다.

기별을 전하는 이 상황에서 전달자들은 모두 자신이 전하는 소식이 가져올 영향을 생각한다. 이것은 이미 사무엘하 11장에서 논의되었던 사실이지만, 여기서는 특히 아히마아스의 모습에서 다시 한번 입증된다. 우리도 삶에서 무엇인가를 전달할 때 머릿속에서 끊임없이 계산과 최대한의 안전을 구하는데 그러한 모습이 여기서도 똑같이 그려지고 있다.

전쟁의 마지막 장면에서는 압살롬의 죽음을 슬퍼하는 왕의 모습이 나온다. 왕은 압살롬의 죽음에 대한 소식을 듣고 몹시 흥분하여 성문 위층으로 올라갔다. 그리고 그리로 올라갈 때 왕이 말했다.

나의 아들 압살롬, 나의 아들, 나의 아들…누가 나에게, 내가 그 대신에 죽게 했다면…압살롬, 나의 아들, 나의 아들…(삼하 18:33).

בְּנִי אַבְשָׁלוֹם בְּנִי בְנִי אַבְשָׁלוֹם מִי־יִתֵּן מוּתִי אֲנִי תַחְתֶּיךָ אַבְשָׁלוֹם בְּנִי בְנִי베니 아브샬롬 베

처음 전쟁이 시작될 때부터 왕은 압살롬의 안위에 가장 큰 관심을 기울였다. 그가 비록 한때 암논을 죽이고 도망쳤었고 현재는 자신을 대적하여 반란을 일으킨 장본인이기도 했지만, 부모가 아들을 염려하는 것은 인지상정이 아니겠는가? 그래서 다윗은 출정하는 요압과 아비새와 잇대에게 압살롬을 살려달라고 부탁하지 않았던가? 전쟁의 결과를 알리기 위해 달려오는 사자들의 도착과 동시에 그가 그들에게 처음 물었던 것도 자신의 아들 압살롬의 생사가 아니었던가? 따라서 왕은 압살롬이 죽었다는 소식을 듣자마자 몹시 흥분했다. 우리는 이러한 인간의 심리 상태를 쉽게 이해할 수 없다.

죽은 아들들에 대한 왕의 태도 역시 비교해볼 만한 대상이다. 밧세바가 낳은 아들이 죽었을 때, 다윗이 보여준 태도가 있다. 그 태도는 전도서가 말하는 죽음을 대하는 인간의 성숙한 태도다. 우리는 인간이 자기 한계를 인정하고 한계 너머에 계신 하나님을 인식할 뿐 아니라 그분으로부터 제시되는 현실로의 복귀, 특히 카르페 디엠으로 나타나는 현실의 삶으로 적극적으로 회귀하는 것에서 이러한 성숙한 모습을 볼 수 있다. 우리는 단지 다윗이 우리아의 아내 밧세바에게서 아들을 낳았기 때문에 그가 가볍게 그런 태도를 취할 수 있었다고 말할 수 있을까? 전혀 그렇지 않다. 암논이 죽었을 때, 아니 이미 그가 다말을 범하고 미묘한 분위기가 암논과 압살롬 사이에서 그리고 다윗의 집안에 흐를 때, 어떤 불행한 일이 행여나 벌어질 수도 있을까 하는 염려 중에 암논의 죽음과 비록 헛소문이었으나 모든 왕자가 죽었다는 소식이 들렸을 때, 다윗의 마음은 녹아내렸을 것이다. 다행히도 암논 한 명만 죽었지만 그 암논을 죽인 압살롬에 대한 증오는 쉽게 가시지 않았다. 그런데 이제 압살롬의 죽음의 소식을 접하며 왕은 감당할 수 없는 슬픔에 빠진다. 그것을 어떤 식으로든 이겨내야 할 것이냐 그것이 안 되는 상황이 돼버린 것이다. 아들의 죽음은 오히려 자신의 패배와 자기 죽음보다 더 안타까운 일이 되어버렸다. 그리고 그것은 지극히 자연스러운 인간 삶의 모습이다. 우리는 이 모습을 이렇다저렇다 평가할 수 있지만, 그것은 평가 이전에 존중해줄 삶의 모습임이 틀림없다.

압살롬의 죽음을 슬퍼하는 왕의 모습이 어떤 사람에 의해 요압에게 전해졌다. 왕의 슬픔은 그날 승리를 만끽해야 할 모든 백성의 슬픔이 되었다. 왜냐하면 모든 백성이 그날 왕이 자기 아들로 인한 큰 비통에 잠겨 있음을 들었기 때문이다. 그래서 그날에 백성이 마치 전쟁에서 도망친 것처럼 부끄러워하며 성읍으로 슬그머니 돌아갔다. 그리고 왕은 얼굴을 가리고 큰 소리로 "나의 아들, 압살롬, 압살롬, 나의 아들, 나의 아들"이라고 소리쳤다.

전쟁의 승리 이후에 보이는 이런 모습은 매우 낯설기만 한 것일까? 전쟁의 승리는 환호와 축제로만 표현될 수 있을까? 나는 이 질문에 대해서 오래전 하나의 독특한 해석을 들을 기회가 있었다.[32] 그 해석은 이 장면을 호메로스의 『오디세이아』에 나오는 한 장면과 연결한 것이었다.

....
32   나는 나의 박사 논문 지도 교수였던 Udo Rüterswörden과 대화하면서 이러한 해석에 대해 들었다. 내가 그의 견해를 정확하게 이해했는지는 그의 글을 통해 확인할 수 있겠지만, 나는 Udo Rüterswörden이 그러한 견해를 담은 글을 출간했는지 아직 확인하지는 못했다. 이후 그의 견해가 담긴 문헌을 발견했을 때, 그가 당시 말한 내용이 현재 나의 이해와 다를 수도 있음을 전제한다. 하지만 어쨌든 이 장면을 『오디세이아』의 한 장면과 연결한 것은 그의 아이디어였음을 밝힌다.

에우리클레이아가 문을 열고 나왔다. 그녀는 그 자리에 얼어붙은 것처럼 한동안 꼼짝 않고 서 있었다. 겁에 질린 그녀의 눈길이 홀에 널려 있는 구혼자들의 시신 위를 훑고 지나갔다. 그러나 그녀는 소리치지 않았다. 마치 당연히 일어나야 할 일이 일어났다는 표정이었다. 마침내 에우리클레이아가 오디세우스를 발견했다. **그녀의 얼굴은 기쁨으로 환해졌고**, 곧장 그에게로 한걸음에 달려갔다. "오 주인님." 그녀는 **환호하며 외쳤다. "드디어 승리하셨군요, 그리고….**" 그러나 오디세우스는 손을 들어 에우리클레이아의 말을 막았다. **"유모는 마음속으로만 기뻐하게!"** 그가 진지하게 말했다. **"시신 앞에서 큰 소리를 내며 기뻐하는 것은 옳지 않은 일이네! 그들은 신들의 심판을 받은 것이고 그들 자신의 악행이 스스로를 파멸시킨 것일세."**[33]

승리의 기쁨은 속으로만 감추고 신의 결정 앞에서 숙연해야 할 필요성이 있다. 비록 승리했지만, 그가 어떻게 그 죽음 앞에서 환호하며 기뻐할 수 있겠는가? 더구나 아들을 잃은 아버지인데 말이다. 이것은 메멘토 모리와 카르페 디엠이 또 다른 차원에서 인간의 삶에 적용되는 것이라고 볼 수 있다. 이에 관해서는 추후 다시 논할 것이다.

오늘 당신은 당신의 생명과 당신의 아들들과 딸들의 생명 그리고 당신의 부인들의 생명과 당신의 후궁들의 생명을 오늘 구한 당신의 모든 부하의 얼굴에 욕보일 일을 하셨습니다(삼하 19:5).

....
33 호메로스 & 아우구스테 레히너, 김은애 옮김, 『오디세우스의 방랑과 모험』(서울: 문학과 지성사, 2017), 560-561.

הֹבַ֨שְׁתָּ הַיּ֜וֹם אֶת־פְּנֵ֣י כָל־עֲבָדֶ֗יךָ הַֽמְמַלְּטִ֤ים אֶת־נַפְשְׁךָ֙ הַיּ֔וֹם 호바쉬타 하욤 에트-페네 콜-아바데카 하메말레팀 에트-나프쉐카 하욤

וְאֵת֩ נֶ֨פֶשׁ בָּנֶ֤יךָ וּבְנֹתֶ֙יךָ֙ וְנֶ֣פֶשׁ נָשֶׁ֔יךָ וְנֶ֖פֶשׁ פִּלַגְשֶׁ֑יךָ 베에트 네페쉬 바네카 우베노테마 베네페쉬 나쉐카 베네페쉬 필락쉐카

당신을 미워하는 자들을 사랑하시고 당신을 사랑하는 자들을 미워하시면서 말입니다. 당신에게는 지휘관들도 그리고 부하들도 [안중에] 없다는 것을 당신은 오늘 모두가 알게 하셨습니다. 압살롬이 살고 우리가 모두 오늘 죽었다면, 그것이 당신의 눈에 의롭게 보였을 것이란 사실을 나는 오늘 알았습니다(삼하 19:6).

לְאַֽהֲבָה֙ אֶת־שֹׂ֣נְאֶ֔יךָ וְלִשְׂנֹ֖א אֶת־אֹהֲבֶ֑יךָ כִּ֣י ׀ הִגַּ֣דְתָּ הַיּ֗וֹם כִּ֣י אֵ֤ין לְךָ֙ שָׂרִ֣ים וַעֲבָדִ֔ים 레아하바 에트-소느에카 베리스노 에트-오하베카 키 히가드타 하욤 키 에인 레카 사림 바아바딤

כִּ֣י ׀ יָדַ֣עְתִּי הַיּ֗וֹם כִּ֣י לא אַבְשָׁל֤וֹם חַי֙ וְכֻלָּ֣נוּ הַיּ֣וֹם מֵתִ֔ים כִּי־אָ֖ז יָשָׁ֥ר בְּעֵינֶֽיךָ 키 야다티 하욤 키 루 아브샬롬 하이 베쿨라누 하욤 메팀 키-오즈 야샤르 메에이네카

그러니 이제 일어나 나가십시오. 그리고 당신의 부하들에게 마음으로[진심으로] 말씀하십시오. 진실로 내가 야웨께 맹세하건대, 만약 당신이 나가지 않으면, 오늘 밤 단 한 사람도 당신과 함께 진에 머물지 않을 것입니다. 그러면 당신이 소년 때부터 지금까지 겪은 화보다 더 심한 화가 당신에게 있을 것입니다(삼하 19:7).

וְעַתָּה֙ ק֣וּם צֵ֔א וְדַבֵּ֖ר עַל־לֵ֣ב עֲבָדֶ֑יךָ כִּי֩ בַיהוָ֨ה נִשְׁבַּ֜עְתִּי כִּי־אֵינְךָ֣ יוֹצֵ֗א 베아타 쿰 체 베다바르 알-레브 아바데카 키 바야웨 미쉬바예티 키-에이네카 요체

אִם־יָלִ֨ין אִ֤ישׁ אִתְּךָ֙ הַלַּ֔יְלָה וְרָעָ֧ה לְךָ֛ ז֖אֹת מִכָּל־הָרָעָ֑ה 임-얄린 이쉬 이트카 할라옐라 베라아 레카 조트 밀콜-하라아

אֲשֶׁר-בָּאָה עָלֶיךָ מִנְּעֻרֶיךָ עַד-עָתָּה 아쎄르-바아 알레이카 민네우레카 아드-아타

요압의 이 말은 왕을 위협하기에 충분했다. 결국 왕은 성문에 나와 앉았고 왕이 성문에 앉았다는 소식이 모든 백성에게 전해졌다. 모든 백성은 왕 앞에서 행하고 이스라엘은 각기 자기들의 장막으로 도망했다. 이렇게 전쟁이 마침내 종결되었다.

(6) 사무엘하 19:9-43[히, 10-44]

이스라엘 각 지파의 모든 백성이 왕을 귀환시킬 일에 대해서 논쟁을 벌였다. 그들은 왕이 자신들을 대적의 손에서와 블레셋의 손에서 구원했던 것을 다시 거론하고, 현재는 압살롬으로 인해 이 땅에서 도망한 상태지만, 자신들이 기름을 부어 세운 압살롬이 죽었으니 다시 왕을 모셔오는 일에 왜 침묵하느냐고 논쟁했다. 그리고 그들은 왕을 다시 왕궁으로 모셔오자고 합의했다. 반면 다윗 왕은 사독과 아비아달을 유다의 장로들에게 보내서 말을 전했다. 그 장로들이 왜 왕을 왕궁으로 귀환시키는 일에 뒷전이냐고 말이다. 그들은 왕의 형제요 골육지친인데 말이다. 그리고 다윗 왕은 압살롬이 군대 지휘관으로 세웠던 아마사에게도 말을 전했다. 그것은 그도 역시 다윗 왕에게 골육이며 그가 요압을 대신하여 자신 앞에서 평생 군대의 지휘관이 되지 않는다면, 하나님이 왕에게 이런저런 일을 [징벌의 의미로] 행하시기를 바란다는 맹세의 말이었다. 그러자 유다 모든 사람의 마음이 한 사람의 마음과 같이 기울어 왕에게 전갈을 보내 왕과 왕의 부하들이 모두 돌아올 것을 청했고 왕이 요단강에 이르렀을 때 유다 사람들이 왕을 맞이하며 요단을 건너가게 하려고 길

260   II. 다윗의 왕위 계승사 본문 분석

갈에 모였다.

이렇게 예루살렘으로 왕이 귀환할 일이 모두 준비되었다. 그런데 왕이 취한 일련의 이 조치들을 보면, 그러한 조치들은 매우 놀랍고 파격적이며 계산적일 뿐 아니라 보복적 성격으로 평가된다. 먼저 다윗이 압살롬이 반란을 일으킨 전쟁에서 상대편 장수였던 아마사를 이스라엘 군대의 지휘관으로 세운다는 것은 특히 요압이 수긍하기 매우 어려운 일이다. 그러나 그의 행위를 보면 그것은 당연한 조치일 수도 있다. 이것은 보복적인 조치이기도 하지만, 한편으로는 이스라엘 사람들의 마음을 다시 얻기 위해 꼭 필요한 조치였다. 이전에는 대적이었지만 지금은 다시 하나가 되려는 왕의 마음이 그대로 표출된 것이기 때문이다. 또한 왕의 귀환을 실제로 추진하는 일에 유다 족속이 선수를 빼앗기지 않도록 한 것은 반대로 생각해보면 다윗이 유다의 마음을 사기 위한 조치로 볼 수 있다. 이렇게 다윗은 귀환하는 일과 관련해서도 치밀한 계산과 통찰력을 가지고 행동하며 앞날을 만들어가고 있다. 그러나 그것이 그의 계산대로만 흘러갈 것인가는 두고 볼 일이다.

왕이 예루살렘으로 귀환하는 길에 이제 세 사람이 등장한다. 시므이와 므비보셋과 바르실래가 왕과 만나 대화한다. 이들은 각각 왕이 예루살렘에서 도망하는 길에 직간접적으로 문제가 되었던 인물들이다. 먼저 바후림에 거주하는 베냐민 사람 시므이가 유다 사람들과 같이 다윗 왕을 맞으러 급히 내려왔다. 그가 베냐민 사람이라는 사실 때문에, 특히 그가 유다 사람들과 같이 혹은 유다 사람이 주관하는 이 일에 함께한다는 것이 두드러져 보인다. 그러나 그것이 무슨 상관인가? 이렇게 해야 할 일이 그에게 있으니 말이다. 그런데 시므이 일행의 규모는 다시 한 번 독자를 깜짝 놀라게 한다. 시므이는 홀로 온 것이 아니라 베냐민 사람

1,000명과 함께 내려왔고, 사울 집의 시종인 시바가 아들 15명 및 종 20명을 거느리고 그와 함께 와서 급하게 강을 건너 왕의 앞으로 나아갔다. 그들은 왕의 집에 속한 사람들을 건너가게 한 다음에 그들이 할 필요가 있다고 보이는 일을 하려고 강을 건너갔다.[34]

게라의 아들 시므이는 요단을 건너는 왕 앞에 엎드렸다. 그리고 왕에게 말했다. 시므이의 이 말과 그 말에 대한 왕의 대답 사이에는 왕과 아비새의 대화가 삽입되어 기술된다.

> 나의 주여, 제발 나에게 죄를 따지지 말아주십시오. 그리고 나의 주 왕께서 예루살렘으로부터 [도망] 나오시던 날에 당신의 종이 저지른 악행을 기억하고 왕의 마음에 두지 말아주십시오(삼하 19:19).

אַל-יַחֲשָׁב-לִי אֲדֹנִי עָוֹן וְאַל-תִּזְכֹּר אֵת אֲשֶׁר הֶעֱוָה עַבְדְּךָ בַּיּוֹם 알-야하샤브-리 아도니 아본 베알-티즈코르 에트 아쉐르 헤에바 아브데카 바욤

אֲשֶׁר-יָצָא אֲדֹנִי-הַמֶּלֶךְ מִירוּשָׁלָם לָשׂוּם הַמֶּלֶךְ אֶל-לִבּוֹ 아쉐르-야차 아도니-하멜레크 미루샬라임 라숨 하멜레크 엘-리보

> 진실로 제가 죄를 지었음을 당신의 종이 알고 있습니다. 그러나 보십시오. 제가 오늘 요셉의 모든 집보다 제일 먼저 나의 주 왕을 맞이하고자 왔습니다(삼하 19:20).

כִּי יָדַע עַבְדְּךָ כִּי אֲנִי חָטָאתִי וְהִנֵּה-בָאתִי הַיּוֹם רִאשׁוֹן 키 야다티 아브데카 키 아니 하타티 베히네니 바티 하욤 리숀

לְכָל-בֵּית יוֹסֵף לָרֶדֶת לִקְרַאת אֲדֹנִי הַמֶּלֶךְ 레콜 베이트 요세프 라레데트 리크라트 아도니 하멜레크

----

34 한글 번역에 제시된 대로 "나룻배"로 건너갔다는 것은 오래된 주석의 제안이다. 하지만 그러한 제안은 바른 해석이 아니며 19절 첫 단어인 וַיַעַבְרָה 베아브라라는 동사는 וְעָבְרוּ 베아브루로 수정하여 읽을 수 있다. 이에 관해서는 Stoebe, *Das zweite Buch Samuelis*, 421을 참조하라.

그래서 [설마] 시므이가 죽지 않겠습니까? 진실로 그가 야웨의 기름 부으신 자를 경멸했음에도 말입니다(삼하 19:21).

הֲתַחַת זֹאת לֹא יוּמַת שִׁמְעִי כִּי קִלֵּל אֶת-מְשִׁיחַ יְהוָה 하타하트 조트 로 유마트 쉬므이 키 킬렐
에트-마쉬아흐 야웨

그렇게 하는 것이 나에게 그리고 너희에게 무슨 소용이 있겠는가, 스루야의 아들들아. 너희들이 오늘 나에 대해 사탄이 되려느냐? 오늘 이스라엘에서 사람이 죽을 수 있겠느냐? 오늘 내가 이스라엘 위에 왕이 된다는 사실을 진실로 내가 모르겠냐?(삼하 19:22)

מַה-לִּי וְלָכֶם בְּנֵי צְרוּיָה כִּי-תִהְיוּ-לִי הַיּוֹם לְשָׂטָן הַיּוֹם יוּמַת אִישׁ בְּיִשְׂרָאֵל 마-리 베
라켐 베네 체루야 키-티흐유-리 하욤 레사탄 하욤 유마트 이쉬 베이스라엘

כִּי הֲלוֹא יָדַעְתִּי כִּי הַיּוֹם אֲנִי-מֶלֶךְ עַל-יִשְׂרָאֵל 키 할로 야다티 키 하욤 아니-멜레크 알-이스라엘

너는 죽지 않을 것이다(삼하 19:23).

לֹא תָמוּת 로 타무트

다윗은 시므이에게 맹세를 한다. 그를 죽이지 않겠다고. 이것은 과한 결정일까? 왜 그렇게 다윗은 넓은 아량을 베푸는 것일까? 우리는 실상 시므이의 간청과 왕의 포용 사이에 끼어 있는 왕과 아비새의 대화에서 중요한 힌트를 찾을 수 있다. 이 동일한 대화는 벌써 왕이 도망가던 장면에서도 등장했었다. 그때의 그 대화 속에서 다윗은 하나님 앞에 모든 것을 맡기는 철저히 지혜자로 드러나는 면모를 보여주었다. 그런데 여기서의 모습은 어떻게 드러나는가? 스루야의 아들들에게 "너희가 오늘 나의 길에 사탄이 되려고 하느냐?"라고 반문하는 왕의 말에서 "사탄"은 일반 명

사로 사용된 "방해물", "걸림돌"이란 의미로 사용된다. 즉 일을 그르치게 만드는 존재를 말한다. 시므이를 죽이는 것이 왜 왕의 일을 그르치게 만드는 것이 될까? 그것은 왕의 말에 답이 있다. 예루살렘으로의 귀환이 전쟁의 승리에 따라오는 당연한 결과라면 모르지만, 그렇지 않고 행여라도 한순간에 다시 이스라엘의 마음을 잃게 된다면, 다시 상황이 매우 나빠질 수 있음을 왕은 잘 알고 있었다. 그런데 이스라엘 집의 세력가 중한 사람인 시므이를 단칼에 베어버린다면, 배신했던 이스라엘 사람들의 마음이, 어차피 죽을지도 모르는데 다시 왕을 배반하는 원치 않는 방향으로 바뀔 수 있는 일이었다. 그것을 알고 노심초사하는 왕에게 있어 스루야의 아들들은 단지 감정에 휘둘리고 대세를 보지 못하는 어리석은 자들 외에 아무것도 아니었다. 그러나 다윗이 이 정세를 제대로 파악했다 한들 무엇이 다른가? 다윗 역시 이 상황을 극복할 지혜를 갖지 못했고 오히려 그 상황에 매여 있는 모습이 아닌가 생각해볼 때 그렇지 않다고 말할 수 없다. 마치 전도서 12장 초반부의 풍세를 살피며 씨를 뿌리면 안 됨을 깨닫지만 씨를 뿌려도 될 상황 자체를 만들지 못해 결국은 씨를 뿌리지 못하는 자와 같지 아니한가?

이어서 사울의 손자 므비보셋이 왕을 맞이하러 내려온다. 므비보셋은 왕이 떠난 날부터 평안한 가운데 돌아오는 이날까지 그의 발을 꾸미지도 코밑수염을 정리하지도 않았으며 그의 옷을 세탁하지 않았다. 이 서술에는 저자의 관점이 담겨 있다. 므비보셋의 다음 말은 이 저자의 관점과 연결하여 진실의 여부를 가릴 수 있다. 왕과 므비보셋의 대화는 이미 그곳에 함께 있었던 장본인 시바와 관련하여 전개된다.

왜 너는 나와 함께 가지 않았느냐, 므비보셋?(삼하 19:25)

나의 주 왕이여, 나의 종이 저를 속였습니다. 당신의 종은 다리를 절므로 진실로 당신의 종은 말하길 "내가 진정 나귀에 안장을 묶고 그 위에 올라타고 왕과 함께 가리라" 하였습니다(삼하 19:26).

아도니 하 וַאֶרְכַּב עָלֶ֔יהָ הַחֲמוֹר אֶחְבְּשָׁה־לִּי עַבְדְּךָ כִּי־אָמַ֣ר רִמָּ֑נִי עַבְדִּ֖י הַמֶּ֔לֶךְ אֲדֹנִ֣י
멜레크 아브디 림마니 키-아마르 아브데카 에흐베샤-리 하하모르 베에르카브 알레이하

베엘레크 에트-하멜레크 키 피세아흐 아브데크 עַבְדֶּ֑ךָ פִּסַּ֣ח כִּֽי הַמֶּ֔לֶךְ אֶת־ וַיְרַגֵּ֤ל

그러나 그가 당신의 종을 왕께 모함했습니다. 그러나 나의 주 왕께서는 하나님의 사자와 같으시니 당신의 눈에 의로운 것을 행하십시오 (삼하 19:27).

바예라겔 베아브데카 엘- הָאֱלֹהִ֔ים כְּמַלְאַ֣ךְ הַמֶּ֔לֶךְ וַֽאדֹנִ֣י הַמֶּ֔לֶךְ אֶל־אֲדֹנִ֣י בְּעַבְדְּךָ֙ וַיְרַגֵּ֤ל
아도니 하멜레크 바아도니 하멜레크 케말아크 하엘로힘

바아사 하토브 베에이네카 בְּעֵינֶֽיךָ הַטּ֖וֹב וַעֲשֵׂ֥ה

진실로 내 아비의 온 집은 나의 주 왕에게는 죽은 자들 외에 아무것도 아니지 않습니까? 그러나 당신이 당신의 종을 당신의 상에서 먹는 자들 가운데 앉히셨습니다. 그런데 저에게 [제가 주장할] 어떤 의가 또 남아 있어서 왕께 여전히 부르짖겠습니까? [저에게 의를 행하시라고 말입니다](삼하 19:28).

키 로 하 עַבְדֶּֽךָ אֶת־ וַתָּ֙שֶׁת֙ הַמֶּ֔לֶךְ לַֽאדֹנִ֣י אַנְשֵׁי־מָ֙וֶת֙ אִם־ כִּ֣י אָבִ֗י בֵּית־ כָּל־ הָיָה֩ לֹ֣א כִּי֩
야 콜-베트 아비 키 임-아느쉐-마베트 라도니 하멜레크 바타쉐트 에트-아브데카

베오클레 슐하네카 우마-예 הַמֶּֽלֶךְ אֶל־ ע֖וֹד וְלִזְעֹ֥ק צְדָקָ֔ה ע֣וֹד וּמַה־יֶּשׁ־לִ֥י שֻׁלְחָנֶ֑ךָ בְּאֹכְלֵ֣י
쉬-리 오드 체다카 베리즈오크 오드 엘-하멜레크

왜 **너는** 또 너의 일을 말하느냐? 나는 말한다[판정한다]. 너와 시바는 밭을
나누라!(삼하 19:29)

לָמָה תְּדַבֵּר עוֹד דְּבָרֶיךָ אָמַרְתִּי אַתָּה וְצִיבָא תַּחְלְקוּ אֶת־הַשָּׂדֶה 라마 테다베르 오드 데바레카 아
마르티 아타 베치바 타흘레쿠 에트-하사데

나의 주, 왕께서 평안히 왕궁으로 돌아오셨음을 생각하면, 아예 모든
것을 그가 취해도 좋습니다(삼하 19:30).

גַּם אֶת־הַכֹּל יִקָּח אַחֲרֵי אֲשֶׁר־בָּא אֲדֹנִי הַמֶּלֶךְ בְּשָׁלוֹם אֶל־בֵּיתוֹ 감 에트-하콜 이카흐 아
하레이 아쉐르-바 아도니 하멜레크 베샬롬 엘-베이토

시바는 이 대화에 감히 끼어들지 못한다. 그에게는 어떤 말도 할 수 있는
여지가 없다. 왕은 여기서 므비보셋에 비해 묵은 감정에 묶여 있는 모습
으로 나타난다. 비록 므비보셋이 왕은 하나님의 사자와 같다고 말하지
만, 그것은 오히려 왕의 인간적인 모습만 부각할 뿐이다. 그에 반해 므비
보셋은 모든 욕심을 버린 채 그리고 그의 삶과 운명까지도 포기한 채 모
든 것을 초월한 지혜자의 모습을 취한다. 특히 이 재판에서 나타나는 다
윗의 모습은 열왕기상 3장에 나오는 솔로몬의 재판과 비교된다. 거기서
하나님의 지혜에 대비되는 인간 지혜의 한계가 선명하게 드러난다.[35]
　　마지막으로 길르앗 로글림 사람 바르실래가 왕과 함께 요단까지 왔
다. 거기서 왕에게 작별 인사를 하기 위해서였다.[36] 바르실래는 80살로
나이가 아주 많은 사람이었다. 그는 큰 부자였으며 왕이 마하나임에 머

35　이에 관해서는 구자용, "다윗의 왕위 계승사에 서술된 왕의 사법집행을 통해서 본 아이
　　러니화된 왕의 이 데올로기", 『구약논단』 제64집 (2017), 89-91을 참조하라.
36　이 번역에 관해서는 Stoebe, *Das zweite Buch Samuelis*, 427을 참조하라.

물 때 왕에게 필요한 것을 공급했다. 그래서 왕은 바르실래에게 함께 요단을 건너가자고 청한다. 바르실래가 예루살렘에서 자신과 함께 머물면, 이번에는 왕이 그에게 필요한 것을 공급하겠다고 말한다. 왕이 이렇게 은혜를 갚으려는 것은 사무엘하 9장에 나오는 므비보셋의 경우와는 완전히 다른 것으로 보인다. 바로 이전의 장면이 므비보셋과의 만남이었고, 왕의 뇌리에 아직도 그것이 남았을 터인데 왕이 바르실래를 대하는 태도는 그것과 완전히 성격이 다른 것이었다. 그것이 인지상정 아니겠는가? 그러나 바르실래는 왕의 이 호의를 거절한다.

저의 생명의 연수와 날수가 얼마나 된다고 왕과 함께 예루살렘으로 올라가겠습니까?(삼하 19:34)

כַּמָּה יְמֵי שְׁנֵי חַיַּי כִּי־אֶעֱלֶה אֶת־הַמֶּלֶךְ יְרוּשָׁלָם카마 예메 쉐네 하야이 키-에엘레 에트-하멜레크 예루

살라임

저는 지금 나이가 팔십입니다. 제가 좋은 것과 나쁜 것을 알고 또는 당신의 종이 먹는 것과 마시는 것의 맛을 알며 노래하는 남녀의 소리를 또한 듣겠습니까?(삼하 19:35a)

בֶּן־שְׁמֹנִים שָׁנָה אָנֹכִי הַיּוֹם הַאֵדַע בֵּין־טוֹב לְרָע אִם־יִטְעַם עַבְדְּךָ אֶת־אֲשֶׁר אֹכַל벤-쉐모

님 샤나 아노키 하욤 하에다 벤-토브 레라아 임-이트암 아브데카 에트-아쉐르 오칼

וְאֶת־אֲשֶׁר אֶשְׁתֶּה אִם־אֶשְׁמַע עוֹד בְּקוֹל שָׁרִים וְשָׁרוֹת베에트-아쉐르 에쉬테 임-에쉬마 오드 베콜 샤

림 베샤로트

그러니 왜 당신의 종이 나의 주 왕께 또한 짐이 되겠습니까?(삼하 19:35b)

וְלָמָּה יִהְיֶה עַבְדְּךָ עוֹד לְמַשָּׂא אֶל־אֲדֹנִי הַמֶּלֶךְ벨라마 이흐예 아브데카 오드 레마사 엘-아도니 하멜레크

당신의 종은 잠깐 왕을 모시고 요단강을 건너려는 것인데, 왜 왕께서는 이러한 상으로 갚으려 하십니까?(삼하 19:36)

כִּמְעַט יַעֲבֹר עַבְדְּךָ אֶת־הַיַּרְדֵּן אֶת־הַמֶּלֶךְ וְלָמָּה יִגְמְלֵנִי הַמֶּלֶךְ הַגְּמוּלָה הַזֹּאת キ므아트

야아보르 아브데카 에트-하야르덴 에트-하멜레크 벨라마 이그멜레니 하멜레크 하게물라 하조트

당신의 종은 돌아가길 원합니다. 저는 저의 성읍, 저의 아버지와 어머니의 무덤 옆에서 죽기를 원합니다. 보십시오, 당신의 종 김함이 여기 있습니다. 그가 나의 주 왕과 함께 건너가면 좋겠습니다. 그에게 당신의 눈에 좋은 것을 행해주십시오(삼하 19:37).

יָשָׁב־נָא עַבְדְּךָ וְאָמֻת בְּעִירִי עִם קֶבֶר אָבִי וְאִמִּי 야샤브-나 아브데카 베아무트 메이리 임 케레브 아비

베이미

וְהִנֵּה עַבְדְּךָ כִמְהָם יַעֲבֹר עִם־אֲדֹנִי הַמֶּלֶךְ וַעֲשֵׂה־לוֹ אֵת אֲשֶׁר־טוֹב בְּעֵינֶיךָ 베히네 아브데카

킴함 야아보르 임-아도니 하멜레크 바아세-로 에트 아쉐르-토브 베에이네카

다윗은 바르실래의 정중한 사양과 부탁을 모두 시행할 것을 약속했다. 바르실래의 말속에는 인간 삶의 본질이 들어 있다. 부자도 세력가도 누구도 거부할 수 없는, 인간에게는 결정적일 수밖에 없는 죽음을 대하는 삶의 자세가 그에게서 나타난다. 바르실래의 지혜로운 통찰은 특히 다윗의 왕위 계승사에서 사무엘하 14장과 이후 열왕기상 1장에서 다시 한 번 서술되는데, 그것은 전도서 12장 초반부에 나오는 인생의 마지막 모습을 그대로 표현한 것이다.

　　왕이 요단을 건너고 길갈에 도착했다. 김함과 모든 유다 백성 그리고 이스라엘 백성의 절반이 함께 강을 건넜다. 거기서 유다 사람들과 이스라엘 사람들 사이에 논쟁이 벌어졌다. 이스라엘 사람들이 왕께 불만

을 말하고 그 대답은 유다 사람들에게서 주어진다. 그리고 그 사이에서 논쟁이 일어났다.

어찌하여 우리 형제들인 유다 사람[들]이 당신을 도둑질하여 왕과 그 집과 그리고 그와 함께 있는 모든 사람들로 하여금 요단을 건너게 하였습니까?(삼하 19:41)

מַדּוּעַ גְּנָבוּךָ אַחֵינוּ אִישׁ יְהוּדָה וַיַּעֲבִרוּ אֶת־הַמֶּלֶךְ וְאֶת־בֵּיתוֹ אֶת־הַיַּרְדֵּן 마두아 게나부카 아헤누 이쉬 예후다 바야아비루 에트-하멜레크 베에트-베토 에트-하야르덴

וְכָל־אַנְשֵׁי דָוִד עִמּוֹ 베콜-안쉐 다비드 이모

왜냐하면 왕이 나와 친척 관계이기 때문이다. 왜 이것이 너로 분노하게 했느냐? 이 일에 대해서 말이다. 우리가 왕으로부터 무엇을 얻어먹기라도 했다는 것이냐? 그가 우리를 위하느라[우리에게 선물을 주느라] [재산이] 축나기라도 했다는 것이냐?(삼하 19:42)

כִּי־קָרוֹב הַמֶּלֶךְ אֵלַי וְלָמָּה זֶּה חָרָה לְךָ עַל־הַדָּבָר הַזֶּה הֶאָכוֹל אָכַלְנוּ 키-카로브 하멜레크 엘라이 벨라마 제 하라 레카 알-하다바르 하제 헤아콜 아칼누

מִן־הַמֶּלֶךְ אִם־נִשֵּׂאת נִשָּׂא לָנוּ 민-하멜레크 임-니세트 니사 라누

왕에게 나를 위해 열 개의 몫이 있고 또한 다윗에게도 내가 너보다 더 많다. 그런데 어찌하여 네가 나를 무시했느냐? 내 왕을 귀환하게 하는 것에 대한 내 말[제안]이 나에게 먼저 있지 않았느냐?(삼하 19:43)

עֶשֶׂר־יָדוֹת לִי בַמֶּלֶךְ וְגַם־בְּדָוִד אֲנִי מִמְּךָ וּמַדּוּעַ הֱקִלֹּתַנִי 에세르-야도트 리 바멜레크 베감-베다비드 아니 미메카 우마두아 헤킬로타니

וְלֹא־הָיָה דְבָרִי רִאשׁוֹן לִי לְהָשִׁיב אֶת־מַלְכִּי 벨로-하야 데바리 리숀 리 레하쉬브 에트-말키

다윗이 유다와 이스라엘 사이에 벌어진 이 논쟁이 길갈에서 일어나는 것을 의도하지 않았다면, 이것은 도대체 무엇 때문에 일어났을까? 사실 본문을 세밀히 살펴보면, 이스라엘이 왕을 귀환시키자는 논의를 먼저했음을 확인할 수 있다. 반면 뒷전이었던 유다 장로들을 충동하여 왕을 귀환시키는 일을 하도록 한 것은 다름 아닌 왕 자신이었다. 그는 왜 그렇게 행동했을까? 그는 그 일이 이런 분란을 일으킬 것을 예상하지 못했을까? 그리고 그것이 겨우 진정된 압살롬의 반란 이후 다시 세바의 반란의 빌미가 될 것을 몰랐던 것일까? 그래서 전도서는 인생의 일에 때와 시기가 있어 화를 면치 못한다고 말한다. 우리는 인간의 모든 예상과 그에 따른 일의 추진이 이렇게 빗나갈 수도 있음을 알게 된다.

2) 인물 분석

(1) 압살롬

사무엘하 13장에서부터 등장하는 압살롬은 이미 그때부터 지혜자의 면모를 보이고 있었다. 그리고 14장 말미에서 다시 등장하는 압살롬은 14장에서 지혜자로 입증된 요압을 능가하는 모습을 보여준다. 그가 왕을 만나지 못하며 기다린 2년 세월의 인내를 다시 보여준 후 왕을 만날 기회를 얻기 위해 요압에게 하는 행위는 지혜로 사람을 쥐락펴락하는 모습이다. 압살롬의 지혜의 정점은 15장에서 나타난다. 우리는 압살롬이 왜 스스로 왕이 되고자 했는지 추정할 수 있는데, 암논의 일로 왕의 신뢰와 이스라엘의 신뢰를 잃었기 때문이었으리라. 그는 왕위 계승의 순서에 있었음에도 왕이 되고자 반란을 일으켰으니 말이다. 왕이 되고자 왕의 행세를 하는 압살롬은 이스라엘과 고대 근동에 편만한 왕 이데올로기의 관점에서 볼 때 탁월한 모습을 보여준다. 그는 전쟁을 친히 수행하는 왕의 모습을 위해 말과 병거와 호위병을 준비했고 그보다 더 중요한 왕의 재판을 위해 이른 아침부터 성문 곁의 길에 서서 이스라엘 사람들의 마음을 훔쳤다. 그들에게 말하는 압살롬의 화술은 적절하게 사실이 아닌 것을 섞어서 사람들이 본질을 보지 못하게 할 뿐 아니라 사람들의 마음을 사기 위해 자신의 소망도 밝혔다. 압살롬이 보여준 일련의 이런 행동은 결코 그의 만용을 드러내는 것이 아니다. 그러한 행동은 그의 치밀한 계획의 일부로서 그것을 통해 왕의 자리에 오르려는 인간의 욕망을 보여준다. 압살롬의 모습은 그 계획을 매우 치밀하고 점진적으로 진행해나가는 주도면밀한 지혜자의 모습이 아닐 수 없다.

이제 반란의 계획이 실행 단계로 접어들었을 때, 압살롬은 다윗을 속여 헤브론에서 자신이 서원한 것을 갚는 제사를 드리겠다고 말하고 예루살렘의 저명한 사람 200명을 초청한다. 놀라운 것은 그들이 자기 스스로 반란에 가담하고 있음을 눈치채지 못하는 가운데 반란에 가담하게 된다는 사실이다. 그것은 압살롬의 지혜가 이미 그러했으나 이제 더 본격적으로 목적을 이루기 위한 수단으로써 지혜를 사용하고 있음을 가시적으로 보여주고 있다.

압살롬의 반란은 대성공을 거두었고, 그는 당당히 예루살렘에 입성한다. 더구나 대단한 모사가인 아히도벨이 그의 편에 가담한다. 그러나 압살롬은 다윗이 첩자로 심어놓은 후새와 제사장 사독과 아비아달 그리고 그 두 사람의 아들들을 통해서 패망의 길로 들어선다. 압살롬에 대한 다윗의 지혜와 전략의 대단함을 말하기 전에 우리가 생각할 것은 다윗의 이 계획도 결국은 물거품이 될 뻔한 여러 순간이 있었으며, 따라서 압살롬의 패망은 인간의 지혜와 분투의 한계 너머로부터 왔음이 관찰된다.

그렇게 지혜롭던 압살롬이 한 번 결정된 자신의 패망 앞에서 그의 지혜의 날카로움을 잃어버리고 비틀거리는 모습은 안타깝게 서술될 정도다. 그는 도대체 왜 아히도벨의 두 번째 모략을 다른 누구에게 평가하도록 했을까? 도무지 이해할 수 없는 점이다. 그도 어느 누구도 아히도벨이 어떤 사람인지, 그가 어떤 사람이었는지 잘 알고 있는데 말이다. 그 시점 이후 압살롬은 더 이상 지혜자가 아니며 마지막에는 자신이 대적으로 삼아 죽이고자 한 아버지로부터 동정과 애틋함을 받는 평범한 아들로 돌아와 죽게 된다.

(2) 다윗[왕]

다윗은 적어도 사무엘하 15장의 초반부에서는 14장 혹은 13장과 유사하게 그다지 지혜롭지 못한 모습으로 나타난다. 특히 그의 모습은 압살롬의 주도면밀함과 인내하며 때를 기다리는 모습 등과 비교된다. 다윗은 압살롬의 그러한 계략을 전혀 눈치채지 못하는 지극히 평범한 모습으로 나타난다. 그리고 그는 밧세바 사건이란 결정적인 실수로 매우 중요한 모사가인 아히도벨을 잃은 위태로운 모습으로 그려진다. 이것으로 인해 다윗은 결정적인 위기를 맞기도 한다. 압살롬의 반란 소식을 들었을 때 다윗의 반응은 그의 평상시 용사의 모습과 비교할 때 놀라울 정도다. 도대체 다윗의 이 모습을 서술한 의도가 무엇일까 매우 궁금하다.

그러나 다윗은 자신의 어려운 상황과 맞물려 매우 겸손하게 행동한다. 그는 하나님의 행하심 대로 자신에게 이루어질 것을 요청하는 모습을 보여준다. 그는 하나님의 궤를 다시 예루살렘으로 돌려보낸다. 그가 다시 예루살렘으로 귀환하게 될지는 어느 누구도 모른다. 하나님이 그것을 허락하시면, 그는 다시 하나님의 궤와 그 있는 곳을 보게 될지도 모르고 아니면 하나님이 자신을 기뻐하지 않으셔서 그렇게 되지 못할지라도 야웨의 눈에 선하신 대로 행하실 것을 인정하고 순응하는 모습을 보인다. 다윗의 이 모습은 사무엘하 12장 후반부에서 보았던 그의 모습을 회상시키며 동시에 전도서가 교훈하는 하나님 앞에서의 인간의 참된 모습이다.

다윗의 모습은 15장 중반부터는 매우 지혜롭게 묘사된다. 다윗이 이전에는 항상 지혜자들에 의해 전달되는 말을 듣고 그들의 조종을 받던 위치에 있었다면, 그는 아히도벨이라는 모사가를 잃은 현실을 직시하고 스스로 지혜자로서 거듭난 면모를 보인다. 그는 놀랍게도 사독, 아비아달, 아히마아스, 요나단과 후새를 결정적으로 압살롬의 전략 회의의 핵심부에 비밀스럽게 침투시키는 놀라운 전략을 구사한다. 게다가 그가 그들에게 왜 그런 일을 하는지, 그 일의 성취를 위해 특별히 압살롬에게 가장 가깝게 접근할 후새에게 그의 의심을 피하고자 무슨 말을 구체적으로 할 것인지를 상세히 일러주는 것은 그의 지혜의 능력을 가늠함에 있어 결코 낮게 평가될 수 없다.

그는 지혜자로 경각심을 갖고 모든 상황을 판단하고 대처하는 와중에도 자신의 감정을 드러내기도 한다. 시바를 만나고 그에게 므비보셋의 일을 전해들었을 때 다윗은 분노 가운데 평정심을 잃는다. 반란을 피해 도망가는 처지에 빠진 사람에게 누구의 재산을 누구에게 주라고 명령할 수 있는 정신이 있었을까? 므비보셋을 모함한 말이 이후 명확하게 밝혀졌다고 단정할 수 없지만, 내가 볼 때 시바는 자신의 모함이 다윗의

감정을 어떻게 거스를지를 알았고, 다윗은 그런 시바의 간교함에 상대
적으로 흔들린, 즉 지혜롭지 못한 행동을 보인다. 사무엘하 19장에서 묘
사된 다윗은 지극히 인간적인 모습을 극명하게 보여준다. 그러나 시므
이를 만날 때 다윗은 다시 사무엘하 12장 후반부의 지혜자와 같은 모습
을 보여주며 더 감정을 상할 상황임에도 평정심을 잃지 않는다. 우리는
다윗의 모습이 이렇게 왔다갔다 하는 것을 도대체 어떻게 이해해야 할
까? 이렇게 변화무쌍한 다윗의 모습은 크고 작은 일에 그 실제적인 경중
에 상관없이 흔들리는 우리의 삶을 반영한 것일까?

다윗의 인생은 확실히 다윗의 왕위 계승사에서 이전의 서술들과 다
르게 나타나지만, 그러나 압살롬의 반란과 그 전쟁에서는 다시 하나님
의 도움이 없었다면 그가 반란에서 희생되었을 상황들이 여러 번 서술
된다. 소위 극적 긴장감들이 넘쳐서 독자들이 가슴을 졸이는 장면들이
곳곳에 배치되어 있다. 반란군과의 전쟁을 앞둔 다윗의 모습은 마치 사
무엘하 10장의 요압과 같이 전쟁을 진두지휘하는 왕의 면모를 회복한
모습이다. 다윗은 천부장과 백부장의 지휘 체계를 받도록 군대를 정비
하고 전체 군대를 세 무리로 나누며 각각의 무리를 요압과 아비새와 잇
대에게 맡긴다. 출정하는 군인들을 격려하는 모습과 직접 전투에 참여
하기를 원하는 왕을 만류하는 부하들의 모습에서 다윗은 이전 용사의
모습을 완전히 회복한 것으로 나타난다.

다윗이 압살롬과 전쟁을 치를 때 가장 특이한 모습이 눈에 띈다. 다
윗이 전쟁에 임하는 장수들에게 다음과 같이 부탁하는 한 가지 때문이
다. 그는 "아이 압살롬을 관대히 대할 것"을 부탁한다. 다윗은 이 전쟁의
승패가 그 누구도 아닌 자신 혹은 압살롬의 죽음으로만 끝난다는 사실
을 모르지 않았을 것이다. 그런데도 다윗의 이 부탁은 세 장수와 모든 군

사에게 전달되었다. 그리고 그의 진심어린 부탁에도 불구하고 압살롬이 죽었다는 소식을 접했을 때, 다윗은 가장 인간적인 모습을 보여주었고 그 누구도 부인하거나 부정할 수 없으며 그럴 필요도 없는 죽음 앞에서 극단적으로 슬퍼했다. 인간은 자신이 가장 슬픈 상황에 처해서 도피하지 않고 그 순간 지혜를 얻을 때 가장 인간다운 모습을 보여준다. 전도서는 지금 우리의 삶에 분명히 그러한 교훈을 던진다. 다윗은 그 교훈을 무리하게 가르치고 있는 것일까?

다윗이 예루살렘으로 귀환하기 위해 취하는 조치는 다시 문제를 만들어냈다. 그가 목표한 바는 이스라엘과 유다의 마음을 모두 얻기 위한 특단의 조치였다. 압살롬에게 쏠린 이스라엘 지파들의 마음을 다시 사는 동시에 유다의 마음도 잃지 않기 위해 취한 조치들은 다윗의 모습을 다시 한번 지혜자로 드러나게 한다. 그러나 그것이 그의 의도대로 되지는 않았다. 오히려 그것은 세바가 반란을 일으키는 원인을 제공했다. 이 일련의 사건들은 다시 인간이 자기 지혜의 한계로 인해 그 결과를 손에 쥐고 결정할 수 없으며 자신의 운명 속에서 비틀거리는 모습으로 드러난다.

귀환길에서 시므이를 죽이지 못하고 심지어는 죽이지 않겠다는 다윗의 맹세는 단지 그의 넓은 아량을 표현하는 것으로만 볼 수는 없다. 나는 그것을 다윗이 얄팍하게 정세를 관찰한 결과로 해석한다. 달리 말해 다윗이 삶의 경험을 가지고 추정할 때 자신이 시므이를 죽인다면 모종의 결과가 나올 것을 예상했기 때문에 그를 죽이거나 그에게 물리적인 해를 입히지 못했다. 다윗의 이런 모습은 전도서 11장 후반부의 바람을 살피는 자는 파종하지 못할 것이라는 인간 경험의 맹점을 희화화한 구절과 미묘하게 맞물린다.

(3) 아히도벨

아히도벨은 뛰어난 지략가이자 지혜자다. 전쟁에서 이룬 그의 공적이 본문에서 직접적으로 소개되지는 않지만 사무엘하 16:23은 우리로 하여금 그가 이전에 다윗이 이룬 모든 승전에 함께한 것으로 추정할 수 있게 한다. 그런 그가 압살롬의 반란에 너무도 쉽게 혹은 어떤 구체적인 이유 없이 가담하는 모습은 우리를 충분히 놀라게 한다. 물론 우리는 그 이유를 추정해볼 수 있다. 즉 우리는 그가 자신의 손녀인 밧세바가 다윗에게 성폭행당한 사건으로 그에 대한 신의를 접었을 것으로 추정할 수 있기 때문이다. 그러나 그렇다고 하더라도 지혜자인 아히도벨이 단순히 사적인 감정에 따라 압살롬의 반란에 가담한 것은 여전히 의문이다.

우리는 아히도벨이 압살롬에게 베푼 두 가지 모략 중 첫 번째 모략이 가진 윤리적이고 종교적인 문제를 지적하지 않을 수 없다. 그것을 전략적인 면에서 평가할 때, 그것은 그 누구도 부인할 수 없을 정도로 탁월한 면을 갖고 있지만, 그런데도 그의 모략은 결국 "목적을 이루기 위한 수단으로 사용되는 차가운 이성적 지혜"에 불과한 지혜가 아닐까? 이런 지혜는 구약에서 그것이 참된 지혜인지를 반문할 수 있는 지혜의 역설이라고밖에 할 수 없지 않을까? 그리고 그의 두 번째 모략 역시 뛰어난 모략이지만, 어떻게 어리석은 한 인간과 무리 때문에 그러한 전략이 채택되지 않는 황당한 일이 일어날 수 있을까? 허나 그런 일은 우리의 삶 속에서도 얼마든지 일어날 수 있다. 만약 누군가가 그 모든 것을 꿰뚫어 보고 역사를 만들어간다면, 그는 이미 인간의 한계에 예속되지 않는 사람일 것이며 그러한 생각은 인간이 항상 꿈꾸는 헛된 욕망일 뿐이기 때문이다.

아히도벨의 모략을 평가하자면, 그것은 다분히 전략적인 면에서 뛰어난 면모를 보인다. 하지만 그의 모략을 이스라엘의 지혜와 의를 추구하는 면에서 평가하기에는 적절치 않다. 그가 하나님 앞에서 경건한 사람이라고 할 수 있을지 의문이 들기 때문이다. 오히려 그는 자신이 진정한 모사가라서 압살롬의 반란을 성공적으로 이끌어갈 것을 자신했던 것으로 보이며 사람의 계획이란 인간의 마음대로 되지 않을 수도 있음을 계산하지는 못했던 것으로 보인다. 결국 그의 지략이 성공하지 못했고 결국 눈에 뻔히 보이는 미래의 결과를 내다보고 자신의 삶을 스스로 종결한 것은 인간의 지혜와 판단력에 대한 극명한 한계만을 드러낼 뿐이다. 아히도벨의 삶과 그의 운명은 전도서가 말하는 인간의 한계를 너무나도 분명하게 드러내지만, 그 한계에서 인간이 무엇을 깨닫고, 어떤 행동을 계속해서 해야 하는지는 그에게서 배울 점이 없다. 아히도벨의 선택의 여지가 없는 죽음은 전도서의 소위 "지혜자의 죽음"인가?

(4) 후새

후새는 한마디로 화술의 달인이다. 그가 압살롬에게 접근했을 때 압살롬의 의심을 피하고 그의 신뢰를 얻는 모습이나 또한 그가 아히도벨의 모략이 왜 좋지 않은지 그리고 그 자신이 제시하는 모략은 왜 합당한지를 설명하는 것을 보면, 그는 지혜자의 면모를 확실히 드러낸다. 또한 그는 다윗이 맡긴 사명을 완벽하게 달성한다. 하지만 독자들은 그것이 궁극적으로 후새의 지혜에서 기인하기보다는 압살롬을 패망의 길로 인도하는 야웨의 결정에 기인한 것임을 인지한다.

(5) 요압

사무엘하 14장 말미에서 요압은 갑자기 압살롬에 대비되는 모습을 보여주면서 그의 지혜가 무뎌진 것으로 서술된다. 14장은 그를 매우 적극적으로 행동하고 치밀함을 지녔지만 수동적으로 행동하는 모습으로 묘사한다. 특히 이러한 그의 모습은 압살롬의 반란의 긴 이야기 속에서도 여전히 관찰되지 않는다. 압살롬이 이끄는 반란군과의 전쟁에서 요압은 다윗의 명령을 아랑곳하지 않고 압살롬을 죽일뿐더러 아들의 죽음을 슬퍼하는 아버지 다윗의 슬픔을 중단시킨다. 그의 일련의 행동은 크게 잘못된 것은 아니지만 때를 분별하는 지혜를 결여한 것이다. 사람이 자신의 때를 결정할 수 없어서 승리를 슬퍼하고 당장의 실행을 미뤄야 하는 경우도 있는 법인데 말이다. 요압의 행동은 그런 면에서 전도서의 지혜와는 매우 거리가 먼 모습이다.

특히 압살롬이 반란군과 함께 이스라엘 군대와 싸울 때, 그가 테레빈 나무에 매달린 압살롬을 죽이는 것은 그의 무자비하고 독단적인 성정을 드러낸다. 압살롬을 무기가 아닌 나무 꼬챙이로 찔러 나무에서 떨어뜨리는 그의 모습은 그가 얼마나 잔인한가를 단적으로 보여준다. 사실 요압은 무자비하고 야비한 행동을 이전에도 저질렀다. 아브넬에 대한 일이 바로 그것이다.

(6) 므비보셋

사무엘하 19장에 잠시 등장하는 므비보셋은 처음으로 능동적으로 행동하고 적극적으로 자신을 대변한다. 저자는 므비보셋을 매우 우호적으로 서술하며 그의 편에 서 있다. 므비보셋은 자기 소유를 잃어버리지 않으려는 욕심보다는 다윗에게 신의를 잃어버린 것을 회복하는 것이 자신의 일차 목표임을 보여주려고 노력한다. 그가 다윗을 묘사하는 대로 다윗은 하나님의 지혜를 보여주지는 못한다. 그는 므비보셋이 소유한 밭의 절반을 빼앗아 시바에게 준다. 므비보셋은 이렇게 자신의 소유를 빼앗기는 황당함을 겪지만, 우리는 므비보셋에게서 자신의 운명을 숙연히 받아들이고 수용하는 지혜를 배우게 된다. 므비보셋은 전도서가 제시하는 좋은 지혜자의 모습을 보여준다.

(7) 시바

이미 사무엘하 9장에서도 살펴보았지만, 시바는 결코 평범한 인물이 아니다. 나는 시바를 생각할 때, 어떻게 그가 주인의 몰락 가운데서 당당하게 살아남아 자신의 신분 상승을 이루었을까 감탄한 적이 있다. 그가 비록 요나단을 핑계로 삼은 다윗의 정치적인 은혜 갚기 프로그램에 희생되어 다시 옛 주인을 섬기는 자리로 돌아가게 되었지만, 그는 노심초사 때를 기다린 보람을 찾았다. 시바는 다윗이 압살롬의 반란으로 도망가는 처지가 되었을 때, 많은 선물과 함께 다윗을 찾아와 그의 주인을 모함했다. 그 문제가 다윗에게는 얼마나 감정을 상하게 할 일인지 그가 너무도 잘 알고 있었기 때문이다. 그런데 이 점에서 다시 생각해보면, 모두 다 압살롬의 편에 가담하는 시점에, 특히 사울의 세력이 다분히 압살롬 쪽으로 기우는 형국인데 그 역시 사울의 세력에 속한 자가 어떻게 몰락해가는 다윗을 찾아와 이런 모습을 보일 수 있는 것일까? 그가 먼 미래를 예지적으로 내다보는 것이 아니라면 말이다.

어쨌든 시바는 뛰어난 처세술과 상황을 이용하는 능력을 소유한 자임이 틀림없다. 그의 그런 노력이 결국 므비보셋의 재산 절반을 갈취할 수 있었고 그를 섬기는 자리에서도 벗어날 수 있었던 것은 분명한 사실이다.

(8) 바르실래

연로한 바르실래는 다윗의 왕위 계승사가 보여주는 인간의 노화에 관한 몇 장의 그림 중 하나다. 그는 메멘토 모리를 알고 실천하는 지혜자의 모습으로 그려진다. 그는 전도서 12장에 나오는 인간의 노화와 죽음의 노래의 표상이며 노화와 죽음을 앞둔 인간의 모습 중 열왕기상 1장 초반부에 나오는 다윗의 모습과는 상당히 다르게 긍정적으로 묘사된다.

(9) 아히마아스[전령]

다윗이 예루살렘에서 소식을 빼내기 위해 심어놓은 여러 첩자 중 한 명인 아히마아스는 매우 충직한 젊은이로 묘사된다. 그가 요나단과 함께 누군가에게 들킬 것을 염려하며 예루살렘 밖에 머물다가 자신에게 전해진 소식을 듣고 다윗에게 전하는 과정은 마치 긴장감 넘치는 영화의 한 장면과 같다. 그런데 아히마아스의 모습은 압살롬의 죽음을 알리는 전령으로서의 모습에서 매우 의아하게 드러난다. 그가 승전의 소식을 전하고자 할 때 그를 말리는 요압은 압살롬의 죽음에 관한 소식이 다윗에게는 패전보다도 더 아픈 소식이 됨을 알고 있었으므로 그를 한사코 막는다. 그런데도 결국은 소식을 안고 달려간 아히마아스가 다윗의 질문에 대답하는 모습은 매우 충격적이다. 그는 전쟁에서 승전했지만, 그런데 정작 다윗이 궁금해하는 압살롬의 안위를 모른다고 말한다. 독자들은 모두 아히마아스가 압살롬의 죽음을 모르지 않음을 알고 있는데, 우리는 그런 그의 모습을 어떻게 해석해야 할까? 왕은 그가 좋은 사람이고 좋은 소식을 가져온다고 말하고 있는데 말이다.

3) 전도서와의 연결점

(1) 전도서 9:11-12

전도서 9:11은 다양한 분야의 능력자를 제시한다. 그들에게 분명하게 명시된 능력들은 그러나 성공과 자동으로 연결되지 않는다. 이는 그들에게 있는 한계 때문이다. 전도서는 바로 "시기[때]와 우연[운명]"(וּפֶגַע עֵת 에트 바페가)에서 인간의 한계가 비롯됨을 교묘하게 표현하고 있다. 특히 우리는 전도서 9:11을 아히도벨과 연결하여 생각해볼 수 있다. 그의 대단한 능력이 좌절된 것은 다름 아닌 시기와 우연[운명] 때문이었기 때문이다.

> 11aα 내가 돌이켜서 해 아래에서 다음과 같은 것을 보았다.
>
> כִּי-שַׁבְתִּי וְרָאֹה תַחַת-הַשֶּׁמֶשׁ 샤브티 베라오 타하트-하샤메쉬 키
>
> 11aβ 빠른 자들에게 경주[의 승리]가 주어지지 않으며 영웅들에게 전쟁이 [의 승리가] 주어지지 않는다.
>
> לֹא לַקַּלִּים הַמֵּרוֹץ וְלֹא לַגִּבּוֹרִים הַמִּלְחָמָה 로 라칼림 하메로츠 베로 라기보림 하밀하마

11aγ 그리고 또한 지혜자들에게 양식이 주어지지 않으며, 또한 영리한 자들에게 부유함이 주어지지 않는다.

וְגַם לֹא לַחֲכָמִים לֶחֶם וְגַם לֹא לַנְּבֹנִים עֹשֶׁר 베감 로 라하카밈 레헴 베감 로 라네보님 오쉐르

11aδb 그리고 또한 아는 자들에게 긍휼이 주어지지도 않는다. 왜냐하면 시기[때]와 우연[운명][37]이 그들 모두를 맞닥뜨리기 때문이다.

וְגַם לַיֹּדְעִים חֵן כִּי-עֵת וָפֶגַע יִקְרֶה אֶת-כֻּלָּם 베감 라요드임 헨 키-에트 바페가 이크레 에트-쿨람

12aα 또한 사람이 자기의 시기[때]를 알지 못하기 때문이다.

כִּי גַּם לֹא-יֵדַע הָאָדָם אֶת-עִתּוֹ 키 감 로-예다 하아담 에트-이토

12aβγ 마치 악한 그물에 잡힌 물고기들과 같이, 마치 덫에 잡히는 새들같이,

כַּדָּגִים שֶׁנֶּאֱחָזִים בִּמְצוֹדָה רָעָה וְכַצִּפֳּרִים הָאֲחֻזוֹת בַּפָּח 카다김 쉐네에하짐 비메초다 라아 베카치포림 하아후조트 바파흐

12b 그것들 같이 인자[人子]들도 그들 위에 갑자기 닥치는 악한 때[재앙이 닥칠 때]에 [덫에] 걸리게 된다.

כָּהֵם יוּקָשִׁים בְּנֵי הָאָדָם לְעֵת רָעָה כְּשֶׁתִּפּוֹל עֲלֵיהֶם פִּתְאֹם 카헴 유카쉼 베네 하아담 레에트 라아 케쉐티폴 알레이헴 피트옴

전도서 9:11에 나오는 "시기[때]와 우연[운명]"이란 표현은 앞서 살펴본 전도서 8:5과 6절에 나오는 표현인 "때와 질서[판결]"와 같은 개념으로 볼 수 있다. 8장에서 전도자는 다른 사람의 주장과 사상을 인용하며 그 주장을 받아들이는 듯 비판하지만, 9장에서는 직접적으로 자신의 주

....

37 나는 פֶגַע라는 히브리어를 "기회"로 번역하기보다는 "우연" 혹은 "운명"으로 번역할 것을 제안한다. 이것은 어떤 것이 누군가에게 혹은 무엇인가에 와서 부딪히는 의미를 지니고 있기 때문이다. 이에 관해서는 Gesenius[18], 1037을 보라.

장을 펼친다. 바로 인생도 이 "시기[때]와 우연[운명]"으로 인하여 마치 그물에 걸리는 물고기와 덫에 걸리는 새와 같이 예상치 못하게 덮치는 악한 때에 덫에 걸리고 만다는 것이다. 전도자는 이 사실을 해 아래서 관찰하며 그 아래서 지혜자와 모든 능력자들에게 당연히 예상될 것이 예상대로 이루어지지 않음을 아프게 주장하고 있다. 그것이 바로 삶의 모습이라고 말이다. 지혜자의 지혜와 그 모략이 채택되지 않을 수 있으며 그래서 그에게 미치는 화가 클 수 있다. 그것이 왜 그런지는 인간이 알 수 없다. 그런 가운데 전개되어나가는 인간사의 오묘함은 인간 이해의 한계 너머의 일이다. 인간의 지혜의 명확한 한계에 대한 전도서의 이 교훈은 아히도벨에게서 확연히 드러나며 사무엘하 10장에 등장하는 하눈 주변의 지혜로운 자문관들의 활동에서도 잘 드러난다.

(2) 전도서 2:16bβ

전도서 2:16bβ에는 소위 "지혜자의 죽음"이 언급된다. 이것은 종종 아히도벨이 스스로 목을 매 죽은 것과 관련해서 해석되기도 한다.[38] 특히 그것은 지혜자와 우매자를 비교하여 죽음 앞에서는 그 두 사람의 차이가 없음을 강조한다. 두 사람 사이에 차이가 있다면, 그것은 우매자가 어둠을 헤매다가 자기의 시기가 도달하면 죽는 반면에, 지혜자는 앞을 내다보는 능력이 있어 자기 죽음이 언제 어떻게 다가오는지를 알고 죽는다는 데 있다. 사무엘하 17-18장을 보면, 전도서의 이 구절이 그대로 드라

....
38   이에 관해서는 Fritz Stolz, *Das erste und zweite Buch Samuel*(ZBK.AT 9; Zürich: TVZ, 1981), 263을 참조하라.

마화되어 나타남을 알 수 있다. 지혜자와 우매자, 즉 아히도벨과 압살롬은 모두 죽음을 맞이했다. 그중 하나는 자신을 죽음을 예상하지 못한 가운데 죽고 다른 하나는 자기 죽음을 예상한 가운데 죽는다. 그런데 그 둘의 차이가 무엇인가? 전도자가 심각하게 질문하는 것처럼 그 둘의 운명이 결국 하나인데 무슨 차이가 있단 말인가?

자신의 모략이 채택되지 않았을 때, 아히도벨은 결국 전쟁이 압살롬의 필패로 끝날 것을 예상했다. 그러한 예상과 함께 그는 자신이 압살롬의 반란에 가담했을 뿐 아니라 압살롬과 다윗이 다시는 화해할 수 없도록 만드는 끔찍한 모략을 베푼 장본인이 다름 아닌 자신이었기 때문에 스스로 목숨을 끊는다. 그런데 우리는 그런 그의 죽음을 지혜자의 죽음으로 볼 수 있을까?

나는 박사 논문을 쓸 때 이 문제를 고민한 적이 있다. 그리고 그때 이런 아히도벨의 모습에 관해 다음과 같이 결론을 내렸다.

그에 따라 다음과 같이 결론을 내릴 수 있다. 압살롬의 반란에 가담한 지혜로운 모사가들에 대한 이야기는 그들이 모략을 베푸는 행위에 대한 설명을 통해 단지 그들의 한계만을 드러낼 뿐이다. 지혜로운 모략에 대한 이 개념은 전도서가 갖고 있는 지혜에 대한 회의주의와 통하는 면이 있음을 드러낸다.[39]

....

39   Ku, *Weisheit in der Thronfolgegeschichte Davids*, 188.

(3) 전도서 7:23-24

인간의 미묘한 심리 상태를 이해하는 일이 과연 가능할까? 다윗이 압살 롬의 죽음을 대하는 혹은 이미 그 이전부터 전쟁에서 승리하는 것보다 더 중요한 문제로 걱정하는 일이 다름 아닌 자신에게 반란을 일으킨 아 들의 안전이라니. 우리는 이러한 인간의 심리를 도대체 어떻게 이해할 수 있을까? 우리는 죽음을 대하는 인간 삶의 자세에 대한 논의와 관련하 여 죽음에 대한 다윗의 이러한 자세를 매우 현실적인 인간의 감정 그대 로의 모습으로 신중하게 해석해야 한다. 나는 이것을 메멘토 모리와 카 르페 디엠의 또 다른 차원의 적용으로 볼 수 있다고 생각한다.

　사무엘하 18장에는 왕으로서 전쟁의 승리를 만끽해야 함에도 불구 하고 아버지로서 아들의 죽음을 대해야 하는 다윗의 모습이 서술된다. 왕의 위치에서 이 문제를 파악할 때는 큰 어려움이 없을 것이다. 그런데 왕이란 위치를 떠나 아버지의 위치에서 이 문제를 파악할 때는 그렇지 않다. 우리는 친아버지를 대적하고 오로지 아버지의 목숨만을 노리는 아 들의 위협에서조차 아들의 안위를 걱정하고, 결국 그 아들이 죽자 그 죽 음을 대면하고서는 슬픔을 이겨내지 못하는 매우 인간적인 아버지의 모 습을 다윗에게서 확인한다. 다윗의 이런 모습은 특히 죽음, 그것도 "아 들의 죽음"을 벌써 세 번째 겪는 그에게서 당연히 찾아볼 수 있는 모습 이다. 혹 누군가가 사무엘하 12장에 나오는 그 아들은 아직 정상적인 부 부 관계에서 낳은 아들도 아니고 갓난아기일 때 죽었으니 다윗이 그렇 게 차갑게 행동했고 그래서 그가 대단한 지혜자인 것처럼 보였던 것 아 니냐고 반문할 수도 있다. 그러나 나는 결코 그렇지 않다고 말하고 싶다. 그와 같은 자녀의 죽음을 겪지 않은 사람들이 그 아픔을 어떻게 알고 함부로 말할 수 있단 말인가? 암논이 죽었을 때, 다윗은 땅바닥에 엎드러져 자신의 인생에 또다시 닥친 아들의 죽음을 쓰디쓰게 경험하며 울었을 것이다. 이제 압살롬의 죽음을 대하는 다윗의 자세는 그가 죽기 이전부터 그 죽음이 불러올 파장이 매우 클 것을 예상케 한다. "그 어린 녀석, 압살롬을 좀 생각해주길…"이라고 장수들에게 부탁한다는 것 자체가 이미 그의 죽음을 예고하고 있지 않은가? 압살롬의 죽음에 직접적인 관련이 있는 요압의 태도는 앞에서도 논한 것처럼 그렇게 잘못된 행동은 아니다. 그러나 그의 무자비함과 계산적인 행동은 압살롬의 죽음을 대하는 방식에서 현저하게 드러난다. 모든 전쟁의 승리가 유쾌하고 모든 대적의 죽음이 환호를 불러오지만은 않는다. 가령 제2차 세계대전이 일본의 두 도시에 투하된 원자폭탄으로 종결되었다고 할 때, 인류를 향해 그 폭탄을 투하한 비행사는 그것이 폭발하는 놀라운 광경과 그 아래서 숨소리도 내지 못하고 사라져버린 그 수많은 생명을 생각하며 즐거워했을까?

앞서 논한 것처럼 『오디세이아』의 한 장면을 소환하지 않더라도 다윗이 슬퍼하는 것은 당연하다고 할 수 있다. 그것은 우리가 복잡한 삶의 세계에 대해 조금만 더 생각해보면 금방 알 수 있는 일이다. 따라서 전도서 7:23-24의 교훈은 이 문제와 함께 독자들의 마음에 울려온다.

이 모든 것을 내가 지혜로 검증하여 보고 내가 말했다. "내가 지혜자가 되고자 하였으나 그것[지혜]이 나에게서 멀리 있더라"(전 7:23).

כָּל-זֹה נִסִּיתִי בַחָכְמָה אָמַרְתִּי אֶחְכָּמָה וְהִיא רְחוֹקָה מִמֶּנִּי — 콜-조 니시티 바호크마 아마르티 에흐카 마 베히 레호카 미메니

존재하는 것은 멀고, 깊고 깊은데 과연 누가 그것을 발견해낼 것인가!

רָחוֹק מַה-שֶׁהָיָה וְעָמֹק עָמֹק מִי יִמְצָאֶנּוּ — 라호크 마-쉐하야 베아모크 아모크 미 임차에누

사실 전도서의 이 구절은 다윗의 왕위 계승사를 읽어가는 내내 나의 마음을 울렸다. 또한 우리 삶의 세계를 관찰할 때도 마찬가지다. 우리는 존재하는 모든 것, 즉 창조주로부터 규정되어 우리에게 주어진 모든 것을 파악하기에는 그것들은 우리에게 너무 멀리 떨어져 있을 뿐 아니라 너무 깊다. 우리가 할 수 있는 일은 보이는 만큼 보는 것이고 깨닫게 되는 만큼 아는 것이다. 따라서 우리는 겸손히 창조자 앞에 서서 주어진 일을 묵묵히 할 뿐이다.

그래서 나는 요압의 강압은 연약한 한 인간의 마음속에서 왜 그런지 모르게 복받쳐 오르는 솔직한 감정들, 곧 어찌할 수 없는 그런 감정들을 따라 울 때 우는 것을 막는 무지한 행동일 뿐 아니라 전도자가 교훈하는 우리 삶의 비밀스러움을 너무도 무시하는 어리석음이 아닌가 생각한다.

(4) 기타

전도서와 관련하여 압살롬의 모습을 살펴보면 그는 인간이 할 수 있는 최선의 길을 선택하는 삶을 살았다고 할 수 있다. 그리고 그는 일정한 성공을 거두었지만, 결국은 운명 앞에서 비틀거릴 수밖에 없었다. 우리는 그의 삶을 보면서 인간의 지혜와 노력의 한계를 극명하게 경험하게 된다. 그는 결국―다윗의 왕위 계승사에서 잠깐씩 언급한 것처럼―하나님이 역사에 개입하셔서 그것을 이끌어가시는 것 때문에 실패했다. 인간은 결코 이것을 넘어설 수 없음이 여기서 확연히 드러난다. 하나님은 전도서 3장에 나오는 자신의 행하심을 인간이 처음부터 끝까지 알 수 없게 하셨다. 압살롬의 삶은 우리에게 하나님을 경외하라는 교훈을 보여준다.

6. 사무엘하 20장
세바의 반란과 아벨-벧-마아가의 지혜로운 여인

사무엘하 20장은 길게 서술된 압살롬의 반란에 이어지는 세바의 반란을 다루고 있다. 특히 그것은 19장 말미에 서술된 유다 사람과 이스라엘 사람 사이의 논쟁과 직접적으로 연결된다. 하지만 20장을 따로 다루는 것은 다음과 같은 이유 때문이다. 곧 20장의 핵심은 세바의 반란에 있기보다는 세바의 반란이라는 형식적인 틀 속에서 좌천된 요압이 자신의 운명을 극복하기 위해 어떤 비열한 모습을 보이는지와 아벨-벧-마아가의 지혜로운 여인은 자신의 성읍이 파멸되는 위기 앞에서 자신과 그 성읍의 운명을 어떻게 돌이키는지를 서술하는 데 있다.

1) 본문 분석

사무엘하 20장의 틀은 세바라는 이름의 한 불량한 사람(אִישׁ בְּלִיַּעַל 이쉬 벨리 야알)이 만들어낸다. 세바를 특징적으로 묘사하고 있는 그 단어는 아비가일의 남편인 나발(삼상 25:25)과 도망하는 다윗을 보는 시므이의 관점(삼하 16:7) 그리고 사사기에서 레위인에게 행악을 저지른 기브아 사람(삿 20:13)을 지칭하는 개념이다. 그런데 생각해볼 것은 왜 세바가 "불량한 사람"이냐는 것이다. 그는 유다와 갈등을 빚는 상황에서 이스라엘의 주장을 대변하는 사람일 뿐 그의 어떠한 악행이 보도되지 않은 채 단순히 그렇게 표현되고 있다. 그의 [작은] 반란이 그를 그런 "불량한 사람"으로 규정하는 것일까? 그렇다면 압살롬 역시 "불량한 사람"이 아닐까? 사무엘하 20장에 묘사된 세바의 모습은 열왕기상 12:16 이하에서 묘사된 여로보암의 모습과 유사한 것이 아닐까?

이 관찰과 의문은 사무엘하 20장을 해석하는 데 주요한 해석학적 틀을 제공한다. 사무엘하 20장은 그 불량한 사람으로 인해 벌어지는 일련의 사건들 가운데 그 문제를 수습하고, 그를 추격하며, 그 불량한 사람을 제거하는 가운데 겉으로는 아무런 문제가 없어 보이는 사람들의 ─ 단순히 암묵적으로만 드러나는 ─ "불량한 모습"을 제시하는 것으로 볼 수 있지 않을까?

우선 비그리의 아들 세바의 정치적 프로파간다를 살펴보면, 거기에는 몇 가지 이상한 점이 발견된다.

> 다윗에게서 우리를 위한 몫이 없다. 그리고 이새의 아들에게서 우리를 위한 유업이 없다. 이스라엘은 각각 자신의 장막으로 [돌아갈 것!](삼하 20:1)
>
> אֵין־לָנוּ חֵלֶק בְּדָוִד וְלֹא נַחֲלָה־לָנוּ בְּבֶן־יִשַׁי אִישׁ לְאֹהָלָיו יִשְׂרָאֵל 에인-라누 헬레크 베다비드
>
> 벨로 나할라-라누 베벤-이샤이 이쉬 레오할라브 이스라엘

첫째, 세바의 말은 사무엘하 20장 앞에 있는 19장에서 왕의 귀환을 놓고 논쟁하던 이스라엘 사람들이 주장하는 핵심과 정면으로 배치된다. 그것은 19:43[히, 44절]의 주장과 완전히 다른 논리다. 그런데 그의 논리와 주장에 다시 이스라엘 사람들이 동조한다는 점이 특이하다. 둘째, "각각 자신의 장막으로 [돌아갈 것!]"이란 표현 문구는 이기든 지든 전쟁의 종결을 의미하는 구절인데, 이것이 이 맥락에서 사용되었다는 것도 어색하다. 이것은 오히려 사무엘하 18:17에서 한 번 사용되었고 또 거기에

어울리는 표현이 아닌가? 그것이 이제 다윗 및 유다와 다시 대적하자는 요청이라면, 그것은 더더욱 어울리지 않는 표현으로 볼 수 있다. 그렇다면 독자들은 어떻게 세바의 이 정치적 프로파간다를 해석하고 받아들여야 할까?

다윗을 따르려고 했던 모든 이스라엘 사람이 선동을 일으킨 세바를 추종하며 올라갔고 유다 사람들은 자신들의 왕 다윗에게 붙어서 요단에서 예루살렘까지 올라갔다. 이후의 일은 세 개의 장면으로 이어진다. 첫 번째 장면은 다윗이 왕궁을 지키도록 남겨놓고 간 후궁들에 대한 처리이고, 두 번째는 요압이 새로 군 지휘관으로 임명된 아마사를 살해하는 사건이며, 마지막 세 번째는 아벨-벧-마아가의 지혜로운 여인의 이야기다. 우리는 이 세 가지 이야기를 단순한 서술로 해석하기보다는 "불량한 사람(אִישׁ בְּלִיַּעַל 이쉬 벨리야알)은 과연 누구인가?"의 관점에서 해석해야 한다. 이때 우리는 신중하게 과연 누가 그러한 불량한 사람인가를 질문하면서 그 이야기들을 읽어야 한다.

(1) 사무엘하 20:3

다윗은 예루살렘의 왕궁으로 돌아온 뒤 그가 왕궁을 지키도록 남겨놓고 간 10명의 후궁을 데려다가 "감시자가 딸린 집"(בֵּית-מִשְׁמֶרֶת 베이트-미쉬메레트)에 두었다. 이것은 감금의 형태로 보기보다는 보호의 조치로 볼 수 있다. 이런 형태의 집은 여기서만 언급되는 특수한 형태의 집이다. 평범한 삶 속에서 이런 집이 필요할 어떤 경우를 상상할 수도 없고 압살롬의 누이인 다말을 제외하면 그 예를 찾아보기도 어렵다. 다윗은 그들을 여기에 둔 후 그들을 먹이고 돌보았다. 그러나 그들과 성적 관계를 맺지는 않았다.

그래서 비록 후궁이었지만 그녀들은 죽는 날까지 자신들이 가진 당연한 권리라고도 할 수 있는 남편과의 성적 관계를 맺는 것에 제한을 받았고 [남편이] 살아 있음에도 과부로 살아갈 수밖에 없었다. 다윗의 이런 조치는 당연히 남겨진 10명의 후궁들이 어떤 악행을 저질러서 그에 대한 처벌로 내려진 것이 아니다. 오히려 잘잘못을 따진다면 그들보다는 다른 사람의 책임이 더 크다. 그런데도 다윗과 그들 사이의 온전한 부부 관계의 회복이 불가능할 것은 충분히 예상이 가능하다. 하지만 이들의 삶이 사실 죽음과 다를 바 없는 불행일 뿐이라면 그것은 도대체 누구의 책임인가? 다른 한편으로 다윗의 이런 조치를 출애굽기 21:10에 비추어볼 때 더 씁쓸함이 남는다.

> 그가 다른 여인을 아내로 취했다 할지라도 그녀에게 [음식으로서의] 고기
> 와 의복과 잠자리를 빼앗지 말라(출 21:10).

אִם־אַחֶרֶת יִקַּח־לוֹ שְׁאֵרָהּ כְּסוּתָהּ וְעֹנָתָהּ לֹא יִגְרָע 임-아헤레트 이카흐-로 쉐에라흐 케수타흐 베오나
타흐 로 이그라

출애굽기에 나오는 위의 규정은 사실 다윗의 경우와 일치하지 않는다. 다윗이 다른 여인을 아내로 취한 것도 아니고 그들과 잠자리를 하지 않겠다며 거부하는 책임이 그에게 있는 것도 아니지만, 남편에게 삶이 예속되어 있던 고대 사회에서 여인에게 보장되어야 할 최소한의 조건인 위의 세 가지 요소는 한 여인의 삶을 지탱하도록 하는 데 있어서 필수 불가결한 것이 아닐 수 없다. 누가 이 여인들의 삶을 이토록 불행하게 만들었는가? 도대체 여기서 그 "불량한 사람"은 누구인가? 이 질문에 대한 답은 간단히 주어지지는 않으나, 오로지 인생의 목적을 이루려는 누군

가의 다양한 계산과 시도들 가운데 희생된 이 여인들의 삶의 무게만이 안타깝게도 허공에 떠돌고 있다. "이런 벨리알과 같은 사람아!"

(2) 사무엘하 20:4-13

다윗은 다음 조치로 아마사에게 3일 내에 유다 사람들을 불러모으고 여기로 오라고 명령한다. 아마사가 유다 사람을 불러모으러 갔는데 왕이 정한 기한보다 지체했다. 그래서 다윗은 아비새로 하여금 "그의 주인의 부하들"을 데리고 세바를 추격하도록 했다. 빨리 조치를 취하지 않으면, 그는 세바의 반란이 압살롬의 반란보다 심각한 문제를 일으킬 것을 두려워했기 때문이고, 세바가 혹 어느 견고한 성읍들을 발견하고 그 안으로 피할까 염려했기 때문이다. 그런데 아비새에게 "그의 주인의 부하들"은 누구인가? 그들은 새롭게 지휘관이 된 아마사의 부하들을 말하는 것일까? 아니면 이전의 군 지휘관이었던 요압의 부하들인가? 만약 "그의 주인의 부하들"이 요압의 부하들을 말한다면, 다윗의 이런 조치는 불행한 결과를 초래할 좋지 못한 성급한 조치로 볼 수 있다. 그리고 이어지는 서술을 보면, 이들은 요압의 부하들이 분명했다. 이전에 다윗에게 충성한 부하들, 즉 요압과 크레타 용병들과 블레셋의 용병들 그리고 모든 용사가 다시 등장했다. 이들이 세바를 추격하고자 출전했다. 그들이 기브온의 큰 돌 곁에 있을 때, 아마사가 그들에게로 왔다. 그때 요압은 허리띠를 차고 자신의 군복(מִדּוֹ)을 입고 있었다. 그리고 그는 엉덩이춤 허리띠 위에 칼집에 꽂힌 칼을 차고 있었다. 그가 나갈 때 그 칼이 떨어졌다. 요압이 아마사에게 말했다.

너, 나의 형제여, 평안하냐?(삼하 20:9)

הֲשָׁלוֹם אַתָּה אָחִי 하샬롬 아타 아히

요압이 이 말을 하며 아마사에게 입맞춤을 하기 위해 오른손으로 그의 수염을 움켜잡았다. 그래서 아마사는 요압이 손에 쥐고 있던 칼로 찌르는 것을 방어할 수 없었다. 요압이 아마사의 배를 찌르자 그의 창자가 땅으로 쏟아졌고 그가 다시 찌르지 않았어도 아마사는 그 자리에서 즉사했다. 그리고 요압과 그의 동생 아비새는 비그리의 아들 세바를 추격했다. 요압의 무기를 들고 다니는 소년 중 하나가 그[죽은 아마사]에게 다가서서 "요압을 추종하는 자가 누구냐, 다윗을 위하는 자가 누구냐, 그는 요압을 따르라!"고 말했다. 아마사는 길 가운데에 피범벅이 되어 뒹굴었는데 그 소년이 모든 백성이 멈춰 서 있는 것을 보고 그를 길에서 밭으로 치웠다. 그런데도 그의 옆에 속속 도착한 사람들이 모두 멈춰 서는 것을 보자 그가 옷으로 그를 덮었다. 아마사를 길에서 치우자 요압을 따르는 자들이 모두 비그리의 아들 세바를 추격했다.

요압이 세바를 추격하는 와중에 아마사를 살해한 것은 의도된 일이었을까? 사실 아마사가 다윗의 명령대로 삼 일 안에 유다의 모든 사람을 다 모아서 세바를 추격하는 일을 시작할 수 있었다면 이런 끔찍한 일이 벌어졌을까? 하지만 이 사건은 벌어졌고 그 장면은 유혈이 낭자한 그림으로 펼쳐진다. 길에서 창자가 다 흘러나와 죽은 아마사와 그를 처리하기 위해 전전긍긍하는 요압의 명령을 따르는 소년의 모습 속에서 모두가 다 아마사의 죽음을 애도하는 듯한 그림이 묘사된다. 왜 이런 잔인한 장면이 사무엘하 20장에 묘사되었을까? 이 장면을 마주하는 독자들은 요압의 무자비함과 교활함에 치를 떨 것이다. 요압의 이런 모습은 이미

압살롬을 살해할 때부터 그리고 왕 앞에서 그를 위협하는 모습에서부터 예고된 것인가? 그러고 보니 요압의 이런 비열한 모습은 이전에 아브넬을 살해할 때 이미 보여준 모습이었다. 지금 그의 모습이 이렇게 묘사될 때, 과연 그 "불량한 사람"은 요압 외에 또 누가 있단 말인가?

(3) 사무엘하 20:14-22

비그리의 아들 세바는 이스라엘의 모든 지파를 거쳐서 아벨-벧-마아가와 베림[비그리인들의][1] 온 성에 이르렀다. 그를 따르는 무리도 와서 그곳에 모였다. 또한 요압과 함께한 모든 백성이 아벨-벧-마아가에 도착해서 성을 포위하고 공격을 위해 외곽 성벽(Vormauer)에 닿게 경사면을 쌓았다. 그리고 본 성벽을 허물기 시작했다. 그러자 성읍으로부터 한 지혜로운 여인이 외쳤다. 그녀는 요압과 가까이 서서 대화하길 원했다. 그녀가 요압과 나눈 대화는 다음과 같다.

> 당신이 요압입니까?
>
> הַאַתָּה יוֹאָב 하아타 요아브
>
> 그렇다.
>
> אָנִי 아니
>
> 들어보십시오, 당신 여종의 말을.
>
> שְׁמַע דִּבְרֵי אֲמָתֶךָ 쉐마 디브레이 아마테카

....

1   כָּל־הַחֲבֵרִים 콜-하베림은 "바후림" 혹은 כָּל־הַבְּכֵרִים 콜-하비크림으로 읽어서 "비그리인들의 모든 성"으로 이해할 수도 있다. 이에 관해서는 Gesenius[18], 176을 참조하라.

내가 듣고 있다(삼하 20:17).

שֹׁמֵעַ אָנֹכִי 쇼메아 아노키

사람들이 예전에 "아벨에 가서 묻고 그렇게 해서 일을 마무리 지어라"라고
말했습니다(삼하 20:18).

דַּבֵּר יְדַבְּרוּ בָרִאשֹׁנָה לֵאמֹר שָׁאֹל יְשָׁאֲלוּ בְאָבֵל וְכֵן הֵתַמּוּ 다베르 예다브루 바리쇼나 레모르 샤올
예사알루 베아벨 베켄 헤타무

나는 이스라엘의 평화이며 어머니인데 당신은 성읍과 이스라엘의 어머니를
죽이려고 합니다. 왜 야웨의 유업을 멸망시키려고 하십니까?(삼하 20:19)

אָנֹכִי שְׁלֻמֵי אֱמוּנֵי יִשְׂרָאֵל אַתָּה מְבַקֵּשׁ לְהָמִית עִיר וְאֵם בְּיִשְׂרָאֵל 아노키 쉘루메 에무네 이스라
엘 아타 메바케쉬 레하미트 이르 베엠 베이스라엘

לָמָּה תְבַלַּע נַחֲלַת יְהוָה 라마 테발라아 나할라트 야웨

내가 죽이려고 하고 내가 파괴하려고 하는 것은 나의 뜻과 멀고도 멀다. 실
상은 그렇지 않다. 왜냐하면 에브라임 산지 출신의 한 사람, 이름이 비그리
의 아들 세바인데 그가 왕 다윗에 대항해 손을 들었기 때문이다. 오로지 그
를 내어 주어라. 그러면 나는 성읍으로부터 떠날 것이다(삼하 20:20-21b).

חָלִילָה חָלִילָה לִי אִם-אֲבַלַּע וְאִם-אַשְׁחִית לֹא-כֵן הַדָּבָר כִּי אִישׁ מֵהַר אֶפְרַיִם 할릴라 할릴
라 리 임-아발라 베임-아쉬히트 로-켄 하다바르 키 이쉬 메하르 에프라임

שֶׁבַע בֶּן-בִּכְרִי שְׁמוֹ נָשָׂא יָדוֹ בַּמֶּלֶךְ בְּדָוִד תְּנוּ-אֹתוֹ לְבַדּוֹ וְאֵלְכָה מֵעַל הָעִיר 쉐바 벤-비크
리 쉐모 나사 야도 바멜레크 베다비드 테누-오토 레바도 베엘카 메알 하이르

보십시오, 그의 머리가 [곧] 당신에게 던져질 것입니다(삼하 20:21c).

הִנֵּה רֹאשׁוֹ מֻשְׁלָךְ אֵלַיִךְ בְּעַד הַחוֹמָה 히네 로쇼 무쉘라크 엘레카 베아드 하호마

그리고 지혜로운 그 여인은 그녀의 지혜로 성읍의 모든 사람을 설득하여 비그리의 아들 세바의 목을 잘라 그것을 요압에게 던졌다. 그리고 요압은 예루살렘으로 돌아갔다.

요압과 대비되어 드러나는 지혜로운 여인은 대군을 이끌고 거친 폭력을 휘두르는 상황에서 조금도 위축되지 않고 당당히 맞서는 모습을 보여준다. 하지만 우리가 가만히 생각해볼 점은 "이 지혜로운 여인은 성읍의 사람들에게 무엇을 설득했는가?"다. 이 질문은 다시 "세바는 왜 여기 이 성읍으로 왔을까?"라는 질문으로 이어진다. 이 성읍이 속한 지역으로 생각되는 "베림"이라는 곳이 어디인지는 확실치 않지만 학자들의 의견을 따라 이곳을 "비그리인들의 성읍"으로 본다면, 이 성읍의 안위를 위해 비그리의 아들 세바의 목을 쳐서 내어준다는 것은 절대 쉽지 않으며 가능하지도 않았을 것이다. 혹은 세바가 이 성읍에 숨어든 것은 보호를 요청한 것이며 고대 사회에서, 특히 유목민의 전통에서 이런 정치적 도망자를 보호하는 것이 당연한 의무였다면, 그것을 저버리고 그의 목을 치는 것 역시 절대 쉽지 않은 일이었을 것이다. 여인의 말대로 그 성읍이 이스라엘의 어머니이고 이스라엘의 평화라면 말이다. 그러나 이 모든 예상을 다 뛰어넘고 아벨-벧-마아가 사람들은 세바의 목을 쳐서 여인에게 내주고 그 여인은 그것을 다시 요압에게 내주었다.

2) 인물 분석

(1) 세바

압살롬의 반란 이후 이스라엘의 열 지파를 중심으로 다시 반란을 일으킨 세바는 불량한 사람으로 지칭된다. 그런데 그가 왜 불량한 사람일까? 그가 단순히 다윗을 대적하고 다시 왕국의 안정을 찾을 기회를 다윗에게 허락하지 않았기 때문인가? 세바를 단순히 불량한 사람이라고 지칭하는 본문의 의도를 정확히 파악하기는 어렵다. 하지만 여기서 우리는 우리의 삶에서 누가 불량한 사람이고 누가 불량한 사람이 될 수 있으며 그가 왜 불량한 사람인지를 누가 결정하느냐는 문제를 되돌아볼 수 있다. 그리고 그 문제는 우리로 하여금 다시 우리의 삶 가운데 있는 다양한 힘의 구도 속에서 불량한 사람은 얼마든지 다르게 결정될 수 있음을 눈치채게 한다.

　세바가 이스라엘의 열 지파를 돌아서 아벨-벧-마아가로 갔다는 설명은 그가 이스라엘의 열 지파로부터 보호를 거절당했기 때문인가? 그가 결국 아벨-벧-마아가로 가서 거기서 겨우 보호를 받게 된 것이라면, 그런데 그 성읍에서 결국 죽음을 맞이하게 된 것이라면, 세바의 죽음은 단순히 불행한 죽음으로만 평가될 일이 아니다. 그것은 사회의 안전 장치가 제대로 작동하지 못한 것이다. 따라서 우리는 그렇게 된 원인이 무엇인지 분석해야 한다. 그가 보호를 위해서 그리로 간 것인데 거기서 보호를 받지 못하고 죽임을 당한 원인은 다름 아닌 그곳의 지혜로운 여인 때문이었다. 지혜에 의해서 보호권을 박탈당하고 죽게 된다면, 이것은 부당함을 넘어서 삶의 법칙에 확고함이 없음을 다시 한번 입증하는 것이 아닐까?

(2) 요압

세바를 추격하고 그를 죽이기 위해 아벨-벧-마아가 성을 공격하는 요압은 세바보다 더 불량한 사람이다. 그는 이전에 아브넬을 살해했던 전력이 있었고 이번에는 아마사를 비열한 방법으로 살해한다. 그가 아마사를 살해한 원인을 찾는다면, 우리는 그가 압살롬을 죽인 일로 다윗의 신의를 잃고 군 지휘관의 자리에서 밀려난 것 외에 다른 원인을 찾을 수 없다. 더구나 아마사는 그의 사촌이었음에도 말이다. 본문은 세바를 불량한 사람으로 지칭하지만, 정작 불량한 사람은 바로 요압이다. 그런데 그런 불량한 사람이 다른 불량한 사람을 잡고자 추격하는 모습은 우스꽝스러운 일이 분명한데, 돌이켜보면 우리는 우리의 삶에서 이런 모습을 너무나 자연스럽게 발견한다. 아벨-벧-마아가 성을 공격할 때, 요압은 한 명의 지혜자에 대항하는 용사의 모습과 그 지혜자의 지혜에 압도당하는 모습으로 묘사된다.

(3) 다윗

다윗은 압살롬의 반란을 진압하고 예루살렘으로 귀환한 후 세바의 반란이 확산하는 것을 막기 위해 아마사에게 서둘러 유다 사람을 모으도록 지시했다. 주어진 기한 내로 아마사가 돌아오지 않자 다윗은 때를 기다리지 못하고 결국 이전의 용병을 중심으로 세바를 추격한다. 이 일이 결정적으로 잘한 일이어서 때를 놓쳐 세바의 반란이 더 확산하여 어려움을 겪었을 것을 막았다고도 할 수 있다. 하지만 다르게 생각해보면, 다윗의 성급함은 결국 아마사를 잃게 되는 결과를 초래했다. 다윗은 요압의 물불을 가리지 않는 잔인함과 비열함 앞에서 다시 한번 압도당하고 요압은 다윗이 죽는 날까지 그에게 부담스러운 존재가 되었다. 이런 다윗의 모습은 때를 살피고 적절한 기회를 인내함으로 기다리지 못하고 섣부른 판단과 계획으로 무엇인가를 실행하다가 모든 것이 수포가 될 수도 있음을 교훈한다.

다윗은 예루살렘으로 돌아온 후 압살롬의 반란 때에 왕궁을 지키도록 남겨놓고 간 열 명의 후궁들을 처리한다. 그는 그들을 처벌하는 조치를 결코 취하지 않는다. 본문 상에서 그렇게 볼 만한 이유가 전혀 없다. 그러나 그들에게 부과된 삶은 안타깝게도 죽음과 다름없는 것이었고 이런 모습은 다시 사무엘하 13장에 나오는 다말의 모습을 회상케 한다. 여인들에게 주어진 운명의 기구함의 다른 한편에 그 책임을 유발한 남자들의 악행과 더불어 헤어나올 수 없는 삶의 고통 가운데 비틀거리는 인생의 쓴맛이 아른거린다. 어떻게 보면, 다윗의 평생은 확실히 나단을 통해 그에게 선언된 심판 신탁의 실행으로 나타난다.

(4) 아벨-벧-마아가의 지혜로운 여인

아벨-벧-마아가의 지혜로운 여인은 용기 있고 당당한 여인의 모습으로 서술된다. 용사가 대군을 이끌고 와서 성을 공격할 뿐 아니라 당장에라도 성을 무너뜨릴 것 같은 급박한 상황에서도 그녀는 성벽에 올라 그 용사와 당당히 맞선다. 그녀의 모습은 마치 전도서가 들려주는 가난한 지혜자의 모습을 회상케 한다. 작고 인구가 많지 않은 성읍에 큰 왕이 와서 그것을 에워싸고 큰 흉벽을 쌓고 치고자 할 때, 그는 자기 지혜로 그 성읍을 건졌다. 전도서는 그 가난한 지혜자를 기억하는 사람이 없음, 즉 그의 뛰어난 능력이 영원히 기억되지 못함을 탄식한다. 하지만 아벨-벧-마아가의 지혜로운 여인은 자신의 지혜를 통해서 손님을 보호하는 관습을 버리게 하고 오히려 보호받아야 할 사람의 목을 베어 그를 쫓는 자들에게 던져주는 놀라운 모습, 즉 지혜자가 지혜를 무시하고 그 지혜의 목적을 뒤엎어버리는 모습을 보여준다. 우리는 그러한 모습을 볼 때 탄식을 금할 길이 없다. 따라서 사무엘하 20장에 나오는 이 여인의 모습은 전도서에 나오는 모습과 크게 다르지 않다.

3) 전도서와의 연결점

(1) 여인들의 삶(전도서 전체)

다윗의 왕위 계승사의 긴 이야기 속에서 여인들의 모습은 다양한 색채를 띠고 펼쳐진다. 오로지 다윗의 욕망의 대상일 뿐인 밧세바, 요압의 상상 속에서 언급되는 악한 왕의 대명사 아비멜렉을 쳐죽인 데벳스의 이름 모르는 한 여인, 남편이 죽었다는 소식을 듣고 통곡하는, 그것도 자기 일로 인해 죽었을 것이란 추정과 함께 우는 밧세바 그리고 그녀의 새로운 결혼과 왕의 아내가 됨, 비록 꾸며진 이야기지만 가난한 자의 품에 있는 행복한 암양[밧세바], 강자의 약탈의 대상일 뿐인 여인, 자신이 낳은 아이의 죽음을 지켜보았을 여인에게 그 모습이 서술조차 되지 않는 황당함, 또 다른 아이를 낳는 여인, 아름다움 그 자체인 여인, 남자들의 쑤

군덕거리는 이야기의 대상이 되고 음모의 대상이 되며 남자들이 은밀히 엿보는 대상인 여인, 성폭행의 대상이 되는 여인, 자신이 성폭행당한 것을 당당히 알리려는 다말, 명분을 내세워 그것을 제지하는 그녀의 오빠 압살롬 앞에서 제지당하는 당사자 다말, 오빠에게 이용당하는 다말, 평생을 죽은 것과 다름없이 갇혀 살며 존재감을 잃어버리는 여인들(다말과 다윗의 10명의 후궁), 항상 전장에서 목숨을 걸고 싸우는 세 아들을 염려할 것으로 예상되는 어머니 스루야, 압살롬의 외동딸 다말, 도망하는 남편 다윗을 따라나서야만 하는 그의 수많은 아내, 반란군의 무리 속에서 왕궁을 지켜야 하는 다윗의 열 명의 후궁, 많은 사람 앞에서 성폭행당하며 정치적 희생이 되는 다윗의 후궁들, 첩자들의 일에 이름 없이 기여하는 여인들, 왕과 용사 앞에서도 흔들림이 없는 지혜로운 여인, 늙어서 죽기 직전의 차가운 노인의 품에 안겨야만 하는 아비삭, 늙은 왕의 아내이며 왕위를 노리는 왕자의 어머니 밧세바, 말에 현혹되고 조종되는 여인 밧세바, 왕의 어머니가 될 뻔한 아도니야의 어머니 학깃 등. 이 여인들은 우리가 살아가는 삶의 모습을 보여줄 뿐 아니라 그들이 그 속에서 다양하게 드러나고 있음도 보여준다. 때로는 주연으로 때로는 조연으로, 주도적인 위치에서 매우 수동적인 모습으로, 때로는 정당한 평가를 받으며 그리고 말도 안 되는 부당함 속에서 여인들의 삶이 펼쳐진다.

전도서에 서술되는 여인들의 삶의 모습도 이와 다르지 않다. 전도서에 나오는 여인들의 삶은 왕의 트라베스티에서 왕의 성적인 대상으로 나타나는 여인, 노래하는 여인으로부터 시작하여 하나님이 일상의 삶 속에서 허락하신 남녀의 행복한 사랑 속에서 언급된다. 그리고 아마도 전도자의 견해이기보다는 인용으로 볼 수 있는[2] 전도서 7장에는 난해한 언급이 나오는데 거기에는 마음이 올무와 같고 손은 포승과 같은 여인, 사망보다 쓴 여인, 죄인이 그 여인에게 잡히리라는 이해하기 어려운 언급(전 7:26), 그런 견해를 반박하며 그런 여인은 찾아볼 수 없음(전 7:28)에 대한 전도자의 언급, 전도서 9장의 카르페 디엠 모티프 속에 언급되는 하나님이 허락하시는 사랑하는 아내와 하나님의 비밀의 장소인 아이밴 자의 태에 대한 언급까지, 그리고 마지막으로 다시 언급되는 음악을 하는 여인들의 모습이 펼쳐진다.

상세한 연구가 더 필요한 부분임을 감안하고 전도서 7장을 조심스럽게 평가해본다면, 전도서는 주로 여인의 삶을 긍정적인 방향에서 서술하고 있다. 반면 다윗의 왕위 계승사는 현실에 매우 근접해서 여인들을 서술하고 있고 특히 여인들의 삶의 기구함이란 영상을 독자들에게 잔잔히 남기고 있다.

(2) 전도서 3:10-11

때를 기다리고 때를 분별하는 지혜는 전도서의 핵심 사상이다. 3장에 펼쳐져 서술되는 모두 14쌍의 때에 대한 노래는 인생의 다양한 굴곡들을 보여주며 특히 그것들은 그 각각의 때가 각 사람에게 달리 적용된다는 점도 보여준다. 인생은 이러한 때의 격자들 속에서 자신의 욕망을 드러내며 그때를 주관적으로 정하려고 하지만 하나님은 인생에게 그것을 절대 허락하지 않으셨다. 전도자는 그것을 3:10에서 다음과 같이 진술한다.

....

2   Birnbaum & Schwienhorst-Schönberger, *Das Buch Kohelet*, 182을 참조하라.

내가 그 고통을 보았는데, 그것은 하나님이 인생에 그 안에서 고통당하도록 주신 것이다(전 3:10).

רָאִיתִי אֶת־הָעִנְיָן אֲשֶׁר נָתַן אֱלֹהִים לִבְנֵי הָאָדָם לַעֲנוֹת בּוֹ 라이티 에트-하인얀 아쉐르 나탄 엘로힘

리브네이 하아담 라아노트 보

벡스(Stuart Weeks)는 전도자가 말하는 인생에 있을 유익의 질문과 그 유익이 없음에 대한 단언을 다음과 같이 도식화해서 보여준다.[3]

1:3	מה יתרון לאדם בכל עמלו
3:9	מה יתרון העושה באשר הוא עמל
5:15	ומה יתרון לו שיעמל לרוח

2:24	אין טוב באדם שיאכל
3:12	אין טוב בם כי אם לשמוח
3:22	אין טוב מאשר ישמח אדם
8:15	אין טוב לאדם תחת השמש כי אם לאכול

1:3	사람에게 유익이 무엇인가? 그의 모든 수고 가운데서
3:9	유익이 무엇인가? 행하는 자가 그가 수고하는 것들 안에서 얻는
5:15	그리고 그에게 유익이 무엇인가? 그가 헛되이 수고한 것이

2:24	좋은 것이 없다. 그가 먹는 것을 제외하고는
3:12	그들에게 좋은 것이 없다. 기뻐하는 것을 제외하고는
3:22	좋은 것이 없다. 사람이 기뻐하는 것보다
8:15	좋은 것이 없다. 해 아래에 있는 사람에게 먹는 것을 제외하고는

....

3   Stuart Weeks, "The Inner-Textuality of Qoheleth's Monologue," in *Reading Ecclesiastes Intertextually* (ed. Katharine Dell and Will Kynes; London: Bloomsbury, 2014), 149-50. 아래의 도표는 내가 한글로 사역한 것이다.

그러나 전도자는 하나님으로부터 인생에 부과된 때의 질서가 아름답다고 선언한다.

> 모든 것을 그가 그의 때에 아름답게 만드셨다. 또한 그가 영원을 그들의 마음에 주셨다. 단지 하나님이 행하시는 행위를 사람이 처음부터 끝까지 파악하지는 못하게 하셨다(전 3:11).

אֶת־הַכֹּל עָשָׂה יָפֶה בְעִתּוֹ גַּם אֶת־הָעֹלָם נָתַן בְּלִבָּם 에트-하콜 아사 야페 베이토 감 에트-하올람 나탄 벨리밤

מִבְּלִי אֲשֶׁר לֹא־יִמְצָא הָאָדָם אֶת־הַמַּעֲשֶׂה אֲשֶׁר־עָשָׂה הָאֱלֹהִים מֵרֹאשׁ וְעַד־סוֹף 밉벨리 아쉐르 로-임차 하아담 에트-하마아세 아쉐르-아사 하엘로힘 메로쉬 베아드-소프

인간은 고통과 아름다움 사이에, 또한 영원과 한계 사이에 끼인 존재이지만 그 속에서도 그가 아름다움을 발견하고 행복을 찾을 수 있는 것은 때를 따라 순응하는 가운데 가능하다.

압살롬의 경우는 제외하고라도, 세바의 반란 때의 다윗이나, 왕위 계승을 목전에 두고 있었던 아도니야—물론 그 자리에 도전하고 위협하는 상황을 인내하며 기다린다는 것이 쉬운 일은 아니지만—는 모두 전도서가 말하는 때를 분별하고 인내하는 지혜 그리고 하나님을 신뢰함으로 신중하게 행동하는 지혜가 모자랐음을 보여준다.

(3) 전도서 7:11-14

전도서 7:12이 언급하는 "지혜의 그늘에 있음"(בְּצֵל הַחָכְמָה 베첼 하호크마)은 그것이 마치 "돈의 그늘에 있음"(בְּצֵל הַכֶּסֶף 베첼 하카세프)과 동일시되며 보호, 생

명, 살림의 보장을 주는 듯 서술된다. 그러나 이것은 전도자의 말로 볼 수 없다.[4] 이것은 인용된 주장일 뿐이며 전도자는 지혜의 유익에 대해서 오히려 하나님의 행하심을 보라고 권유한다. 하나님의 행하심의 특징은 다음과 같다.

진실로 누가 감히 그가 구부려 놓은 것을 곧게 할 수 있겠는가?(전 7:13)

כִּי מִי יוּכַל לְתַקֵּן אֵת אֲשֶׁר עִוְּתוֹ 키 미 유칼 레타켄 에트 아쉐르 이베토

이것은 인간의 지혜에 명확한 한계를 설정하는 전도자의 분명한 주장이다. 전도자는 사람이 스스로 형통함과 곤고함을 정하지 말고 단지 그 각각의 날에 무엇을 할 것인지를 생각하라고 권고한다.

지혜는 사람에게 축적된 경험을 통해 안전을 보장하고 생명의 길을 알려준다. 그것은 틀린 말이 결코 아니다. 그러나 그것에도 알 수 없는 가운데 드리워진 한계가 있다. 이와 동일한 경우라도 보기에 어려움이 없지 않지만, 아벨-벧-마아가 성에 보호를 위해 찾아온 세바의 죽음은 당혹스럽다. 그 성읍은 다름 아닌 이스라엘의 화평이고 어머니와 같은 성읍이라고 말하는 장본인이 그를 해하는 모습은 참으로 이해하기가 어렵다. 또한 다윗의 왕위 계승사의 많은 지혜자들이 자신의 지혜로부터 혹은 다른 사람으로부터 획득한 지혜를 통해서 보호와 안전과 생명을 보장받지 못한다. 거기에는 모두 전도자의 교훈과 같이 인생의 한계를 넘어설 수 있는 초월성이 없기 때문이다.

....

4   Birnbaum and Schwienhorst-Schönberger, *Das Buch Kohelet*, 170-2을 보라.

(4) 가릴 수 없는 인간의 한계와 죽음(전도서 전체)

전도서는 인간의 죽음을 결정적인 것으로 확연하게 서술한다. 죽음은 누구도 피할 수 없으며 인간과 창조주를 구분하는 유일한 경계선이다. 이러한 경계선을 생각할 때, 사람에게 영원한 삶이 보장되고 그 길이 허락된다는 것은 실로 놀라운 일이 아닐 수 없다.

전도서 자체가 죽음의 그림자가 짙게 드리워진 책이란 사실은 앞에서도 언급했고 또 수많은 학자의 주장에서도 확인된다. 그러나 그 죽음의 그림자가 짙어질수록 인간의 삶에 좌절과 회의가 함께 짙어지지는 않는다. 그 가운데 삶의 의미와 행복이 창조주로부터 모든 사람에게 주어져 있기 때문이다. 이 짙은 회색의 그림자를 걷어내지 못하는 한 그 몫을 발견하기가 어려울 뿐이다.

사무엘하 20장 초반부에는 아마사의 죽음이 매우 선명하게 그려진다. 그의 죽음은 특별하게도 붉은색으로 난자되어 묘사된다. 가리고자 해도 도무지 가려지지 않고 덮어서 없는 듯해도 그 목적이 성취되지 않는다. 그러한 묘사는 요압의 악행을 고발하는 저자의 특별한 조치로 보인다.

그런데 내가 보기에 이 그림은 전도서에 나오는 죽음의 그림으로 이해된다. 인생들이 살아가는 삶의 세계에 가릴 수 없이 분명한 선홍색의 짙은 그림으로 수 놓인 죽음의 그림자를 기억하라는 메시지로 말이다.

7. 열왕기상 1-2장
인간의 한계인 노화와 죽음 그리고 왕위 계승

열왕기상 1-2장은 다윗의 왕위 계승사의 마지막 퍼즐에 해당한다. 먼저 1장에서는 다시 한번 왕이 되고자 나름의 가능성과 능력을 총동원하여 도전하는 두 왕자의 모습이 서술된다. 왕위 계승사에서 이런 노력의 모습은 압살롬을 포함하여 모두 3번 등장하는데, 그중 2번이 바로 열왕기상 1장에 등장한다. 그리고 2장에서는 이제 왕위가 솔로몬으로 이어진 이후에 왕권 강화를 위한 조치들과 더불어 다윗의 생애를 정리하는 모습이 폭력적으로 서술된다. 열왕기상 1-2장에 나오는 삶의 모습은 어쩌면 평범한 일상을 살아가는 사람들의 모습이라고는 할 수 없다. 하지만 그러한 삶이 우리의 삶의 이야기가 될 수 있는 것은 그 상황의 자리에도 어김없이 인간의 지혜와 가능성이 끊임없이 시도되고 평가되며 그 결과에 순응하지 않을 수 없는 다양한 모습이 펼쳐지고 있기 때문이다. 이 모습은 크고 작은 여러 일을 겪으며 살아가는 우리의 삶의 이야기가 아닐 수 없다.

1) 본문 분석

(1) 열왕기상 1:1-4

열왕기상 1장 첫 부분은 세바의 반란에 대한 서술인 사무엘하 20장과 연관 지어볼 때 자연스럽게 연결된다기보다는 서술이 새롭게 시작되는 느낌을 준다. 전형적으로 이야기가 새롭게 시작될 때 사용되는 형식으로 볼 수 있는 "W^c + X [여기서는 NS의 형태] + qatal"인 "그리고 + 그 왕 다윗 = 늙은"(וְהַמֶּלֶךְ דָּוִד זָקֵן ^{베하멜레크 다비드 자켄}) [NS] + 나이가 많은 상태에 이르렀다(בָּא בַּיָּמִים ^{바 바야밈})가 사용되었다. 그리고 서술의 느낌은 "차가움"이다. 다윗은 늙었고 매우 많은 나이에 이르렀다. 그를 이불로 덮어주어도 그에게 따뜻함이 없었다. 이불을 덮어도 몸이 따뜻해지지 않는다는 것은 사람이 늙었다는 점을 묘사하는 전형적인 표현이다. 다윗의 신하들이 다윗을 위해 구한 "젊은 여인"(נַעֲרָה בְתוּלָה ^{나아라 베툴라})은 "결혼할 나이가 된 처녀"[1]를 의미한다. 비록 그녀의 직위명으로 보이는 "받들어 모시는 자"(סֹכֶנֶת ^{소케네트})[2]가 후궁을 의미하지 않는다. 하지만 그녀가 몸이 차가워진 늙은 왕을 모실 젊은 처녀라는 점과 신하들이 그녀가 왕의 품에 누울 것(잠자리를 함께하다[שָׁכְבָה בְחֵיקֶךָ ^{사크바 베헤이케카}])과 그로 인해 왕의 몸이 따뜻해질 것을 기대했다는 점에서 분명 이 젊은 처녀는 성적인 목적으로 다윗에게 주어진 것이 분명하다. 하지만 다윗은 자신을 받들어 시중을

....

1   Gesenius[18], 186.
2   여성형으로 유일하게 사용된 이곳 외에 남성형으로 유일하게 사용된 곳인 사 22:15("그 국고를 맡고 왕궁 맡은 자 셉나")에는 예루살렘과 유다의 높은 관원의 직위명 혹은 표시로 나타난다. Gesenius[18], 887 참조.

드는 심히 아름다운 젊은 여인과 잠자리를 할 수가 없는 상태였다. "잠자리를 갖지 않았다"는 서술에는 어떤 능력이나 의지가 특별히 담기지 않았다고 볼 수 있는데, 이것은 오히려 다윗의 상태가 매우 늙고 정력이 다한 상태임을 강조하는 표현으로 볼 수 있다.

우리는 무엇보다도 이러한 다윗의 상태에서 기인한 일들이 열왕기상 1장에 계속해서 서술되고 있음에 주목하고자 한다. 그러한 일들은 먼저 아도니야가 스스로 높여 왕이 되고자 하는 모습이며 그다음은 그에 대적하여 솔로몬을 왕위에 옹위하려는 나단의 계책이다.

(2) 열왕기상 1:5-10

학깃의 아들 아도니야는 자신을 높여서(מִתְנַשֵּׂא 미트나세) "내가 왕이 되리라"(אֲנִי אֶמְלֹךְ 아니 에믈로크)라고 말한다. 그리고 그는 왕으로서의 행세를 위해 사무엘하 15장의 압살롬과 같이 군사, 즉 병거와 기병과 호위병 50명[3]을 준비했다. 그런데 열왕기상 1:6의 언급은 주목할 만하다.

> 그의 사는 날 동안 그의 아버지가 그에게 "너 왜 그렇게 했느냐?"라고 말하며 마음 상하게 하지 않았다. 그는 또한 용모가 뛰어났으며 그는 압살롬 다음으로 태어났다(왕상 1:6).[4]
>
> וְלֹא־עֲצָבוֹ אָבִיו מִיָּמָיו לֵאמֹר מַדּוּעַ כָּכָה עָשִׂיתָ 벨로-아차보 아비부 미야마부 레모르 마두아 카카 아시타

....
3   삼하 15:1의 압살롬의 경우와 비교하라.
4   "낳다"라는 동사가 여성형으로 되어 있어서 번역이 어렵지만, 이 동사의 주어는 "학깃"으로 이해할 수 있다. 이에 관해서는 Martin Noth, *Könige*(BK.AT IX/1; Neukirchen-Vluyn: Neukirchener Verlag, 1968), 6을 참조하라.

וְגַם-הוּא טוֹב-תֹאַר מְאֹד וְאֹתוֹ יָלְדָה אַחֲרֵי אַבְשָׁלוֹם 베감-후 토브-토아르 메오드 베오토 얄다 아하레

아브살롬

아도니야를 대하는 다윗의 태도는 특별히 아버지로서 아들을 대하는 태도로 언급된다. 다윗의 이 태도는 공교롭게도 왕위를 계승할 왕자를 대하는 태도로 연속해서 나타난다. 사무엘하 13장에서 다말에 대한 암논의 악행을 전해들은 다윗은 진노하지만 그는 이 진노를 그 어떤 행동으로 표현하지 않았다. 다윗의 이러한 모습은 아도니야의 행동의 전례와 모범이 된 압살롬의 행동에서도 동일하게 나타났었을 것이며 아들에 대한 그러한 방조와 너그러움은 그의 집에 다툼과 재난만 일으킬 뿐이었다.

또 다른 관점에서 생각해보면, 압살롬의 경우와 아도니야의 경우가 공통적인데, 우리는 "그들은 왜 성급하게 왕이 되려고 했는가?"라는 질문을 던지지 않을 수 없다. 순리대로라면, 그들은 이미 헤브론에서 다윗이 낳은 아들들(삼하 3:2-5)로 왕위를 계승할 순서였는데 왜 때를 기다리지 않고 스스로 그 자리에 오르고자 했을까? 어떤 위협 때문이었을까 아니면 그들 스스로 가진 조바심 때문이었을까? 사람의 일은 시간이 흘러 그 행위에 대한 결과가 드러났을 때 그의 행동이 옳았던 것인지 아니면 순리대로 일을 처리하지 않고 결국 자신의 성급하고 어리석은 행동으로 일을 그르친 것인지가 드러난다. 그러나 그 결과가 드러난 이후에 후회해도 그것을 돌이킬 수 없음은 인간의 한계일 수밖에 없다.

아도니야가 스스로 왕위에 오르려고 한 시도에 가담한 사람들이 있었다. 스루야의 아들 요압과 제사장 아비아달이 아도니야를 따랐다. 반

면 사독 제사장과 여호야다의 아들 브나야와 나단 예언자와 시므이[5]와 레이 그리고 다윗에게 속한 용사들은 아도니야와 함께하지 않았다. 아도니야가 엔-로겔 근처의 소헬렛 바위 옆에서 양과 소와 송아지를 제물로 바칠 때 왕자들, 즉 자신의 모든 형제를 초청하고 왕의 신하들, 곧 모든 유다 사람을 초청했다. 하지만 그는 나단 예언자와 브나야와 용사들과 그의 형제 솔로몬을 초청하지 않았다. 이것은 대략 아도니야를 왕으로 옹립하려는 무리의 성격을 짐작하게 해준다. 일단 그러한 무리는 유다 사람들을 중심으로 결성된 것으로 보이며 다윗의 용병들은 배제된 것으로 보인다. 이전에는 다윗의 용병들을 이끄는 중심이 요압이었는데 압살롬의 사건 이후 그리고 세바의 반란 진압 이후에 그의 위치는 약화된 것일까? 그리고 지금 브나야가 그 자리를 대신하는 것일까?

(3) 열왕기상 1:11-53

모든 정세와 상황들이 분명하지는 않지만 왕자들을 중심으로 분파가 형성된 것은 확실해 보인다. 아도니야의 이 행동으로 말미암아 솔로몬 쪽의 나단이 움직임을 구체화한다. 그는 아도니야가 왕이 되고자 음모를 꾸미는 것을 듣고는 곧바로 그에 대적하여 솔로몬을 옹립하기 위한 계책을 마련한다. 아도니야 앞에서 다윗은 무력한 모습을 보이지만, 특히 나단의 계략을 보면, 그가 다윗의 노쇠함을 자신의 목적을 위해 어떻게 악용하고 있는지가 분명하게 드러난다. 나단은 먼저 아무런 위기감

....
5   이 시므이를 삼하 16장에 나오는 시므이로 볼 필요는 없다. 시므이라는 이름은 이스라엘에서 흔한 이름이었고 솔로몬 시대에 시므이라는 이름이 왕상 4:18에도 언급되기 때문이다. 이에 관해서는 Noth, *Könige*, 16을 참조하라.

도 느끼지 못하고 있는 밧세바를 움직인다. 그리고 그녀가 자신의 계책을 수용할 것(אִיעָצֵךְ נָא עֵצָה 이아체크 나 에차)을 요청한다. "계책"으로 번역된 "에차"(עֵצָה)라는 히브리어 단어는 그것이 오직 지혜에서만 나올 수 있는 전형적인 능력을 의미한다. 어떤 어려운 상황을 지혜로 타개할 수 있는 것이 바로 "에차"다. 사무엘하 9장에서 다윗은 자기 앞에 선 므비보셋에게 "은혜"를 베푸는 듯 하면서 동시에 정적을 옭아매는 지혜를 발휘하지만, 지금 열왕기상 1장에서는 나단이 밧세바를 통해서 꾸미는 "에차"를 가지고 솔로몬을 왕위에 세우기 위한 일을 다윗 앞에서 도모하고 있다.

나단은 솔로몬의 어머니 밧세바에게 말한다.

학깃의 아들 아도니야가 왕이 되었다는 것을 듣지 못하셨습니까? 그리고 우리 주 다윗은 그 사실을 알지 못하고 있습니다(왕상 1:11).

הֲלוֹא שָׁמַעַתְּ כִּי מָלַךְ אֲדֹנִיָּהוּ בֶן־חַגִּית וַאֲדֹנֵינוּ דָוִד לֹא יָדָע 할로 샤마아트 키 말라크 아도니야후 벤-하기트 바아도네이누 다비드 로 야다

그러니 이제 가십시오. 제가 모략을 베풀어 드리겠으니 당신의 생명과 당신의 아들 솔로몬의 생명을 구하십시오(왕상 1:12).

וְעַתָּה לְכִי אִיעָצֵךְ נָא עֵצָה וּמַלְּטִי אֶת־נַפְשֵׁךְ וְאֶת־נֶפֶשׁ בְּנֵךְ שְׁלֹמֹה 베아타 레키 이아체크 나 에차 우말티 에트-나프쉐크 베에트-네페쉬 베네크 슐로모

왕 다윗에게 속히 가서 말씀하십시오. 그에게 "나의 주 왕께서 당신의 여종에게 맹세하시길, '솔로몬, 너의 아들이 나의 뒤를 이어 왕이 될 것이며 그가 나의 보좌에 앉을 것'이라고 하셨는데 어찌하여 아도니야가 왕이 되었습니까?"라고 말씀하십시오(왕상 1:13).

לְכִי וּבֹאִי אֶל־הַמֶּלֶךְ דָּוִד וְאָמַרְתְּ אֵלָיו הֲלֹא־אַתָּה אֲדֹנִי הַמֶּלֶךְ נִשְׁבַּעְתָּ לַאֲמָתְךָ 레키 우보이 엘-하멜레크 다비드 베아마르트 엘라브 할로-아타 아도니 하멜레크 니쉬바으타 라아마트카

לֵאמֹר כִּי־שְׁלֹמֹה בְנֵךְ יִמְלֹךְ אַחֲרָי וְהוּא יֵשֵׁב עַל־כִּסְאִי וּמַדּוּעַ מָלַךְ אֲדֹנִיָּהוּ

로모 베네카 이믈로크 아하레 베후 예쉐브 알-키스이 우마두아 말라크 아도니야후

보십시오. 거기서 당신이 왕과 함께 아직 말하고 있을 때 제가 당신의 뒤를 따라 들어가 당신의 말을 확증하겠습니다(왕상 1:14).

הִנֵּה עוֹדָךְ מְדַבֶּרֶת שָׁם עִם־הַמֶּלֶךְ וַאֲנִי אָבוֹא אַחֲרַיִךְ וּמִלֵּאתִי אֶת־דְּבָרָיִךְ

베레트 샴 임-하멜레크 바아니 아보 아하라이크 우밀레티 에트-데바라이크

나단의 이 말은 분명히 "모략"의 차원에서 해석되어야 한다. 우리는 그가 실제 사실을 말하는 것이란 단정을 버리고 모략 차원에서 그의 말을 생각할 수 있다. 먼저 나단은 아도니야가 스스로 왕이 되었고 그 사실을 밧세바뿐 아니라 왕도 모르고 있음을 전한다. 그리고 예상되는 결과인 반대파, 즉 솔로몬과 그를 따르는 모든 사람이 죽음을 피해갈 수 있도록 하며 솔로몬을 왕으로 옹립할 모략을 베푼다. 나단이 꾸민 모략의 핵심은 밧세바를 통해 다윗을 움직이는 것이다. 그리고 그는 확인할 길이 없는 말을 왕에게 전하도록 한다. 그 말의 뒷마무리는 자신이 할 것을 약속하면서 말이다. 나단이 밧세바에게 말하는 것을 자세히 살펴보면, 가장 의문이 드는 것은 "도대체 다윗이 언제 밧세바에게 위와 같은 약속을 했는가?"다. 다윗의 왕위 계승사가 이제 마무리되는 단계까지 오면서 솔로몬이 다윗을 이어 왕이 될 것이란 사실은 한 번도 암시조차 된 일이 없었다. 오히려 왕위 계승사 전체에서 솔로몬은 존재감조차도 없었다고 할 수 있다. 솔로몬은 암논이 살해되는 현장에서 아마도 함께 있었을 것이지만, 그의 존재가 거기서 어떤 의미를 지니는가? 또한 그가 압살롬의 반란에서 어떤 존재감을 가졌을까? 그런데 나단은 뜬금없이 이 사실을 밧세바를 통해 말하게 한다. 그의 말이 혹여 사실이었다고 한들 그것은

단 "네 개의 눈", 즉 다윗과 밧세바의 침실에서의 은밀한 대화 중의 일이었을 것이고 지금도 단 "네 개의 눈" 아래서 다시 언급되고 있다. 더군다나 다윗의 현재 상태는 옳고 그름을 판단할 능력이 있기는 한 것인지 의문시되는 연로한 상태가 아닌가?

밧세바가 다윗의 침실로 갔다. 거기서 발견되는 다윗 역시 "매우 연로한" 상태다. 수넴 여인 아비삭이 침실에서 왕을 보살피고 있었다. 열왕기상 1장 초반부의 언급과 그 정적의 분위기가 아도니야의 일과 그 일에 대한 나단과 밧세바의 긴박한 대치를 사이에 두고 조용히 반복된다. 다윗의 정적인 침실과 그 침실 밖의 급박한 상황이 대조적으로 그려진다.

> 나의 주 당신이 당신의 여종에게 당신의 하나님 야웨께 맹세하기를 솔로몬, 너의 아들이 나의 뒤를 이어 왕이 될 것이며 나의 보좌에 앉게 될 것이라고 했습니다(왕상 1:17).

אֲדֹנִי אַתָּה נִשְׁבַּעְתָּ בַּיהוָה אֱלֹהֶיךָ לַאֲמָתֶךָ כִּי־שְׁלֹמֹה בְנֵךְ יִמְלֹךְ אַחֲרַי 아도니 아타 니쉬바으타 바야웨 엘로헤카 라아마테카 키-쉘로모 베네크 임로크 아하라이

וְהוּא יֵשֵׁב עַל־כִּסְאִי 베후 예쉐브 알-키스이

> 그러나 이제 보십시오. 아도니야가 왕이 되었는데 그런데 나의 주 왕은 모르고 계십니다(왕상 1:18).

וְעַתָּה הִנֵּה אֲדֹנִיָּה מָלָךְ וְעַתָּה אֲדֹנִי הַמֶּלֶךְ לֹא יָדָעְתָּ 베아타 히네 아도니야 말라크 베아타 아도니 하멜레크 로 야다타

> 그가 소와 송아지 그리고 양을 많이 잡아 제사를 드리는데 왕의 모든 왕자와 아비아달 제사장과 군대 지휘관 요압을 초대했으나, 솔로몬, 당신의 종을 초대하지 않았습니다(왕상 1:19).

וַיִּזְבַּח שׁוֹר וּמְרִיא־וְצֹאן לָרֹב וַיִּקְרָא לְכָל־בְּנֵי הַמֶּלֶךְ וּלְאֶבְיָתָר הַכֹּהֵן 바이즈바흐 쇼르 우메

וְלִיֽאָב שַׂר הַצָּבָא וְלִשְׁלֹמֹה עַבְדְּךָ לֹא קָרָא 울레요압 사르 하차바 베리쉘로모 아브데카 로 카라

그러니 당신, 나의 주, 왕이여, 모든 이스라엘의 눈이 당신을 보고 있으며 그들에게 누가 그를 이어 나의 주 왕의 보좌에 앉을지를 알려주기를 기다립니다(왕상 1:20).

וְאַתָּה אֲדֹנִי הַמֶּלֶךְ עֵינֵי כָל-יִשְׂרָאֵל עָלֶיךָ לְהַגִּיד לָהֶם 베아타 아도니 하멜레크 에이네이 콜-이스라엘 알레이카 레하기드 라헴

מִי יֵשֵׁב עַל-כִּסֵּא אֲדֹנִי-הַמֶּלֶךְ אַחֲרָיו 미 예쉐브 알-키세 아도니-하멜레크 아하라브

그리고 나의 주 왕께서 그의 조상들과 함께 잠드실 때, 나와 나의 아들 솔로몬은 죄인이 될 것입니다(왕상 1:21).

וְהָיָה כִּשְׁכַב אֲדֹנִי-הַמֶּלֶךְ עִם-אֲבֹתָיו וְהָיִיתִי אֲנִי וּבְנִי שְׁלֹמֹה חַטָּאִים 베하야 키슈카브 아도니-하멜레크 임-아도타브 베하이티 아니 우베니 쉘로모 하타임

밧세바의 이 말은 나단이 그녀의 입에 넣어준 말과 같다. 밧세바가 나단의 말을 그대로 왕에게 전하는 모습은 가깝게는 요압이 입에 넣어준 말을 그대로 전하는 드고아의 지혜로운 여인과 연결되고, 멀게는 창세기 3장에 나오는 뱀에게 설득되는 여인과도 연결된다. 뱀이 여인에게 어떤 말을 입에 넣어준 것은 아니지만 가만히 있는 여인을 움직여 어떤 일을 하게 하는 것에서 공통된 면이 있다. 또한 나단의 계책에는 의아한 면이 있다. 그것은 다윗의 노쇠함을 전제하지 않고서는 이해할 수 없는 것이 분명한 "약속"에서 확인된다. 다윗이 언젠가 밧세바와 단둘이 있을 때, 솔로몬에게 왕위를 물려줄 것을 약속했을 수도 있으나 그것은 판단력이 흐려진 다윗과 밧세바 그 둘 외에 어느 누구도 확인할 수 없는 것이다. 나단은 그 점을 이용하여 그 약속의 진위를 밧세바를 통해 다윗에게

서 확인받고자 했고 그것을 토대로 솔로몬의 왕위 계승을 진행하려 했다. 사실 여부를 떠나서 나단의 계책은 다윗의 노쇠함을 이용하여 매우 위험하게 감행된 것으로 볼 수 있다. 이것은 다윗의 노쇠함 앞에서 그에게 충언이 먹히지 않는 모습, 즉 전도서 4:13-16의 가난하지만 지혜로운 소년 앞의 그 왕과 다르지 않다고 볼 수 있다.

밧세바가 왕에게 이렇게 말하고 있을 때, 나단 예언자가 왕 앞에 왔다. 그가 왕 앞에 도착한 것은 특이하게도 보고되고 있다. 단순하게 서술될 수 있지만, 이 보고의 내용을 통해서 강조되는 것은 무엇인가?

보십시오, 나단 예언자입니다(왕상 1:23).

הִנֵּה נָתָן הַנָּבִיא 히네 나탄 하나비

지금 이 상황에서 나단이 등장하는 것은 평범하지 않다. 이 상황은 공적인 어떤 상황이 아니다. 그것은 늙은 왕의 침실이며 그곳에는 지금 아비삭과 밧세바만이 있는 매우 사적인 공간이기 때문이다. 따라서 "보십시오, 나단 예언자입니다"는 독자들을 이 은밀한 공간으로 끌어들일 뿐 아니라 독자들로 하여금 그곳에 나타난 나단의 존재와 그의 입의 말에 집중하도록 한다.

나단이 왕에게 말했다.

나의 주 왕이여, 왕께서 아도니야가 나의 뒤를 이어 왕이 될 것이며, 나의 보좌에 앉게 될 것이라고 했습니다(왕상 1:24).

אֲדֹנִי הַמֶּלֶךְ אַתָּה אָמַרְתָּ אֲדֹנִיָּהוּ יִמְלֹךְ אַחֲרָי וְהוּא יֵשֵׁב עַל־כִּסְאִי 아도니 하멜레크 아타 아마르타 아도니야 이믈로크 아하라이 베후 예쉐브 알-키스이

왜냐하면 그가 오늘 내려가 소와 송아지 그리고 양을 많이 잡아 제사를 드리는데 왕의 모든 왕자와 군대 지휘관들과 아비아달 제사장을 초대했습니다. 그리고 보십시오, 그들이 그의 앞에서 먹고 마시며 외치고 있습니다. "아도니야, 왕 만세"라고 말입니다(왕상 1:25).

כִּי יָרַד הַיּוֹם וַיִּזְבַּח שׁוֹר וּמְרִיא־וְצֹאן לָרֹב וַיִּקְרָא לְכָל־בְּנֵי הַמֶּלֶךְ וּלְשָׂרֵי הַצָּבָא

키 야라드 하욤 바이즈바흐 쇼르 우메리-베촌 라로브 바이크라 레콜-베네 하멜레크 우레사레 하차바

וּלְאֶבְיָתָר הַכֹּהֵן וְהִנָּם אֹכְלִים וְשֹׁתִים לְפָנָיו וַיֹּאמְרוּ יְחִי הַמֶּלֶךְ אֲדֹנִיָּהוּ

우에브야타르 하코헨 베히남 오클림 베쇼팀 레파나브 바요마루 예히 하멜레크 아도니야후

그러나 나, 당신의 종과 사독 제사장과 여호야다의 아들 브나야와 솔로몬, 당신의 종을 초대하지 않았습니다(왕상 1:26).

וְלִי אֲנִי־עַבְדֶּךָ וּלְצָדֹק הַכֹּהֵן וְלִבְנָיָהוּ בֶן־יְהוֹיָדָע וְלִשְׁלֹמֹה עַבְדְּךָ לֹא קָרָא

벨리 아니 아브데카 울레차도크 하코헨 벨리브나야후 벤 예호야다 벨리숄로모 아브데카 로 카라

이 일이 나의 주 왕으로부터 된 것입니까? 그러나 나의 주 왕께서 누가 그의 뒤를 이어 보좌에 앉을 것인지를 당신의 종에게 알려주지 않으셨습니다 (왕상 1:27).

אִם מֵאֵת אֲדֹנִי הַמֶּלֶךְ נִהְיָה הַדָּבָר הַזֶּה וְלֹא הוֹדַעְתָּ אֶת־עַבְדֶּיךָ

임 메에트 아도니 하멜레크 니흐야 하다바르 하제 벨로 호다타 에트-아브데카

מִי יֵשֵׁב עַל־כִּסֵּא אֲדֹנִי־הַמֶּלֶךְ אַחֲרָיו

미 예쉐브 알-키세 아도니-하멜레크 아하라브

나단의 말의 특징은 확실치 않은 사실에 대한 단정적 진술과 그것에 대한 강한 의심을 담은 반어적 질문이라고 할 수 있다. 이것은 마치 창세기 3장에서 뱀이 여인을 설득할 때 사용하던 진술 패턴과 유사하다. 물론 직접적인 표현의 일치를 확인할 수는 없지만 말이다.

정말 하나님이 동산의 모든 나무로부터 너희들이 먹을 수 없다고 말씀하셨는가?(창 3:1)

אַף כִּי־אָמַר אֱלֹהִים לֹא תֹאכְלוּ מִכֹּל עֵץ הַגָּן아프 키-아마르 엘로힘 로 토클루 미콜 에츠 하간

창세기 2장의 서술을 보면, 인간에게 허락되지 않은 나무보다는 허락된 나무가 훨씬 많았다. 인간에게 부족한 것은 아무것도 없었다. 그런데 뱀의 단정적 진술은 하나님이 동산의 모든 나무를 금지한 것처럼 표현되고 그것을 강하게 의심하는 패턴으로 이루어진다. 이 패턴의 진술은 듣는 이로 하여금 마치 하나님이 동산의 모든 나무를 금지한 것처럼 생각하게 하고 그 반작용으로 결국은 금지한 나무에 접근할 마음이 생기게 한다. 나단의 진술의 패턴이 꼭 그것과 같다. 나단은 마치 왕이 아도니야에게 왕위를 물려줄 것을 확정해서 말한 듯한 강한 단정으로 말한다. 그의 말은 왕으로 하여금 그와 정반대의 진술을 하도록 의도된 것처럼 보인다.

그리고 다윗은 나단의 의도대로 밧세바를 불러 다음과 같이 말했다.

모든 위협으로부터 나의 생명을 구하신 야웨의 사심을 두고 맹세한다(왕상 1:29).

חַי־יְהוָה אֲשֶׁר־פָּדָה אֶת־נַפְשִׁי מִכָּל־צָרָה하이-야웨 아쉐르-파다 에트-나프쉬 미콜-차라

내가 이스라엘의 하나님 야웨 앞에서 솔로몬, 너의 아들이 나의 뒤를 이어 다스릴 것이라고 너에게 맹세한 것처럼 그가 나를 대신하여 나의 보좌에 앉을 것이다. 진실로 그렇게 내가 오늘 시행할 것이다.

כִּי כַּאֲשֶׁר נִשְׁבַּעְתִּי לָךְ בַּיהוָה אֱלֹהֵי יִשְׂרָאֵל לֵאמֹר כִּי־שְׁלֹמֹה בְנֵךְ יִמְלֹךְ אַחֲרַי키 카아쉐르 니쉬바티 라크 바야웨 엘로헤이 이스라엘 레모르 키-쉘로모 베네크 이믈로크 아하라이

וְהוּא יֵשֵׁב עַל־כִּסְאִי תַּחְתָּי כִּי כֵן אֶעֱשֶׂה הַיּוֹם הַזֶּה ¹베후 예쉐브 알-키스이 타흐타이 키 켄 에에세 하욤 하제

그리고 다윗은 사독 제사장과 나단 예언자 그리고 여호야다의 아들 브나
야를 자신 앞으로 오라고 불렀다. 그리고 그들에게 다음과 같이 말했다.

너희는 너희와 함께 너희 주의 신하들을 불러 모으고 솔로몬 나의 아들을
나의 노새 위에 태우며 그를 기혼으로 데리고 내려가라(왕상 1:33).

קְחוּ עִמָּכֶם אֶת־עַבְדֵי אֲדֹנֵיכֶם וְהִרְכַּבְתֶּם אֶת־שְׁלֹמֹה בְנִי עַל־הַפִּרְדָּה אֲשֶׁר־לִי ²케후 이마켐 에트-아브데 아도네켐 베히르카브템 에트-쉘로모 베니 알-하피르다 아쉐르-리

וְהוֹרַדְתֶּם אֹתוֹ אֶל־גִּחוֹן ²베호라드템 오토 엘-기혼

그리고 거기서 사독 제사장은 나단 예언자의 입회하에 그에게 이스라엘의
왕으로 기름을 붓고[6] 나팔을 불며 "솔로몬 왕 만세"를 외쳐라(왕상 1:34).

וּמָשַׁח אֹתוֹ שָׁם צָדוֹק הַכֹּהֵן וְנָתָן הַנָּבִיא לְמֶלֶךְ עַל־יִשְׂרָאֵל וּתְקַעְתֶּם בַּשּׁוֹפָר ²우마사흐 오토 삼 차도크 하코헨 베나탄 하나비 레멜레크 알-이스라엘 우테가템 바쇼파르

וַאֲמַרְתֶּם יְחִי הַמֶּלֶךְ שְׁלֹמֹה ²바아마르템 예히 하멜레크 쉘로모

그리고 너희는 그를 따라 올라오고 그는 와서 나의 보좌에 앉고 나를 대신
하여 왕이 될 것이다. 그를 내가 이스라엘과 유다의 지도자로 임명했다(왕
상 1:35).

וַעֲלִיתֶם אַחֲרָיו וּבָא וְיָשַׁב עַל־כִּסְאִי וְהוּא יִמְלֹךְ תַּחְתָּי ²바알리템 아하라브 우바 베야샤브 알-키스이 베후 이믈로크 타흐타브

....
6   "기름을 붓다"라는 동사가 단수형이고 이어지는 왕상 1:39을 보면 기름 붓는 행위자가
     사독이므로 나단 예언자에 관해서는 이렇게 번역했다.

וְאֹתוֹ צִוִּיתִי לִהְיוֹת נָגִיד עַל-יִשְׂרָאֵל וְעַל-יְהוּדָה베오토 치비티 리흐요트 나기드 알-이스라엘 베알-예후다

다윗이 불러놓고 말하고 있는 이 상황에서 책임자는 누구인가? 기름 붓는 행위의 주체는 제사장인 사독이고, 군사력의 책임자는 브나야이며, 이 모든 일을 꾸미고 진행하는 핵심 인물은 나단 예언자로 볼 수 있다. 그런데 특이하게도 다윗의 이 명령에 대한 대답은 브나야로부터 주어진다. 브나야가 다윗의 이 명령에 다음과 같이 대답한다.

> 아멘. 나의 주 왕의 하나님 야웨께서도 그렇게 말씀하실 것입니다(왕상 1:36).
>
> אָמֵן כֵּן יֹאמַר יְהוָה אֱלֹהֵי אֲדֹנִי הַמֶּלֶךְ아멘 켄 요마르 야웨 엘로헤 아도니 하멜레크
>
> 야웨께서 나의 주 왕과 함께하셨던 것같이 그렇게 솔로몬과 함께하시며 그의 보좌가 나의 주 다윗 왕의 보좌보다 더 위대해지도록 하시길 원합니다 (왕상 1:37).
>
> כַּאֲשֶׁר הָיָה יְהוָה עִם-אֲדֹנִי הַמֶּלֶךְ כֵּן יְהִי עִם-שְׁלֹמֹה카아쉘르 하야 야웨 임-아도니 하멜레크 켄 이흐예 임-쉘로모
>
> וִיגַדֵּל אֶת-כִּסְאוֹ מִכִּסֵּא אֲדֹנִי הַמֶּלֶךְ דָּוִד비가델 에트-키스오 미키세 아도니 하멜레크 다비드

여기서 우리는 나단 예언자란 인물의 특징을 확인할 수 있다. 나단 예언자는 솔로몬을 왕위에 옹립하는 모든 일의 주도자인데 공적인 행위와 책임에서 철저하게 비켜나 있다. 그것은 그의 행위의 어떤 면을 의도적으로 가리기 위함인가? 이 서술을 통해 말하고자 하는 것은 무엇인가? 우리는 나단이라는 항목에서 이것을 논할 것이다.

  이제 솔로몬을 왕위로 옹립하는 일련의 과정은 왕이 말한 그대로

진행되었다. 어떤 물리적이고 군사적인 충돌 없이 순조롭게 진행되었다. 우리는 이것을 솔로몬 분파 쪽의 주도면밀한 일 처리 방식의 결과로 볼 수 있다.

반대로 아도니야와 그와 함께한 무리는 혼란 속에서 우왕좌왕한다. 먼저 그들은 성읍에서 들려오는 혼란스러운 소리가 무엇인지 모른다. 특히 그 주체가 요압이라는 사실에서 그 분파가 어느 정도로 사태를 파악 못하고 있는지가 확연히 드러난다. 아도니야는 소식을 가지고 도착한 아비아달 제사장의 아들 요나단을 보고 그가 용사(חַיִל אִישׁ 이쉬 하일)이니 좋은 소식을 전달할 것을 기대한다. 하지만 요나단이 정말 좋은 소식을 전하는가? 일전에 다윗도 압살롬의 반란군과의 전쟁의 결과를 기다릴 때 아히마아스를 좋은 사람(אִישׁ־טוֹב 이쉬-토브)으로 지칭하며 좋은 소식을 기대했다(삼하 18:28). 그러나 그는 두 번 모두 기대하던 소식을 듣지 못했다.

아[아쉽게도] 우리 주 왕 다윗이 솔로몬을 왕위에 올리셨습니다(왕상 1:43).

אֲבָל אֲדֹנֵינוּ הַמֶּלֶךְ־דָּוִד הִמְלִיךְ אֶת־שְׁלֹמֹה 아발 아도네누 하멜레크-다비드 히믈리크 에트-쉘로모

요나단은 모든 일의 경과를 앞에서의 서술과 동일하게 소상히 전하고 현재 성읍에서 나오는 이 소동 소리와 왕의 모든 신하의 반응 및 침상에 있는 다윗의 반응까지 자세히 아도니야에게 전달했다.

오늘 나의 보좌에 앉아 있는 자를 허락하시고 내 눈으로 보게 하신 이스라엘의 하나님 야웨를 칭송합니다(왕상 1:48).

בָּרוּךְ יְהוָה אֱלֹהֵי יִשְׂרָאֵל אֲשֶׁר נָתַן הַיּוֹם יֹשֵׁב עַל־כִּסְאִי וְעֵינַי רֹאוֹת바루크 야웨 엘로헤 이스

라엘 아쉐르 나탄 하욤 요세브 알-키스이 베에이나이 로오트

이렇게 요나단의 보고가 전해지자 아도니야로부터 초청을 받았던 모든 무리가 두려워 떨며 일어나 각자의 길로 도망했다. 아도니야는 솔로몬을 두려워하여 제단으로 달려가 그 뿔을 붙잡았다. 그리고 그가 다음과 같이 말하고 있다는 것이 솔로몬에게 통보되었다.

> 왕 솔로몬이 지금 나에게 그의 종을 칼로 죽이지 않겠다고 맹세해줬으면 [좋겠다](왕상 1:51).
> יִשָּׁבַע־לִי כַיּוֹם הַמֶּלֶךְ שְׁלֹמֹה אִם־יָמִית אֶת־עַבְדּוֹ בֶּחָרֶב이샤바-리 카욤 하멜레크 쉘로모 임-야미트
>
> 에트-아브도 베하레브

죽음의 두려움 가운데 제단의 뿔을 잡고 모면하려는 모습은 이후 열왕기상 2장에서 요압에게서도 나타난다. 솔로몬의 대답은 다음과 같다.

> 만약 그가 대장부[모범적인 사람]가 된다면 그의 머리카락 하나도 땅에 떨어지지 않을 것이나, 만약 그에게서 악한 것이 발견되면 죽으리라(왕상 1:52).
> אִם יִהְיֶה לְבֶן־חַיִל לֹא־יִפֹּל מִשַּׂעֲרָתוֹ אָרְצָה וְאִם־רָעָה תִּמָּצֵא־בוֹ וָמֵת임 이흐예 레벤-하일 로-
>
> 이폴 미사아라토 아르차 베임-라아 티마체-보 바메트

아도니야의 생명은 이제 솔로몬의 손에 있게 되었다. 솔로몬이 사람을 보내 그를 제단에서 내려오게 하자 그가 와서 솔로몬 앞에 절했다. 그러

자 솔로몬이 그에게 말했다.

> 너의 집으로 가라(왕상 1:53).
>
> לֵךְ לְבֵיתֶךָ 레크 레베이테카

왕이 되고자 했던 아도니야와 왕이 된 솔로몬의 조우는 이렇게 단순하게 서술된다. 매우 차갑고 건조한 대화일 뿐이다. 열왕기상 1장에서 각자에게 긴장감 있게 닥친 삶과 죽음은 이 대화가 이루어진 그 짧은 순간에 변한다. 곧 삶은 죽음이 되고 죽음은 삶이 되었다.

(4) 열왕기상 2장

2장은 죽음의 장이다. 다윗이 유언을 남기고 죽고, 아도니야가 죽으며, 아비아달이 죽음과 다름없는 추방을 당하고, 요압이 죽으며, 마지막으로 시므이가 죽는다. 이 일련의 죽음 이후 확고해지는 것은 솔로몬의 왕위다.

다윗의 죽음은 1장에 이미 예고된 대로 모든 사람이 거부할 수 없는 죽음의 길을 가는 것이었다. 다윗의 죽음은 특히 솔로몬에게 남기는 그의 유언으로 특징지어진다. 다윗의 유언은 다시 크게 두 가지로 나누어 볼 수 있다. 첫 번째 유언은 신명기 역사가의 손에서 나온 것이 분명한 필체로 볼 수 있다.[7]

....

7   이에 관해서는 Martin Noth, *Könige*(BK.AT IX/1; Neukirchen-Vluyn: Neukirchener Verlag, 1968), 8을 참조하라.

나는 땅에 있는 모든 자가 가는 길로 간다. 그러니 너는 담대하며 사내[대장부]가 되어라.

אָנֹכִי הֹלֵךְ בְּדֶרֶךְ כָּל-הָאָרֶץ וְחָזַקְתָּ וְהָיִיתָ לְאִישׁ 아노키 홀레크 콜-하아레츠 베하자크타 베하이타 레이쉬

너는 야웨 너의 하나님이 지키라고 한 것을 지키라. 그래서 그의 길을 가며 그의 법과 그의 명령과 그의 계명과 그의 증거를 모세의 토라에 기록된 대로 지키라. 그리하여 네가 하는 모든 일과 네가 거기서 보게 되는 모든 것에서 성공하도록 말이다(왕상 2:3).

וְשָׁמַרְתָּ אֶת-מִשְׁמֶרֶת יְהוָה אֱלֹהֶיךָ לָלֶכֶת בִּדְרָכָיו לִשְׁמֹר חֻקֹּתָיו מִצְוֺתָיו 베샤마르타 에트-미쉬메레트 야웨 엘로헤카 랄레케트 비데라카브 리쉐모르 후코타브 미츠바브

וּמִשְׁפָּטָיו וְעֵדְוֺתָיו כַּכָּתוּב בְּתוֹרַת מֹשֶׁה לְמַעַן תַּשְׂכִּיל אֵת כָּל-אֲשֶׁר תַּעֲשֶׂה 우미슈파타브 베에도타브 카카투브 베토라트 모쉐 레마안 타스킬 에트 콜-아쉐르 타아세

וְאֵת כָּל-אֲשֶׁר תִּפְנֶה שָׁם 베에트 콜-아쉐르 티프네 삼

그리하여 야웨가 나에게 말씀하신 그의 말씀을 지키도록 말이다. 즉 너의 아들들이 내 앞에서 그들의 온 마음과 그들의 온 정신을 다해 그들의 길을 가며, 그가 말씀하시길, [그리하여] 너에게서 이스라엘의 왕위에 오를 사람이 끊어지지 않게 될 것이라는 말씀 말이다(왕상 2:4).

לְמַעַן יָקִים יְהוָה אֶת-דְּבָרוֹ אֲשֶׁר דִּבֶּר עָלַי לֵאמֹר אִם-יִשְׁמְרוּ בָנֶיךָ אֶת-דַּרְכָּם לָלֶכֶת 레마안 야킴 야웨 에트-데바로 아쉐르 디베르 알라이 레모르 임-이쉐메루 바에카 에트-다르캄 랄레케트

לְפָנַי בֶּאֱמֶת בְּכָל-לְבָבָם וּבְכָל-נַפְשָׁם לֵאמֹר לֹא-יִכָּרֵת לְךָ אִישׁ מֵעַל כִּסֵּא יִשְׂרָאֵל 레파나이 베에메트 베콜-레바밤 우베콜-나프삼 레모르 로 이카레트 레카 이쉬 메알 키세 이스라엘

또한 다윗의 이 유언은 사무엘하 7장(특히 삼하 7:16)과도 매우 밀접한 관련을 맺는다. 다윗 왕조의 영원한 계승을 말하는 신명기 신학의 특징은

그것을 위한 조건이 결합합 형태로 볼 수 있다. 다윗의 이 유언에는 계속하여 실제적인 조치에 대한 명령이 부가된다. 다윗은 솔로몬에게 요압과 바르실래의 아들들과 시므이와 관련해서 각각 취해야 할 추가적인 조치를 부탁한다. 이것은 특히 솔로몬의 왕권 강화를 위해 정적들을 숙청하는 열왕기상 2장 서술의 주된 내용과도 밀접하게 관련이 있다.

> 또한 너는 요압, 스루야의 아들이 나에게 한 일, 그가 이스라엘 군대의 두 지휘관, 즉 넬의 아들 아브넬과 예델의 아들 아마사에게 한 일을 알아야 한다. 그가 평화로울 때 전쟁의 피를 흘렸다(왕상 2:5a).

וְגַם אַתָּה יָדַעְתָּ אֵת אֲשֶׁר-עָשָׂה לִי יוֹאָב בֶּן-צְרוּיָה אֲשֶׁר עָשָׂה לִשְׁנֵי-שָׂרֵי צִבְאוֹת 베감 아타

야다티 에트 아쉐르-아사 리 요아브 벤-체루야 아쉐르 아사 리쉐네-사레 치브오트

יִשְׂרָאֵל לְאַבְנֵר בֶּן-נֵר וְלַעֲמָשָׂא בֶן-יֶתֶר וַיַּהַרְגֵם וַיָּשֶׂם דְּמֵי-מִלְחָמָה בְּשָׁלֹם 이스라엘 레아브네

르 벤-네르 벨라아마사 벤 예테르 바야하르겜 바야셈 데메-밀하마 베샬롬

> 그리고 전쟁의 피를 그의 허리에 띤 띠와 그의 발의 신에 묻혔다(왕상 2:5b).

וַיִּתֵּן דְּמֵי מִלְחָמָה בַּחֲגֹרָתוֹ אֲשֶׁר בְּמָתְנָיו וּבְנַעֲלוֹ אֲשֶׁר בְּרַגְלָיו 바이텐 데메 밀하마 바하고라토 아

쉐르 베모트나브 우베나알로 아쉐르 베라글라브

> 그러니 **너는 너의 지혜를 따라 행동하여** 그의 백발이 평화롭게 스올에 내려가지 못하게 하라(왕상 2:6).

וְעָשִׂיתָ כְּחָכְמָתֶךָ וְלֹא-תוֹרֵד שֵׂיבָתוֹ בְּשָׁלֹם שְׁאֹל 베아시타 케호크마테카 벨로-토레드 세바토 베샬롬 쉐올

> 그리고 길르앗 사람 바르실래의 아들들에게 너는 은혜를 베풀어라. 그리고 그들이 네가 상을 차리고 먹을 때 함께 먹게 하여라. 왜냐하면 내가 너의 형 압살롬으로부터 도망할 때 그들이 그처럼 하며 내게 가까

이 나아왔기 때문이다(왕상 2:7).

תַּעֲשֶׂה־חֶסֶד וְהָיוּ בְּאֹכְלֵי שֻׁלְחָנֶךָ כִּי־כֵן קָרְבוּ אֵלַי בְּבָרְחִי מִפְּנֵי אַבְשָׁלוֹם אָחִיךָ

타아세-헤세드 베하이우 베오클레 슐하네카 키-켄 카

וְלִבְנֵי בַרְזִלַּי הַגִּלְעָדִי

르부 엘라이 베바르히 미페네 아브샬롬 아히카

그리고 보라. 베냐민 자손, 바후림 사람 시므이가 너와 함께 있다. 내가 마
하나임으로 가는 날 그가 나를 매우 아프게 저주했다. 그러나 그가 나를 맞
으러 요단으로 내려와서 내가 야웨께 맹세하여 말하기를 "내가 너를 칼로
죽이지 않겠다" 했다(왕상 2:8).

וְהִנֵּה עִמְּךָ שִׁמְעִי בֶן־הַיְמִינִי מִבַּחֻרִים וְהוּא קִלְלַנִי קְלָלָה נִמְרֶצֶת בְּיוֹם לֶכְתִּי מַחֲנָיִם

히네 이마크 쉬므이 벤-하예미니 베후 킬라니 켈랄라 님레체트 베욤 레크티 마하나임

וְהוּא־יָרַד לִקְרָאתִי הַיַּרְדֵּן וָאֶשָּׁבַע לוֹ בַיהוָה לֵאמֹר אִם־אֲמִיתְךָ בֶּחָרֶב

하야르덴 바에샤바로 바야웨 레모르 임-아미테카 베하레브

그러나 이제 그를 처벌하지 않고 그냥 두지 말라. 진실로 **너는 지혜로운 사
람이니 네가 그에게 무엇을 해야 하는지 안다.** 너는 그의 백발이 피에 잠겨
스올로 내려가게 해라(왕상 2:9).

וְעַתָּה אַל־תְּנַקֵּהוּ כִּי אִישׁ חָכָם אָתָּה וְיָדַעְתָּ אֵת אֲשֶׁר תַּעֲשֶׂה־לּוֹ

캄 아타 베야다타 에트 아쉐르 타아세-로

וְהוֹרַדְתָּ אֶת־שֵׂיבָתוֹ בְּדָם שְׁאוֹל

베호라드타 에트-쉐바토 베담 쉐올

다윗의 두 번째 유언 부분은 매우 실제적이고 보복적이다. 반복적으로
언급되는 "너는 지혜자다"라는 솔로몬에 대한 다윗의 정의는 매우 특징
적이다. 다윗이 말하는 지혜의 핵심은 구약 지혜의 핵심일 뿐 아니라 고
대 근동 지혜의 핵심이기도 하다. 그리고 그것은 사람이 살아가는 곳이

면 어느 곳이든지 시대를 막론하고 핵심 사상으로 볼 수 있는 행위-화복-관계(Tun-Ergehen-Zusammenhang)의 사상으로 확연하게 드러난다. 달리 말해 사람의 행위는 언제든지 반드시 그 결과를 가져온다. 요압의 행위는 비록 다윗의 시대 동안에 통제되지 않은 채로 방치될 수밖에 없었지만, 다윗은 그가 죽기 전에 반드시 그 피값을 받게 했다. 다윗이 곤경에 처했을 때, 바르실래가 그를 선대했다. 이와 관련해서 다윗은 바르실래가 아니더라도 그와 가까운 이에게 반드시 호의로 보답을 베풀어야 했다. 그리고 그는 시므이가 자신을 아프게 저주한 일도 하나님의 질책으로 수긍했다. 하지만 다윗은 시므이에게 품었던 앙금을 해소하고 싶은 속내를 어쩔 수 없이 표출했다. 여기서 눈에 띄는 것은 다윗이 아도니야에 대한 조치를 언급하지 않는다는 사실이다. 다윗이 그에 대해 어떤 조치도 내리지 않는 것은 당연한 것일까? 그가 아도니야를 용서하거나 보호하라는 어떤 말도 하지 않은 것일까? 아니면 다윗이 그에 대해 어떤 조치를 내렸는데 그것이 본문에서 생략되어 서술된 것인가? 놀라운 것은 다윗의 죽음 이후 아도니야가 첫 번째 숙청 대상이 된다는 사실이다.

아도니야의 죽음과 관련해서는 먼저 그가 왜 죽을 수밖에 없었는지에 대한 명분이 서술된다. 학깃의 아들 아도니야가 밧세바에게 가서 상황을 설명하고 한 가지를 부탁한다. 그는 밧세바에게 왕위가 자신에게 계승될 것이었고 모든 이스라엘 역시 자신을 바라보며 통치하라고 권했는데 그 왕위가 방향을 틀어 자신의 아우 솔로몬에게 넘어갔다고 말한다. 그는 이런 모든 일을 야웨께서 하신 것으로 이해한다고 말한다. 이어서 아도니야가 밧세바에게 왕위에 대해서는 더 이상 욕심을 품지 않겠지만, 아비삭을 아내로 맞을 수 있도록 부탁한다. 밧세바는 그러한 부탁을 좋게 여겼고 기꺼이 왕에게 부탁해보겠다고 대답한다.

밧세바가 왕에게 나아가서 아도니야의 부탁을 그대로 전했다. 아도니야의 말(왕상 2:16)과 밧세바의 말(왕상 2:20) 사이에 일치하는 것은 그 두 사람이 모두 아도니야의 부탁을 "작은 일"(קְטַנָּה 아하트 케타나)[8]로 여긴다는 사실이다. 하지만 솔로몬의 반응을 살피면, 그는 이것을 매우 심각한 문제로 받아들인다.

어찌하여 당신은 수넴 여인 아비삭을 아도니야를 위해 구하십니까? 그를 위해 나에게 왕위를 구하십시오. 그는 나보다 큰형이기 때문입니다. 그리고 그를 위해 그리고 제사장 아비아달을 위해 그리고 스루야의 아들 요압을 위해서도 [구하십시오] (왕상 2:22).

וְלָמָה אַתְּ שֹׁאֶלֶת אֶת־אֲבִישַׁג הַשֻּׁנַמִּית לַאֲדֹנִיָּהוּ וְשַׁאֲלִי־לוֹ אֶת־הַמְּלוּכָה 벨라마 아트 쇼엘레트 에트-아비샤 하슈나미트 라아도니야후 베샤알리-로 에트-하멜루카

כִּי הוּא אָחִי הַגָּדוֹל מִמֶּנִּי וְלוֹ וּלְאֶבְיָתָר הַכֹּהֵן וּלְיוֹאָב בֶּן־צְרוּיָה 키 후 아히 하가돌 미메니 벨로 올레에브야타르 하코헨 올레요아브 벤-체루야

아도니야의 의도가 무엇이었든지 그리고 그 의도를 밧세바가 어떻게 해석하고 받아들였던지는 중요하지 않다. 단지 지금은 솔로몬이 그 의도를 어떻게 해석하고 일을 처리하는지가 중요할 뿐이다. 그는 아도니야의 의도를 정확히 꿰뚫어본 것일까? 아니면 그는 아도니야뿐 아니라 아도니야의 분파를 없앨 수 있는 좋은 명분을 잡은 것일까? 솔로몬의 말에는 특이하게도 아도니야뿐 아니라 제사장 아비아달과 요압이 함께 포함

....
8 물론 왕상 2:16과 관련해서 BHS 본문에는 אַחַת 아하트만 언급된다. 하지만 비평 각주를 보면, 우리는 그 구절 이후에 קְטַנָּה 케타나가 있음을 추정할 수 있다.

되어 있다. 솔로몬은 아도니야의 부탁을 그가 자신의 목숨을 담보로 부탁한 것으로 해석했다. 따라서 그는 브나야로 하여금 그를 처형하도록 했다.

실상 아도니야의 부탁은 솔로몬의 해석과 똑같은 것으로 보이지는 않는다. 물론 전 왕의 아내를 탐하는 것이 단순한 욕망에서가 아니라 그것이 왕권에 대한 도전이며 한 단계씩 나아가 결국 왕위를 노리고자 하는 치밀한 계획의 시작일 수 있다. 그러나 솔로몬의 반응은 다분히 치우고 싶었던 자신의 반대 분파에 대한 숙청의 좋은 빌미를 잡은 것으로밖에 보이지 않는다. 이렇게 작은 일과 큰일 그리고 하찮은 일과 중대한 일의 해석은 필요에 따라서 달리 해석될 수 있고 그것은 매우 중대한 결과를 가져올 수 있다.

아도니야의 처형은 아비아달과 요압에게까지 화를 불러왔다. 아비아달은 제사장 직분에서 쫓겨났다. 그가 당장에 죽을 자이나 그가 다윗 앞에서 야웨의 궤를 메었고 다윗이 어려움을 당할 때 그 모든 어려움을 함께 당했기 때문이다. 솔로몬은 아비아달을 그의 밭이 있는 아나돗으로 추방하고 야웨의 제사장직에서 쫓아냈다. 이런 일련의 사실들이 요압에게 전해졌다. 요압은 압살롬의 반란에 가담하지는 않았지만, 아도니야 편에 섰기 때문에 자신에게 닥칠 일을 예상할 수 있었다. 그는 야웨의 장막으로 도망쳤고 거기서 제단의 뿔을 붙들었다. 이러한 모습은 아도니야가 취했던 바로 그 모습이었다. 이 소식을 들은 솔로몬은 또다시 브나야를 보내서 그를 처형했다. 이 보고와 그 보고에 대한 처형의 명령은 매우 간단하지만, 매우 차갑게 서술되었다.

진실로 요압이 야웨의 장막으로 도망했고, 보십시오, 그가 제단 곁에 있습니다.

כִּי נָס יוֹאָב אֶל־אֹהֶל יְהוָה וְהִנֵּה אֵצֶל הַמִּזְבֵּחַ ^{키 나스 요아브 엘-오헬 야웨 베히네 에첼 하미즈베아흐}

가서 그를 치라(왕상 2:29).

לֵךְ פְּגַע־בּוֹ ^{레크 페가-보}

왕의 이 명령은 그대로 시행되지 않았다. 브나야가 가서 요압과 나누는 대화는 다른 그림으로 나타난다.

> 왕께서 말하기를 "나오라!"
>
> כֹּה־אָמַר הַמֶּלֶךְ צֵא ^{코-아마르 하멜레크 체}
>
> 아니라. 진실로 내가 여기서 죽겠다(왕상 2:30).
>
> לֹא כִּי פֹה אָמוּת ^{로 키 포 아무트}

브나야의 말은 왜 앞에 나오는 왕의 명령과 다른가? 왕은 가서 그를 치라고 명령했음에도 말이다. 왕은 요압이 실상 제단의 뿔을 잡고 있었으나 단순히 제단의 곁에 있다고만 전해들은 것인가? 과연 그런가? 브나야는 자신이 요압에게 이러저러하게 말했고 그가 이러저러하게 대답을 했다고 다시 왕에게 전언할 수 밖에 없었다. 그 이후 솔로몬의 대답이 매우 상세하게 서술된다.

> 그의 말대로 하여 그를 치고 그를 장사하라. 그리고 요압이 흘린 무죄한 자의 피를 나와 내 아비의 집으로부터 네가 없게 하라(왕상 2:31).
>
> עֲשֵׂה כַּאֲשֶׁר דִּבֶּר וּפְגַע־בּוֹ וּקְבַרְתּוֹ וַהֲסִירֹתָ דְּמֵי חִנָּם ^{아세 카아쉐르 디베르 우페가-보 우케바르토 바하시로타 데메 히남}

אֲשֶׁר שָׁפַךְ יוֹאָב מֵעָלַי וּמֵעַל בֵּית אָבִי 아쉐르 샤파크 요아브 메알라이 우메알 베이트 아비카

야웨께서 그가 그보다 더 의롭고 선한 두 사람을 쳐죽인 피를 그의 머리로 돌리셨다(왕상 2:32a).

וְהֵשִׁיב יְהוָה אֶת־דָּמוֹ עַל־רֹאשׁוֹ אֲשֶׁר פָּגַע בִּשְׁנֵי־אֲנָשִׁים צַדִּקִים וְטֹבִים מִמֶּנּוּ 베헤쉬브 야웨 에트-다모 알-로쇼 아쉐르 파가 비쉬네-아나쉼 챠디킴 베토빔 미메누

그가 칼로 그들을, 즉 넬의 아들 아브넬, 이스라엘 군대의 지휘관과 예델의 아들 아마사, 유다 군대의 지휘관을 죽였고 나의 아비 다윗은 그것을 모른다(왕상 2:32b).

וַיַּהַרְגֵם בַּחֶרֶב וְאָבִי דָוִד לֹא יָדָע אֶת־אַבְנֵר בֶּן־נֵר שַׂר־צְבָא יִשְׂרָאֵל 바야하르겜 바헤레트 베아비 다비드 로 야다 에트-아브네르 벤-네르 사르-체바 이스라엘

וְאֶת־עֲמָשָׂא בֶן־יֶתֶר שַׂר־צְבָא יְהוּדָה 베에트-아마사 벤-예테르 사르-체바 예후다

그리고 그들의 피가 요압의 머리와 그의 자손의 머리에 돌아갈 것이고, 다윗과 그의 자손 그리고 그의 보좌에는 야웨로부터 영원히 평화가 있을 것이다(왕상 2:33).

וְשָׁבוּ דְמֵיהֶם בְּרֹאשׁ יוֹאָב וּבְרֹאשׁ זַרְעוֹ לְעֹלָם וּלְדָוִד וּלְזַרְעוֹ וּלְבֵיתוֹ וּלְכִסְאוֹ 베샤브 데메헴 베로쉬 요아브 우베로쉬 자르오 레올람 울레다비드 울레자르오 울레베토 울레키스오

יִהְיֶה שָׁלוֹם עַד־עוֹלָם מֵעִם יְהוָה 이흐예 샬롬 아드-올람 메임 야웨

출애굽기 21:14과 관련해서 볼 때, 다윗의 조치는 정당하다. 요압은 고의로 사람을 쳐죽인 자에 분명히 포함된다. 그러나 조금 의아한 것은 그의 행위가 지금의 조치와 연결되기에는 시간적인 괴리감이 크다는 사실이다. 비록 그가 제단으로 피했더라도 그를 끌어내려 죽일 만한 죄를 지었으나 그것은 솔로몬 자신을 대상으로 저질러진 일도 아니었다. 그것은 다윗을 대상으로 한 일이며, 다윗의 당대에는 그 일에 대해 어떤 조치

도 하지 못하다가 지금 이런 일이 벌어진다는 것이 놀랍다. 더구나 제단의 뿔을 잡고 있는 자를 말이다. 솔로몬은 종교적으로 가장 핵심적인 장소에서 처형을 하기 위해서 장황하게 그 정당성과 명분을 늘어놓는다. 그리고 그는 그 일에 대해 자신과 자신의 집 그리고 현재 자신이 앉아 있는 왕좌에는 아무런 죄가 없음을 강변한다.

브나야는 솔로몬의 명령을 실행했고 요압은 처형을 당했다. 한 시대가 이렇게 정리되고 이제 솔로몬의 시대가 열렸다. 여호야다의 아들 브나야는 요압을 대신하여 군대의 지휘관이 되었고 사독은 아비아달을 대신하여 제사장이 되었다.

이제 다윗의 유언에 언급된 시므이가 남았다. 이 시므이의 고향은 바후림이었는데 솔로몬은 그로 하여금 예루살렘에 집을 짓고 거기에 살게 했다. 이 조치는 충분히 이해할 만하다. 이것은 정치적인 문제를 미연에 방지하는 하나의 조치이기 때문이다. 솔로몬은 만약 그가 예루살렘 밖을 벗어나 어디로든지 가는 날에는 반드시 죽이겠다는 조건이 달린 명령을 내렸다. 3년의 세월이 흐르는 동안 아무런 일이 발생하지 않았으나, 시므이의 두 종이 마아가의 아들 가드 왕 아기스에게로 도망가는 사건이 발생했다. 그리고 그 두 종이 가드에 있다는 소식이 시므이에게 전해졌다. 그는 가드로 가서 자기 종을 데리고 돌아왔다. 이 사건에 대한 솔로몬의 질책은 직접적으로 그의 맹세와 약속에 기인하지만, 솔로몬의 말은 그것을 지나 과거 다윗의 일로 연결된다.

너는 네 마음으로 알고 있는 대로 네가 나의 아비 다윗에게 행한 모든 악행을 알고 있다. 그리고 야웨께서 너의 악행을 네 머리로 돌리셨다(왕상 2:44).

אַתָּה יָדַעְתָּ אֵת כָּל־הָרָעָה אֲשֶׁר יָדַע לְבָבְךָ אֲשֶׁר עָשִׂיתָ לְדָוִד אָבִי 아타 야다타 에트 콜-하라아 아쉐르 야다 레바브카 아쉐르 아시타 레다비드 아비

וְהֵשִׁיב יְהוָה אֵת־רָעָתְךָ בְּרֹאשֶׁךָ 베헤쉬브 야웨 에트-라아테카 베로쉐카

사실 솔로몬의 이 진술은 조금은 갑작스럽다. 시므이의 악행은 사실 다 윗으로부터 용서받은 것이나 다름이 없지 않은가? 그의 실수를 인정할 만하지만, 그리고 그의 죽음이 솔로몬의 명령을 어긴 죄로 인한 것이긴 하지만, 그것은 명분을 세우기 위한 것일 뿐 그의 죽음은 이전에 행한 악행 때문이었다. 그리고 조금 더 깊이 생각해보면, 결국 시므이가 이스 라엘 집을 움직일 수도 있는 정적이기 때문에 죽은 것으로 볼 수 있다.

다윗의 왕위 계승사의 마지막 두 구절에 해당하는 열왕기상 2:45과 46절은 솔로몬이 시므이에게 말한 것으로 보기는 어렵다. 46a절이 시므 이를 처형하는 브나야의 행위를 서술하고 있지만, 46b절과 45절은 하나 의 진술로 볼 수 있다.

> 그러나 왕 솔로몬은 복되고 다윗의 왕좌는 야웨 앞에 [든든히] 서며, 영원
> 히 하기를!(왕상 2:45)
> וְהַמֶּלֶךְ שְׁלֹמֹה בָּרוּךְ וְכִסֵּא דָוִד יִהְיֶה נָכוֹן לִפְנֵי יְהוָה עַד־עוֹלָם 베하멜레크 쉘로모 바루크 베키세 다비드 이흐예 나콘 리페네 야웨 아드-올람

> 그리고 왕권이 솔로몬의 손에 확립되었다(왕상 2:46).
> וְהַמַּמְלָכָה נָכוֹנָה בְּיַד־שְׁלֹמֹה 베하마믈라카 나코나 베야드-쉘로모

열왕기상 2장의 최종적인 목표가 진술되었다. 2장의 모든 행위는 다윗

의 유언에서부터 이 진술의 바로 전인 시므이의 처형까지 이 목표를 향해 서술되었다고 할 수 있다. 이렇게 솔로몬의 손에 왕권이 확립된 것으로 다윗의 왕위 계승사가 마무리된다.

2) 인물 분석

(1) 다윗

열왕기상 1장에 묘사된 다윗의 특징적인 모습은 한마디로 아비삭 앞에서 죽은 사람과 진배없을 정도의 노쇠함이다. 압살롬의 반란 때에 다시 예전 용사의 모습을 되찾아 승승장구하던 왕으로서의 다윗(삼하 8:6, 14)의 모습은 이제 먼 과거의 일이 되었고 흐르는 세월을 따라 그도 역시 모든 사람이 가는 길을 가 그 끝에 서 있다. 열왕기상 1장의 다윗의 모습은 전도서 12장이 보여주는 인간의 노화와 죽음의 모습과 일치한다. 특히 12:5이 정확히 그의 실존적 모습이다. 전도서에 나오는 이런 노화와 죽음의 모습은 사무엘하 19장의 바르실래에게서도 한 번 긍정적으로 서술된 적이 있는데 다윗의 경우는 그와 달리 긍정적이지만은 않다. 왜냐하면 그의 노쇠함은 곧바로 왕위 계승을 둘러싼 혼란과 무질서 그리고 암투가 시작되는 원인이 되었기 때문이다.

열왕기상 1장에 나오는 다윗의 모습은 다시 전도서 4:1 이하가 보여주는 왕의 그림 중 하나, 곧 가난하지만 감옥에서 나와서 왕이 된 지혜로운 소년 앞의 늙은 왕의 모습과도 일치한다. 다윗의 왕위 계승사의 시작과 끝부분이 젊음과 노쇠함이란 핵심어로 연결되고 계속해서 솔로몬을 통해 다시 젊음으로 연결된다는 점에서 그것은 세대에서 세대로 끊임없이 이어지며 순환하는 전도서 1장의 그림을 대변하는 의미 있는 구성이라는 생각이 든다. 다윗의 왕위 계승사를 벗어나는 본문이지만 "젊음(다윗) – 노쇠함(다윗) – 젊음(솔로몬)"의 사슬을 이후의 어리석은 솔로몬의 모습과 연결해서 볼 때, 우리는 그것을 인간 삶의 한계 속에서 끝없이 반복되는 지혜와 어리석음의 반복임을 교훈하는 것으로 평가할 수 있다.

(2) 아도니야

스스로 자신을 높여 왕이 되려고 한 아도니야의 모습은 상당히 호기롭게 시작하여 매우 초라하게 마감된다. 특히 제단의 뿔을 잡고 목숨을 부지하기 위해 두려움 가운데서 솔로몬에게 자신을 칼로 죽이지 말아 달라고 소망하는 모습은 왕답지 않은 모습이다. 어리석게도 그가 밧세바를 통해 아비삭을 얻어 욕망을 채우려던 시도는 창세기 3장의 뱀 및 나단 예언자와 연결되는 모티프인데 그 역시도 성공을 거둔다. 그러나 이러한 시도는 그의 죽음으로 귀결되었을 뿐 아니라 그에게 가담하여 솔로몬의 정적이 된 모든 사람을 함께 죽음으로 몰아갔다.

(3) 나단

열왕기상 1장에서의 나단의 모습은 매우 역설적이다. 이는 그의 칭호에서 그렇다. 그는 사무엘하 12장에서 왕의 잘못을 무섭게 꾸짖는 예언자적인 모습으로 등장한다. 하지만 거기서는 나단의 칭호인 "나비"가 그의 이름과 함께 쓰이지 않았다. 그에 반해 열왕기상 1장에는 거의 예외 없이 그 칭호가 그의 이름과 함께 사용되는데, 여기서 그의 모습은 예언자라기보다는 오히려 모사가에 가깝다는 것이 놀랍다. 왜 다윗의 왕위 계승사의 저자는 나단이라는 인물을 이렇게 뒤틀어서 묘사하는 것일까?

열왕기상 1장에서 발견되는 나단의 또 한 가지 특징은 그가 공적인 자리에서는 그림자와 같은 인물로 서술된다는 점이다. 특히 솔로몬을 왕으로 세우는 공적인 행위에서 그의 역할이 구체적으로 명시되지 않는다. 그런데도 그가 그 모든 일에서 핵심적인 역할을 수행하고 있음은 자명하다.

(4) 솔로몬

다윗은 유언에서 솔로몬을 향해 너는 "지혜자"이며 너의 지혜를 따라 행동하라고 부탁한다. 여기서 솔로몬에게 특징화되는 지혜는 우리가 잘 알고 있는 것처럼 열왕기상 3장과는 달리 보응 사상을 실천하는 화신으로서의 지혜다. 다윗이 솔로몬을 두 번씩이나 지혜자로 지칭하며 그에게 반드시 행할 일을 일러주면서 바라는 한 가지는 보복이다. 그것도 그의 평생에 한이 된 두 가지의 일, 하나는 요압에게 억눌려 살아온 그의 인생에 대한 보복이고 또 하나는 그를 매우 아프게 저주한 시므이에 대한 보복이다. 다윗은 야웨에게 맹세한 것 때문에 어찌하지 못했지만 이제 그 맹세와 상관없는 솔로몬을 통해서 자신의 한을 풀고 싶어한다. 그러나 지혜자 솔로몬은 실상 자기의 지혜를 따라 매우 폭력적이고 무자비하게 행동하는 인물로 그려질 뿐이다. 그러한 행동은 지혜의 결과로 보기에는 매우 적절치 않다. 다윗이 솔로몬에게 요구한 지혜는 단순히 정치적 조치를 위한 지혜일 뿐이고 그 결과는 이렇게 잔혹한 것이라도 상관이 없는 것인가? 솔로몬이 실천하는 지혜 역시 단지 목적을 신성하게 만드는 그런 지혜일 뿐인가? 요압을 제단에서 쳐 죽이도록 하는 솔로몬의 궤변은 가장 종교적인 곳에서 가장 정치적인 숙청을 감행하며 가장 종교적인 명분과 변명 그리고 면피를 말하는 모습으로밖에 안 보인다.

3) 전도서와의 연결점

(1) 전도서 4:13-16[반복]

사무엘하 9장과 연결하여 언급했던 전도서 4:13-16의 교훈을 여기서 다시 언급하게 된다. 그 교훈은 인생에는 어떤 확고한 것도 없다는 가르침이다. 처음의 확고하고 분명함이 끝까지 유지되기가 매우 어려운 것은 인생에는 "노화와 죽음"이 있기 때문이다. 또한 끊임없이 욕심을 따라 움직여 확고하다고 할 수 없는 나약한 충성심이 누구에게나 자리하고 있기 때문이다. 전도서의 이 본문이 보여주는 대로 인생에는 확고함이 없다. 가난하지만 지혜로웠던 소년이 감옥에서 나와 왕이 될 정도로 유능한 젊을 때가 지나고 어느덧 늙고 어리석어 충고를 받아들이지 못하는 왕의 모습을 보인다. 그것이 바로 다름 아닌 다윗의 모습 자체임을 왕위 계승사는 사무엘하 9장과 열왕기상 1장을 통해 드라마로 보여주고 있다. 사무엘하 9장에서 우리는 다윗의 지혜가 절대 호락호락하지 않은 것임을 알게 된다. 그러나 이제 열왕기상 1장의 노쇠한 다윗은 아도니야와 나단의 책략 앞에서 무기력하기만 하고 자신을 따르던 신하들이 각기 다른 길을 가는 것을 지켜보아야만 하는 처지에 몰려 있으면서도 아무것도 할 수 없다. 우리는 이것을 통해 인생에 확고함이 없으며 흘러가는 시간 앞에 장사가 없음을 다시 한번 배우게 된다.

(2) 지혜와 정치의 한계(전 5:8)

다윗의 왕위 계승사는 왕의 통치에 지혜가 필수조건임을 여러 차례 입증해 보여준다. 그러나 그것은 동시에 지혜의 한계를 적나라하게 보여준다. 특히 정치 권력을 쥔 사람들이 지혜를 단순히 정의를 이루기 위한 목적이 아니라 목적을 성스럽게 하는 수단으로 전락시킨 모습을 통해서 그것의 한계를 보여준다. 전도서도 지혜의 한계에 이 부분을 포함시켜 논의한다. 그것은 인간의 지혜와 권력과 기득권에도 결국 한계가 있음을 다음과 같이 서술한다.

> 만약 네가 메디나에서 가난한 자가 압제를 당하는 것과 공의와 정의가 억류되는 것을 본다고 할지라도 그 된 일에 대해 놀라지 마라. 왜냐하면 높은 자는 [더] 높은 자에 의해 감시를 받고 그들 [둘보다 더] 높은 자들도 있기 때문이다(전 5:8).
>
> **אִם־עֹשֶׁק רָשׁ וְגֵזֶל מִשְׁפָּט וָצֶדֶק תִּרְאֶה בַמְּדִינָה אַל־תִּתְמַהּ עַל־הַחֵפֶץ** 임-오쉐크 로쉬 베게젤
>
> 미쉬파트 바체데크 티르에 바메디나 알-티트마흐 알-하헤페츠
>
> **כִּי גָבֹהַּ מֵעַל גָּבֹהַּ שֹׁמֵר וּגְבֹהִים עֲלֵיהֶם** 키 가보아흐 메알 가보아 쇼메르 우게보힘 알레이헴

이 구절의 "가난한 자"는 사무엘하 12:1의 마지막 단어와 일치한다. 나단이 전하는 꾸민 이야기 속에 나오는 그 가난한 자는 우리아를 암시한

다. 다윗의 왕위 계승사 속에 펼쳐지는 압제와 공의와 정의의 붕괴는 단순히 우리아의 삶뿐 아니라 우리들의 삶에서도 관찰되는 일반적인 모습이다. 전도자는 이 모습을 인생이란 본래 그런 것이니 피곤하게 신경 쓰지 말고 살라는 경고를 보내는 것이 절대 아니다. 그것은 오히려 권력에 대한 강력한 경고이며 압제당하는 자들에게 위로를 준다.[9]

....

9   Birnbaum & Schwienhorst-Schönberger, *Das Buch Kohelet*, 139-41과 구자용, "'힌네, 디
     메아트 하아슈킴!'(전 4:1b)", 131-3을 참조하라.

III. 나가는 말

다윗의 왕위 계승사는 사람이 살아가는 삶의 이야기다. 비록 다윗의 왕위 계승사라는 이야기에 나오는 주인공들이 왕과 왕자들 그리고 그 주변의 사람들로 구성되어 있기 때문에 우리는 그것을 일반적인 사람들의 삶의 이야기가 아니라고 생각할 수도 있지만, 절대 그렇지 않다. 그 옛날에 평범한 한 사람의 이야기를 삶의 이야기로 서술했다면, 아마도 오늘 우리가 읽을 수 있도록 전승되지도 못했을 것이다. 다윗의 왕위 계승사에 나오는 삶의 이야기는 특히 지혜의 성격을 강하게 담고 있다. 이것 역시 지극히 당연하다. 지혜는 현실과 삶에서 멀리 떨어진 것이 아니라 삶과 직결되는 것이기 때문이다. 구약의 지혜 가운데 다윗의 왕위 계승사가 잠언에 매우 근접해 있다는 주장은 당연하고 올바른 판단이다. 그러나 잠언의 지혜뿐 아니라 전도서의 지혜에 더 가까이 서 있음을 주장하는 것은 좀 더 발전된 접근이라고 말할 수 있다. 잠언도 전도서도 모두 인간 삶의 이야기를 진술하게 논하는 것이기 때문이다.

우리는 다윗의 왕위 계승사에 관한 연구를 다양한 면에서 시도할 수 있다. 하지만 이 책은 다윗의 왕위 계승사를 무엇보다도 "사람이 살아가는 삶의 이야기"로 정의하되 그 사상적 바탕에 전도서의 지혜가 있음을 전제한다. 그것이 비록 벌써 오래전인 고대 이스라엘에서 전개되었던 왕위 계승 다툼에 관한 이야기이며, 따라서 그 왕족들의 특수한 삶과 일반 개인들의 삶 사이에 무슨 연관성이 있을까 미심쩍게 여겨질지라도 말이다. 그러나 왕위 계승사를 가만히 들여다보면, 우리는 그것이 오늘 현대를 살아가는 독자들에게도 깊은 감동을 줄 뿐만 아니라 심오한 교훈을 전달하며 그 교훈이 우리의 삶에서도 의미 있는 것임을 발견하며 깜짝 놀라게 된다. 특히 그것이 전도서의 지혜와 사상과 깊이 관련이 있음을 깨닫게 될 때 말이다. 따라서 우리가 다윗의 왕위 계승사를 피상적으로 읽기만 해도 대단한 흥미를 발견할 수 있지만, 우리는 그것을 넘어서 삶에 교훈을 주는 삶의 이야기로 더 깊이 있게 읽어야 한다.

최근 지혜 논의의 핵심어인 일관된 경험 신학은 잠언과 전도서 그리고 그것이 드라마되어 삶의 세계에서 얻는 교훈을 얻게 하는 다윗의 왕위 계승사에 명확한 자리를 둔다. 또한 우리는 전도서와 다윗의 왕위 계승사를 지배하는 지혜의 형식적인 면이 담론성임을 확인할 수 있다. 이것은 사람의 삶 속에서 경험한 것과 그것을 토대로 끊임없이 다시 현상을 관찰하고 비교하며 판단하고 논하는 지적 능력이 전체 이스라엘의 시대를 관통하고 있음을 드러내 보여주는 것이다. 이 지적 능력의 기반 위에서 저자는 혹은 내러티브 자체는 또는 삶의 드라마는 끊임없이 독자들을 이야기 속으로 끌어들여 그 안에서 규범성을 흔들어 담론의 여건을 만들 뿐 아니라 독자들로 하여금 책임 있는 삶의 교훈을 새롭게 정립해나가도록 한다. 그것이 바로 잠언과 전도서가 드라마화되어 드러내는 삶의 교훈으로서의 구약 지혜의 모습이다.[1]

....

1 이 마지막 단락은 이 저술의 방법론과 실제적 예시를 위해 내가 가장 최근에 쓴 논문의 결론 일부를 약간의 문구 수정만 하고 실은 것임을 미리 밝혀둔다. 인용 부분은 구자용, "전도서의 지혜가 드라마화된 다윗의 왕위 계승사: 사무엘하 10:1-5를 중심으로", 259 이다.

참고문헌

구자용. "'힌네, 디메아트 하아슈킴!'(전 4:1b): 사회 정의와 인권에서의 차별에 대한 전도서의 교훈." 『미션 네트워크』 제7집(2019), 121-41.

구자용. "다윗의 왕위 계승사에 서술된 왕의 사법집행을 통해서 본 아이러니화된 왕의 이데올로기." 『구약논단』 제64집(2017), 74-100.

구자용. "삼하 11장: 아이러니화된 왕의 지혜." 『구약논단』 제35집(2010), 119-40.

구자용. "전도서의 지혜가 드라마화된 다윗의 왕위 계승사: 사무엘하 10:1-5를 중심으로." 『神学思想』 제191집(2020), 237-65.

구자용. "죽음에 대응하는 이성(理性)으로서의 지혜: 사무엘하 12장과 전도서 9장의 '미 요데아'(מי ידע)와 '에인 요데아 하아담'(אין יודע האדם)을 중심으로." 『Canon&Culture』 제5권 1호(2011), 173-201.

김순영. 『일상의 신학, 전도서: 지금, 여기, 행복한 일상을 위한 코헬렛의 지혜 탐구』. 서울: 새물결플러스, 2019.

김영선. "결혼이주여성의 타자화 극복에 대한 선교신학적 연구: 하갈(창 16/21장)과 룻(룻 1-4장) 내러티브 분석을 중심으로." 미간행 박사학위논문. 주안대학원 대학교. 2018.

김영선. "결혼이주영성의 타자화에 대한 선교적 고찰: 하갈과 룻 내러티브 분석을 중심으로." 『복음과 선교』 제48집(2019), 81-112.

김주환. "왕위 계승 문제와 해석 가능성에 관한 고찰: 솔로몬 계승 이야기(왕상 1장)를 중심으로." 『대학과 선교』 제40집(2019), 71-98.

김태두. "다윗 왕의 역기능 가족에 대한 목회상담학적 이해와 적용." 『복음과 상담』 제28집(2020), 109-34.

루드거 슈빈호르스트-쉔베르거. "구약성서 지혜에 대한 논의." 토마스 뢰머 외 6인, 민경구 옮김. 『구약신학연구동향』. 서울: 기독교문서선교회, 2016, 132-71.

뤼디거 룩스, 구자용 옮김. 『이스라엘의 지혜자들: 언어의 대가, 백성의 지도자, 삶의 원천』. 고양: 한국학술정보[주], 2012.

박유미. "다윗 왕조의 동반자로서의 지혜로운 여성들: 사무엘서의 지혜로운 여성 연구." 『성경과 신학』 제77집 (2016), 1-28.

배재욱. "잠언 31:1-9 번역과 해석에 대한 연구 맛사와 데렉크에 대한 연구를 중심으로." 『성경원문연구』 44 (2019), 73-93.

소형근. "고대 이스라엘의 법관 선발기준과 윤리강령." 『구약논단』 제78집 (2020), 66-93.

손종희. "אני אמלך": 다윗 왕위 계승 순위의 뒤틀림." 『구약논단』 제60집 (2016), 98-131.

안근조. 『히브리 지혜전승의 변천과 기독교의 기원』. 서울: 동연, 2016.

오민수. "지혜 문학적인 역사서술: 다윗의 왕위 계승사 (삼하 9장-왕하 2장)." 『구약논단』 제58집 (2015), 74-104.

우상혁. 『해아래에서 어떻게 살 것인가?』. 용인: 목양, 2009.

이선혜. "다윗 왕위 계승사화의 기본층 연구." 미간행 석사학위논문. 이화여자대학교, 1990.

이윤경. "잠언의 "가난과 부" 주제에 나타난 종말론적 지혜." 『神学思想』 제183집 (2018), 49-78.

이은애. "권력과 성폭력: 사무엘하 13:1-22을 중심으로." 『구약논단』 제73집 (2019), 217-45.

이재호. "다윗의 우리아 살인 교사 사건: 심리 분석." 『목회와상담』 제34집 (2020), 206-41.

이희학. 『이스라엘 왕국의 역사: 사울, 다윗, 솔로몬 왕국의 역사』. 서울: 대한기독교서회, 2002.

장성길. 『하나님을 경외하는 지혜자』. 용인: 킹덤북스, 2012.

제임스 L. 크렌쇼, 강성열 옮김. 『구약 지혜 문학의 이해』. 서울: 한국장로교출판사, 1993/2012.

천사무엘. 『지혜전승과 지혜 문학, 지혜 문학의 눈으로 다시 본 성서』. 서울: 동연, 2009.

필립 J. 킹 & 로렌스 E. 스태거, 임미영 옮김. 『고대 이스라엘 문화』. 서울: CLC, 2014.

헤로도토스, 박광순 옮김. 『역사』. 서울: 범우사, 1993.

호메로스 & 아우구스테 레히너, 김은애 옮김. 『오디세우스의 방랑과 모험』. 서울: 문학과지성사, 2017.

Alter, Robert. *The David Story: A Translation with Commentary of 1 and 2 Samuel.* New York: W. W. Norton, 1999.

Bar-Efrat, Shimon. *Das Zweite Buch Samuel: Ein narratologisch-philologischer Kommentar. Beiträge zur Wissenschaft vom Alten und Neuen Testament 181.* Stuttgart: Kohlhammer, 2009.

Birnbaum, Elisabeth, and Ludger Schwienhorst-Schönberger. *Das Buch Kohelet. Neuer Stuttgarter Kommentar Altes Testament 14/2.* Stuttgart: Katholisches Bibelwerk, 2012.

Blum, Erhard. "Ein Anfang der Geschichtsschreibung? Anmerkungen zur sog. Thronfolgegeschichte und zum Umgang mit Geschichte im alten Israel." Pages 4-37 in *Die Sogenannte Thronfolgegeschichte Davids: Neue Einsichten und Anfragen.* Edited by Albert de Pury and Thomas Römer. Orbis Biblicus et Orientalis 176. Freiburg Schweiz: Universitätverlag and Göttingen: Vandenhoeck & Ruprecht, 2000.

Botterweck, G. Johannes, and Helmer Ringgren and Heinz-Josef Fabry, eds. *Theologisches Wörterbuch zum Alten Testament.* 10 vols. Stuttgart: Kohlhammer, 1973-2000.

Brueggemann, W. *David's Truth in Israel's Imagination and Memory.* 2nd ed. Minneapolis: Fortress Press, 2002.

Clements, R. E. *Old Testament Theology.* Atlanta: John Knox, 1978.

Crenshaw, James L. "Method in Determining Wisdom Influence upon "Historical" Literature." *Journal of Biblical Literature* 88 (1969): 129-42.

Crüsemann, Frank. "Aporiendarstellung: Ein Beitrag von Jehugeschichte und Thronfolgeerzählung zur biblischen Sicht von Gott und Geschichte." Pages 91-104 in *Kanon und Sozialgeschichte: Beiträge zum Alten Testament.* Gütersloh: Gütersloher Verlagshaus, 2003.

Crüsemann, Frank. *Der Widerstand gegen das Königtum: Die antiköniglichen Texte des Alten Testaments und der Kampf um den frühen israelitischen Staat.* Wissenschaftliche Monographien zum Alten und Neuen Testament 49. Neukirchen-Vluyn:

Neukirchener Verlag, 1978.

De Pury, A. and Th. Römer. "Einleitung." Pages 1–3 in *Die sogenannte Thronfolgegeschichte Davids: Neue Einsichten und Anfragen*. Edited by Albert de Pury and Thomas Römer. Orbis Biblicus et Orientalis 176. Freiburg Schweiz: Universitätsverlag, 2000.

Dell, Katharine J. "On the Development of Wisdom in Israel." Pages 135–51 in *Congress Volume: Cambridge 1995*. Edited by John A. Emerton. Leiden: Brill, 1997.

Dietrich, Walter. "Das Ende der Thronfolgegeschichte." Pages 38–69 in *Die sogenannte Thronfolgegeschichte Davids: Neue Einsichten und Anfragen*. Edited by Albert de Pury and Thomas Römer. Orbis Biblicus et Orientalis 176. Freiburg Schweiz: Universitätsverlag, 2000.

Dietrich, Walter, and Thomas Naumann. *Die Samuelbücher. Erträge der Forschung 287*. Darmstadt: Wissenschaftliche Buchgesellschaft, 1995.

Elliger, K. "Rabba," Pages 1541 in vol. 3 of *Biblisch-Historisches Handwörterbuch: Landeskunde · Geschichte · Religion · Kultur · Literatur*. Edited by Bo Reicke and Leonhard Rost. 4 Vols. Göttingen: Vandenhoeck Ruprecht, 1966.

Fourman, Larry. *The Life of David*. Covenant Bible Study Series. Elgin, IL: Brethren, 1990.

Gesenius, Wilhelm. *Hebräische Grammatik völig umgearbeitet von E. Kautzsch*. Hildesheim/Zürich/New York: Georg Olms Verlag, 1991.

Gesenius, Wilhelm. *Hebräisches und Aramäisches Handwörterbuch über das Alte Testament*. 18. Auflage Gesamtausgabe. Berlin/Heidelberg: Springer, 2013.

Gordis, Robert. *Koheleth–The Man and His World: A Study of Ecclesiastes*. New York: Bloch, 1955.

Görg, Manfred. "Der gefärbte Rock Josefs." *Biblische Notizen* 102 (2000): 9–13.

Gunn, D. M. *The Story of King David: Genre and Interpretation*. Journal for the study of the Old Testament: Supplement series 6. Sheffield: Department of Biblical Studies, University of Sheffield, 1978.

Hermisson, Hans–Jürgen. "Weisheit und Geschichte." Pages 136–54 in *Probleme biblischer Theologie. Gerhard von Rad zum 70. Geburtstag*. Edited by Hans

Walter Wolff. München: Kaiser, 1971.

Heym, Stefan. Der König David Bericht: Roman. München: btb, 2005. 슈테판 하임, 김충남 옮김. 『다윗 왕에 관한 보고서』. 서울: 지식을만드는지식, 2016.

Jenni, Ernst. *Lehrbuch der hebräischen Sprache des Alten Testaments*. 2nd ed. Basel: Helbing & Lichtenhahn, 1981.

Kegler, J. *Politisches Geschehen und theologisches Verstehen: Zum Geschichtsverständnis in der frühen israelitischen Königszeit*. Calwer Theologische Monographien, Reihe A: Bibel Wissenschaft 8. Stuttgart: Calwer Verlag, 1977.

Krüger, Thomas. Kohelet (Prediger). *Biblischer Kommentar Altes Testament XIX*(Sonderband). Neukriche-Vluyn: Neukirchener Verlag, 2000.

Ku, Cha-Yong. *Weisheit in der Thronfolgegeschichte Davids: Eine literarkritische und literaturwissenschaftliche Untersuchung der Weisheitsdarstellung unter besonderer Berücksichtigung ihrer Ironiesierung*. Kleine Arbeiten zum Alten und Neuen Testament 9. Kamen: hartmut spenner, 2009.

Kutschera, Franz. "Kohelet: Leben im Angesicht des Todes." Pages 363-76 in *Das Buch Kohelet: Studien zur Struktur, Geschichte, Rezeption und Theologie*. Edited by Ludger Schwienhorst-Schönberger. Beihefte zur Zeitschrift für die alttestamentliche Wissenschaft 254. Berlin: Walter de Gruyter, 1997.

Lauha, Aarre. *Kohelet*. Biblischer Kommentar Altes Testament XIX. Neukriche-Vluyn: Neukirchener Verlag, 1978.

Leuenberger, Martin. "Konsequente Erfahrungstheologie im Hiob-und Qoheletbuch." Pages 33-66 in *Die theologische Bedeutung der alttestamentlichen Weisheitsliteratur*. Edited by Markus Saur. Biblisch-Theologische Studien 125. Neukirchen-Vluyn: Neukirchener Verlag, 2012.

Martin, Timothy J. "Illuminating the Landscape of religious Narrative: morality, Dramatization, and Verticality," *Religious Education* 104 (2009): 393-405.

Noth, Martin. *Könige*. Biblischer Kommentar Altes Testament IX/1. Neukirchen-Vluyn: Neukirchener Verlag, 1968.

Pahk, J. Y.-S. *Il Canto della Gionia in Dio. L'itinerario sapeinziale espresso dall' unità lettereria in Qohelet 8,16-9,10 e il parallelo di Gilgameš Me iii*. Istituto Universitario Oreentale. Dipartimento di Studi Asiatici. Series Minor LII.

Napoli, 1996.

Preuß, Horst Dietrich. *Einführung in die alttestamentliche Weisheitsliteratur*. Urban-Taschenbücher 383. Stuttgart: Kohlhammer, 1987.

Rehm, Ellen. *Dynastensarkophage mit szenischen Reliefs aus Byblos und Zypern. Teil 1.1 Der Ahirom-Sarkophags*. Forschungen zur phönizischen und zyprischen Plastik II.1.1. Mainz: Philip von Zabern, 2004.

Reicke, Bo, and Leonhard Rost, eds. *Biblisch-Historisches Handwörterbuch: Landeskunde · Geschichte · Religion · Kultur · Literatur. Vol. 4* of Register und Historisch-archäologische Karte Palästinas. Göttingen: Vandenhoeck & Ruprecht, 1979.

Ringgren, H., "Frauenhaus." page 496 in vol.1 of *Biblisch-Historisches Handwörterbuch: Landeskunde · Geschichte · Religion · Kultur · Literatur*. Edited by Bo Reicke and Leonhard Rost. 4 Vols. Göttingen: Vandenheock & Ruprecht, 1962.

Rost, Reonhard. *Die Überlieferung von der Thronnachfolge Davids*. Beiträge zur Wissenschaft von Alten und Neuen Testament 42. Stuttgart: Kohlhammer, 1926.

Rudnig, Thilo Alexander. *Davids Thron: Redaktionskritische Studien zur Geschichte von der Thronnachfolge Davids*. Beihefte zur Zeitschrift für die alttestamentliche Wissenschaft 358. Berlin: Walter de Gruyter, 2006.

Rüterswörden, Udo. "אלהים in 2 Sam 12,16." *Mitteilungen und Berträge* 17 (1999): 45-51.

Rüterswörden, Udo. *Die Beamten der israelitischen Königszeit: Eine Studie zu śr und vergleichbaren Begriffen*. Wissenschaftliche Monographien zum Alten und Neuen Testament 117. Stuttgart: Kohlhammer, 1985.

Saur, Markus. "Sapientia discursiva: Die alttestamentliche Weisheitsliteratur als theologische Diskurs." *Zeitschrift für die alttestamentliche Wissenschaft* 123 (2011): 236-49.

Saur, Markus. *Einführung in die alttestamentliche Weisheitsliteratur*. Darmstadt: WBG, 2012.

Schellenberg, Annette. "Kohelet." Pages 1332-52 in *Erklärt: Der Kommentar zur Zürcher Bibel*. Edited by Matthias Krieg and Konrad Schmid. Zürich: Theologischer Verlag, 2010. 『취리히 성경해설 성경전서 개역개정판』(서울: 대

한성서공회, 2021).

Schmidt, Werner H., and Winfried Thiel and Robert Hanhart. *Altes Testament*. Grundkurs Theologie 1. Stuttgart: Kohlhammer, 1989.

Schroer, Silvia. *Die Tiere in der Bibel: Eine kulturgeschichtliche Reise*. Freiburg im Breisgau: Herder, 2010.

Schwienhorst-Schönberger, Ludger. "Alttestamentliche Weisheit im Diskurs." *Zeitschrift für die alttestamentliche Wissenschaft* 125 (2013): 118-42. 루드거 슈빈호스트-쉔베르거. "구약성서 지혜에 대한 논의." 토마스 뢰머 외 6인 지음/민경구 옮김. 『구약신학 연구동향』. 서울: CLC, 2016: 132-71.

Schwienhorst-Schönberger, Ludger. *Kohelet. Herders Theologischer Kommentar zum Alten Testament*. Freiburg: Herder, 2004.

Seebaß, Horst. *David, Saul und das Wesen des biblischen Glaubens*. Neukirchen-Vluyn: Neukirchener Verlag, 1980.

Seiler, Stefan. *Die Geschichte von der Thronfolge Davids (2 Sam 9-20; 1 Kön 1-2): Untersuchungen zur Literarkritik und Tendenz*. Beihefte zur Zeitschrift für die alttestamentliche Wissenschaft 267. Berlin: Walter de Gruyter, 1998.

Sternberg, Meir. *The Poetics of Biblical Narrative: Ideological Literature and the Dramma of Reading*. Indiana Stadies in Biblical Literature. Bloomington: Indiana University Press, 1987.

Stoebe, Hans Joachim. *Das zweite Buch Samuelis*. Kommentar zum Alten Testament VIII/2. Güterloh: Güterloher Verlaghaus, 1994.

Stolz, Fritz. *Das erste und zweite Buch Samuel*. Zürcher Bibelkommentare-Altes Testament 9. Zürich: TVZ,1981.

Van Seters, J. "The Court History and DtrH: Conflicting Perspectives on the House of David." Pages 70-93 in *Die sogenannte Thronfolgegeschichte Davids: Neue Einsichten und Anfragen*. Edited by Albert de Pury and Thomas Römer. Orbis Biblicus et Orientalis 176. Freiburg Schweiz: Universitätsverlag, 2000.

Veijola, Timo. "Salomo − der Erstgeborene Bathsebas." Pages 84-105 in *David: Gesammelte Studien zu den Davidüberlieferungen des Alten Testaments*. Schriften der Finnischen Exegetischen Gesellschaft 52. Göttingen: Vandenhoeck & Ruprecht, 1990.

Von Rad, Gerhard. "Der Anfang der Geschichtsschreibung im alten Israel." Pages 148-88 in *Gesammelte Studien zum Alten Testament*. Theologische Bücherrei 8. München: Kaiser, 1961.

Von Rad, Gerhard. "Josephsgeschichte und ältere Chokma." *Gesammelter Studien zum Alten Testament*. Theologische Bücherei 8. München: Kaiser, 1961.

Von Rad, Gerhard. *Theologie des Alten Testaments. Bd. I: Die Theologie der geschichtlichen Überlieferungen Israels*. 8th ed. Einführung in die evangelische Theologie 1. München: Kaiser, 1982. [G. 폰 라트 著/허혁 訳. 『旧約聖書神学 제1권: 이스라엘의 歷史的 伝乗의 新学』. 칠곡: 분도출판사, 1976/2015.]

Von Rad, Gerhard. *Theologie des Alten Testaments. Bd. II: Die Theologie der prophetischen Überlieferungen Israels*. 3d ed. Einführung in die evangelische Theologie 1. München: Kaiser, 1960. G. 폰 라트 著/허혁 訳. 『旧約聖書神学 제2권: 이스라엘의 予言的 伝乗의 新学』. 칠곡: 분도출판사, 1977/2003.

Von Rad, Gerhard. *Weisheit in Israel. Gütersloher Taschenbücher 1437*. Gütersloh: Gütersloher Verlagshaus, 1992.

Weeks, Stuart. "The Inner-Textuality of Qoheleth's Monologue." Pages 142-53 in *Reading Ecclesiastes Intertextually*. Edited by Katharine Dell and Will Kynes. London: Bloomsbury, 2014.

Whybray, Roger Norman. *The Intellectual Tradition in the Old Testament. Beihefte zur Zeitschrift für die alttestamentliche Wissenschaft 135*. Berlin: Walter de Gruyter, 1974.

Whybray, Roger Norman. *The Succession Narrative: A Study of II Samuel 9-20; I Kings 1 and 2*. Studies in Biblical Theology II, 9. London: SCM, 1968.

Wright, G. E. *God Who Acts*. Chicago: A. R. Allenson, 1956.

Würthwein, Ernst. *Die Erzählung von der Thronfolge Davids-theologische oder politische Geschichtsschreibung?* Theologische Studien 115. Zürich: Theologischer Verlag, 1974.

다윗의 왕위 계승사

전도서를 드라마화한 삶의 이야기

Copyright © 구자용 2022

1쇄 발행 2022년 2월 18일

지은이 구자용
펴낸이 김요한
펴낸곳 새물결플러스

편 집 왕희광 정인철 노재현 한바울 정혜인
         이형일 나유영 노동래 최호연
디자인 박인미 황진주 김은경
마케팅 박성민 이원혁
총 무 김명화 이성순
영 상 최정호 곽상원
아카데미 차상희

홈페이지 www.holywaveplus.com
이메일 hwpbooks@hwpbooks.com
출판등록 2008년 8월 21일 제2008-24호
주 소 (우) 04118 서울시 마포구 마포대로19길 33
전 화 02) 2652-3161
팩 스 02) 2652-3191

ISBN 979-11-6129-230-4 93230

책값은 뒤표지에 있습니다.